谨以此书献给

亚伯拉罕·哈罗德·马斯洛

我从未谋面的挚友

THE NEW SCIENCE OF
SELF—ACTUALIZATION

[美] 斯科特·巴里·考夫曼
（Scott Barry Kaufman）著

班柏 译

TRANSCEND
马斯洛需要金字塔的新层次

SELF
ACTUALIZATION
自我实现

ESTEEM NEEDS
尊重需要

BELONGINGNESS
AND LOVE NEEDS
归属与爱的需要

SAFETY NEEDS
安全需要

PHYSIOLOGICAL NEEDS
生理需要

中信出版集团 | 北京

图书在版编目（CIP）数据

自我超越 /（美）斯科特·巴里·考夫曼著；班柏
译 . -- 北京：中信出版社，2023.1
书名原文：Transcend: The New Science of Self-
Actualization
ISBN 978-7-5217-4990-8

Ⅰ . ①自… Ⅱ . ①斯… ②班… Ⅲ . ①社会心理学－
研究 Ⅳ . ① C912.6-0

中国版本图书馆 CIP 数据核字（2022）第 233698 号

TRANSCEND: The New Science of Self-Actualization
By Scott Barry Kaufman
Copyright © 2022 by Nathaniel Zinsser.
Simplified Chinese translation rights © 2023 by CITIC Press Corporation.
Published by arrangement with author c/o Levine Greenberg Rostan Literary Agency
Through Bardon-Chinese Media Agency
All rights reserved.
本书仅限中国大陆地区发行销售

自我超越

著者：　　[美]斯科特·巴里·考夫曼
译者：　　班柏
出版发行：中信出版集团股份有限公司
　　　　　（北京市朝阳区东三环北路 27 号嘉铭中心　邮编　100020）
承印者：　北京通州皇家印刷厂

开本：787mm×1092mm　1/16　　　印张：26.5　　　字数：360 千字
版次：2023 年 1 月第 1 版　　　　印次：2023 年 1 月第 1 次印刷
京权图字：01-2020-4506　　　　　书号：ISBN 978-7-5217-4990-8
　　　　　　　　　　　　　　定价：69.00 元

序 一

写在前面的话

首先请允许我对您，本书的读者表示由衷的祝贺。每一位翻开这本书的读者，很快就会真切地感受到"开卷有益"这四个字的现实含义。

我要感谢《自我超越》中文版出版人于彬女士对我的邀请，让我有机会在《自我超越》正式出版之前就能看到本书的全貌。这对我确实是一次很好的学习机会，让我这样一个不是专门学习和研究人本主义心理学的人，利用不太多的时间，通过阅读本书，对人本主义心理学，特别是对马斯洛的需要理论、贡献和愿景有了新的认识，对我无异于是一次超级补课。"开卷有益"正是我初步通读这本书的切身感受，有一些体会，请各位指正。

这本《自我超越》是美国哥伦比亚大学心理学家斯科特·巴里·考夫曼为了向人本主义心理学创始人马斯洛致敬，并发扬光大马斯洛的学术体系和完成马斯洛未竟学术理念的一部有意义的专著。考夫曼本人在2015年被《商业内幕》（Business Insider）评为"50位改变人类对世界看法的科学家"之一。由此可见本书传递的信息的可信程度和权威性。

这本书的写作，行文非常流畅。考夫曼在本书的扉页上写道"谨以此书献给亚伯拉罕·哈罗德·马斯洛，我从未谋面的挚友"。这一句话立即深情地表达了他对马斯洛的崇拜和撰写这本书的动机，马上吸引了我。原来还可以这样认挚友的啊！不由得想起《论语》中一句广为流传的话，"四海之内皆兄弟也"，过去只理解为一同在世界上要相亲相爱的人。考夫曼从来没有见过马斯洛，却认马斯洛为自己的挚友，由此推广，我是很想高攀苏东坡为知心的，一直苦于他在千年之前，我在千年之后，这下不就好了？考夫曼开篇之际的一句话就能引发很多感想和遐想。这样的书，不值得一读吗？

随着阅读，我觉得每一章，都值得反复体会，是我读过的心理学作品中很少有的。还在沉浸其中，出版社已经来催稿。没有能力和资格写序吧，只能写下这篇"写在前面的话"，一者为了交差，二者是为了让读者能更早地读到这本书，只能海边拾贝，略得一二，谈谈几处令我眼前一亮的段落，献给各位共享。希望出书之后，有机会再认真逐章阅读，有更多体会，与大家交流。

其一，我不是专门学习和研究人本主义心理学的，只是在普通心理学课程和一些文章中接触到人本主义心理学和马斯洛的需要层次理论架构。感受的同时，也被那个大家所熟悉的金字塔模型所困惑，似乎高级的需要都要建立在低级的需要得到满足之上。这明显不符合人类发展的历史。考古发现，早在人类食不果腹、衣不蔽体的时代，各种文明就都有了信仰的需要。通过考夫曼的说明，原来那个金字塔并不是马斯洛提出的，也不符合马斯洛的原意。但是，那个世人太习惯的金字塔立在那里，不由地形成了定式，这个定式偏导了很多人对马斯洛需要层次结构的理解（p006）。因此考夫曼提出，新需要层次理论和帆船隐喻（p013），就更好地诠释了马斯洛的理论体系，也更符合众多的实际观察。这不是很奇妙的新的见解和模型吗？阅读这本书，在了解含有自我超越（这本来就是马斯洛晚年提出的未竟之业）新需要层次理论的同时，也能了解到马斯洛成长的过程、生平和有趣的琐事，这是本书的一大特色。

其二，西方人做学问追求细致，或许有点过于烦琐，但是那种追求穷尽的态度，值得参考。还是第一次知道，国人不愿意挂齿的性行为的动机，居然能分析出 237 种（p158）之多。考夫曼没有具体分析这 237 种，但是提出了区分低级 D 性和高级 B 性、性与需要、性与爱、性与依恋等问题，把孔夫子就声明过的"食色，性也"纳入需要的研究，值得重视和参考。

其三，人如何才能使得自己更好，作者总结出了 SMART 目标模式（p185）。这对指导每一个人，都是很科学而完全可行的指南。行为的动机直接影响到行为的结果。考夫曼引用马斯洛的话"不值得做的就不值得做好"（引自马斯洛，1965 年《优心态管理》），可谓画龙点睛。要想做好一件事，认知到位并主动提升工作的意义是第一位的，这与中国传统文明思想"知之者不如好之者，好之者不如乐之者"所论及的动机与效果关系的看法是完全一致的。纵观《自我超越》全书，还可以看到多次引用了中国的研究和作者作品，可见中华文明优秀传统，对人本主义心理学有着很大的启发和贡献。

其四，人是社会的人，您不是领导就是被领导，如何成为好的领导，如何看待您的领导，是人人关心的问题。马斯洛和考夫曼将这个问题纳入"开明型领导"进行讨论。如今人类已经进入了二十一世纪，随着物质文明的飞跃性提升，人的觉悟也快速提高，简单地说，如今的人已经不是中世纪时代的人，甚至不是第二次世界大战时的人。在这样的时代，要想做好任何工作，必须认识到今天人的特征，唯有开明型领导才能符合其他人的需要，因为领导就是领导那些有着当代需要的人，也就是满足他们需要的人，纵观世界各国莫如此。通过这本《自我超越》可以看到，早在20 世纪 70 年代之前，马斯洛就提出了这个问题，可见他具有很强的预见性和前瞻性，不愧为一代宗师。考夫曼按照马斯洛的精神，罗列出了"开明型领导"的重要特点（p194）。这与中国科学院心理研究所徐联仓等人于 20 世纪 80 年代，在日本管理心理学家三隅二不二提出的管理的 PM 理论的基础上，经过中国的大量实证发展出的符合中国管理的 CPM 模型有非常大的切合。CPM 模型得到国际心理学家的重视，并在中国的人员选拔与评测中起到过开创性的作用。您想自己的事业和孩子的未来更加成功吗？这是本书值得仔细阅读的部分。考夫曼还总结了马斯洛在《人性的更深层次》中关于教育的问题的论述，"当你打开通往价值、价值体验、高峰体验或超越体验的大门时，一个新的充满可能性的层面便会向研究者敞开"，并提出了促进人类成长的 Z 理论（p238）。考夫曼提出，"设想一下，如果学校不只是一个学习标准化课本的地方，同时也是充满惊奇、敬畏、自我实现，以及人性的希望的地方，学生会变成什么样呢？"这不正是我国近期提出的素质教育的核心精神吗？这非常值得当今的教育者，包括家长思考。

其五，人类世界之所以那么美好，原因之一就是充满了未解之谜，其中最大的未解之谜就是：人类从哪里来，到哪里去？经过几个世纪的努力，人类从哪里来已经有了大约共同认可的答案。而人类向何处去？仍然见解纷纭。这是就整个人类而言。具体到个体又如何？与人类之谜异曲同工的是，个体是如何来的，已经有了基本的共识，我们都是从精子和卵子的结合发生、发展而来。个体向何处去？仅仅是死亡吗？那个人何苦还要努力？人本主义心理学目标正是为了回答和解决这个问题。马斯洛认为人生充满需要，人生在世不由自主地就是为了满足各种需要，最高级的需要是满足高峰体验，这些原本就是个人的需要。某些企业家为什么要去攀登珠穆朗玛峰，要去从事一些风险极高的运动？甚至有人妄图建立不切实际的不世之功？从人本主义心理学的角度，他们都是认为自己目前的所作所为已经不能满足他们的高峰体验了，他们所做的一切只不过是在满足自己的需要。因此，如何使得个人的需要融入整个人群和人类的需要，就成为需要解决和注意的问题。有些人已经获得了高峰体验，那就完了吗？马斯洛进一步提出了高原体验。这是所有人的最后也是最好归属，特别是在人类进入老年社会以后，追求高原体验是对个体和群体都非常有益的行为指导（p252）。

其六，《自我超越》而不是简单的超越自我，意思非常清楚，就是每一个人都是独特的个体，只要认知正确，方法得当，都能够获得成功的人生，不需要一把尺子、万人一面的互相攀比。而认可自我存在，优化自我存在则是提升自我的基础。马斯洛自己是身体力行的。考夫曼为您查找到了马斯洛在生命最后几年里做的一些存在练习（p255）。考夫曼还在最后附上了"成为完人的七个原则"（p267）和十几项"成长挑战"的具体内容和可操作的方法（p289）。这些都有助于您，一卷在手，触类旁通，全面知晓人本主义心理学可以为您提供的帮助。

中国人喜欢事不过三。凡事一次最好只说三点，说多了别人嫌烦，也记不住，从心理学角度解释就是超过了工作记忆的广度了，人一想起来就觉得累，故而不喜欢。我原本准备遵循这个原则的，可是忍不住，就多说了几点。写的过程中又想到，西方人喜欢什么东西都最好有七点，将七视为神秘数字：一周有七天，世界有七大洲，人的美德有七种，还有七宗罪，连马斯洛最初提出的需要层次也是七种。我们不是西方，就写到其六吧。

望您开卷有益，请您不吝指教。

非常独特的 2022 年就要过去了，2023 年就要到来。世界和中国都在快速而巨大的变化之中，此时此刻学习和掌握更多的马斯洛人本主义心理学原理，一定对您的事业、家庭和健康有所裨益。我认为，这就是《自我超越》中文版在此时出版的特别意义。相信，未来必定更美好。

张侃

2022 年 12 月 10 日于北京时雨园

序 二

超越自我　升华人性　奉献人类

从自我实现到自我超越是人性的飞跃，自我超越也是人本主义革命的标志。很多人将马斯洛需要层次理论的第五层次——自我实现作为人生的奋斗目标，并分享实现目标时的高峰体验。但是，晚年的马斯洛又告诉我们，人性能达到的境界是超越于自我实现的，是第六个层次——自我超越。

积极心理学继承与发展了人本主义心理学，斯科特·巴里·考夫曼作为积极心理学的推进者，对马斯洛需要层次理论进行了更加丰富生动的完善与再解读。考夫曼通过对马斯洛的所有论文和演讲等资料（包括未公开的资料）进行整理和研究，与马斯洛隔世对接，聚焦于超越自我实现的新层次，重彩着笔在马斯洛"自我超越"精华思想的阐述上。同时，用当今心理学多领域里的丰富研究成果与实际案例来生动验证马斯洛的需要理论，并配有相应的人格测验，体验马斯洛需要层次理论在个体身上的检验。

这本书对马斯洛需要层次理论的贡献是什么？对我们的人生有哪些提升作用？

对马斯洛需要层次理论有哪些误解？

很多人是马斯洛需要层次理论的推崇者和运用者，但也是被现有教材误导了的读者。误解 1：在当前很多心理学的教材中，有关马斯洛的经典需要层次理论阐述并不完善，只介绍了马斯洛初期的五层次需要理论，未能反映出马斯洛的第六层次需要的理论思想，误解为自我实现就是人生最高境界了，使得人们看到身边出现一些自私的"成功者"和奉献的"失败者"，无法解释这一现实问题。其实，这也是马斯洛晚年对自己初期理论不足的反思，由此，马斯洛加入了更高层次——自我超越的需要。完整的马斯洛的需要层次理论包含有三种类别 6 个层次：第一类是基本需要，包含生理、安全、爱与归属、尊重 4 个层次；第二类是成长需要，包含第 5 层次自我实现；第三类超越需要，包含第 6 层次自我超越。而第一第二类属于个体发展的需要，第三类属于人类发展的需要。误解 2：马斯洛对需要层次的描述并没有使用金字塔模型而是整合层次，是其他人在运用理论时附加上的，所以在这本书里进行了澄清。误解 3：马斯洛认为各层次需要的重要性及其满足需要的顺序是随着社会文化、个人特点而变化的，并且是有差异的，马斯洛突出了内在心理需要与外部可变性因素的融合，有利于解读更多特殊现象。由此，这本书会让我们完整地理解马斯洛需要六层次理论，达到了正本清源的目的。

马斯洛为什么要补充自我超越层次？

马斯洛在人生最后的几年里，一直在反思自己一生建构起来的需要层次理论会出现哪些悖论。例如，在现实中人们经常会看到这样一个事实：当个人利益与集体利益出现冲突时，有人选择保全自己获取了个人成功（精致的利己主义者），有人选择维护集体利益而失去了成功机会（沉寂的无私奉献者）。马斯洛在《自我实现理论批判》一文中写道："必须说明的是，只追求自我实现还不够。我们不能孤立地理解个人救赎及对个人有益的方面……"，他进而指出"不考虑他人和社会条件、只关注纯粹心灵自我的个人主义心理学是不完善的"。马斯洛发现自我实现只是一个过渡性目标，是一次人生转折，也是通往自我超越的必经之路。1967年，身体虚弱的马斯洛在《人性的更深层次》演讲中提出了需要理论的新构思。马斯洛发现，前五种需要层次都是为自我发展服务的，这样的自我实现是有缺陷的，追求金钱和权力虽然会使人获得短暂的成就感，但是最终会出现遗憾与缺失。当人进入为人类服务的境界时，就超越了自我空间的局限，进入了"存在域"，奉献爱，传递善，做益事，表现出人性的升华。1969年马斯洛将这一需要确定为超越需要——超越自利动机的自我超越需要。

什么样的人可以达到自我超越？

之前，人们认为达到自我实现就登顶于人生的最高境界了，但是马斯洛告诉我们：不是！人类还有下一个崇高目标，但是这个目标不是所有人都愿意追求的最高境界。马斯洛描述了自我超越的过程：当人的五层次需要得到满足后，就会出现一种截然不同的人生图景——去自我中心化，是一种对自我产生历练的过程。什么样的人能够达到人生的最高境界呢？马斯洛认为，只有健康的自我实现才能通往自我超越。马斯洛认为自我超越者是更多生活在存在域的人，达到这个阶段的个体不再仅限于追求个人利益，而是开始认同那些比个人利益更伟大的事物，致力于帮助他人，并试图通过超个人的经历实现与超然的对话，表现出为他人服务、对理想（如真理、艺术）或事业（如社会正义、环境保护主义、科学追求、宗教信仰）的奉献。

马斯洛认为人的需要可以活动于匮乏域，也可以活动于存在域。超越者更容易感知到存在域，并可以自由地航行于匮乏域和存在域。例如，爱有匮乏性和存在性之分，匮乏的爱是以满足自我为目标，爱的特点是获取；而存在的爱则是不求回报的给予。正如《精神的进化》中所述"成功的人类发展首先涉及吸收爱，接下来是分享爱，最后是无私地奉献爱"。马斯洛认为"一个健康的人，他们接受爱的需要变少了，但是他们给予爱的能力增强了。他们是更有爱的人"。他们具有普世关怀，秉持公平、正义，能够普世包容，接纳他人，促进和平。

自我超越者的品质是什么？

达到自我超越层次的人是令人敬仰的，苏格拉底、林肯、斯宾诺莎都是令马斯洛崇敬的人。马斯洛认为，达到自我超越的人具有人性最高境界的品质，因为超越自我是抹掉自我的过程，他们无私，富有创造力，开放，真实，接纳，独立，勇敢等。1945 年他开始做"善人笔记"，力求发现"最好的人类样本"。他自己也是这样努力的，面对世界大战，作为一名心理学家，马斯洛认为自己的研究应该能够"拯救这个世界……阻止残酷的战争和可怕的仇恨与偏见"。受马斯洛自我超越思想的影响，一些研究者开始关注自我超越者的品质，并针对这一问题展开了相关研究。

特质-状态自我超越

自我超越者表现出对自我界限的扩展，通过将个人目标与更大的目标相结合，例如家庭、社区、人类、地球或宇宙的福祉，以超越个人的界限。有学者提出了特质-状态自我超越，其中特质自我超越的人格特点是：超越个体的一种价值观倾向，强调的是对他人的福祉和利益的关心，对应的具体价值观为普遍性与慈善；状态自我超越的特征是个体超脱对自我利益的执着追求，降低贪婪动机，转而将他人纳入自我的范畴中一并考虑，并伴随体验到自我超越情绪（敬畏感、道德提升感、感激、钦佩感等）。

一贯贡献者效应

一贯贡献者是特质自我超越的人。毛主席在夸奖吴玉章时说："一个人做点好事并不难，难的是一辈子做好事，不做坏事，一贯地有益于广大群众，一贯地有益于青年，一贯地有益于革命，艰苦奋斗几十年如一日，这才是最难最难的啊。"这句话精辟地诠释了一贯贡献者的特征。雷锋也是一贯贡献者的典范，具有榜样作用。一贯贡献者效应就是榜样作用，在团队中，一贯贡献者的亲社会意图和亲社会行为高，具有使命感，自我奉献与牺牲，不贪婪，这些特征都具有传播效应，能够提升团队成员的道德感，促进团队合作。但是，研究表明，一贯贡献者在团队中的付出是有回报的，他们的奉献行为被大家所认可，大家愿意与之合作，所以可以社会性获益。这也验证了马斯洛的理论观点，马斯洛认为最健康的社会是美德会有回报的社会，受到奖励的人应该是行为高尚的人，而不是富有声誉的人。

超越死亡

死亡是人生要面对的终极问题，很多人对死亡具有恐惧感，死亡管理理论揭示了人类的这一心理。晚年病重的马斯洛开始面对死亡问题，但是死亡威胁并没有让他产生死亡恐惧，也没有使他的需要下降到第一类别的基本需要，而是升华到自我超越的更高层次，向死而生。他说，"当一个人超越对死亡的恐惧时，你就会体面、优雅且达观地面对死亡。善终的最佳方式是活出美好人生。"在感受到死亡意识后，人会出现生存的存在域的三种代表成长的特点——正念、开放和宁静的自我。1970 年 2 月 12 日马斯洛在日记中写道："无论我何时死去，都会像砍倒一棵树一样，留下一大片成熟的果实待人采摘。如果人生如此丰富多彩，那么抓住它不放就显得十分贪婪且不懂得感恩。"62 岁的马斯洛因病离世，但是他的思想却永留人间，他将自己的生命转化为可以永生的思想，活在后人们的头脑中。在 20 世纪世界最具影响力的百位心理学家中，马斯洛以他的需要层次理论名列第十。

在《自我超越》这本书中，考夫曼以马斯洛需要层次理论为框架，以现代心理学研究为素材，以心理测量为工具，为读者提供了一个积极心理学取向的心理需要的诠释与人生发展的指导，作者从理论到实践，将心理学知识与原理应用于职场、家庭、管理、教育等领域，最重要的是为个体发展提供了更高目标，去追求人生的最高境界——完善自我，惠及他人，助推社会，贡献人类！

许燕

2022 年 12 月 12 日居家于北京

序 三

独一无二的人格艺术品

人类个体体格上的边界，是肉眼可见的皮肤。在进化尺度上，这一生物学边界的些微变化，都需要千年万年的时间，所以面对边界带来的限定，我们只能接受，无力反抗。人本主义的含义，除了包括尊重人的生物学现状和局限之外，还隐含了生而为人"不得不如此"的放弃和无奈。

但是，代表了个体精神世界的人格的边界，却不只在躯体之内，而可以在宇宙之中。广义上说，能被感知到的远处和深处，都属于人格的疆域。如此辽阔的空间，可以使人格呈现无穷无尽的趣味和功能。

现在地球上生活着 70 亿人。就像每个人都有自己的指纹系统一样，每个人也有着自己独一无二的人格。想象一个由 70 亿型人格组成的连续谱，人格发展水平从左到右逐渐升高。最左边是发展最原始、病理程度最高的状态，对应的精神科诊断是严重精神分裂症；往右直至中间部分，分别是人格障碍和神经症。在相当长的时间里，精神病学家、心理学家研究的都是上述人群，他们对右边，尤其最右边是什么样的风景，既缺少知识又缺乏兴趣。

直到马斯洛横空出世。

在公众眼里，最著名的心理学家是弗洛伊德，紧随其后的，应该是马斯洛。他的需要层次论，也许是传播最广的心理学观点。在那个塔形的顶端，是自我实现，对应着人格连续谱最右边那些人的人格特征。

从"天赋"来说，马斯洛属于连续谱的左半部分。糟糕的养育者给予他的是充满创伤体验的童年，使他的人格底色相当晦暗。而到离世时，他已经光彩夺目地站立在连续谱的右端，成为激励无数人实现自我理想的灯塔。

在精神分析和行为主义大行其道的那个年代，马斯洛以革命者的气概和智慧，创立了人本主义心理学，形成了与前二者鼎足而立的第三思潮。他一针见血地批评精神分析的过去和疾病取向，认为精神分析忽略了一个人当下改变自己的雄心壮志；他也毫不客气地反对曾经让他着迷的行为主义，拒绝把对低等动物的研究结果用在人类身上。

第三思潮最显著的特征有两个。第一，是把心理学健康化和美学化。它把注意力从残缺的、病态的病人身上，转移到了完满的、美好的人身上，马斯洛称其为"完人"（whole person）或自我实现的人。据他调查，在美国大约有人口总数1%的人达到了完人的标准。由此联想到，几乎在所有亚文化区域，精神分裂症的发病率都在1%左右。这使得人格连续谱两端得以在数量上对称，但是否别有深意，就不得而知了。

以美学的眼光看待人格，当真是别有洞天。马斯洛说人格美的最高境界，是高峰体验。高峰体验里的存在性认知、天人合一的感受、时空的消失等，让生而为人不再是一件短暂而无奈的事情。那一刻，瞬间即永恒，所有的努力都变得值得。

第三思潮的第二个特征，是认为人类个体具有无限发展的潜能；所谓的病人，只不过是身处成为完人的路上。或者说他们在精神上本来就是腰缠万贯的"富豪"，但是他们不知道或者不承认自己"生而具足"。就像传统的精神病学家或心理学家告诉一个人患了什么疾病一样，人本主义心理学家会告诉一个人他拥有别人身上的所有优点和潜力，你需要的不是去改变，而是去发现。

马斯洛并没有止步于需要金字塔塔顶的自我实现。他的目光投向塔之外，并且发现了一个更高级的需要，即自我超越的需要。我们还无法穷尽了解超越了自我的人到底有什么表现，但我们至少知道，马斯洛所谓自我实现的人的毛病在于可能没有什么活力，那么自我超越的人就有可能是人类群体中最有活力的那部分人，因为他们的空间浩瀚无垠，需要足够多的人类活力去填满。

记得大约是 1987 年，当时心理学书很少。我买到了一本马斯洛的《存在心理学探索》，读了无数遍，整本书几成残渣。我还做了几十张读书卡片，去给武汉江汉大学的学生讲这本书的内容。这么多年过去，我还记得当时教室里的活跃场景，当然大家都没有到高峰体验的程度，但相信面对人性的美好和潜力，大家都感觉到了希望。如果我去讲的是我赖以生存的精神病症状学，反应肯定会大异其趣。

人人都是璞玉。在时间之轴上，借由有滋养的人际关系，每个人都有可能把自己的人格，雕琢成独一无二的艺术品。

马斯洛是这样认为的，我选择相信他。

曾奇峰

2022 年 12 月 9 日于武汉东湖

代词使用说明

本书撰写过程中，就是否应对所有引文中的人称都进行性别中立化这一问题，我曾参考过一些人的观点。我最初的想法是，既然这是一本探讨我们共同人性的书，那么人本主义心理学创立者大量使用的性别语言似乎同本书的目标背道而驰。但经过进一步考量，我决定保留所有引文的原初形式。一个理由是，我想保留原作的完整性，不想无意间以某种意想不到的方式改变作者的意图。再则，我认为隐藏和美化过去使用的带有性别偏见色彩的语言对于将来超越语言偏见也无益。说了这么多，我认为那些有性别偏向的引文仅仅反映的是"（男）人（man）"这个词的时代语境与语义，可将之大致理解为全体人类。除此之外考虑到我们这一代在争取平等这一进程中正在取得的巨大进步，我尽己所能地使用了更具包容性的语言，希望这本书能反映我的这种意图。从根本上讲，我希望读到这本书的每位读者都有一种归属感，都能感受到一种无条件的正向关照，一种共通的人性。

目录

从自我实现到自我超越

1970 年 6 月 8 日，正值加州门罗帕克市的一个温暖夏日，亚伯拉罕·马斯洛正在笔记本上奋笔疾书。他满脑子都在想着人性能达到的更高境界这一问题，以及与此相关的种种理论与观点，其中一种理论已经耗费了他数年光阴——Z 理论。马斯洛的妻子柏莎从他身边走过，来到家中的游泳池边。马斯洛匆匆看了眼秒表，虽有不舍，但他知道自己每日运动的时间到了。医生对他十分严格，要求他每天必须进行少量运动来恢复心脏机能。自从 1967 年 12 月心脏病发作以来，马斯洛就频繁感到胸口疼痛，痛楚不断提醒着他生命随时可能终结。马斯洛因此拒绝了一切演讲，即使是在美国心理学会年会上做主席演讲那样令人备感荣耀的事，他也婉言拒绝了。

许多人都对马斯洛的需要层次理论很熟悉，在该理论的描述中，自我实现处于金字塔的顶端。你有可能在大学的心理学导论课程中了解过该理论，也可能在社交媒体上看到过对该理论的图解。

正如心理学教科书中呈现的那样，人受不断上升的不同层次的需要驱动：基本需要（生理、安全、归属与爱、尊重）必须在一定程度上得到满足，然后我们才能充分地实现自我，成为我们有能力成为的样子。

一些当代学者将马斯洛的自我实现阐释为一种个体主义或以自我为

中心的理念。[1] 可是，如果你深入研究了马斯洛那些已发表和未发表的作品，得出的结论则全然不同。1966 年，在一篇题为《自我实现理论批判》的未发表文章中，马斯洛写道："必须说明的是，只追求自我实现还不够。我们不能孤立地理解个人救赎及对个人有益的方面……在谈论对个人的益处时，也要谈论它对他人的益处。很明显，不考虑他人和社会条件、只关注纯粹心灵自我的个人主义心理学是不完善的。"[2]

马斯洛晚年越来越相信，健康的自我实现是通往自我超越的桥梁。马斯洛所关注的满足了自我实现需要的人，大多频繁地体验过"超越时刻"——在这种体验中，意识被拓展至自我之外，而且他们中的许多人都是由更高的价值观驱动的。与此同时，马斯洛还观察到，这些人对他们自身以及他们想为世界做出的贡献有着更深的领悟。

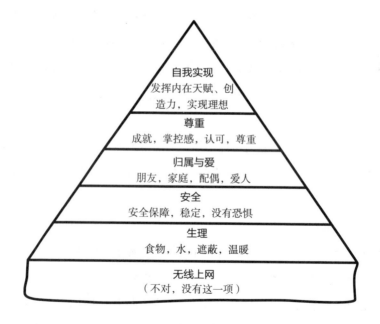

对于马斯洛而言，这构成了一个巨大的悖论：为什么这么多自我实现的个体既能拥有强烈的同一性和实现自我潜能的能力，同时又能如此"无

我"？在 1961 年的一篇文章中，马斯洛观察到，自我实现似乎是个"过渡性目标，是一次人生转折，也是通向自我超越的必经之路，这仿佛是在说自我实现的作用，即抹掉自我"。[3]

马斯洛相信，朝着自我实现的方向努力——培养强烈的自我意识并让自身的基本需要得到满足——是自我超越的关键一步。诚如他在 1962 年那本名为《存在心理学探索》（*Toward a Psychology of Being*）的书中所写："自我实现……矛盾地使超越自我、超越自我意识以及超越自我中心变得更有可能。"[4] 马斯洛注意到，自我实现能够使一个人更易融入更大的整体之中并成为整体的一部分。马斯洛的讲座、未出版的论文和私密的个人日志都清楚地表明，在其人生最后几年里，马斯洛的全部心思都在关于"自我超越"的悖论上。

1967 年 9 月 14 日，马斯洛在旧金山一神教堂发表了题为《人性的更深层次》的精彩演讲。[5] 出席者说，当马斯洛从过道来到房间前方的讲台时，他看起来十分虚弱。可是，他一开始演讲，整个房间都被点亮了。"一场哲学革命正在到来，这一点已变得越来越清楚。"他在开场时说道，"仿佛一棵树的所有分枝都开始结果，一种全面的体系正在迅速形成。科学与人类致力的所有学科领域都在受到它的影响。"

提到"人本主义革命"，马斯洛解释道，人本主义心理学正在解开那些"真正的人类体验、需要、目标和价值"上的谜题。其中就包括我们的"高级需要"，它们也是人类本性的一部分，包括对爱、友谊、尊严、自尊、个性和自我成就的需要。停顿片刻，他大胆地做出下一步论断：

　　然而，这些需要若得到满足，一幅不同的图景将会显现……在最好的条件下工作的得到充分发展的人（他们是非常幸运的）将为那些超越了自我的价值所驱动。依照"自私"的旧有意义衡量，这些人已经不再以自我为中心。美并不仅存于个人肌体之中，正义和秩序也是如此。人们很难将此类欲望归入自私之列，它们不能像我对食物的渴求那样被贴上自私的标签。实现正义或者让正义发生带给我的满足感并不在我的皮肉里，也不在我的血脉中。它既是外在表征，也是内在思想，因此，它已超越了自我的空间局限。[6]

马斯洛非常迫切地研究着这种观点。可是，在发表上述演讲几个月后，他得了冠心病，这就是他演讲时看起来很虚弱的原因。马斯洛活了下来，但他说自己突然感到不那么迫切了。这场大病让他陷入困惑，因为这与他原先的理论构想（生存下来才是人类最大的需要）恰好相悖。在1970 年 3 月 28 日的一篇日记中，他写道：

> 奇怪的是，仅仅因为我意识到了人难免一死，我竟然就能够感知、接受和享受非我世界的永恒与珍贵了。"能够享受"这一点令人费解。[7]

可见，意识到死亡的威胁不但没有令马斯洛跌落至他层次理论的最底层，反而强化了他自我超越的体验。对自己价值观的这一重大转变，马斯洛评论道："支配层次、竞争与荣耀无疑变得荒谬起来。在什么是基本需要、什么不是，什么重要、什么不重要等方面，我的价值观显然发生了重大转变。我认为，如果我们有可能死而复生，那么更多人会选择这种死后的人生。"[8]

就在他去世前几个月，马斯洛参加了人生中最后一次重要的公开专题研讨，会上他详细阐释道："显然，我们一直都会遭受头顶这块阴云——对死亡的恐惧所带来的痛苦。如果你能超越对死亡的恐惧（这一点是可以做到的，只要我可以马上向你保证，你会体面地、优雅地、不纠结地、达观地死去）……那么你的人生，在今天、在此时此刻就会发生变化。

我认为我们可以把这种对自我的超越教给人们。"[9]

在人生的最后几年里，马斯洛一直坚持做一系列练习来超越自我并在"B 领域"——"纯粹存在"领域更为规律地生活。他也一直致力于有关人性和社会的广义心理学与哲学的研究。1967 年 12 月 26 日，马斯洛出院后在日记中写道：

> 马斯洛从来没有使用过金字塔来呈现他的需要层次理论。

> 日记给我带来了新烦恼。我要怎么处理这些日记？此刻我觉得，我已有心无力，无法将世界所需的、我应担负的责任付诸笔端。若是真能将这些想法完整地写出来，我就算累死也无所谓，但我真的是心有余而力不足了。我想用这些日记将自己的想法以小型备忘录的形式保存下来，将来会有人理解我要表达的内容，理解我为什么一定要这样做。[10]

1970 年 6 月 8 日，阳光温暖又明媚。马斯洛放下笔记本，几番挣扎才站了起来，他打算做每天规定的锻炼。他是那么不想离开自己的工作，哪怕仅仅片刻。当他缓缓开始慢跑时，妻子柏莎心想，丈夫的动作怎么如此奇怪。[11]正当她要开口询问丈夫是否没事时，马斯洛瘫倒在地。等柏莎冲到马斯洛身边，他已经死去，享年 62 岁，身后留下了大量的未竟工作。

关于本书

> 依我看，在马斯洛的丰富思想未被充分消化吸收前，他注定会被反反复复地重新发掘。
>
> ——欧文·亚隆《存在主义心理治疗》（1980 年）

课本中有关马斯洛需要层次理论的典型表述非常不准确，未能充分反映马斯洛后期的相关阐释……重写教科书的时刻已经来临。

——马克·柯尔克托-里维拉

《重新发掘马斯洛需要层次理论的后期版本》（2006 年）

马斯洛的后期论述散落在一本未出版的文集中，其中包括论文、日记、私人信函和讲座文稿，当我发现它们时，我当即与他的思想和观点产生了深刻的共鸣，同时也对他的人生与工作肃然起敬，心生仰慕。

在听过马斯洛的某场讲座之后，我现在甚至把他当朋友来看待了。一天晚上，我坐在床边聆听他 1969 年在依莎兰学院的一系列演讲，他对一个观众提问的回答给我留下了深刻的印象。观众问道："你是如何界定'友谊'这个词的呢？"[12] 马斯洛首先将朋友界定为会真正"满足你的需要"的人，也是你作为回报想满足他们需要的人。然后，他将爱人间的友谊界定为一种彼此的需要融为一体的友谊，因为伴侣的需要成为了你的需要。

真正吸引我的是马斯洛接下来说的话："在更高的层面上……还有其他类似友谊的事发生，我感到我可以将亚伯拉罕·林肯、苏格拉底……斯宾诺莎看成我的朋友。我真的对斯宾诺莎非常喜爱，非常敬仰。在另一个层面上，友谊可以说是对他人的存在报以爱、欣赏和尊敬……说我爱威廉·詹姆斯也无妨，因为我确实爱他，非常喜欢他。有时候就是这样，我谈论他时总是充满了热爱，以至于人们都来问我：'你认识他吗？'我回答道：'认识，'（观众笑了）'那当然是不可能的。'"

我的心理学生涯以及我个人的人生态度深受马斯洛思想的影响，对我影响很大的还有 20 世纪 30 年代到 20 世纪 60 年代的整整一代人本主义心理学家，包括阿尔弗雷德·阿德勒、夏洛特·布勒、维克多·弗兰克尔、艾里希·弗洛姆、卡伦·霍妮、罗洛·梅以及卡尔·罗杰斯。他们关于人的基本关切——保障、承诺、爱、成长、意义、真实、自由、责任、公正、勇气、创造性、灵性——的综合智慧在今天依然甚至更加适用。因为我们生活的时代正在加速分化，人们变得更为自私，个人主义的权利争夺正日益加剧。[13]

人本主义心理学触动了我内心的最深处，和我的想法不谋而合，即为了实现人最大的潜能，我们要把人作为"完人"来考虑。[14] 在过去的二十年里，我一直在研究人的各种精神状态，这些人包括：那些为克服孤独症、阅读障碍、注意缺陷多动症和广泛性焦虑之类的异状而挣扎苦恼，却有着相当的天赋、热情和创造力的人；那些有着正常社交兴趣、有着孩童的玩耍天性，但一提到钻研某个领域便会暴怒的神童；那些患有特殊功能障碍（如言语表达困难），却有着惊人技能（如绘画、钢琴演奏）的天才；那些在校园中常常感到孤立窘迫，却愿意且渴望掌握更加高深知识的智力早熟少年；还有那些虽然会因过度沉浸在自我世界中而受挫，却想在多方面实现自我的高度自恋的成年人。[15]

在我的职业生涯中，有一点已变得十分清晰：对于他人（学校老师、家长、经理等）强加给我们的关于潜能的观点，我们接受得越多，就越看不到每个独特个体的全部潜能以及他们特有的自我实现与自我超越的方式。我的研究让我深信，每个人都有非凡的创造力、潜在的人道主义情怀和精神领域的可塑性，但我们常常因为只关注自身可能性中非常小的一部分而偏离了那些潜能。结果就是，我们不能充分地利用自己的潜能。我们花了大量时间来寻求外在的认可，致使我们无法去发掘已经存于内心深处的那些不可思议的力量，也无法以对成长最有利、最具整合效果的方式去满足我们那些内心最深处的需要。

事实上，当今很多人在追求"自我超越"时没能把自己的其他需要健康地整合进来，这其实不利于潜能的充分发掘。相关例子包括那些经历过创伤、极度缺乏安全感、期望以一场正念静修或是瑜伽课程来治愈一切的人，那些滥用权位的精神"领袖"，还包括意图通过不健康渠道实现自我超越却因不经世事而为人利用（年轻人尤甚）的大量案例，比如，暴力极端主义、邪教和帮派。

在当今世界的各个领域我们都能看到此类现象。尽管很多人普遍渴望加入一种更大的政治或宗教意识形态组织，但这常常建立在对他人的仇恨和敌意之上，而非对造福全人类的伟大事业的自豪与奉献之情上。从根本上讲，这类伪超越层出不穷，但都建立在"摇摇欲坠的根基之上"。[16]

我写此书旨在用众多学科领域的最新科学发现，使人本主义心理学那些智慧而又深刻、以人为本的见解再现生机。这些学科包括：积极心理学、社会心理学、进化心理学、临床心理学、发展心理学、人格心理学、组织心理学、社会学、控制论及神经科学。要想更加完整地理解人类的最大潜能，多种视角的整合是非常必要的，因为聚焦于一个视角有可能会对人性做出扭曲的解读。正如马斯洛所言："如果你唯一的工具是把锤子，你就会把一切问题都看成钉子。"[17]

在本书中，我将尝试在马斯洛的研究框架基础上，对人类需要的最高层次加以补充研究和完善，解读他的后期作品，我还会把人本主义心理学时代提出的丰富思想同那时以来累积的关于人性更高层次的大量科学发现加以整合，后者也包括我在智力、创造性、人格、福祉方面的研究。整本书中，我都会突出个人在求是、美、联结、探索、爱、心流、创造性、目的、感恩、敬畏等超越体验方面的潜能，它们深深嵌在人性里。我也会帮助你找出和反思自己被忽略的需要，方便你做出具体的人生改变，进而在日常生活里更接近完整和超越的状态。

尽管本书论述的是人类更高层的可能性，我打心眼里相信迈向成长和超越的最佳途径并非刻意忽略人生苦难的必然性，而是要整合你内在的一切。这要求你以敏锐的觉知穿透自身存在（being）的深处，去最大限度地感受人的实际存在（existence）所带来的丰富体验。这同马斯洛呼吁的"存在心理学"（Being-Psychology）高度一致，它体现为对超越"一般精神病理学"的人类需要的充分理解，"而且能将这一心理学的所有发现纳入一种更广泛、更综合的结构之中，其中既包括疾病，也包括健康；既包括匮乏，也包括生成和存在。"[18]

当下，有太多人在我们这个混乱而又分裂的世界中深切地感受着未能实现自我的缺憾，这种缺憾促使他们将对金钱、权力、伟大，甚至幸福的追逐视为人性的顶峰。然而，纵使在地位层次中攀爬可能会让人获得金钱上的成就感，甚至让人体验到片刻的幸福，但我们仍会陷入深深的遗憾之中，渴望同他人和业已破碎的自我建立起更为深厚的联系。社会心理学家、人本主义哲学家艾里希·弗洛姆说得很对——"有一种存在的艺术"。[19]不过，现在也可以说有一种存在的"科学"。

本书将以最新的科学进展为依据，对马斯洛的需要层次理论进行重新阐释，提供一个实用框架，帮助你领会自己的行为模式，理解你当下的生活方式正怎样阻碍着你的成长和超越，其目的是帮你勇敢、诚实地直面自我，使你成为自己想要成为的那个人。你会在书中发现富于启发性的见解，并能付诸自己的人生行动。在附录中，我收录了一些实用的练习和想法。如需进一步探索，你可在 self-actualizationtests.com 网站进行线上测试，人格测试会帮你更为深入地了解自己的人格模式，从而帮助你成为最好的自己。

我希望通过这本书向你们展示全人类共有的、超越你自身想象的巨大可能性。你会发现，自我实现只是这一探索之旅的部分行程。我将一路与你相随。

导　言
新需要层次理论

> 当下，在人们的视域里，一种关于人类疾病与健康的新构想正显露端倪，这是一种令我感到无比激动的心理学，充满了令人惊奇的可能性。
>
> ——亚伯拉罕·马斯洛，《存在心理学探索》（1962）

通过研究自我实现者，马斯洛发现即将达到人性最高境界的人往往拥有大多数人一生追寻的那些品质：无私、富有创造力、开放、真实、乐于接纳、独立且勇敢，但马斯洛并没有规定人们一定要这样。马斯洛相信，如果社会能创造满足个人基本需要的条件——包括坦诚、公开地发表言论的自由，对个体特有的能力与热情加以培养和发展的自由，在公平正义的社会中生活的自由，那么它就会自然、有机地促成人性最好的品质。

马斯洛认为教师、治疗师、家长扮演着园艺家的角色，其任务是"让人们能够以自己的方式变得健康和有力量"。[1] 对马斯洛而言，这意味着，"我们要努力把一朵玫瑰培育成一朵优质的玫瑰，而不是费尽心思把它变成百合……这就要求你享受自我实现的过程，哪怕自我实现后的那个人与你本人大相径庭。这甚至意味着对每一类人的神圣性和独特性都给予终极的认可和尊重"。

马斯洛热衷于建立"存在心理学"——这是一个系统性地研究目的而非手段的领域,包括目的体验(如惊奇、欢笑和联结)、目的价值(如美丽、真理和正义)、目的认知(如对现实的敏锐觉察和别出心裁的鉴赏)、目的目标(如抱终极目的或关切),还要将人本身视为自身的目的,而不是视其为实现目的的手段[马斯洛称之为"存在之爱"(Being-love),或"B爱"]。马斯洛呼吁的存在心理学——他有时称其为"积极心理学"[2]或"正向心理学",是对另一种心理学的回应,这种心理学更关注"不具备而非具备""努力而非完成""挫折而非满足""寻求喜悦而非获得喜悦""力图到达那里而非已在那里"。[3]

马斯洛并非在单打独斗。1930~1970年间,一批拥有类似想法的思想家陆续涌现——包括阿尔弗雷德·阿德勒、詹姆斯·布根塔尔、夏洛特·布勒、亚瑟·康布斯、维克多·弗兰克尔、艾里希·弗洛姆、尤金·简德林、卡伦·霍妮、悉尼·乔拉德、吉姆·克利、R.D.莱恩、罗洛·梅、克拉克·穆斯塔卡斯、卡尔·罗杰斯、唐纳德·斯尼格,以及安东尼·苏蒂奇——他们都看到了当时实验心理学、行为主义和弗洛伊德精神分析的诸多局限。他们感到上述流派并没有将个体作为一个整体而充分发挥其价值,遗漏了人在创造性、灵性、人道精神方面的巨大潜力。上述心理学家称自己为"第三势力",他们力图整合传统的研究视角,同时探索"何谓在经验上充分发展的人,以及这种见解会如何照亮圆满或充满活力的人生"。[4]

最终,第三势力心理学家发展为"人本主义心理学家"。1961年,马斯洛和安东尼·苏蒂奇创办《人本主义心理学杂志》(*The Journal of Humanistic Psychology*),标志着这一流派的正式创立。如今,一大批心理治疗师和研究人员正在这一领域中开展工作(很多人自称为"存在-人本主义治疗师"),[5]也仍然在主题上强调真实性、意识、有同情心的社会行为、最有利于成长的社会和生态条件、灵性、自我超越、整合、完整性、拥抱人类存在的内在苦痛与冲突。[6]在人本主义心理学的框架下,健康的人格应该持续驱动个体走向自由、责任、自我意识、意义、付出、个人成长、成熟、整合和变化，而不是把大部分的精力用在争取地位、成就，甚至追求享乐的幸福（happiness）上。[7]

20世纪90年代末期，为了围绕幸福（well-being）及什么"使人生有价值"[8]进行更多严谨科学研究，心理学家马丁·塞利格曼进一步发展了积极心理学。时下，人本主义心理学家和积极心理学家都渴望理解和培养健康的动机和健康的生活方式。[9,10]在过去的40年里，以下13种幸福的来源得到了较为细致的研究，每一种都可以用你自己的方式去实现。[11]

幸福的来源

- 更多的积极情绪：在日常生活中，提升满足、欢笑和喜悦等积极情绪与情感的频率和强度。

- 更少的消极情绪：在日常生活中，降低悲伤、焦虑、害怕、愤怒等消极情绪和情感的频率和强度。

- 生活满意度：对人生总体上持积极的主观评价。

- 活力：对身体的健康状况以及体能主观感觉良好。

- 环境掌控力：通过塑造环境来满足个人需要与愿望的能力；感到人生可控；不会被日常生活中的要求和责任压倒。

- 积极的关系网：感到被爱、支持和重视，拥有温暖、彼此信任的人际关系；对他人有爱心、慷慨。

- 自我接纳：对自己持积极的态度；有自我价值感，喜爱和尊重自己。

- 掌控能力：完成挑战性任务的胜任感；能够完成自己设定的重要目标的效能感。

- 自主性：独立感，可以随心做出自己的选择；能够抵抗社会的压力。

- 个人成长：持续地寻求发展和提高，而不是寻求达到某种固定的状态。
- 对生活的投入程度：专注于日常活动、日常生活并对之抱有兴趣，积极参与其中。
- 人生的目的和意义：能够感到生命重要、宝贵、有意义；能够清楚地感知自己努力的方向和意义；同广阔的世界保持联结。
- 超越体验：日常生活中的敬畏、心流、灵感、感恩体验。

需要注意的是，在这些幸福（well-being）的来源之中，有多项已经超出人们对业已固化的"幸福"（happiness）的概念。成为一个充分发展的人（fully human）意味着充实地活着，而不是持续快乐地活着。幸福感并不总是和感觉良好挂钩，它还意味着将人本主义心理学极其重视的主题——意义、投入、成长更多地整合到人生中来。

在本导言中，我将依照人本主义心理学的精神，以人格、自我实现、人的发展以及真正幸福的最新研究成果为依托，呈现一种面向21世纪的新的人类需要层次理论。我相信这个新的需要层次可以为心理学领域提供一个实用的组织框架，同时也可成为你实现个人健康、成长、超越的实用指南。

但我们必须首先消除关于马斯洛需要层次理论的错误观念。

人生不是一场电子游戏

马斯洛的需要理论常常被千篇一律地以层层递进的方式展现，仿佛某一组需要一旦得到了满足，我们就永远不用再关心那些需要了，仿佛人生是一场电子游戏，一旦我们完成了一关（比如，安全），一个声音就会从头顶传来："恭喜！您已进入下一关'归属'！"之后再也不必返回上一层需要。这种诠释方式严重地误解了马斯洛的理论和马斯洛成果的内涵。尽管学界几乎没人承认，但马斯洛实际上是一位发展心理学家。[12]

马斯洛强调，我们总是处在一种生成的状态，一个人的"内核"仅仅是由"潜能，而非最终的实现"构成的，最终的实现"脆弱、难解、易碎，且会被学习、文化期待、恐惧、否定等轻易压垮"，也会被轻易遗忘、忽视、弃用、忽略、噤声，或是被压抑。[13] 马斯洛明确指出，人的成熟是一个持续不断的进程，成长"并非某种突然的、跃进的现象"，常常是往前迈两步又往回退一步。[14]

马斯洛的需要理论旨在为不同的精神状态——看待世界与他人的方式提供一个组织框架，但在这一点上，相关讨论尚不充分。马斯洛认为，当得不到满足时，每一种需要就会同其自身独特的世界观、哲学观、未来观联系起来：

当人的机体被某种特定的需要主宰时，还会出现另一种奇异的特性：其关于未来的整个人生哲学也呈变化之势。对于长期极度饥饿的人而言，乌托邦可以被界定为一个食物充足的地方。这些人往往会觉得，只要确保他余生有饭可吃，他就再幸福不过了，而且不再需要其他任何东西。对他而言，生活本身的意义仅仅是吃，其他任何东西都会被划入"不重要"之列。自由、爱、集体感、尊重、哲学，都会被当作浮华无用之物弃置一旁，因为它们填不饱肚子。可以说，这种人此时仅为面包而活。[15]

尽管马斯洛时常用此类极端的例子来举例，但他很快就指出，大部分人的"基本需要只得到了部分满足，同时也有一部分没有被满足"。[16] 他坚持认为，"所有行为都是由多种或是全部基本需要决定的，并非仅由其中的某一种需要而定"，每一个人在任何时刻都可能回到某种特定的精神状态，这要视需要未被满足的情况而定。[17]

另一个常见的误解是，这些需要彼此分离，或不以有意义的方式产生联系。同上一个误解一样，这种误解同马斯洛本人的实际描述相去甚远："（人类的需要）体现为一种整合的层次，并不是二分式的，也就是说，人类的这些需要彼此依赖……这意味着退回到较低层次的需要这种可能性是存在的。在此情况下，不仅不能简单地将其看成病态或是反常的过程，相反，对于整个机体的完整性而言，要将之视为完全必要的一个过程，是'高级需要'存在和运作的先决条件。"[18]

英国人本主义心理治疗师约翰·罗文用俄罗斯套娃做类比，借以阐释马斯洛的整合层次理念：每个大的套娃包含了所有小的套娃，而且超越了那些小的套娃。[19] 比如，当我们忙于实现最高层次的目标时，我们对于安全、联系、自尊的需要并没有消失；相反，它们被整合到了更具超越性的目标当中。当整个人都得到了良好的整合时，他们的基本需要不仅得到了满足，而且会共同协作来助力成长，进而实现他们的最高目标和价值。

此处暗含的意思是，如果我们不能把自身匮乏的保障和未被满足的需要以一种健康的方式整合，而是一味追求快速成长，那么这样的成长是不大可能达到最高层次的。每周都在应用程序上听几分钟冥想引导语或是每天早上做瑜伽下犬式练习并不会让我们产生什么神奇的变化，也不会让我们对自我价值和同他人的联结产生深刻的理解。需要再次申明的是，马斯洛将发展视为时常进两步、退一步的动态过程，[20] 在这一过程中，我们不断地返回基本需要汲取力量，从苦难中学习，并向着更大程度地整合自己的全然存在而努力。

> 马斯洛从来没有使用过金字塔来呈现他的需要层次理论。

当下对马斯洛理论的呈现常常遗漏"整合层次"这一关键概念，大家都将目光聚焦在高台状的金字塔上——尽管在已发表的文章里，马斯洛从未用过金字塔来呈现他的需要层次理论。[21, 22] 托德·布里奇曼及其同事仔细地追溯了该金字塔结构的由来，得到的结论是："马斯洛金字塔"实际上是在 20 世纪 60 年代由一位管理顾问自行创造。从此，该模型很快在新兴的组织行为学中流行开来。布里奇曼和他的同事注意到，该金字塔"与（二战后）美国盛行的个人主义、民族主义和资本主义意识形态产生了共鸣，并为官僚主义（即分层三角形）中日益壮大的管理主义提供了支持"。[23]

不幸的是，管理学教科书中的金字塔模型被不断复制再现，将马斯洛丰富而又富含细微差别的理论变成了一种拙劣的模仿，严重违背了马斯洛自我实现理念的精神实质——出于人道主义目标去实现自身的创造性潜能。[24] 诚如布里奇曼及其同事注意到的："对马斯洛而言，启发管理学研究、助力管理学创新，并追寻公共利益远比创造一个过分简化的、单向度的五级金字塔更有力量。"[25]

最后一个常见的误解是，马斯洛的理论没有考虑到跨文化差异和个体差异。但马斯洛承认，在一个人的一生中，不仅其基本需要会在

> 我们可以同时在多个需要上下功夫。

显著性上有所起伏，而且其满足基本需要的顺序也存在巨大的文化和个体差异。[26] 举例来说，那些缺少安全与健康这类重要资源的社会（比如一个因战争而一直存在真正危险与恐惧的社会）自然会更多地关注与生存相关的基本需要。即便如此，这样的社会仍然可以在某种程度上存在一种集体意识，给人们提供尊重和发展技能与才艺的机会。如一位名为苏珊·富勒的顾问所察觉的："到处都有人在努力实现着自我。"[27] 要想让每个人都拥有自我实现和自我超越的机会，就必须解决世上那些真正的结构性不公，但这并不意味着必须要等到更多与基本保障相关的需要得到满足，才能够去努力实现更高层次的需要，我们可以同时在多层需要上下功夫。

即使是在一个社会的内部，由于性情和环境等体验因素的共同作用，每个人最渴望满足的需要也不同。比如，有些人喜好同他人建立更为深厚

的联结，有些人则可能对追求荣誉和获得他人的尊重更感兴趣。对个体来说，随着我们的成熟与发展，各种需要在重要性上也会发生变化。要再次强调的是，这里的关键在于变化和成长。

尽管马斯洛需要层次的具体顺序会随着文化背景、个人差异，甚至个体当前的人生阶段而发生变化，但马斯洛层次中的一个核心方面还是很好地经受住了当代科学的检验。我们现在就来看一下。

匮乏与成长

尽管大多数人都聚焦在马斯洛需要的金字塔形排列上面，但马斯洛本人实际上曾强调过层次的一个不同特征。马斯洛主张，所有的需要都可分成两大类，且必须整合为一个整体的两大类：匮乏性需要和成长性需要。

匮乏性需要（deficiency need），马斯洛称之为"D需要"，其动机在于需要没有得到满足——无论是食物、安全、情感、归属没有得到满足，还是自尊未被满足。匮乏领域（D领域）会歪曲我们所有的感知，扭曲现实，对一个人的存在提出要求："喂我！爱我！尊重我！"[28]这些需要的匮乏程度越高，我们就越会相应地扭曲现实来满足自我的期待，我们对待他人的方式也取决于他们能在多大程度上满足我们最为匮乏的需要。在D领域，我们还更可能利用各种防御机制保护自我，使自己在生活中免遭匮乏带来的伤痛。防御机制能够帮助我们避开这些难耐的痛苦，这一点上可谓"充满智慧"。

不过，马斯洛认为成长性需要（比如自我实现和自我超越）则是与一种截然不同的智慧联系在一起的。马斯洛将"防御智慧"和"成长智慧"区分开来，认为个体的"存在领域"（或简称"B领域"）仿佛是在用一片干净的镜片来替代一片花掉的镜片。一个人是不会任由恐惧、焦虑、猜疑驱使自己的，也不会常常屈就于现实，相反，这个人会变得更加乐于接受，喜爱自己和他人。成长智慧能更清楚地看清现实，它更关心"什么样的选择会带给我更大的整合，让我变得更为完整"，而不是"我如何才能保护好自己，让自己感到安全且有保障"。[29]

相对于成为一个完整的人的渴望来说，对安全和安全保障的顾虑、对及时行乐的渴望占用了我们更多的注意力，从进化的视角看，这不无道理。正如记者和作家罗伯特·赖特在其《洞见》中所说的那样："人类大脑的设计是自然选择的结果，其目的是要误导我们，甚至奴役我们。"[30]我们的基因所"关注"的一切都是如何遗传到下一代的基因当中去，而对整个人的发展所需的代价，它们是不予考虑的。如果遗传需要让我们的世界观变得更狭隘，需要我们对世界做出夸大的、与现实不符的反应，那就这样吧！

但是，这样一种世界观的窄化有可能会阻碍我们对世界和自身产生更为完整的理解。尽管成长中的挑战如此之多，马斯洛仍相信我们有能力做到自我实现，哪怕多数人的大部分时光都受匮乏性需要驱使，无法自我实现。马斯洛对安全与成长之间的辩证关系的强调，同当下人格心理学、控制论和人工智能领域的研究发现和理论推测惊人地相符。有一种共识认为，要实现整个系统的最佳运作（无论是人、灵长目动物还是机器），既需要在面临干扰和打断时保持目标追求的恒定性，也需要在改造和探索环境时保持一定的灵活性。[31]

意识到安全保障和成长是成为完整之人（包含健康的自我超越）的两大基础，此时我们就该探讨一个新隐喻了。

新的隐喻

20 世纪 60 年代以来的需要金字塔讲述了一个马斯洛从未打算讲述的故事，一个有关成就的故事，一个一级级通关直到你"赢得"人生比赛的故事，但那完全不是人本主义心理学家强调的自我实现精神。人的境况并不能用竞争来形容——它是一种体验。人生并不是为了登顶的艰苦跋涉，而是一场航行——在一片蓝色的广阔海洋中的航行，充满了探求意义与找寻发现的机遇。当然，其中也可能有危险和变数。在这汹涌的浪涛之中，一座笨拙的金字塔是没多大用的，相反，我们真正需要的是更具功能性的东西——一艘"帆船"。

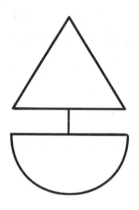

在人生的冒险航程之中，几乎没有纯粹的只需要径直航行的时候。大海很少会像我们期望的那样风平浪静，而船只本身会保护我们免遭侵袭。船只的每块木板都会帮我们抵御波浪并提供安全保障。如果没有木板，我们就会把全部精力都花在尽力浮在水面上。即使是只有一块木板也总比没有强，船越大，能够经受的风浪也越大。人生也是如此，尽管安全是感到有保障的不可或缺的基础，但若加上同他人的深厚联结、尊重感与价值感，定会更有利于你顺利度过暴雨狂风。

但是，要想真正起航，仅有一艘让人安心的船是不够的——你还需要一张帆。没有帆，你可能不会受到海水的侵害，但你哪里都去不了。每一面帆都会让你捕获更多的风，帮助你探索和适应周围的环境。

注意，你是不会像爬山或是爬金字塔一样"爬"一艘帆船的。你若感到安心，便会扬帆远航，正如你若感到安心，便会放下戒备一样。这是一个持续进行的动态过程：前一分钟你可能还毫无戒备、自在无虞，但下一分钟你可能就感受到了危险，将自己与外界隔离开来，一心应对风暴。话说回来，你越是不断地向世界敞开自己，你的船就会开得越远，你也越可能从周围的人和机遇当中获益。如果幸运的话，你甚至还会感受到令人陶醉的高峰体验（peak experience），你会真正感到你在乘风破浪。在这些时刻，你不但能短暂地忘却那些令人不安的因素，而且会成长得更加迅速，你在海洋中的航行仿佛就是在帮助其他所有帆船劈波斩浪。从这个意义上讲，一艘帆船并不是一座高峰，而是一个完整的交通工具，帮助我们探索周围的世界与人，也在此过程中伴随我们成长和超越。

扬起你的帆

从这个隐喻上讲，到底是什么构成了这艘船，并且给它提供了超越的可能？构成船只本身的需要是安全、联结和自尊。这三种需要作为一个完整的动态系统运作，整体中的任一方面受到严重破坏都会对系统的其他方面产生深远影响。在有利的条件下，各种安全保障需要会相互配合、呈螺旋式上升，趋向更大的保障和稳定；然而，在不利条件下，它们会使我们感到极其没有保障、极度不稳定，致使我们把精力大都用在防御上，从而使我们的旅程停滞不前。不幸的是，太多人毕生都陷入保障无着之中迟滞不前，与世界留予我们探索的无尽美好失之交臂，与自我实现和自我超越的各种可能性擦肩而过。因为风浪，我们错失了海洋。

那么帆呢？帆象征成长。尽管成长是自我实现的核心，但我们还应看到，对于"自我实现"这个术语，一个相当公允的批评就是它将特点与动机归并一处，并置于一个大的概念之下，形成了一个说不清楚的"大杂烩"。[32]马斯洛也认识到了这一点，因此，在他的后期作品中，马斯洛更愿意用"充分发展的人"（fully human）来代指他真正想要表达的想法。

为了澄清这一点，我将自我实现与成长划分为三种特定的需要——探索、爱、目标。现今的科学研究已经能为此提供充分的证据。我认为这三种需要能够抓住马斯洛真正构想的自我实现的概念之本。此外，我认为这三种需要不可以简化为安全保障需要，或认为它们互为你我（尽管它们可以建立在彼此之上）。这三种需要彼此协作，帮助我们成长为完整之人，也就是完人（whole person）。在有利的条件下，这些需要的满足会让我们走向更为健康、完整和更具超越性的状态；在不利条件下，我们会过分关注安全与安全保障，忽略了成长的可能性。

成长的根基是探索精神，所有成长都需要将这种基本的生物学动力作为其根基。探索是对新奇、富有挑战性和尚不明朗的事件进行探寻与查明的渴望。[33]安全保障主要关注的是防卫和保护，而探索的主要驱动力则是好奇、发现、开放、拓展、理解，以及创造成长和发展的全新机遇。构成成长的其他需要（爱与目标）可以建立在基本的探索需要之上，即达到个人内部更高层次的整合，为世界做出有意义之事。

我相信探索是自我实现背后的核心动机，它不可以简化为其他任何需要，包括一系列进化型动机：归属、地位、子女养育和配偶。尽管我认同进化心理学家道格拉斯·肯里克及其同事认为需要层次可以建立在进化之上的观点，但我还是相信，探索需要本身就值得在人类进化丰碑中占有一席之地。[34]

最后，新的需要层次顶端是自我超越的需要，它超出了个体成长（甚至健康和快乐）的范畴，使得最高层次的个体内心的统一和谐及个体与世界的统一和谐皆成可能。以安全保障和成长为牢固基础的自我超越乃是一种高屋建瓴的视角，借由该视角我们可以带着包容之心、智慧和同其他个体的联结感，完整地看待自身的存在。

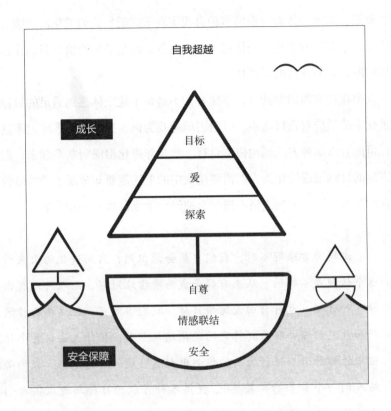

每个人都在海上 [35]

生命来自肉体的存在，但美好的生活却取决于我们究竟关心什么。

——罗洛·梅，《爱与意志》（1969）

我在本书中呈现的新的需要层次本质上是以人为中心的。确实，我们是由猿进化的，但我们是对个人身份、创造性表达、意义、目标无比好奇的猿。人类已经进化出一种动物王国从未有过的成长能力。在目标的长期性、确定目标优先级的灵活性上，以及因此产生的在自我实现方式的丰富性上，人类确实是独特的。想想人类在美术、音乐、科学、发明创造、文学、舞蹈、商业、体育方面的多种自我实现形式吧！我们进化出的能力可以产生复杂多样的文化，而使得文化如此复杂而精妙的恰恰是我们在追求目标时所具备的独特的灵活性。

人类在这方面的独特性，意味着并不是每个让个体感到满足的目标都与进化中的适应有直接联系。以滑雪球游戏为例，想成为滑雪球冠军这一目标可能会以某种方式同地位、自尊、掌控等进化型渴望联系起来，但把滑雪球的目标彻底简化为人类需要层次中的上述需要却疏漏了滑雪球游戏蕴含的基本人性。正如人格心理学与神经科学家科林·德扬所言：

> 谈到滑雪球冠军时，我们自然会意识到，只用进化约束来讨论这个话题是不够的。从未有猴子成为滑雪球冠军，而人可以自由选择各种目标，也可自由设定新目标。我们当然可以把这些目标的选择和设定回溯并联系到特定的进化动机上面，但你无法仅靠个体进化中的种种适应性行为，就推测出人类可能的行为范畴。我们必须给人们一个长长的"菜单"，提供各种可能的目标与追求供人们自由选择，甚至还要给人们创造新目标、设立新追求的自由。[36]

当然，我们的确在很多方面同其他动物一样有着相同的行为动机，理解进化形成的大量心理机制也是一个非常有价值的目标。[37]但值得注意的是，其他任何动物的存在性危机都无法与人类相比。弗洛姆在《健全的社会》一书中表明，人类存在一种有别于动物的基本冲突，它由我们的动物本性和我们的独特自我意识、理性和想象力碰撞产生。如弗洛姆所言："因此，人的存在问题在整个自然界独一无二。人似乎脱离了自然，但仍在自然之中；人有神性，也有动物性；人部分无限，部分有限。"[38]

用帆船的隐喻来说，尽管我们每个人都在朝着特定的方向行进，但我们航行在广阔未知的大海上。令人难以置信、无法理解的情形时有发生，始终伴随着人的存在，但一个令人宽慰的事实是，我们共同存在着，且都不得不遭遇相同的存在困境。正如一名患者向

> 尽管我们每个人都在朝着特定的方向行进，但我们航行在广阔未知的大海上。

存在主义心理治疗师欧文·亚隆倾诉的那样："即使你独自在船上，但只要能看到附近船只里的灯火，你就会感到宽慰。"[39]亚隆认为人类必须调和的四种"存在命题"如下：

- 死亡：想要继续生存、自我实现同不可避免的死亡之间的内在冲突。
- 自由：宇宙表面上的随机性与个体命运的自主性产生的责任重担之间的内在冲突。
- 孤独：一方面，个体想同其他人建立深厚联结，成为更大整体的一部分；另一方面，个体永远不能真正地实现这一目标，永远都孤独地存在着。两者之间存在内在冲突。
- 无意义：被抛入冷酷、看似没有内在意义的世界，却期待在不知为何如此短暂的生命中为个体在这个星球上的存在找到某种目标，这两者间存在矛盾冲突。[40]

因此，新的需要层次不仅是关于人性的理论，而且在本质上是关于人类存在的理论。发掘进化的规律和人的本能十分重要，这也是我通过本书要做的事。但我的终极关怀还是那些真正享受生活的个体，我想知道是什么使得他们的生命有了价值和意义。这本书论述的不仅仅是进化产物中的各个部分，更多的是每个人如何超越这些部分——在每个人以各自方式回应"存在命题"的过程中，成为大于个体部分之和的有机整体。

美好生活

　　我并不认为生活有绝对的定律可循，没有任何已知的规则可以帮我们预见人生中可能发生的一切。我们一边生活，一边成长，信念也随之改变。信念定然改变，所以我认为我们应该接受这种持续性的探索。我们应怀着一种更为深刻的生活认知，开放地接纳这种冒险，我们应将自身存在之全部赌在探索和体验的意愿之上。

——马丁·布伯［转引自奥伯雷·霍兹，

《马丁·布伯：一个亲密知己的肖像》（1971）］

　　"你必须一个人跨越生命之河，没有人能为你建造一座桥。或许有无数的小路、桥梁和乐意载你过河的半神，但唯有出卖和放弃自己才能走这些捷径。世上有一条路是除你之外的他人无法走的。它通往何处？不要问，只管走！"……因此，挖掘自身、粗暴地直接爬进"人之存在"这一隧道，这样做既痛苦，又危险。

——弗里德里希·尼采《作为教育家的叔本华》（1874）

　　我在本书中呈现的美好生活愿景并不是当下常常鼓吹的那种，它的首要动机并不是金钱、权力、社会地位，甚至不是幸福。我所展现的美好生活深深地根植于人本主义心理学的核心原则和对人类需要的现实理解，它是一种对需要的健康表达，服务于发现和表达一种对你来说"最好的自我"。

　　"美好生活"并不是你要追求的什么东西，它是一种生活方式。如卡尔·罗杰斯所言："美好生活是一个过程，并非一种状态。它是一种方向，并非一个归宿。"[4]这一过程并不总会带来幸福、满足和极乐之感，有时甚至还会造成痛苦和忧伤。如罗杰斯所言，它不是为"胆怯者"准备的，因为随着你发掘的潜能越来越多，进而"彻底地投入生活的溪流之中"后，它会要求你不断地从舒适区拓展开去。[42] 在帆船上张开风帆，观察风会把你吹向何方，这需要勇气，同样，成为最好的自己也需要很大的勇气。[43]

尽管如此，如果你坚持下来，定会活出更为丰富多彩的人生，你可以用诸多褒义词来形容这种人生："充实""令人兴奋""有回报""有挑战性""有创造性""有意义""强烈""令人敬畏"等。我相信人人都有成长这一基本能力，不管你当下的人格和环境如何，我都相信本书能帮你找到自己真正想要的成长方向和成长方式，以一种能向寰宇展示你真正存在过，且能增益他人的方式成长。

让我们开启这段超越之旅吧。

第一部分

——·——

安全保障

——·——

序　幕

1927 年，纽约城市学院 19 岁的本科生亚伯拉罕·马斯洛选修了"文明哲学"这门课，结果因为课程太难，他退课了。尽管如此，他的人生也将从此彻底改变，为其将来的发展埋下一粒重要的种子。年轻的马斯洛体验到了发展心理学家霍华德·加德纳所谓的"明朗化体验"——那是难忘且激动人心的一刻，他遇到的刺激物好像"咔嗒"一响，他脑中便闪过一念："啊！那不就是我吗？"

35 年后，在一份未出版的笔记里，马斯洛回忆起那次经历，写道："事实证明，这是我生命中最重要的教育经历之一，因为我接触到了威廉·格雷厄姆·萨姆纳的《民俗论》，这本书改变了我的人生。这也恰恰像教授在学期第一堂课上警告我们的那样：'如果你真的读了这本书，你就再也不可能同原来一样了——你将不再天真单纯。'"

《民俗论》给马斯洛以启迪，使他开始重视文化对人们行为的影响，也正是这本书促使他开始重视人类需要背后潜在的驱动力。不同社会有不同的激发行为动机的环境状况，因此不同社会为满足相同的基本需要会发展出不同的民俗。诚如萨姆纳所言：

> 每一刻人们都会有必须立刻满足的紧急需要。需要是人类的第一体验，之后便是为满足需要而立即采取的莽撞尝试……他们采用的是"尝试—失败"的方法，这种方法会一而再再而三地给他们带

来痛苦、失落和沮丧。尽管如此，这仍不失为一种原始实验与原始选择。人类最早的尝试就是这样的，需要是人类当时的驱动力。[3]

马斯洛几乎当即就迷上了人类学。下一年，他将转到威斯康星大学，在那儿贪婪地阅读人类学开创性人物如玛格丽特·米德、布朗尼斯劳·马林诺夫斯基、鲁丝·本尼迪克特、拉尔夫·林顿（马斯洛妻子柏莎的任课老师）等人的作品。马斯洛在1935年移居纽约市后，旁听了很多鲁丝·本尼迪克特、拉尔夫·林顿、亚历山大·莱瑟、乔治·赫佐格主讲的人类学课程和其主持的研讨会。事实上，受鲁丝·本尼迪克特的智慧、才华和友善吸引，马斯洛日后和她建立了亲密的友谊。后来，马斯洛也成了美国人类学学会的会员，并在学会大会上多次发表演讲。[4]

1938年，尚在马斯洛的心理学家生涯的早期，鲁丝·本尼迪克特帮助他获得了一笔研究资助，马斯洛得以（同吕西安·汉克斯、简·理查森一道）前往加拿大阿尔伯塔省西克西恰保留地，在北部黑脚印第安人中间度过了一个从事人类学研究的暑期。[5] 马斯洛爱上了黑脚人的生活方式。马丁·希维·黑德称，马斯洛此行颇受启发，甚至可以说是"为之征服"。[6] 让马斯洛印象深刻的是，黑脚人当中一般很少出现犯罪、暴力、嫉妒和贪婪，同时他们拥有很强的情绪安全感、严格却不乏关爱的子女养育方式、集体感、平等主义信念和慷慨的精神。事实上，马斯洛相信，黑脚印第安人之所以能够在他的情绪安全感测试中取得如此高的分数，恰恰是他们的社会结构和集体精神使然。

依据马斯洛的传记作者爱德华·霍夫曼的说法，马斯洛在黑脚人中观察发现："财富之重要性并不在于财产的积聚，向他人赠予财富才会在部落里真正给个人带来威望和保障。"[7] 与之形成对比的是，居住在附近的欧裔美洲人的残暴令马斯洛震惊："那些在保留地的印第安人是体面之人；而村里的白人则是我一生中见过的最坏的一群卑鄙小人、恶棍坏蛋，我对他们越是了解，矛盾感就越是明显。"[8] 显然，马斯洛此行了解了不少第一民族的观念，其中包括集体的重要性、对已有之物的感恩及对后代的回馈。[9, 10]

与此同时，此行还对马斯洛就人性本质的思考产生了极大的影响。[11] 尽管他是带着文化相对论的想法开展此次调研的，但让他深受触动的是，他感到自己同黑脚印第安人存在着深深的联系。[12] 田野调查结束几周以后，马斯洛在一份总结报告中写道：

> 似乎每个人从出生进入社会起就不是任由社会揉捏的一团泥，而是一个可能被社会扭曲、压制或建造的一个结构。我的基本论据是：我所接触的那些印第安人首先是人，其次才是黑脚印第安人；再则，我在他们社会里发现的人格范畴同我们社会的几乎一样，但曲线的分布模式却非常不同……目前我正在努力界定一种"基本的"或"自然的"人格结构。[13]

在当年12月的一份未出版的笔记当中，马斯洛写道："我对基本或自然人格结构……的看法是：自出生之时起，内心深处充满了安全感，拥有良好的自尊，就像黑脚印第安人、黑猩猩、婴儿或是安稳的成人一样。之后，社会将作用于这种自然人格结构，扭曲它、塑造它、压抑它……"[14]

萨姆纳在自己的书中强调，对民俗的评判不应用普世的"善""恶"标准，而应以其适应性价值为基础加以理解——适应性价值即其满足需要动机的有效性。与之类似，马斯洛相信人性本善，而生活的压力和打击却使人变得好像往恶的方向发展了。[15] 在1938年的另一则未出版笔记中，马斯洛写道："人们骨子里都是体面的，要想证明这一点，必须找出表面行为背后的动机——尽管那种行为可能十分卑鄙、刻薄、恶毒。一旦理解了这些动机，我们就无法再对其接下来的行为心生愤恨了。"[16] 简单说来，这与当时精神分析的观点大相径庭，精神分析认为人骨子里的真正自我是一大堆同自我保护或是性相关的破坏性冲动！

在同一则未出版的笔记中，马斯洛继而深思人们何以如此残酷。他断定原因在于"不安全循环——其他行为皆由此出……人之所以行为不当，是因为受到了或将受到伤害，所以人们会以一种自卫的心理猛烈回击，就像困兽一样。事实上，只要人们的基本愿望——对情感和安全性保障的需要得到满足，人们还是善良的。若给予人们以情感和安全保障，他们就会还之以情感，在感受和行为上也会表现得十分稳定"。沿着这一思路，马斯洛提出所有"卑鄙、刻薄、恶毒"之事都是为安全保障、情感和自尊这些基本需要所做的过度补偿。

大量视角多样的研究支撑了马斯洛关于"不安全循环"行为表现的思考，这个循环的共同内核是恐惧。无论恐惧以何种形式呈现，构成这个"不安全循环"的每一个匮乏性需要总有某种恐惧充斥其间。

如果你有太多的心理恐惧，这或许表明你在保障"船只"平稳方面投入了太多精力，这可能会给你在辽阔海洋上的真正航行埋下隐患。本书的第一部分致力于帮助你遏制不安全的情绪，使你尽可能地在安稳的基础上，真正地专注于生命中最有意义、最能使你成长和最具创造性的事情上。

让我们从构成人生安全保障的最基础需要——安全开始吧！

第一章

安 全

> 在我们的社会中，普通儿童和普通成年人（尽管表现得不如儿童明显）通常更喜欢安全、有序、可预料、守法、有组织的世界，一个可依赖的世界，一个没有突发事件、棘手状况、混乱和危险的世界，一个无论何时都有强大的父母或保护者使他免遭伤害的世界。
>
> ——亚伯拉罕·马斯洛《动机与人格》（1954）

尽管从整体来看，我们的世界在很多方面都已发生极大的改观——人们更加长寿、健康、自由、平和[1]，但在 21 世纪的前二十多年里，仍有很多人发现自己生活在一个难以预料、混乱丛生的世界。对这些人而言，混乱已侵入他们的私人生存环境。仅在美国，就有大约 1000 万有全职工作的人生活在官方认定的贫困线以下。尽管收入排在前 1% 的人收入上涨十分明显，但对相当多的美国人而言，一些再基本不过的需要，如住房、医疗，均处在危机状态。事实上，超过 3300 万美国人没有健康保险，近一半美国人手头连 400 美元的应急资金都没有。[2]

如作家露丝·惠普曼指出的那样，围绕卫生和健康，我们已形成一种与马斯洛需要层次相反的社会叙事，将自我实现放到了基本需要的层次上，但却没有为其打造安全和安全保障的坚实基础。在一篇题为《当金字

塔崩塌时，我们身在何处？》的文章中，惠普曼写道："我们对马斯洛金字塔塔尖的关注是以忽略塔基为代价的。"³

马斯洛从未真正地设计一个金字塔来展现他的理论（参见导言），他不断地重申，只有当最基本的需要得到满足后，个人才有机会发挥其全部潜能。作为俄裔犹太移民的长子，马斯洛自身所受的工人阶级教育，以及孩提时代的他常常在反犹运动中受到的欺凌，两者均对他产生了重大影响，使他终生关注社会变革。一个曾在 20 世纪 60 年代选过马斯洛所开课程的学生留意到，马斯洛强烈倡议学校给学生供应低价餐食，借此减少贫困儿童在健康成长和发展道路上的障碍。⁴

当代科学清晰地表明，不可预测性会对我们给自己设想与实际创造的生活产生深刻的影响。安全的需要及伴随而来的其他需要——周遭环境的稳定性、确定性、可预测性、连贯性、持续性、可信任感，正是其他需要实现的基础。对安全的需要同努力让生活经历有意义紧密相关，也同对幻灭的理想加以掌控的动机紧密相关。安全的基础能够让你敢于冒险，敢于探索有关存在的新想法、新方式，同时让你有可能成为自己真正想成为的样子。没有安全基础，人们就会过分依赖他人的保护、爱、情感和尊重，因而阻碍人生的成长、发展和意义。

安全需要同人生意义的一种特定形式紧密相关。心理学家提出了三种不同形式的意义：一致性、目的性、重要性。⁵目的性意味着去实现那些以未来为导向、有价值的人生目标；重要性指人们能在多大程度上感到自己在世上的存在和行动有意义、重要、有价值。

一致性需要是同安全需要关系最为紧密的一种意义形式。⁶例如，我周围的环境于我是否有意义？我的人生是否可预测、可理解？即使是去争取机会追求更大的个人目标，或是在世间找寻让自己变得更重要的办法，保持一致都是必要的。正如人生意义的研究者弗兰克·马泰拉和迈克尔·斯特格所说："我们需要一些能承载自身价值的东西，当人生变得令我们无法理解时，再去寻找让我们值得活下去的东西就很难了，甚至是不可能的。"[7]

保持一致性是存在建设性路线的。比如，研究人员发现，一致性是同更大的宗教虔诚、灵性、从创伤中成长的能力（比如经历癌症）相关联的。[8]但对于一致性而言，也存在更多的破坏性路线，且重获安全感的需要可能引发侵犯和对抗。太多的混乱和不可预测的事物会让我们陷入一种被心理学家称为"心理熵"的状态。[9]

心理熵

人的大脑是一部预测机器，[10]我们无时无刻不在加工接收到的信息，并评估这些信息在多大程度上同我们的期望匹配。在基因设定的框架之下（但基因不会完全决定我们的所想所为），大脑便会以一种目标导向的方式来指挥我们的行动、思维和情绪，以实现自身的基本需要。但请记住，这里所说的"目标"（goals）是一种宽泛的用法，范围涵盖从安全保障目标，如获得食物、归属、地位和配偶，到更多的与"具体目的"（purpose）相关的目标，如成为一名世界一流的运动员或者帮助发展中国家的贫困群体。正如前面提到的，人类拥有灵活的"目标库"（repertoire of goals），这一点非常独特。

"熵"最初被用在物理系统的运作上，它是对系统内的混乱程度的一种度量。但适用于物理热力学系统的熵原理（比如自组织），同样适用于所有信息加工系统，包括大脑、神经系统以及人的心理过程。[11]所有生物有机体（包括人）仅在其内熵能够被有效控制的情况下存活。[12]

在心理熵状态下，我们会体验焦虑、痛苦之类的不适感受，身体的压力系统被激活，释放一系列的激素（包括皮质醇）在人体内循环，让身体做好准备采取某种行动。[13]此外，跟警惕、情绪、记忆、学习相关的大脑特定区域被激活，细胞中控制炎症和寿命的基因也被激活。[14]

确定无疑的是，我们的生活中总会有一定量的心理熵存在：我们从来都没能对周围的环境做到完全掌控，而且我们认为可以预测的事情总是在不停地变化。一定的压力和不可预测性均属健康范畴，可谓正常。如同英国哲学家艾伦·瓦兹所说："人们往往想要在世界中获得完美的保障，而世界的真正本质却是瞬息万变，这种矛盾一直存在。"[15] 或者如数学家约翰·艾伦·保罗斯指出的："不确定性是唯一的确定，知道如何同无常相处才是唯一的保障。"[16]

此外，那些高度神经质、有闭合需要、有强迫症的人，会发现不确定性非常令人厌恶。神经质是一种人格特质，它的特点包括负面情绪、焦虑、恐惧、思维反刍等。当高度神经质的人不得不面对不确定的反馈时，他们的神经系统传达的情绪化反应要比应对负面反馈时大得多。[17] 如心理学家雅各布·赫什和迈克尔·因兹利奇指出的，在神经质测试中得分高的人"宁可选择他们了解的恶魔也不会选择他们不了解的恶魔"。神经质会对心理健康产生巨大的潜在影响，一些研究者深入钻研后认为，神经质是所有精神疾病的共同内核。[18]

有些人会对危险的迹象过分敏感，大多数人在面对未知时则至少会表现出些许不适。每个人都在一定程度上对以下事物有一些恐惧，比如对失败、被拒绝、失去控制、失去情感联结和失去名声的恐惧。[19] 要想寻求完人的发展，那么减少、控制甚至拥抱不确定性则十分重要，这不仅对我们的健康与幸福至关重要，对生存也是如此。

持续的恐惧和焦虑会在学习、行为和健康方面给人们带来严重影响。[20] 反复遭受歧视、暴力、忽视、虐待可能给人带来终生影响，它们会改变发育中的大脑内对压力特别敏感脑区的连接方式。

尽管大脑的很多变化是适应性的（这些变化同发现威胁有关），并且是有意义的，但这些改变让作为整体的有机体付出了代价。事实上，我们的基因并不"关心"我们的幸福，甚至我们的精神健康。如果基因可以说话，它们会告诉我们，它们只关心自己如何才能遗传到下一代的基因当中去。如果实现这些生理上的目标意味着必须以牺牲更高层次的目标（比如你的计划）为代价，那么就这样去做。尽管你可能强烈地渴望倾尽所能来创作一支新的交响乐，或是解决一道复杂的数学证明题，但人体系统中若有太多的心理熵存在，它就不可能最大限度地且全力以赴地助你完成要做的工作。

在生物功能运转的各个层面，我们的机体不停地尝试最大限度地减少出乎意料之事——能产生熵和不可预测性的体验，其实现方式为针对不同的环境输入调整自身反应。如果内熵水平太高，我们就得迫不得已地开发替代性策略以将熵最小化，同时满足我们的基本需要。如果不见成效，系统就会随着时间的推移而丧失适应能力，最终崩坏。

这一点不仅对我们的生理机能而言有着深刻的含义，对我们的心理而言也是如此。我们会用相当多的体能来保持头脑正常运转，进而使我们保持适当的可预测性和一致性，以便我们能够判定哪些行动会让我们靠近自己的目标。生活中感受到的不确定性越多，我们就会浪费越多的代谢资源，体验到更多的压力。当内部的混乱状态变得过于严重时，我们就可能采用不利于他人的策略，更不用说会伤害自我的策略。这样一来，我们对于可能性的感知力会变弱，仅由一些有限的情绪、想法、行为支配，使得我们的潜力大为减损，无法成为真正想要成为的自己。如果你前一天晚上成宿未眠，不断琢磨一个模棱两可的体检结果，那么第二天你就不大可能写出一曲交响乐。

研究表明，我们的心理加工过程同我们的生理过程是密不可分的。正因如此，我才将马斯洛提出的生理和安全需要整合起来。当安全需要无法满足，人们就会以特定的方式做出反应来恢复平衡，或者说恢复内稳态。以这样的视角看待人类的行为，会让我们不带任何偏见地审视不适应的行为，同时更好地理解人类。

任何人在任何时间都有可能被安全需要操控，采取一些由人性决定的行为模式。当安全需要无法满足时，我们就会失去对他人的信任，并以怀疑的态度待人。我们可能会轻易地诉诸破坏性路线来重获安全，比如加入恶势力团伙和有组织的犯罪活动。正如马斯洛所说："有安全感的人和仿佛生活在敌营中做奸细的人，两者间存在着一种性格上的差异。"[21]

接下来让我们从一个跟所有人都有关的例子开始理解安全需要：饥饿。

感到饥饿

> 假如我们在大部分时间里都饥肠辘辘、焦渴难耐，或处在一个危机四伏、为人厌弃的环境中，我们就不会想要去作曲或创建数学系统，装饰房间或打扮自己……显然，要想掩盖高级动机，或要想使人的能力和本性呈现一种失衡的状态，一个好办法就是使机体长久地处于极度饥饿或干渴的状态。
>
> ——亚伯拉罕·马斯洛《动机与人格》（1954）

"饿怒"（hangery）一词，从字面看即"饥饿"（hungry）和"愤怒"（angry）的结合，它已成为一种短小而巧妙的表达方式，常用在开玩笑的场合。但是，对全世界数十亿经常经历食物短缺的人来说，真正的饥饿绝非可笑之事。

无论是对人类还是其他生物，饥饿都会产生严重后果。缺少可靠的食物来源会引发粮食危机，这样容易产生一系列相应的负性行为，如冲动性增多、活动亢进加剧、应激性和攻击性增强、焦虑感加重，以及使用治疗性麻醉剂的倾向明显。[22] 有关食物的不确定性导致的行为后果，我们已经有了大量惊人的科学证据，包括针对昆虫、鸟类、哺乳动物（包括人类）的饥饿研究，对速效减肥、被迫经历"治疗性"饥饿的人所做的研究，以及对进食障碍患者的研究。

这些行为均有明确的起因，即极度的饥饿，而不是预先存在的人格差异。在一项经典研究中，研究人员注意到病人刚开始时还比较配合、愉悦、乐观，但在"治疗性"饥饿过程中，他们越来越冲动和愤怒，甚至产生躯体虐待行为。[23] 在一次实验后，一个人甚至"在出院后请求帮助，因为他在路上非常生气，甚至害怕自己会开车撞死在路上惹恼他的人"。[24]

饥饿会提升人们为食物工作或消费的动力，同时会减少为其他非食物获得工作或消费的动力。[25] 所以，最好不要将一系列同饥饿有关的行为视作系统的失效，而要将其视作一种适应，一种由不同替代方案构成的回应，这些替代方案旨在提升对食物资源的定位精确度，改善获取方式及保护措施，为此甚至不惜牺牲其他目标。[26]

如果替代性方案一直无法实现其目标，焦虑和亢进可能最终被抑郁和倦怠取代。最关键的是，是长久以来的食物保障不足，而不是彻底的食物剥夺，才导致了这些行为的发生。长期的食物保障不足会造成大量的心理熵，最终给人带来一种无助感，使得人体的其他系统也开始衰退。英国心理学家丹尼尔·内特尔认为，贫困人口中的一些常见行为（比如容易冲动、富有攻击性、易焦虑）更多是由经常性的食物剥夺，而不是预先存在的社会阶层所致。[27]

最引人注目的是，在食物再次供给的情况下，很多由饥饿引发的行为会发生逆转。我们一直饿着直到不饿。当我们不饿时，我们就忘了饥饿是怎么回事，除非再次陷入饥饿。

既然我们已经了解了一个所有人都能产生共鸣的例子，那就让我继续深入更复杂、更具心理学意义的不安全形式，我们将以"依恋"为例展开讨论。

对依恋安全的需要

> 在稳定的基础之上开始一系列勇敢的冒险，人生的最好安排莫过于此。
>
> ——约翰·鲍比

　　婴儿在生命之初完全是个无助的生命体，完全依赖其照料者来使自身的基本生理需要得到满足。照料者的回应和可靠使得婴儿逐渐产生一种需要会得到满足的安全感，与此同时，婴儿会对照料者产生情感依恋。这种纽带给不断成长的婴儿一个牢固的基础和安全的港湾，让他可以生存、调动好奇心并去探索外界环境。

　　英国心理学家约翰·鲍比将弗洛伊德的理论同新兴动物行为学（以进化的视角研究动物行为的学科）、控制论、控制系统理论，以及发展心理学整合起来，提出了"依恋行为系统"。该系统产生于人类历史的更迭，旨在激发一种增进照料者同脆弱的婴儿、孩童、成人之间亲近程度的欲望。[29]依约翰·鲍比来看，寻求亲近的行为起到了减少恐惧感与焦虑感的作用，当婴儿受到惊吓或是感到脆弱无助时，这种行为就会被激活。

　　在搭建这个系统的框架时，约翰·鲍比借鉴了很多控制理论的核心原则，这些核心原则十分依赖"如果／那么"程序。事实上，很多无意识的驱动力都会以"如果／那么"的形式写入我们的大脑系统，而且正如后面的内容中讲到的，洞察（insight）能够让我们有意识地推翻自动化的系统，进而控制无意识的习惯。可是，作为儿童，我们尚不具备这种认知控制功能，让自己的依恋行为系统停下来。

　　鲍比认为，依恋系统会经历一系列的"如果／那么"式的提问，最初的问题是："照料者是否在你附近，他在关注你并做出回应吗？"[30]如果孩子觉察到答案是"是"，她（他）会感到他人的关爱，感到安全和信心，更愿意去探索、玩耍和与人交往。如果这个孩子感受到的答案是"否"，她（他）就会感到焦虑，且往往会刻意做出一些能够将照料者拉近的行为，包括提升警觉心及将苦恼用声音发泄出来（哭喊）。（见图 1-1）鲍比推断，此类行为将会继续，直至孩子能够同被依恋者建立一种舒适的亲密度。如果被依恋者未能做出反应，孩子就会彻底地退缩，正如长期的分离或是缺失造成的后果一样。

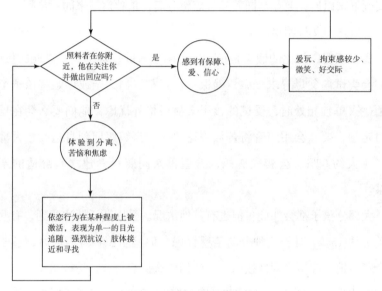

图 1-1　婴儿的依恋系统

针对压力状态下被依恋者对待我们的不同方式，依恋系统做出了巧妙的调整，它会跟踪记录从被依恋者那里成功获取的亲近与舒适体验——最初的被依恋者为父母，最终会延展至朋友和伴侣身上。鲍比认为，由实际存在的照料者，我们逐渐发展出他人和自我的心理表征，也可以称作"内部工作模型"，这让我们能够依照以往的经验预测他人的行为。通过在生活中不断地同不同依恋对象交往，我们会在他人能否满足我们的需要、在多大程度上对我们的需要保持敏感上形成一些认知模式，也会在自身的优点、自身是否值得被爱或被支持上形成自己的看法。这些内部工作模型会在更为广泛的层面上影响我们对于各种关系所持的、常常在不经意间流露出的期待和信念。

美裔加拿大发展心理学家玛丽·爱因斯沃斯对鲍比的想法加以检验，她发现婴儿会以一种可以预测的方式表现出某种类型的"依恋模式"。[31]在她设计的"陌生情境测验"中，一个9~12个月大的婴儿被带入实验室，在安顿下来以后，婴儿需同其父母短暂分离，单独留下来同一位陌生人相处，之后再与父母团聚。

实验证明，鲍比的假设是正确的：陌生人的在场引发了婴儿的焦虑，他们会尝试向父母寻求安慰，确保一切正常。当父亲或母亲将孩子留下与陌生人单独相处时，受试的孩子会显得格外忧虑：他们要么会在玩玩具时走神，要么会用声音将苦恼表达出来。当妈妈回到身边时，大部分孩子（大约62%）会爬向妈妈，希望再次同照料者建立起舒适的亲密关系。

大部分孩子都会如此，但也有其他情况。爱因斯沃斯注意到，有些婴儿（大约15%）对于这种分离倍感忧虑，但是当照料者返回时，孩子虽然会爬向她，却拒绝同她接触——他们要么拱起脊背，拍打扭动，要么以其他方式来显示自己在被抛弃时感受到的不适。[32]爱因斯沃斯将其视为不安全依恋的一种体现。在被弃之不顾之后，孩子没有办法彻底地调节和恢复情感上的平衡。爱因斯沃斯将之称为"焦虑-反抗型依恋"。

爱因斯沃斯在另外的25%的孩子中留意到另一种不安全依恋，她称之为"回避型依恋"。这些婴儿因为被分离明显地感到忧虑，但当母亲回来时，他们表现得仿佛不再需要母亲的安慰、接触和支持。他们那个样子仿佛在说："无所谓，反正我再不需要你了。"

爱因斯沃斯对婴儿的依恋心理所做的开创性研究被拓展到了成人关系的研究中。[33]以下是在成人中发现的四种依恋类型：

- **安全型依恋**：在情感上接近他人，对我来说很容易。依赖他人也让他人依赖我，对我而言很舒服。无论是独处还是不被他人接受，我都不会担心。

- **恐惧型／恐惧-回避型依恋**：我对接近他人感到不安。我需要情感上的亲密关系，但我发现自己很难彻底地信任和依赖他人。我担心如果自己同他人走得太近，我会受到伤害。

- **痴迷型依恋**：我想在情感上同他人亲密无间，但我常常发现对方对此持迟疑态度；如果没有亲密关系，我会感到不舒服，但我担心别人并不像我珍惜他们一样珍惜我。

- **疏离型／疏离-回避型依恋**：尽管没有亲密的情感关系，我也同样自在。对我而言，独立和自我满足非常重要，而且我更倾向于不去依赖他人，或是不让他人依赖我。

你是否对这些简要描述中的某一种深感认同？如果确实如此，那就太棒了！你已开启自我意识的过程，它对于你的关系大有帮助。可是，大多数人不只属于某个单独的类别，或许他们认为自己还属于一个以上的类别。结果证明，依恋模式的类型划分可能太过简单、太静态化了。R. 克里斯·弗雷利及其同事发现，人们彼此间的差异实际上更多是动态的，而不是绝对的。[34] 我们都处在依恋模式各个维度的某个位置上——从"根本不是我"到"完全是我"，大部分人在这两极中间的某个位置上。

事实证明，依恋模式的这四种类别——安全型、恐惧型、痴迷型、疏离型可以视作两种维度的组合再现：焦虑与回避（见图1-2）。焦虑型依恋维度反映的是对于被拒绝和抛弃的忧虑，它产生于你对他人能否在你患难之际挺身而出的信念。回避型依恋维度同安全感的关系不大，与其更为相关的是你在压力之下如何调节自身的情绪——你是将他人看作一个稳固的基石，还是抽身离去。

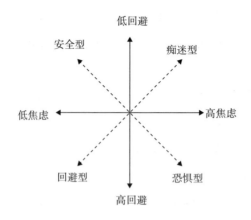

图 1-2　依恋模式

> 没有哪个人的依恋模式是彻头彻尾的安全型依恋。当压力出现在我们的人际关系之中时，所有人都会有那么一点儿焦虑和回避。

研究表明，这两种维度仅有微弱的关联，这就使得人们可能在两个维度上都得到高分。这也进一步说明，"安全型依恋"作为一个单独的类别并不存在，安全型依恋仅是低焦虑和低回避的组合。[①] 当代研究表明，没有哪个人的依恋模式是彻底的安全型依恋。（你见过任何这样的人吗？）当压力出现在我们的人际关系之中时，所有人都会有那么一点儿焦虑和回避。

尽管如此，你在焦虑和回避维度上的特定位置仍有着重要的含义。在这两个维度得分低的人往往有更多应对和调节情绪、想法、行为的建设性方法，他们比那些安全感匮乏的依恋者显露出更高的关系满意度、更强的心理调适能力和更健康的自尊，甚至还表现出更强的利他精神、志愿精神、共情能力，对不同社会群体中的人持更包容的态度。[35] 显然，令人感到安全的依恋关系不仅为满意度更高的关系打下了基础，也为成长的其他

[①]　如果你一定要知道其他组合，那么"恐惧-回避型依恋"是高焦虑与高回避的组合，"痴迷型依恋"是高焦虑和低回避的组合，"疏离型依恋"是低焦虑和高回避的组合。

方面创造了条件。

另一方面，同安全匮乏型依恋（尤其是焦虑型依恋）联系在一起的是抑郁、焦虑、孤独、神经质、冲动、人格障碍、完美主义、强迫症倾向、药物滥用、创伤后应激障碍（PTSD），以及在应对压力事件与挑战时怀疑自身能力的一般倾向。[36] 就身体健康而言，安全匮乏型依恋与心血管疾病、炎症、免疫功能不良及压力作用下的神经内分泌激活相关。[37] 既然安全型依恋同生活这么多方面相关，接下来就让我们更为仔细地看下那些更有安全感的依恋者究竟是怎样同世界互动的。

选择自己的依恋类型

如何成为安全型依恋者？在一项影响深远的研究中，社会心理学家南希·柯林斯要求被试描述他们在不同场景中的可能感受和可能做法，各种场景设计的出发点是深入了解基本的依恋主题，包括有情感需要时，多大程度上能获得满足，以及同伴作为安全的基础，在多大程度上可以依赖。[38] 与那些安全依恋型成年人相比，焦虑型依恋的受试者阐释事件时更为消极，且在回应"想要拥抱时却得不到回应"和"想要独自度过一个夜晚"这样的情形时，诉说了更多的苦闷情绪，这样一来，更可能引发冲突。

阿曼达·维卡里和 R. 克里斯·弗雷利基于这种研究进行了创新，他们要求人们想象自己身处一种关系之中，并且想象随着时间的推移，他们会如何"选择自己的冒险"。[39] 不安全型依恋的成年人倾向于做出破坏关系的选择（比如，不提起自己曾同前任共进午餐，允许伴侣心生嫉妒），这些选择对他们的关系满意度有直接影响。让我们一起参与进来：

> 你到伴侣家共度傍晚。突然，你的伴侣接到电话，去了另一个房间接听。二十分钟后，你的伴侣回来了，告诉你是他（她）前任

的电话，对方只是问候一下。你知道他们仍是朋友，偶尔会聊聊天。你的伴侣问你对于他（她）同前任还有联系一事是否介意。

你会说：

A."没关系，知道你还能同曾经约会过的人继续相处，我很高兴。"

B."有一点儿介意，我还是有点儿担心你俩之间可能藕断丝连。"

你的伴侣继续谈论他（她）的前任，你开始感到有点儿嫉妒了。前一个星期，你曾经中意的一个人打电话邀你出门，但你没有告诉你的伴侣，因为对你来说这不是什么大事，你已经差不多忘记了。在你的伴侣谈论前任的时候，你突然记起这件事，并且认定要是你告诉他（她），他（她）可能会嫉妒。

你会：

A. 不向他（她）提起这件事，不希望他（她）心生嫉妒。

B. 漫不经心地提起这件事，希望他（她）会有一丝嫉妒。

接下来的一周，你的伴侣来到你家。你俩玩得正高兴时，突然开始讨论起你们之间的关系。你的伴侣说他（她）感到事情有些严重，你俩该讨论下这段关系的发展方向了。

你会说：

A."好啊。"你认定如果你俩志趣相投，这样做会增进你们的关系。

B."或许我们应该暂停一下。"你认定他（她）对你们的关系有顾虑，你要在他（她）结束这段关系前先抽身离开。

注意：那些更接近安全型依恋的人在这些场景之中更可能选 A。

　　然而，那些缺少安全感的依恋者并非无可救药。即使在一开始他们做出了破坏关系的选择，他们也会逐渐做出更好的选择（尽管他们的进步没有那些安全型依恋个体来得快）。关键是，当他们同一个温暖、体贴的伴侣交往时，他们会做出更多有益于双方关系的选择。安全型依恋的恋人们也一样。

　　的确，那些不安全型依恋的个体倾向于在伴侣关系中做出带来负面结果的选择，这些结果是他们害怕甚至期待的。但这些发现也表明，伴侣的敏感性确实至关重要。一种被称作"情绪聚焦疗法"（Emotionally Focused Therapy for Couples，EFT）的亲密关系治疗方法显示，在亲密关系中通过培养安全型依恋关系，有望改进双方对整体关系的满意度。⁴⁰伴侣双方会学会如何在压力和逆境下将伴侣关系视作自身安全的港湾、稳固的基础以及坚韧的来源。

　　在 EFT 中，伴侣们会被鼓励着说出那些他们深藏于心、使自身陷入破坏性反应模式的依恋恐惧与需要。说明对依恋关系的顾虑，同善解人意、体贴关心的伴侣讨论，对双方都大有裨益，会提升亲密度和关系满意度。

　　那些回避和焦虑程度较高的个体易受伤害，也因此可能给人带来麻烦，但他们的弱点仅在遭遇特定压力时才会被触发。⁴¹杰弗里·辛普森及W. 斯蒂文·罗尔斯的研究表明，高回避的个体的回避情绪会在特定类型的压力下被激活，比如给予或接受帮助的压力，在情感上变得更为亲密的压力，深入地分享自身情感的压力。同样地，对高焦虑的个体来说，焦虑仅在当下关系的稳定和质量受到特定威胁时被激活。⁴²

　　尽管从狭义的角度理解，对特定关系刺激所做出的反应，可能是适应性的或是"明智的"，但是这种对依恋危机所做出的防御反应最终会破坏这段关系，并破坏个体自身。值得庆幸的是，辛普森和罗尔斯发现，即使是面对刺激事件，不安全型依恋个体仍有能力远离那种不安全的情绪运作模式，尤其是当他们同较为忠诚的伴侣在一起时，他们的伴侣能够灵敏地感知他们同依恋相关的特定需要和顾虑。[43]

很多时候，人们认为成人的依恋模式是由儿童早期父母的培养方式决定的，这种模式将一成不变、根深蒂固。但是一项关于依恋模式持续性的综合研究表明，在大部分研究中，儿童早期依恋模式和成人依恋模式之间仅存在微弱的一致性。[44] 依恋模式可以因新体验和新事件而发生变化，哪怕只是一条能激发他们安全感的短信这样简单的事前干预，都会产生降低焦虑水平的效果。[45]

当然，对儿童期的需要保持敏感并做出反应仍是十分重要的，培养父母对孩子需要的敏感性会给孩子带来更大的依恋安全感。[46] 对于一些反应特别积极的孩子来说，父母足够的敏感可以给孩子带来极大的影响，孩子不会产生恐惧和焦虑，而是发展出丰富的好奇心和探索精神。[47]

当孩子们被安排了他们无法完成的任务时，或父母强迫孩子做出超出他们能力范围的家庭决定，比如满足父母的需要时，他们的完整性和整合性特别容易受到威胁。可是，对孩子需要的敏感并不意味着过分骄纵。维也纳精神病学家阿尔弗雷德·阿德勒认为，溺爱孩子可能会严重地损害孩子的社会成长和情感成长。[48] 受阿德勒启发，马斯洛写道："孩子需要强大、坚定、果断、自我尊重、自律的父母，否则孩子会恐惧。少年儿童需要一个正义、公平、有序、可以预知的世界。只有强大的父母才能提供这些重要的品质。"[49]

我们不妨这样思考这个问题：儿童早期同依恋对象的互动是后来人生体验的基础。[50] 在儿童的依恋模式中，如果总有人说，他人靠不住且你不讨人喜爱，那么这些话将以种种不易察觉或直接明了的方式对发展中儿童的生活及其同他人的互动产生影响。但早期依恋模式远远不能决定人的命运，就像依恋研究专家 R. 克里斯·弗雷利告诉我的那样：

你可以把发展看作建造一座建筑的过程，你先打下地基，之后开始搭建脚手架，再搭建框架。发展的运作方式是，你从底层开始，你打下的基础将限制你未来的行动范围，但它不会限定建筑物最终的高度——那将由你爬上脚手架、继续搭建建筑框架时的行为决定。[51]

我们当下的依恋模式受我们整个过往的关系经历和社会交往经历影响。儿童早期的经历不一定会留下永久的烙印，相关的反应可能随着时间的流逝而向好的方向发展。我们的依恋模式可能会由于个人成长，以及伴侣的敏感性与可得性而发展、变化。尽管特定的关系动力可以激活长久以来我们所建立的反应策略，可我们并非这些模式的奴隶。一对情侣越是能够意识到旧模式的影响力，他们之间的关系积极向好的可能性就越大。

依恋中的安全感匮乏对于我们如何理解成长十分重要，但更为严重和更为持久的安全匮乏形式会是怎样的呢？精神折磨、虐待、暴力及其他经常带来威胁的环境条件又会有何后果呢？下面就让我们讨论这些话题。

大脑创伤

确保幼儿拥有安全、可靠的环境，让孩子们可以在其中成长、学习，发展健康的头脑和身体不但对孩子有益，而且可以为繁荣、公正、可持续的社会打造坚实的基础。

——南森·福克斯，杰克·宋可夫《持久性恐惧及焦虑对幼儿学习、行为和健康的影响》（2011）

尽管儿童早期体验到的回应性关注会帮助他们创建一个安全、可靠的基础，助其探索未来，丰富社会交往和亲密关系的体验，新兴的研究表明，并非所有的不安全环境都会产生同样的长期性影响。大部分父母的养育方式不会给孩子成人后的人格留下不灭的烙印。[52] 但是，在人生早期遭遇的强应激源会产生持久、长期的影响。

同大众认知相反，鲍比的理论实际上并没有局限于无助的婴儿，它建立在有关人性的一般理论的基础之上。鲍比关于依恋的理论来自他与青少年的亲身接触——这些青少年在人生早期都曾经历逆境。他们中有些是寄养儿童，其中一部分孩子曾被辗转寄养多次；有些孩子失去了双亲；有些孩子曾是少年犯。[53] 但是鲍比注意到他们的一个共同点：这些青少年中的大部分人很难同他人建立亲密关系。

在今天的美国，接近一半生活在贫困中的儿童目睹过暴力。据联合国统计，超过 1.3 亿儿童曾在家中目睹亲密伴侣间的暴力，超过 2 亿儿童遭遇过某种形式的性侵。[54] 此外，还有数百万儿童每日经受着冷暴力，比如父母中的一方故意引发孩子的内疚感、羞愧感、恐惧感来满足他们自己的情绪需要，或是贬低、毁坏孩子珍视的事物。

对儿童的忽视也可以产生同虐待一样的破坏力。忽视意味着父母对于孩子的痛苦和社交需要一而再再而三地无视，期望孩子自己去应对危险的状况，或是就孩子当前发展而言超出他们能力的情形；也意味着无法满足孩子对于食物、干净衣服、容身之处、牙齿和医疗保健之类的基本需要。

通过多种机制，来自照料者和不可靠环境的双重外部影响会共同作用于幼儿正在发育的大脑。根据预知适应性反应（predictive adaptive response, PAR）理论，儿童早期经历的挫折起到了"天气预报"的作用，预示了个体将来成熟的条件，早期经历挫折的个体之所以发展出与预期环境相切合的策略是为了适应。[55] 认知神经科学研究显示，大脑会根据它对未来所做的预测来进行自我重构，而那些预测又是以先前经验为基础的。[56] 对于在孩童时期经历过持久焦虑、恐惧和持续未知的人来说，要想理解这些事对其认知能力、情绪调节能力和社会功能的影响，就必须理解大脑是如何通过改造自身来应对预期创伤的。

虽然恢复的可能性并没有完全丧失——大脑确实会给未来可能的改变留下空间，这意味着某种神经可塑性的存在，但人生早期的应激源的确会激活能终结关键发展期·基因，给发展带来限制。[57]正如马丁·泰歇及其同事的解释："大脑发育由基因引导，却由经验塑造。"

对人生早期应激源十分敏感的大脑区域包括：海马体，涉及记忆和想象的形成和提取；杏仁核，涉及警觉能力与对情绪含义的识别；前扣带回，涉及错误检测、冲动控制、认知资源分配；胼胝体，联结大脑的左右半球；前额叶，尤其是内侧前额叶和眶额皮质，涉及长期决策、情境评估以及情绪的自我调节。[58]大脑的每个区域都有各不相同的敏感期，在敏感期内压力产生的损害最大。

儿童早期遭遇的挫折会使大脑应对虐待和忽视的方式发生特定的变化。[59]特别需要提及的一点是，充当大脑第一层外界信息过滤器的感知系统与各种神经通路会率先发生改变。比如，父母的言辞侮辱改变的是儿童的听觉皮质与语言通路，看到家庭暴力使其大脑中同视觉相关的脑区以及与恐惧和紧张情绪相关区域的连接方式发生改变，性侵会对大脑中表征生殖器及人脸识别的区域产生影响，受到精神虐待会改变大脑中与自我意识和自我评价相关的区域。

此外，对受到任何形式虐待的儿童而言，其杏仁核反应会在他们遭遇威胁面孔时加强，而与感知威胁及事件相关记忆激活有关的神经通路的传导力量会减弱。这种总体模式表明，在经受虐待时，大脑会进行自我调整以切断对虐待经历的有意识感知，同时促进对未来可能构成类似威胁情境的回避。这同被精神病学家称为"分裂"的现象类似。

当然，"适应"并不必然意味着被社会认可、健康，或者有助于人们获得幸福。自私、竞争、好斗的特质之所以演化出来，可能是为了"解决人们一生中在面对难以预测且恶劣的世界时如何适应的问题"。[60]但是，人们为了应对虐待所做的适应性调整不一定就意味着精神病态。当马丁·泰歇着手对虐待和忽视做神经病学研究时，他期望在有复原力的大脑和受虐的大脑之间找到一条清晰的界限。不料，他的发现令他震惊——尽管很多长期遭受虐待和忽视的个体的大脑与精神病患者的大脑确有相似之处，但其中很多人实际上不需要任何精神病理学诊断。

事实上，与虐待相关的大脑变化在临床、神经生物学及基因的特性上明显有别于精神疾病。[61] 一个有趣的解释可能是，在那些对虐待产生大脑适应性调整的个体中，许多人都有很强的复原力，他们能够利用其他心理和环境资源（比如毅力、社会援助或社区资源），在面对压力时表现得韧性十足。

不幸的是，并非所有在恶劣难测的环境中受到虐待的幼儿都有额外的资源来应对压力——这对早期挫折产生的长期影响来说颇具启示。总的来讲，当人们经受持久的恐惧和焦虑时，杏仁核和海马体共同运作，将那种恐惧同诱发恐惧反应的背景联系起来。孩子或是成人身上所产生的"恐惧条件反射"可能会对他们有长期影响。

身体虐待产生的后果是，孩子倾向于既害怕虐待者，又害怕虐待的情景。久而久之，情境的线索可能会逐渐泛化，同遭受虐待时的最初情境仅有少量相似处的人物和地点也会激活他们的恐惧反应。[62] 这种自动加工的过程并不会被有意识觉知，反思性思维不但不参与，甚至不会意识到发生了什么。于是，一个人倘若在童年早期就感知到世界的险恶，那么在后来的人生中遇到即使远非那么凶险的情况时，其社会交往也会受到影响。

这样的恐惧反应并不会随着时间的流逝而消失，脑科学表明恐惧习得是一个同摆脱恐惧非常不同的过程。儿童发展心理学家南森·福克斯和杰克·宋可夫解释说："恐惧并不会顺从地随着时间流逝被轻易地忘记，积极主动才能摆脱恐惧。"[63] 虽然恐惧可以在人生相对较早的时期习得，且受事件发生的频率与情绪强度的影响，但摆脱恐惧只能在前额叶的特定区域完全成熟以后才会发生，那时这些区域才有能力调节杏仁核及与回报预期相联系的其他皮质下脑区。[64]

"习得性无助"这个概念探讨了相关现象。20世纪60年代末，心理学家史蒂文·迈尔和马丁·塞利格曼在其经典研究中发现，倘若反复电击一只狗并达到一定次数，狗最终会不再尝试逃离自身的处境，即使给它逃离的机会也是如此。[65] 它们完全放弃了，显然认为它们能做的一切都无济于事。研究人员称这种由某种情境诱发的挫败状态为"习得性无助"，并开始将其视为抑郁症的主要原因之一。

迈尔和塞利格曼的开拓性研究（相关研究已推广至包括老鼠和人在内的其他动物）开展50年后，两人在一篇报告中回顾了积累的证据，他们得到的结论与此前的论断完全相反。最新研究表明，相关被动表现和缺少控制力的感觉其实是动物的默认反应，对长期的困境所做的一种自动的、不需要学习的反应。只有"希望"才是必须习得的——它能让人认识到人能控制和驾驭环境中的不可预测因素。保有希望的能力依赖于大脑内侧前额叶的发育，该发育直到成年早期才会完成。

许多同恶劣难测的境况有关，尤其是同极度贫困的境况有关的行为，其真正源头在于希望的缺失。那些表达绝望、感到仿佛没有未来的年轻人比那些没有这类情绪的人更可能诉诸暴力和攻击行为、药物滥用及性冒险——尽管这些行为本身会使脱离贫困变得更加困难。[67]

因贫困而经常处于恶劣难测境况的人倾向于将其最为迫切的需要放在首位，并且不惜牺牲长远需要。他们选择的余地往往很小，这种生活环境常带来一系列健康和安全隐患，包括污染、噪声、铅暴露、二手烟、暴力犯罪、不安全住所等。缺少财力与影响力势必限制一个人未来的可能性，这导致他们优先考虑的东西被迫变成了基本需要：生存和繁衍。[68]

对于恶劣难测的情况的感知会对与健康相关的决策（比如吸烟）产生重要影响。在一系列巧妙的研究中，吉莉恩·佩珀和丹尼尔·内特尔在实验中改变了受试者对死亡风险可控程度的感知。两位研究者发现，只是使人们认为他们当前的死亡风险已经超过了其可控制的范围，就能让他们选择不健康的食物（如巧克力），而非健康的食物（如水果）。[69]

作为环境可靠性的一种反映，安全保障是建立在信任之上的。在另一研究中，内特尔及其同事将英国的学生志愿者运送到一个犯罪率相对较高的贫困社区。[70] 学生志愿者四处给不同的人家发放调查问卷（无论何时何人想要撤离，都会有一辆面包车在附近等候），不到 45 分钟，志愿者的偏执水平便大幅升高，社交信任感垂直下降，趋近本地居民的水平（相对较高）。

如果只是短暂地待在那里就会有如此效果，我们可以想象日复一日地在恶劣难测的境况下生活的后果。诚如研究人员注意到的："这或许意味着个体间及群体间的社会态度差异可能比之前所认为的更不稳定、更依赖于所处环境。"[71] 这一点非常重要：不要将贫困者视为一个独立的阶层，我们应该认清我们共同的人性，承认我们都可能会在非常相似的环境下以非常相似的方式行事。[72]

对于生活在极度贫困和不安定街区中的人们而言，他们减轻敌意的可能性常常被低估。在一项自然实验当中，研究人员以生活在贫困中的儿童（其中 1/4 为美国原住民）为代表性样本，评估其攻击性在 8 年中的变化。[73] 研究进行到一半时，一个赌场在印第安保留地开业，每个在保留地生活的成年男女和孩子都能拿到一定份额的土地使用费。

脱贫的效果非常可观。收到土地使用费的人精神病症状显著减少，"到第四年，脱贫的儿童的症状水平已变得同那些从未经历过贫困的儿童一样"。[74] 对于那些从未经历过贫困的儿童来说，精神病症状只出现了微乎其微的变化。尤其重要的是，脱贫对攻击性、敌意之类的行为症状影响最大。

虽然恶劣难测的早期生活体验确实会对我们的大脑和行为产生持久的影响，但研究表明，我们仍然能够根据成人时期的周遭环境做出调整，最终，人们能够将早期的不幸转变为成长的机遇（见第四章）。马斯洛注意到，健康成长和发展不仅涉及基本需要的满足，而且还涉及忍受匮乏的能力和因之造就的成长能力。[75]

尽管如此，每个孩子在成长过程中都需要感受到个人对自身环境的掌控感，并在群体中看到自身和他人身上存在的真正的希望。对于向上社会流动性和人生可能性而言，最为重要的路径之一是教育。不管孩子的家庭或社区环境如何，逐渐给孩子灌输一种在其生活中少见的安全感、可预知感和希望还是可能的。

成功智力理论

处于极端环境中的孩子具有值得开发的隐藏力量，他们可以借此发展出多种能力。心理学家布鲁斯·埃利斯及其同事认为，那些安全需要严重得不到满足的个体可能会优先考虑发展顺应语境的技能与本领，尽管这样的技能会让他们在学校的标准化考试中表现不佳。[76]

智力研究者罗伯特·斯滕伯格提出了"成功智力理论"，他强调在语境中看待智力的重要性。[77]能够帮助孩子在学校中取得好成绩的执行功能（如注意控制和冲动控制），可能并不是能够让他们在当地生态中生存下来的必要技能。罗伯特·斯滕伯格认为：

> "成功智力"是个人在其所处的文化语境下具有的选择能力，以及成功地向人生目标挺进的能力……差异在于不同生态背景中问题的本质……例如，一个孩子可能一整天都全神贯注于解决某个代数问题，一个孩子可能只想着上学路上如何应付毒贩子，另一个孩子琢磨怎样才能钓到鱼让家人当晚有东西吃。这些心理过程可能相似甚至相同，其差别在于这些过程使孩子获得的知识或技能。[78]

　　但是，很多针对弱势青年的研究是在"缺陷模型"下进行的，个体被看作分裂而独立的个体，需要被治愈。但是这样的研究方法遗漏了很多智力因素。如埃利斯及其同事注意到的："这种缺陷研究未能考虑到孩子们在高压环境中产生的独特力量与能力，以及他们对其加以利用的尝试。"[79] 事实上，他们的研究还更进一步地提出，弱势儿童和青年在应对恶劣难测的环境时可能具有"认知天赋"。

　　近来在鸟类、啮齿类、人类身上所做的研究表明，多接触恶劣难测的环境实际上可以提升我们同这种环境相关的注意力、感知力、学习能力、记忆力与问题解决能力[80]——包括对愤怒或恐惧的情绪认知能力增强；加深对于负面、情绪过载或压力事件的记忆；增强在内隐、经验层面学习的能力；灵活地转移注意力的能力增强。注意力转移会帮助身处恶劣环境中的个体快速追踪环境信息。

　　其他研究显示，社会经济地位低下的个体在涉及语境信息的社会认知任务方面具有优势，比如有较强的理解其他人情感状态的能力。[81] 在一项研究中，最高学历为高中的大学员工在有关共情度的标准化测试中表现得比受过大学教育的大学员工更优异，他们能给各种面部表情贴上正确的情绪标签。[82] "共情准确度的提升可增强行为预测能力，提高对外界社会力量的管控能力，帮助个体加强对自己人生的掌控力。"埃利斯及其同事指出。

　　因为这样的技能会增加个体在危险、不利环境中生存的可能性，埃利斯及其同事认为教育工作者应当利用这些技能，而不是反其道而行之。他们建议课程内容、授课方式以及教学实践的设计应充分利用"压力适应型"孩子的独特优势。这样的课程能够把孩子们在艰苦难料的环境中的常见问题及其相关概念和解决办法融合进来，还可以鼓励孩子们走出课堂，独立或合作完成项目。例如，很多被贴上注意缺陷多动障碍（ADHD）标签的孩子，可能会更好地适应不断变化的环境，并在这样的情况下表现出最佳状态。事实上，有研究表明，呈现多动症特征的儿童会显现更多可利用的创造力优势。[83]

与此同时，他们的学习与攀登教育阶梯的潜能一定要得到支持，因为这是一条通往掌控人生的力量与个人机遇的真正道路。让"压力适应型"儿童在其特有优势的基础上发展，还可以向他们表明，他们不必在"街霸"和"学霸"之间做出选择。当边缘化的城市青年被看作校园里的失败者，不断有人向他们强调面临的危机与挑战时，他们就必须拓展出替代性策略，以获得成功。正像教育心理学家贝丝·哈特所言：

> 他们在以自己的方式重新探索什么是"聪明"。在对"聪明"有着约定俗成的观念的世界里（那里学校以高压态势禁止学生既是"街霸"又是"学霸"），找到某种主导感。想两者兼得就要重新定义何为"好"学生、何为正当的知识，并在分数和考试成绩之外拓宽校园成功的定义。[84]

很多在艰苦难料的环境中成长起来的个体很早就接收到了自己不是天才的讯息。因此他们开始脱离学校，这是对所处境遇的一种适应性反应，这也解释了为什么安全需要严重匮乏的人需要一个拥有希望的真正理由。

一个被称为"可能性开发"（possibility development）的新兴教育领域正致力于帮助青少年设想诸种可能，借以创造一个更美好的世界、一个对自己和他人都更友善的地方。由教育心理学家迈克尔·纳库拉领衔的可能性开发主要关注能动性的各个方面，包括学习态度、投入度、给学生以"真实的声音"，以让学生感觉他们仿佛是在对其渴望的未来做出有真正影响力的抉择。[85]

同其他学生一样，在艰苦混乱的环境中生活过的学生也需要提醒自己，他们的成功在很大程度上取决于从事有意义的活动时自身的努力和投入。[86] 他们需要更多可选课程及专业、领导岗位、公民参与机会。如果对自身发展最为有利，他们甚至还需要离开学校的选择权（至少可以暂时休学）。

对那些以恶劣的生存环境（极不安全的环境）为起点的学生而言，要取得优秀的成绩可能要走极度非线性、非传统的道路。正如迈克尔·纳库拉留意到的，以非线性路径取得学业成功的学生（即"曲线优等生"）看起来可能同典型的"直线优等生"非常不同。

"曲线优等生"也有一些可以获得支持的方式。研究强调，要让他们关注未来可能的自我。在一项研究中，有一部分参与者给想象中的未来自我写了封信，这些人对假设的不法行为表现出更低的赞同度。[87] 在同一批研究者做的另一项补充性研究中，参与者通过虚拟现实技术同虚拟的未来自我进行了互动，在随后的细节测试中，尽管他们有机会作弊，但可能性相对较小。

在另一个方向的研究中，一些初中生被要求说明自己最重视的个人价值，并且解释这些价值为什么重要。结果，这些学生在本学期内取得了较高的分数，他们被安排的补习较少，并上了更多的高等数学课。[88] 这项实验在那些通常被视为最难管教的学生中效果尤其显著。

在另一项研究中，研究者要求一些八年级的学生想象未来的自己，列出实现过程中可能遭遇的障碍，并且描述为克服障碍他们可能会用到的策略。[89] 结果，这些学生的复读率降低了 60%，并且在学习上表现出更高的主动性，且九年级时的标准化考试分数和学校成绩提升；旷课次数及课堂捣乱现象更少，抑郁测试分数更低。这些影响在随后两年的跟踪期内仍在持续，并且被证明是由这些学生对未来的自我认知变化直接促成的。

当然，人生不仅在于取得良好的分数，很多"曲线优等生"都有着潜在的创造力和丰富的创新想法——因为他们看到了不同的世界。正如组织心理学家亚当·格兰特指出的："得全 A 需要循规蹈矩，但成就有影响力的职业生涯需要的是创新。"[90]"法思（Think Law）"是一个帮助教育者利用探究式教学策略来缩小批判性思维差距的组织，它旨在确保学生无论是何种族、出生在哪里、经济状况如何，都有机会得到批判性思维的培养。创始人科林·西尔本人就出生在一个单亲妈妈家庭，父亲被监禁，在布鲁克林长大。西尔充满热情地相信今日的破坏者可以成为明日的革新者。他要求我们"设想这样一个世界：总是闯祸的学生不再被认为是'坏'学生，而且我们能看到这些学生的领导潜能。为了帮助他们实现这种潜能，我们需要坦然接受那些颇具挑战却十分必要的责任"。[91]

从周遭环境中重获一致感与希望，这对于那些安全需要没有得到满足的人来说极有价值。但对成长而言，安全感仅是其牢固基础的一部分。为了将人生之船上的大帆完全打开并全速前进，我们还要拥有归属感和情感联结。下面就让我们看看这两项需要。

第二章

情感联结

1930 年秋天，24 岁的哈利·哈洛作为助理教授初次踏进威斯康星大学麦迪逊分校的校园。当他穿行在宽阔的校园时，总有人将他误认作迷路的新生。当他最终到达办公室后，他发现一个学生坐在他的办公桌旁。"您好，您知道哈洛博士坐哪儿吗？"只小他 3 岁的亚伯拉罕·马斯洛向他的导师问道。哈利·哈洛盯着他招的第一位博士生看了一会儿。"是的，我知道。"他回答。[1]

之后，马斯洛不仅成了哈洛的学生，还成为他的研究助理和亲密朋友。显然，他们相互欣赏、彼此珍惜。马斯洛十分钦佩哈洛的才智，说他是一个"非常有才华的人……我去他家吃过饭，还一起做过很多事。我们一起聊天、一起讨论"。同样，哈洛也曾深情地回忆道："艾贝（马斯洛的昵称）从未忘记他欠猴子的情，或许我们应该说是猴子欠他的情才对。"[2]

和哈洛一起工作的经历激发了马斯洛的灵感，后来为灵长类动物心理学做出了影响深远的贡献。在猴子身上进行"100 万个单调的延迟反应"任务时，马斯洛很快同这些猴子产生了深厚的感情。"事实是我被它们吸引住了。"他后来回忆道，"我喜欢上了那些猴子，这种喜爱是不可能对老鼠产生的。"[3] 马斯洛后来对食物喜好的研究驱使他把"饥饿"和"食欲"两个概念区分开来，也影响了他关于权力和自尊需要的思考。他同哈洛的真情互动以及他对哈洛开创性研究的关注，无疑也对其本人对人类情感需要的观念产生了持久的影响。

哈利在 1958 年就任美国心理学会会长的演讲中告诫同行："心理学家，至少是那些编写教材的心理学家，对于爱和情感的起源与发展没有显示出任何兴趣，而且似乎根本就没有意识到爱和情感的存在。"在心理学史上，很适合作为科学研究对象的爱与情感却受到了忽略。涉足这一话题的人要么浅尝辄止，要么过分停留在技术层面，导致爱与情感几乎无法被辨识。行为学家约翰·华生将爱描述为"一种由性敏感区域皮肤刺激诱发的内在情绪"。弗洛伊德将柔情归结为"压抑目标的性欲"。对于弗洛伊德而言，爱是一种妥协，是在得到我们真正渴望的东西——"性"的过程中的附带产物。[1]

哈洛对于剥夺母亲的爱和情感产生的影响十分感兴趣，于是他着手进行了著名的"恒河猴实验"。他把猴子的幼崽放在一个笼子里，并放置了两个截然不同的"母亲"。一个"母亲"是用裸金属丝做的，可以通过一个绑着的奶瓶喂奶；另一个"母亲"是由毛圈布做的，它柔软、适合搂抱，但无法提供奶水。

小猴子的反应十分惹人注目。无论何时体验到焦虑，这些小猴子都会直接跑到布猴子那里抱住它寻求援助。在布猴子身边的时候，它们不仅会安静下来，而且变得更加勇敢。在另一组研究中，哈洛在笼子里放了一个富有威胁性的金属机器人，它眼睛闪烁、獠牙锯齿。在抱过布猴子寻求支持以后，小猴子竟然冒险向前直面恐怖的机器人！

这一研究发现产生了极大的影响，它显示了在社会性发展过程中肢体接触和安慰的重要性。哈洛的进一步研究（包括数以千计的对照实验）同样揭示了持续的情感缺失造成的影响。他发现，尽管从严格意义上来讲，

---

[1] 虽然对于部分人来说，这种说法毫无疑问是对的。

幼猴可以在没有母猴的情况下生存下来（只需为它们提供食物），但这些猴子长大以后会缺失基本的社交技能，例如不能同其他猴子友好相处。它们一旦进入成年期，还会有性方面的困难。长大的母猴对后代流露的情感也颇少，几乎不触碰它们，也不给它们提供安慰。这些母猴常常会粗暴地对待自己的孩子，殴打和撕咬它们。

哈洛的研究发现，情感联结是正常发展中不可或缺的一环。马斯洛提出，归属感和情感联结本身就是基本需要，不可以把它们简化为安全需要或性需要。他们的研究为科学研究情感联结的重要性奠定了基础。现今，60 年过去了，大量的研究已充分证实，归属感和亲密关系不仅对个体和种族的生存而言至关重要，对于"完人"的充分发展也至关重要。

> 如果生理和安全需要都能很好地得到满足，爱、情感和归属的需要就会出现。围绕着这个新的需要中心，已经描述过的整个循环将不断转动……个体对爱、情感与归属的渴望将胜过世上其他任何东西，他甚至可能会忘记，在饥饿时，他曾嗤笑爱是多么不真实、不必要或是不重要……此刻，他会刻骨铭心地感受到孤独、拒斥、无依无靠所带来的剧痛。
>
> ——亚伯拉罕·马斯洛《动机与人格》（1954）

山姆极度渴望拥有归属感。当他沿街走着的时候，他会向路过的每个人微笑。当某天对方没有回以微笑，尤其是当他们以奇怪的眼光看着他时，山姆就会认为是自己的问题，一整天中都感到自己是个失败者。山姆在大学参加了很多俱乐部，包括他觉得很无聊的俱乐部。他不停地寻找一种归属感，哪怕有时他参与的俱乐部或从事的工作同他内心认为的真实想法与重要之事相去甚远。直到他最终拥有了一段有意义的亲密关系时，他才意识到自己一直以来追寻的并非众多的表面关系，而是一些更深层的联结，这些深层联结让他感到整个自我（不仅是他加入的特定群体所欣赏的那些方面）都在被关注，也让他可以发自内心地真正关心另一个人。

情感联结的需要，即至少建立和维系少量积极、稳定、亲密的关系，是影响人类整体存在的基本需要，它渗透在我们全部的情绪、思维和行为之中。尽管个体在这个需要的强度上有差异，但情感联结的确是一种不可简化、不可否认的人类需要。情感联结的需要实际上由两个子需要构成：1. 对归属、被喜爱、被接受的需要；2. 对亲密关系、相互关系及亲缘关系的需要。

尽管在心理学文献中，这两个子需要常常被模糊地视为同一种需要，但我相信，既然这一对需要在一些重要方面存在差异，而且它们都会给人们的健康和成长带来重要启示，因此有必要将两者区分开来。

归属需要

当一个人有归属感时，他才会感到被接受、被看见；当一个人的归属感被剥夺时，他就会感到被拒绝，被忽视。这些情绪来自人类深度演化的"社交保护系统"，在人类进化的过程中，该系统对生存和繁衍起了巨大作用。[4]在整个人类历史中，小型部落成员间的紧密联结为他们克服困难和威胁提供了更多资源、信息与合作。既然我们是高度社会化的动物，我们都会寻求至少是最低限度的接纳，同时避免彻底的拒绝，这对于获取社会回报而言至关重要，几乎在所有的社交情境中均是如此——从社会影响到社会支持，从团体成员到泛泛之交，从朋友关系到恋人关系。[5]

进化会赋予我们一种极度敏感的社交保护系统，持续地跟踪我们的归属感水平，检测在社会接纳方面遇到的威胁，（通过极为痛苦的情绪）提醒我们注意这些威胁是否强烈，是否可能导致排挤与拒斥。我们感知到的拒绝信号会引发不适情绪，比如受伤的感觉、嫉妒和悲伤，以及对解决问题更加留意和关注等，这是完全正常的。[6]

　　由较低归属感引发的社会性痛苦很难同身体的疼痛区分开来，它会对整个人的正常机能造成严重后果，这一点已被相关研究证实。"对于一个社会性物种而言，处于社会边缘就意味着处于危险的境地。"社会心理学家约翰·卡乔波在《孤独是可耻的》一书中说，[7][①]"在这种情况下，大脑会进入一种自我保护状态，造成大量我们不希望看到的结果。"这包括由大脑对威胁的过度警惕造成的半夜"轻微惊醒""社会逃避"和抑郁、各种形式的自恋（见下一章），甚至还包括一些灾难性后果，如自杀、大规模枪击这两种不断增加的现象。[8]在美国，自杀率自1999年以来上升至25%，其中15~24岁这一年龄段的自杀率自2007年以来稳步上升。[9]在2005年以后的11年里，大规模枪击事件造成的死亡人数已经超过了此前23年的总和。这很可能是由于归属与接纳变得越发艰难，才造成了以上两种趋势。

　　在相对安全的时代，人们对归属感的需要可能显得不是那么不可或缺，而在环境中的不稳定性与危险性日益增大的时代里，社交保护系统最有可能被激活并发挥其作用。比如，在这种情况下，个人会日益认同特定的群体，且常常排斥其他群体。

　　罗伯斯山洞实验清楚地揭示了这一点。研究人员在夏令营中制造了威胁，激励所有男孩分外团结地与自己的小团体联结在一起。[10]类似的行为在恐怖组织中也时有发生，其成员在受到外部威胁（或是感知到威胁）的情况下，彼此间的联系会变得更为紧密。[11]缺少资源也可能成为寻求归属的强烈动机：在一项研究中，研究者发现，如果仅以抛硬币的方式决定小组的奖励，那么获奖小组和未获奖小组的凝聚力都会加强。[12]

　　群体凝聚力有可能很难改变，哪怕群体的组成方式基本上是毫无意义

---

① 写作本书期间，约翰·卡乔波不幸过世，享年66岁。

的。在一项研究中，研究人员将孩子们随机分配到不同实验条件的小组，然后告诉他们这个小组的相关特征信息。一种条件下强调小组的划分基于对孩子内心深处真实想法的考量，而另一种条件下则强调小组是随机分配的。[13]

研究人员发现，虽然小组分配是随机的且毫无意义，但这些组中 5~8 岁的孩子产生的组内偏见与那些更有意义的小组同样强烈。只有当情况比较极端时（比如通过抛掷硬币来帮助孩子们理解何为随机，以及调换学生所在小组来强调小组安排是任意的、不重要的、无意义的），他们才能让某些偏见显著减少。但是，即便是在经历过这样的极端情况以后，研究人员依然发现，无论是所谓的"随机组"还是"意义组"的孩子都仍然有可能给自己的内群体贴上更多标签。很显然，我们的部落冲动烙印根深蒂固、经久不息。

> 我们的部落冲动烙印根深蒂固、经久不息。

可是，人们的归属需要存在很大差异，它同本书呈现的其他需要一样，是众多基因同个人经验发生复杂反应的结果，无关社会状况。[14] 如上一章所见，除了基因的影响之外，儿童早期缺乏安全型依恋会影响同回避以及感知威胁相关的大脑区域的发育，从而导致形成一种极为强烈的归属需要。因此，有些人会困于这种需要之中。通过衡量你在多大程度上认同以下说法，你可以评估自己的归属需要强度：[15]

- 我尽力不做让其他人回避和拒绝我的事情。
- 我需要感受得到在我需要帮助时，有人可以助我一臂之力。
- 我希望其他人能接受我。
- 我不喜欢独自一人。
- 当别人的计划中没有我时，我会非常烦恼。
- 当我感到别人不接纳我时，我会很容易产生受伤的感觉。
- 我有强烈的归属需要。

同所有其他需要一样，关键的衡量标准在于你的归属需要同生活中这一需要的满足程度之间的差距。研究显示，孤独感最高的人，就是归属需要满足程度最低的人。个人的归属需要与个人的关系满意度之间的矛盾越大，孤独的程度就越高，日常生活中的生活满意度就越低。[16]

这一发现既适用于独居之人，也适用于有生活伴侣之人，只是与他人共同生活并不能保证情感联结的需要得到满足。衡量孤独程度的关键是情感联结的质量，而非情感联结的数量，甚至也不是情感联结的邻近程度。让我们来仔细看看情感联结的另一个重要组成部分。

亲密需要

当社交保护体系将避免被拒绝作为其主要目标时，亲密系统就更关注与所爱之人建立联结、关心和保护他们、减轻他们的痛苦，以及助力他们的成长、幸福和发展。你可以比照以下说法，评估你的亲密需要的强度。[17]

亲密需要

- 我同某人有着密切亲近的关系。
- 我想要全身心地投入一段关系之中。
- 我想要在一段关系中与他人分享所有的积极和消极情绪。
- 我不想同我真正在乎的人分开。
- 我的心思常常在我喜欢的人身上。
- 有时我会感到同另一个人有深深的联结，和他 / 她彻底融为一体。
- 我不会对我爱的人保守秘密。

尽管安全型依恋模式是情感联结的关键基础，但它并不能保证可以给我们带来亲密关系。亲密关系的本质是一种高质量的联结。什么是高质量的联结？简·达顿和艾米莉·希菲将高质量的联结定义为一种"动态的、有活力的组织，它存在于两个人的接触过程中，这种接触又牵涉两人的相互注意和社会交往"。[18]高质量的联结会使双方都感到生气勃勃、充满活力；另一方面，低质量的联结可能是一种彻底的消耗。如一位业务经理所说："起破坏作用的联结就像黑洞，它们会吸收系统中所有的光，且不会给予任何回报。"[19]

所有的高质量联结都有一些共同点。首先，它们涉及卡尔·罗杰斯所说的"无条件的积极关注"（unconditional positive regard）。[20]这种关系中的每个人都会感到被看到、被关怀，可以安全地诉说各种经历和想法。心理学家兰斯·桑德兰兹认为，高质量的联结令人感受到一种"生命的临在，一种纯粹的存在状态。身处其中，分离之焦虑、虚荣与欲望统统在单个的生命机体中消失"。[21]

高质量的联结还包含一种相互一致感，双方都在投入和参与。积极关注是瞬间感受到的对于另一个人全部存在的接纳，但相互一致性"捕捉的是对联结中潜在动向的感受……它产生于双方的共同弱点和相互回应"。[22]相互一致的感受常常带着一丝愉悦感和自发性，达顿和希菲注意到那会开拓"广阔的情感空间，为行动和创造性带来更多可能"。[23]为自我表露、情感亲密、信任、开放性增加机会的高质量联结已被证实能够提升生活满意度，且不受地域与空间的限制。[24]

最后，高质量的联结还有助于打造社会心理学家萨拉·阿尔格所说的"积极人际交往过程"，她将其定义为："让我们想对朋友或爱人有更多了解的美好事物。"[25]这包括一起开心地玩耍，分享喜悦，为对方做体贴之事，一起庆祝好消息，欣赏对方的美德，以及表达感恩。

在追求健康和成长的过程中，培养高质量关系的重要性不应被低估。一项针对大学生的研究发现，他们中幸福感排在前10%的人有一个突出特点：他们都有着令人高度满意的社交生活。[26]高质量的联结会影响人生的各个领域，帮助其他福祉的来源发挥出更大的作用，这些来源包括良好的健康状况、自尊、乐观、有建设性的应对方案，以及感知到的对环境的掌控感。[27]

高质量联结的生物学证据

对当代人类大脑的生物学研究发现了这一基本需要的进化痕迹。当我们同另一个人建立了高质量联结，并可以与之和谐共处时，无论是将自身的某个弱点透露给他还是与他闲聊某个共同的敌人，或是简简单单地分享欢乐时刻，我们的"平静与联结"系统都会活跃起来。这一系统会引发一系列生理反应，这些反应会联合起来共同强化我们同另一个人的深厚联结。[28]

借用心理学家芭芭拉·弗雷德里克森的术语，在这样的"积极共鸣"时刻，一个人的大脑和另一人的大脑几乎同步，这一现象有时被称为"神经耦合"。这时，你更容易预见伴侣的意识流，感受到同样的情绪，有时甚至能切身感受到对方的疼痛。[29]诚如弗雷德里克森指出的，这样的"联结微时刻"是能够激活人生上升螺旋的"微型引擎"，助你成长、成为更好的自己。[30]

大脑的阿片肽系统在增进联结方面起到了关键作用。尽管阿片肽系统并非社会联结所特有的（阿片肽系统是一个"愉悦系统"），但在大部分时间里，社会联结刚好提供了生活中最重要也最激动人心的愉悦体验。[31]在深入的社会联结中，阿片肽系统会抑制下丘脑-垂体-肾上腺轴，控制机体对压力的反应。当社会联结破裂时，阿片肽系统还会给人带来失落感、忧伤感。[32]阿片肽系统对于联结系统而言如此不可或缺，以至于知名神经科学家团队将深厚的社会联结视作"神经化学意义上的阿片类物质成瘾"。[33]

在联结系统中，神经肽催产素也起着重要作用。催产素在下丘脑中产生，既是激素，又起到神经递质的作用。[34]有证据表明，催产素会促进信任，加强合作意愿，同时增强辨识他人的信任与善意的能力。[35,36]催产素同样是平静与联结系统的一部分，它会作用于杏仁核的特定区域，降低人们对威胁的敏感度，减少紧张与恐惧的感受。[37]

一些研究人员将催产素称作"爱的激素"或"拥抱激素"，但最近的研究也表明催产素对社会行为的影响高度依赖于情境。[38]催产素会增加内群体偏好，使你在改善群体内的福利，增强一致性、信任与合作时需冒着代价高昂的风险（包括撒谎）。[39]但是，当一个人被认为不值得信赖、陌生，或被当作与内群体观点和价值观存在冲突的外群体成员时，催产素对于信任的影响实际上已被削弱。[40]此外，当内群体和外群体拥有相似的观点和价值观时，催产素似乎并没有催生出这种内群体偏见。[41]

因此，尽管催产素的确有助于加强人们同他人的联结，且在平静与联结系统中起到重要作用，但有一点已越来越明晰：催产素并非"全体人类爱的激素"。将催产素视作"内群体爱的激素"可能更为准确。[42]因此，在本书提出的新需要整合层次中，我清晰地区分了联结的需要和给予无条件的爱的需要，后者可以在独立于你所感受到的那种同他人的联结的基础上发挥作用（见第五章）。

联结系统中还有另外一个重要组成部分，也就是第十对脑神经——迷走神经。迷走神经起自脑颅深处的脑干，将大脑同许多器官连接起来，包括心脏和肺。迷走神经能让剧烈跳动的心脏缓和下来，助长与他人的目光接触，协调面部表情。迷走神经的强度（即迷走张力）可被测量，它与身体、心理和社交灵活性以及适应压力的能力有关。迷走张力更高的人能够在日常生活中更多地感受到同他人的联结，这种更多的联结反过来又会提升迷走张力，"使心脏像上升的螺旋般积极运转"。[43]

联结（以及缺少联结）显然会对我们的大脑和生理机能产生巨大的

影响，同时深深影响我们的身心健康。事实上，联结可能是生死攸关的问题。

孤独致死

一项近期调查显示，40%的成年人声称自己感到孤独，大约4260万45岁以上的成年人声称自己长期感到孤独。在《孤独是可耻的》一书中，社会心理学家约翰·卡乔波说："社会隔离对健康的影响与高血压、缺少锻炼、肥胖或者吸烟的影响相当。"[45]

有证据表明，孤独对公共卫生构成了严重的威胁。[46]研究表明社会隔离会损害人体的免疫功能，提升炎症的发生概率，导致各种健康问题，包括心脏病和糖尿病。[47]约克大学的一项研究发现，被孤立的人或孤独的人同有强大社交网络的人相比，他们患冠心病的风险高出29%，中风的风险高出32%。[48]

孤独不仅会使我们暂时生病，它实际上正在杀死我们。[49]一项研究发现，孤独感、社会隔离、独居能够使死亡风险分别上升26%、29%和32%。主观上感到孤独、客观上同他人分离，这样的人面对的死亡风险最高。孤独构成的死亡风险同吸烟相当，是肥胖的两倍，老年人和那些没有足够社交的人早亡的可能性要比普通人多出一倍。[51]

没有人能幸免于孤独带来的可怕后果，而且没有任何人类基本需要的满足能够取代深厚的情感联结——金钱、名誉、权力、人缘，甚至归属和接纳也不能。然而，我们常常诉诸这些途径，并错误地希望它们能够代替满足我们对情感联结的需要。利奥·布劳迪在回顾人们的各种名利追逐行为时指出，人们对名利的渴求常常基于"对接纳的憧憬"，以为名利会让自己在余生都感到被爱、被接受和被追捧。[52]

但是，这样的憧憬常常是假象，名利远不能给我们带来满足，很多已经获得名利的人都可证实这一点。尽管追求爱情与权力的动机看起来毫无关联，但在 1962 年《社评》杂志一篇名为《爱情与权力》的文章中，政治学家汉斯·摩根索提出，爱情与权力实际上有共同的动机——努力逃离孤独。摩根索认为，权力和爱情为达到相同的目标采用了非常不同的策略："爱情通过自发的相互依存实现新的结合，权力通过单方面的强制要求实现结合。"

但是，如摩根索指出的，权力只是亲密关系差强人意的替代品。他说："爱情至少能够接近且在短暂的瞬间实现亲密，而权力只能给人以假象。"沽名钓誉也是如此。摩根索认为，为了使自己的人生完整，对权力的追逐总是不可避免地使人想要得到更多的权力。这造成了一个讽刺的结果——最有权的人最孤独。正如摩根索所说的那样，这有助于解释那些对权力最渴望的人（比如希特勒）为什么需要不断地要求他人称其为"我们亲爱的领导者"。

孤独可能是名人自杀的原因之一。如卡乔波指出的："百万富翁、亿万富翁很容易感到孤独，很多运动员也常常感到孤独。很多人想要成为他们的朋友，但是如果所有想要和你做朋友的人，都只是觊觎你所能给予的物质或是社会利益，你会有何感受？"[53]

以受到疯狂追捧的同性恋小说家斯蒂芬·弗雷为例，他在采访了一位乌干达政治家之后企图自杀——这位政治家试图以死刑处罚同性恋。在这次采访后不久，弗雷说："我前思后想，试图分析到底是什么从内心消失了。我整个人仿佛变得空空如也，曾经的我已经全都不在了，只有一种感觉袭来——一切都该结束了。"

弗雷在酒店房间里吃掉他能搜集到的所有药物，喝掉所有的伏特加之后昏了过去，失去了反应。后来，电视制片人和酒店员工破门而入，发现了他。[55]"一个如此富有、名声显赫的成功人士怎么可能抑郁呢？"他后来在网站上写道：

孤独？我几乎每天都能收到人们寄来的请柬。我会出现在温布尔登的皇室包厢里，朋友们热情又慷慨地邀请我加入他们——今年夏天或许是去法国南部，或许是意大利、西西里、南非、哥伦比亚，或许是美国。我有两个月的时间写一本书，之后还要启程参加《第十二夜》在百老汇的巡演。

我可以再念一遍台词，看看自己是否得了双相情感障碍。如果我在接受治疗并且没有抑郁，我有什么权利感到孤独、悲伤、绝望？我没有这个权利。但是话说回来，我也没有权利不去拥有那些感受——感受并非是人们有权或无权做的事情。

归根结底，在所有问题之中，孤独是最可怕也是最令人矛盾的一个。

> 孤独如此肆虐，我们的社会到底哪里出现了严重的问题？

孤独如此肆虐，我们的社会到底哪里出现了严重的问题？如果一个人承认自己孤独，他会背上污名；如果他公开表示想去结识新的密友，人们会认为他犯了禁忌。但这只是冰山一角而已。"我们正在做着一些与社会联结背道而驰的事情，然后我们来问为什么自己感受不到彼此间的联结。"斯坦福大学共情与利他主义研究教育中心科学主管爱玛·塞佩莱如是说。她写道：

我们对生活的优先级的排序，以及我们对事物的优先级所做的排序，常常有悖于我们对归属的强烈需要。无论我们追求的是物质商品还是精神愉悦，是经济上的改善还是社会的进步，我们都在彻底地偏离宗旨。我们并没有看到最大的幸福来自情感联结，无论是与家庭的联结还是与宗教、社会团体的联结，这些联结都是来自比自己更强大、更具超越性的东西。我们如此迷惘，而且这么多人都感到迷茫、焦虑、抑郁、孤独，这都是有原因的。[57]

让我们从钱开始谈吧。

钱，钱，钱

满足我们最基本的安全需要必然要花钱，为了获得成长和发展的机会也要花钱，但钱并不能保证人类的其他需要会以一种健康的方式得到满足。你在全世界都能看到这种现象：尽管人们在经济条件上越来越好，但无处不在的焦虑感、孤独感和社会隔离，仍在经济有保障的人群中蔓延。

然而，很多经济上落后的国家还是找到了提升居民社会归属感的办法。一项在印度加尔各答贫民窟进行的研究表明，当地居民的生活满意度比普通美国人高（虽不及印度最富有的人群）。[58] 其中有人选择"环境友好的"或是"自愿简化的"生活方式，尽管他们收入很低，但他们的生活满意度很高，这样的例子不一而足。[59]

事实上，研究表明拥有超出一定数额的财富可能对成长和幸福有害。比如，更多的钱容易提升人们的物质主义倾向，而物质主义与幸福指数的逐渐下降有关。[60] 我们很快就适应了获得更多金钱带来的回报感——这常常被称作"享乐跑步机"，它会让你觉得"多少钱都不够"。研究表明："这种循环……兴奋地购物、兴奋感退去、继而又渴望拥有新物品……容易助长物质主义之风，从而降低幸福感指数。"[61]

更多的钱也带给我们更多的选择，但研究表明，更多的选择不仅令人不知所措、备感压力（即"选择的悖论"），而且，年收入超过10万美元的人比年收入不足2万美元的人会花更多的时间进行令人不悦的活动（比如采购杂货、通勤），而进行休闲活动的时间则较少。[62]

更多的财富还可能导致更少的公平正义，对陌生人缺少同情心。[63] 在年收入超过 10 万美元的家庭中，慈善捐款占家庭总收入的比例要比年收入低于 2.5 万美元的家庭低。即使你感到自己已处于相对较高的社会阶层，你给慈善事业捐款的可能性依然比你感到自己处于较低社会阶层时低。

注重金钱对于生活满意度而言同样可能是有害的。那些将钱视为幸福来源的人说自己对生活的满意度较低，且当人们明确地只为了财富、名声、美貌之类的目标工作时，他们的幸福指数也会随之下降。[65] 即使是在做一件令人享受的事情（比如品尝一块巧克力）时注意到它的价格，即使并不昂贵，这样一个简单的举动也会降低这件事的愉悦程度。[66]

显然，当你的收入超过一定数额（足以使你感到安全有保障），你怎样花钱远比你有多少钱更重要。[67] 一个关键的区别在于，你是进行单纯的物质商品消费还是以节省时间为目的的消费。[68] 一项大型研究发现，用钱来把自己不想做的事情，比如将做饭、清洁等家务委托给他人，会带来更高的生活满意度，哪怕因收入原因在委托时有所节制，仍是如此。

另一个关键差异在于物质商品消费与成长性消费的选择。用于个人成长的消费——比如给慈善事业捐款，同家人和同事度假和静修，或是选择更便于社交、更利于技能掌握和爱好发展的住所——比单纯地买东西更有益于提高生活满意度与幸福感。[69] 事实上，研究显示，引导人们留出更多时间建立有意义的社会联系会增进幸福感，而让人们思考钱的事情则不会产生这样的效果。[70] 那么，人与人之间的联结到底值多少钱呢？在一项研究中，研究人员得出的结论是，朋友的价值超过一辆新的法拉利。[71]

还有一项常常被忽略的成长性消费就是心理治疗。研究显示：心理治疗在满足人们想被他人看到的需要上有很高的成效；在提升生活满意度方面，心理治疗的成效是提高收入的 32 倍。[72]

回顾这些研究，拉比·海曼·沙克特尔似乎发现了真谛，他说："幸福并不是拥有你想要的，而是想要你拥有的。"

社交媒体

> 人们会把你撕烂，而且，如果你不够强大，他们可能真的会撕裂你的灵魂……人们可能会说……"你需要把爱好调动起来。"要不试试爱上自己？那才真的是个挑战。
>
> ——社交媒体意见领袖布列塔尼·弗兰《美国模因》（2018）

过度使用社交媒体常常被认为是当代人孤独感无处不在的另一原因。当下，有很多社交媒体提供了具有吸引力的建立联系的渠道。在这个星球的历史上，没有什么时候比现在有更多受到大众欢迎的建立联系的方式，哪怕仅仅是片刻。

当然，对某些人来讲，社交媒体可能是他们同他人联系的唯一方式，而且社交媒体在满足联系需要方面仍有巨大的潜力。社交媒体对于残疾人尤为必要，正如孤独症少年朴浅香所言："社交媒体使残疾人能够拥有社交生活并参与到社群中，否则残疾人没有机会接触到这样的世界。"[73] 将余生与社交媒体和互联网健康地整合起来是可能的，这也可能对建立一段持续终生的友谊有帮助。[74]

相亲网站的使用也有助于恋爱关系的发展。一项研究发现，那些依照一定标准在相亲网站上结识并联系的情侣表示，他们对于婚姻的满意度更高，而且这些人的离婚率更低。[75]

> 社交媒体促进了相爱关系的形成，与此同时，它也让逃避有意义关系变得更为容易。

不过，这并非大多数人使用社交媒体的目的。一些肤浅的或一味逼迫"友谊"形成的社交方式，对于任何联结的深化都起的是反作用。

我们不妨思考一下，当下这一悖论：社交媒体增加了形成恋爱关系的可能性，但是与此同时，它也让逃避有意义的关系变得更为容易。其部分原因在于超越了个体间联系的被大众接受的诱惑，这诱惑既强大，又在进化过程中变得根深蒂固，使我们偏离了整体性。一项研究跟踪了人们在数周内的社交媒体使用习惯，结果发现，脸书的使用同较低的幸福感和生活满意度有关。[76] 但是，对那些在网上直接同人交流，而不是通过"点赞"或浏览他人主页与人交流的用户，就没有这些负面影响。"我们违背了我们的天性，我们聚在一起的时间越来越少了。"爱玛·塞佩莱指出，"我们现在做的一些事从根本上说就是违背本性的，而且还与我们真正的需要——情感联结的需要背道而驰。"[77]

或许，我们可以从那些把高质量的联结放在第一位，然后才考虑人的归属和接纳需要的文化中学到一些东西。

联结的蓝色地带

在鼓励面对面交流的文化里，人们更易获得高度满足感，也更易长寿。作家、探险家丹·布特尼在世界范围内进行了调查，包括位于爱琴海的一座希腊岛屿——伊卡利亚。[78] 在伊卡利亚，当地的百岁老人十分常见，秘密何在？

健康的膳食和适度的锻炼当然起到了一定作用，但是这些因素只是由一股股相互强化的力量汇聚而成的网络中的一部分，这些力量全都有助于健康长寿。当地居民称他们几乎不关心钱。"每逢宗教和民族文化节日，人们凑钱买食物和酒，共同分享。如果钱没有用完，他们就会把剩下的钱给穷人。那里不存在'我的地盘'，只有'我们的空间'。"岛上仅有的医生之一伊利阿斯·雷里阿蒂斯这样说道。

社会结构是尤其重要的。当地居民不常使用社交媒体，而是乐于进行频繁的面对面交流，他们也乐于为他人提供帮助。"即使你不擅长交往，你也不会是孤苦无依的。"布特尼写道，"你的邻居会邀请你出去庆祝当地的节日，让你吃掉属于你的那份山羊肉。"日本人口中的"生活的意义"（ikigai，早晨醒来的原因）在当地深入人心。"它让百岁老人从床上、从摇椅上起来教授空手道，从精神上指导村民，或是将传统文化传授给孩子们。"[79]

伊卡利亚岛的老人很受敬重，从未脱离群体；他们和大家庭生活在一起，直到成为百岁老人。伊卡利亚岛的一位 101 岁的老人说："我们只是忘了死亡。"与之相反，美国人试图"让老人出局"，塞佩莱说。[80]布特尼的研究表明，美国人每年花 300 亿美元用于购买维生素和补充剂，700 亿美元用于饮食，200 亿美元用于健身。或许除此之外，他们更应该在培养高质量的人际关系上多花一点钱。

科学研究已经明确表明：社会联结不仅是你的社交网络、人缘、认识多少人的一种反映。只有当人生中有若干段可靠、稳定、亲密的人际关系时，情感联结的需要才最有可能得到满足。当我们在人际关系之中感到安全和满足时，我们更可能产生一种稳定的自我价值感和掌控感。可是，当我们在与他人的联结需要中严重受挫时，我们就更倾向于产生一种更为不安的归属和关照需要，更加关心地位和声望。[81]

人类是如此社会化的物种，情感联结的需要并非仅仅同亲密性和人际关系有关，而且会对我们的自尊产生巨大的影响。现在，就让我们来讨论构成帆船基座的最后一块木板——对健康、稳定的自尊的需要，它会让我们在大海中更加一帆风顺。

第三章

自　尊

1932~1933 年间，马斯洛收到来函，威斯康星大学的同事金博尔·扬在信中推荐他阅读弗洛伊德的《梦的解析》。听从了他的建议，马斯洛立即迷上了精神分析，而且他发现这本书不同于他之前读过的任何一本，这本书能同他的个人体验结合起来。'在阅读完《梦的解析》后马斯洛很快接触了个体心理学创始人阿尔弗雷德·阿德勒的作品，阿德勒对于人性的看法同弗洛伊德迥然不同。

虽然阿德勒是精神分析运动的发起者之一，但他最终走上了自己的道路，为"攻击本能"的重要性进行了论证，他的观点同弗洛伊德强调的性本能和自我保护本能明显不同。① 阿德勒还提出了 "Gemeinschaftsgefühl" 的概念，我们也可以称之为"社会兴趣（social interest）"，他认为这是一种同攻击本能一样的最基本的人类驱动力。阿德勒指出，人类是社会性动物，这决定了我们会为人际联系、群体付出努力，也渴望对世界产生积极的影响。

相较而言，阿德勒的作品对马斯洛更有吸引力，其中一个原因在于，

---

① 尽管弗洛伊德最初对于攻击本能的想法不大认同，但公平地讲，弗洛伊德在他后来的《文明及其不满》一书中，的确提到了一种"破坏性本能"，他写道："我实在无法理解我们怎么会忽略了非情欲攻击与毁坏的普遍性，忽略了它们对人生的重要性。"

阿德勒关注平等、相互尊重、公民价值，这些观点与马斯洛长久以来希望帮助世界变得更为和平的志向产生了共鸣。考虑到当时的历史特殊性，马斯洛对阿德勒理念的兴趣就更易理解了。无疑，阿德勒的人本主义哲学对于马斯洛最终走向人本主义心理学起到了相当大的启发作用。

但阿德勒对权力驱动及其破坏潜力的探讨，对马斯洛也有同样的甚至更大的吸引力。阿德勒借鉴了尼采的"权力意志"，认为人类有一种固有的"对权力的追求"，有时他将之称为"对完美的追求""对优越的追求""对神性的追求"，以及"对人格提升的追求"。对阿德勒来说，过于追求对权力和他人的掌控力，而忽略了对社会利益的追求可能会滋生邪恶之类的东西，他感到这种情况正在当时的世界中显露，尤其是在德国纳粹中日益猖狂。

马斯洛受到阿德勒思想的启发，并渴望进一步研究权力的驱动力及其同弗洛伊德所说的性本能动力之间的关系，因此，当他与自己的博士导师哈洛探讨，急切地想要以实证的方式验证弗洛伊德和阿德勒看起来相互矛盾的观点。哈洛对于这个话题还算认可，但是他要求自己指导的所有论文都只能进行动物实验，不能在人身上进行实验。于是马斯洛开启了他关于猴子的性与支配权的复杂研究，这一话题此前几乎无人涉及。

马斯洛的一个发现是，表面上看起来由性驱动的行为，其实常常是权力的反映，这可以用猴子在等级制度中的地位来解释。马斯洛注意到，在由性驱动与权力驱动的交配行为之间存在清晰的区别——"性行为经常被用作攻击性武器，用以取代威吓和争斗，且在很大程度上可以同威吓、争斗这样的权力武器互换使用。"[2]

马斯洛还留意到，最具支配权的猴子并不一定总是公猴。早期对占据支配地位的母猴进行的观察，以及阿德勒提出的"男性抗议"（masculine protest）的概念（有这种心理的女性会拒绝传统的女性角色）的确影响了马斯洛后来关于人（尤其是女性）的支配权与性的性学研究。马斯洛在

1942 年的一篇论文写道：

> 几乎所有关于性技巧与恋爱技巧的书都犯了同一个愚蠢的错误——它们想当然地认为所有女人对爱情的需要都是相似的。于是我们发现，各类书中不加区分地给出了泛泛而谈的指导意见，仿佛所有女性都是一样的……当谈及性行为时，仿佛那只是一个力学问题，一个纯粹的物理意义上的行为，而不是一种情绪、心理上的行为，此时它们就显得更加荒谬可笑了。[3]

这些想法在当时如此激进，以至于在 20 世纪 60 年代早期，女权主义作家和活动家贝蒂·弗里丹引用马斯洛的性学研究来支撑她女权主义视角的心理学观点，这与弗洛伊德的精神分析法大不相同。[4]弗里丹还借用马斯洛关于需要满足重要性的著述来论证美国社会是在引导女性逃避她们的成长与潜能。

1935 年，马斯洛圆满完成了关于猴子的性与支配权的博士论文研究，并着手为美国心理学会年会做一份报告来展示他的研究成果。他很高兴自己的研究成果能够被传奇人物爱德华·桑代克主导的研讨会接受并在会上展示。令马斯洛意外的是——考虑到他本人当时正在担心毕业后找不到工作，年轻的他以及他的工作给桑代克留下了深刻的印象，桑代克当即邀请马斯洛到纽约的哥伦比亚大学做博士后研究员。马斯洛欣然接受。[5]

巧合的是，就在 27 岁的马斯洛踏入纽约的那一年，阿德勒感到了欧洲的危险（阿德勒是犹太人——编者按），于是他移民美国，搬到了纽约。马斯洛渴望告诉阿德勒有关他的博士研究，以及他一直以来对阿德勒关于权力的想法的验证。于是，他参加了一个由阿德勒举行的周五家庭招待会，地点在格拉梅西公园酒店阿德勒所住的套房。让马斯洛感到吃惊的是，现场只有少数几个人，他因而有机会能同阿德勒亲密交谈。

对于马斯洛验证了他的理论，阿德勒感到很高兴，因此常常同马斯洛聚餐。在随后的 18 个月里，两个人建立起了友谊，也形成了一种师生关系。但也有几次不那么美好的会面。一天晚上，当马斯洛和阿德勒在格拉梅西公园酒店餐厅用餐时，马斯洛不经意间问了阿德勒一个问题，暗中提到阿德勒曾是弗洛伊德的追随者。阿德勒显然生气了，开始大声说话，惹来了周围人的关注。[6] 阿德勒坚称自己从未追随过任何一种弗洛伊德的思想，他一直以来都是独立的医生和研究者。阿德勒的说话方式已近乎喊叫，他表示这样的说法是一种"谎言和欺骗"，是他与弗洛伊德决裂后弗洛伊德捏造的。阿德勒的爆发令马斯洛震惊，也让他为惹怒自己的学术偶像而感到羞愧。[7]

他们的最后一次会面是在 1937 年初，在阿德勒的套房里。在一场讲座和激烈的小组讨论结束之后，阿德勒目不转睛地盯着马斯洛，逼问道："那么，你是赞同我还是反对我？"马斯洛感到很失望，从此再未参加过阿德勒的任何聚会。那年 5 月，阿德勒心脏病发作，在苏格兰的旅途中死去。马斯洛一直对他们的最后一次交流感到十分遗憾，毕竟他们的交流大部分时候都是很有启发性的，他希望这一切没有在那种敌对的氛围中结束。[8]

除去那几次令人不快的经历，阿德勒对马斯洛的工作产生了很深的影响，阿德勒的相关研究也对马斯洛关于自尊需要的观点的演化产生了持续影响。1937 年，也就是阿德勒去世的那一年，马斯洛发表了关于人类"支配感"的系列研究中的第一篇论文，他不久后将这一术语改为"自尊"。在马斯洛这篇名为《支配感、行为和地位》的文章中，阿德勒的影响清晰可见。[9] 文章中，马斯洛力图证明区分支配感和支配行为的重要性。马斯洛认为，支配感包含自信、高度的自尊以及自我评价，这是一种能够应对他人的感受、一种掌控感，一种认为其他人确实也应当欣赏和尊重自己的感受，一种认为自己无所不能的感受。支配感还意味着害羞、胆怯、自我意识或尴尬的消除，是一种引以为豪的感受。

另一方面，支配行为并不总是符合一个人真正的感受，它常常是一种过度补偿行为。马斯洛区分了"补偿性支配"和健康或"自然而然的"支配（类似于当代心理学家所说的"坚定自信"）。马斯洛指出，人们经常会在感受不到保障与信心的时候采用支配行为，他认为这些支配行为是对支配感缺失的过度补偿。他在一条注释中解释道，在这种情形下，该行为与其说是支配主导，不如说是专横霸道，"带着对他人的敌意、任性、无礼、侵犯和压制等"。

马斯洛继而注意到，这样的过度补偿"往往会给旁人留下勉强和不自然的印象"。他认为："这种行为常常略显无礼，更具挑衅意味，也更吵闹。在某些情况下，该行为甚至可能发展成粗俗的行为，有时也可能让人觉得你目中无人或心怀怨愤，而不是冷静自信的……在其他情况下，补偿行为以明显的自命不凡的形式呈现，例如高傲、冷漠、疏离的行为。"[10]

马斯洛的观念同阿德勒有关过度补偿的作品存在相似之处，阿德勒的作品提到了人们能将挑战与不足转化为进步和力量。阿德勒在童年时得过佝偻病，他的切身经历告诉他健全或自卑的感觉有多么强大，他认为要成功地适应生活，就有必要朝健康的方向疏导这样的感受。阿德勒认为要抵挡住支配他人的诱惑，最好的路径之一就是培养自己对社会兴趣的追求。在他后来的作品中，阿德勒对追求权力和追求掌控力、克服障碍做了区分。他认为两者都可以满足我们"对完美的追求"，但是对掌控力的追求同克服个人挑战（而不是对他人使用权力）更为相关。

马斯洛在 1954 年的《动机与人格》一书中详尽地叙述了种种自尊需要的区别，在这本书中，他展示了自己关于人类需要的更全面的框架。这本书还呼应了他 1937 年的论文，讲述了安全型自尊和不安型自尊的区别：前者与真正的力量和信心有关，后者则与权力驱动有关。马斯洛认为，有不安型自尊的人"对于帮助弱小之人没什么兴趣，反而对于支配和伤害他们更感兴趣"。[11]

在这一章中，我将结合当代科学的启示，阐明对自尊需要加以健康整合的重要性。在自尊需要的满足上，既有调节与表达这一基本需要的健康方式，也有不健康的方式，后者可能会阻碍你作为完人的成长与发展。

健康的自尊

> 社会中的所有人（除了小部分病理性特例）都有对稳定、基础牢靠、（通常）很高的自我评价和对自重、自尊、尊敬他人的需要或欲望。
>
> ——亚伯拉罕·马斯洛《人类动机理论》（1943）

在我们所持的态度之中，最重要的态度即我们对自己的态度。基本的自我价值感与对行动有效性的信心会给我们的成长打下基础，而自尊是同生活满意度关系最紧密的因素之一（虽然相关的强度会随不同的文化环境而改变），低自尊是抑郁症最大的风险因素。[12]

马斯洛以及其他人本主义心理学家，比如卡尔·罗杰斯曾受到指责，批评者称他们激发了美国的自尊运动。该运动在20世纪80年代和90年代到达顶峰，其核心理念是自我感觉良好即生活中全部问题的答案。[13]但是仔细阅读心理学文献你就会发现，问题不在自尊上，而在我们对自尊的追求上。[14]

研究表明，健康的自尊是真正的成就以及同他人的亲密关系的结果，也是以完人的姿态成长和发展的结果。心理学家理查德·瑞安和柯克·布朗指出，过分关注自尊的提升表明在自我调节和幸福感方面已出现了严重问题。[15]如杰夫·格林伯格及其同事所说："维持自尊的困难和尝试维持自尊过程中的种种不适应可能是多种精神健康问题的核心所在。"[16]

那么，什么才是健康的自尊？当代研究发现了健康自尊的两种表征：自我价值感和掌控力。[17]通过衡量你在多大程度上同意以下说法，你可以评估自己更偏向哪种自尊：[18]

自我价值感

- 我喜欢自己。
- 我是一个有价值的人。
- 我对自己感到很满意。
- 我有较高的自我价值感。
- 我对自己足够尊重。

掌控力

- 我做事非常高效。
- 我几乎总能完成要努力实现的事。
- 我在很多事情上都做得很好。
- 我经常实现我的目标。
- 对于人生的挑战，我能很好地应对。

无论你当下是否拥有健康的自尊，你总有成长的空间。让我们更为细致地探讨健康自尊的这两个方面。

自我价值感

自我价值感有关你对自我的整体评价与感受：在这个世界上，你本质上是个有社会价值的好人吗？认可自己作为一个人的价值，将为你想要成为什么样的人打下健康的基础。[19]

马斯洛有时会对自尊需要和来自他人的尊重需要加以区分。[20]可是，当代研究显示，他人的评价常常影响我们的自尊。不管你喜不喜欢，我们都是社会性动物，我们对自己做出的评价常常体现他人对我们的评价。社会心理学家马克·利里的研究显示，自我价值感会在我们的社会价值上，或者至少在我们感知到的社会价值（尽管有时我们的感知并不准确）上留下深刻的印迹。[21]

利里及其同事卡特里娜·宗曼-赛雷诺、凯特·迪贝尔斯区分了这个世界上可能存在的两种社会价值形态：关系性社会价值（我们在何种程度上认为同他人的关系对个人有价值而且重要）以及工具性社会价值（他人在多大程度上认为我们拥有资源和/或有利于集体利益的重要个人特质）。[22]那些拥有很高自我价值感的人也往往会喜欢自己，认为自己本身具有很高的关系价值。

这就是自我价值感同归属感密切相关的原因。作为归属需要基础的社交保护体系通过在我们真正被拒绝之前，调节我们的行为来力图避免损害的发生。[23]研究表明，被温和地拒绝（或是感知到隐晦的拒绝）也会引起焦虑和痛苦，其程度等同于被严厉拒绝——这是采取调节行动的明确信号。相反，被部分接纳会提升自尊感，其程度差不多和被高度接纳一样。这一发现表明，在先祖时代的小规模的狩猎采集社会中，彻底地拒绝带来的后果是灾难性的。即使在被拒绝的后果已经不那么严重的今天，这种防范拒绝的机制仍保留在我们的大脑中。

自我价值感常受到他人的称赞与接纳的影响，而且这种情况永远不会彻底消失，不管一个人对自己的自我价值感多么地有把握。心理学家罗明·塔法洛里和小威廉·B.斯旺指出："在一个人的发展过程中，无论何时，我们都做不到对我们感兴趣之人对我们做出的道德评判无动于衷。作为社会性动物，我们无法克制自己不向他人为我们竖起的镜子里窥探，同样，我们也可能会不相信自己在镜中所看到的景象。"[24] 尽管如此，我们对自我价值的评判内化的程度越深，他人彻底动摇我们看待自我方式的可能性就越小。[25]

掌控力

自尊的第二个表征——掌控力涉及我们对自己的主导感做出的整体评价：你是一个能通过自身意志来实现目标的有目的的个体吗？[26] 塔法洛里和斯旺指出："人类的发展可以说是对'我们是谁'和'我们能做些什么'的追寻。"[27] 作为一种总体评价，掌控力在人生的很多领域都适用。当然，你可能在某些领域比其他人拥有更多的掌控力和技能，但是健康的自尊牵涉的不仅仅是喜欢你自己，还要在总体上感到自己是个有能力的人。[28] 作为一个能够实现人生目标的有目的的个体，人生中的所有成败都会影响到你对自己的态度。越能成功地朝目标推进，你就越会感到自信，两者会呈螺旋式上升，最终形成一种稳定的掌控感。反之，人生目标受挫的次数越多，你就越会朝无保障和无力感的方向螺旋下降。既然我们是如此社会化的物种，掌控力也往往同社会价值联系在一起，但掌控力倾向于在工具性社会价值而不是关系社会价值方面留下更多印迹。掌控程度高的人往往拥有能让我们获得更高社会地位的性格特质，因为这些性格对其他人来说也是有用的——但这些特质不一定是他的某个朋友、家庭成员或是社会团体所珍视的。

尽管健康的自我价值感和掌控感彼此有着密切的联系——人们倾向于同时发展这两种形式的自尊，但两者也可能分道扬镳。你很有可能将自己视为一个有强大意志力和能动性的个体，认为自己能够实现自己的目标，却并不真的喜欢或是尊重自己。反之亦然，喜欢自己却感到无法有效地实现自己的目标，这也是可能的。塔法洛里把这些情形称为"悖论式自尊"，并指出，这种自尊会影响我们加工和记忆来自他人社会反馈的方式。[29]

既然我们已经大致了解了健康自尊的两个主要组成部分，是时候澄清一个常见的错误理念了：高自尊等同于自恋。不幸的是，这种长期存在的刻板印象贬低了自尊作为人类重要需要的价值。

自尊与自恋

心理学家和媒体人频频将健康的自尊同自恋混淆。同很多人的认知相反，自恋和自尊的发展大相径庭，给人生造成的后果也非常不同。[30]高自尊的人认为他们有价值、有能力，努力追求同他人建立亲密、有意义的联系，但他们未必会把自己看得高人一等。

从发展上看，自恋和健康的自尊都在大约 7 岁时开始形成。在这个年纪，孩子们大量地使用与他人的社会比较，开始按照"我是个失败者""我有价值""我很特殊"等标准评估自己。他们开始以自己感知到的他人对自己的看法来看待自己。[31]但是，自恋和高自尊的发展态势则刚好相反：自尊在青春期达到最低点，且在之后的人生中缓慢上升；自恋则会在青春期达到巅峰，余生逐渐下降。[32]

自尊、自恋的发展还受到不同的父母教养方式的影响。自恋往往由父母过高的评价引发：在表现出高度自恋的孩子中，他们的父母倾向于夸大孩子的知识水平，过高地评价孩子的智商，过度赞美孩子的表现，甚至会给孩子一个独特的称号使其脱颖而出。[33]① 相比之下，高自尊则源于父母的温暖。对高自尊的孩子来说，养育他们的父母倾向于用充沛的

---

① 有趣的是，给低自尊的孩子以夸张的评价（比如，"你画的画漂亮极了！"）易造成适得其反的效果，导致孩子寻求挑战的意向下降，回避对成长可能会有益的关键学习体验。参见：Brummelman, E., Thomaes, S., de Castro, B. O., Overbeek, G., & Bushman, B. J. (2014). "That's not just beautiful–that's incredibly beautiful!": The adverse impact of inflated praise on children with low self-esteem. *Psychological Science, 25*(3), 728–735.

情感和适当的欣赏来对待孩子，他们对待孩子的方式让孩子觉得自己至关重要。

显然，社会的真正关注点不应放在培养健康的自尊上。真要努力的话，应该更多地帮助孩子感受到自己作为一个人，他们是有价值、被尊重且有能力的。社会真正要关注的是，自尊这一共同需要的健康与不健康表达的差异。下面让我们来看看在调节自尊需要方面两种主要的不健康行为。

自恋的两副面孔

> 在安全感极度匮乏的人身上，这种不安全感有许多表现方式……它可以表现为避世、退缩……或者敌对、好斗、恶意相向。
>
> ——亚伯拉罕·马斯洛《动机与人格》（1954）

当代学者发现了两种不健康的自尊需要调试方法：浮夸型自恋和脆弱型自恋。当大多数人想到典型的自恋者时，我们想到的是浮夸型自恋者：自以为是、自吹自擂、吵吵闹闹，总是要占据聚光灯下的焦点。可是，心理学家也发现了一种较为安静的自恋表现——脆弱型自恋，其特点是对于他人的冷落极为敏感，对于自身的宏大抱负存在深深的羞耻感，导致他们逃避关注。[34]

两种自恋面孔有着相同的特点，包括渴望权力、善于利用他人、有宏大的幻想。事实上，对于脆弱型自恋的人，他们自命不凡的宏大幻想反而会让他人感到震惊，这可谓一个悖论。[35] 尽管这两种自恋形式有很多相同点，但其敌意和对立的来源却是不同的。

由于渴望提升社会地位和支配权（工具性社会价值），那些在浮夸型自恋测评中得分较高的人容易对他人产生敌意。他们的自命不凡同他们的信念有关，他们认为自己与众不同、高人一等，因而值得拥有更多的资源和更优的待遇。与之形成对比的是，在脆弱型自恋测评中得分较高的人会在面对自身与他人的负面看法时产生敌意和不信任感，且他们的反应常常可追溯到其童年的创伤经历。他们认为自己应享受更多权力、得到特殊对待的原因是自己的脆弱，而不是自己具有的优势。

尽管当下关于"自恋者"的讨论较多，但我的看法是我们所有人都在某种程度上存在自恋倾向。毕竟，自恋倾向是人的特质。

> 我们所有人都在某种程度上存在自恋倾向。

精神分析学家，比如西格蒙德·弗洛伊德、安妮·赖克、海因茨·科胡特、奥托·克恩伯格将自恋现象看作"自我的全神贯注"或是对自我的过度投入，但是他们并没有将强烈的自我专注视为一件坏事。

海因茨·科胡特认为，最好接受病人现有的自恋倾向，并将其引导、转化为幽默感、创造力、同理心和智慧，而不是尝试将自恋从其人格结构中彻底去除。[36,37] 他称之为"健康转换"。[38] 本着同样的精神，我会尝试切实地深入"自恋"标签背后，看看自恋倾向的健康转换会怎样帮助我们变得更有安全保障、更加完整。

脆弱型自恋

玛丽是一位 36 岁的女士，她 14 岁时父母便离异了。父母离婚后，她基本上同母亲一起生活。可是，由于母亲药物成瘾、行为古怪且常常有虐待行为，玛丽不得不承担起养育弟弟的责任，从而忽略了自己的需要。现在，鉴于她本人和她的事业都存在极大的不确定性，在治疗师看来她是一个矛盾的综合体：她既有浮夸的特性，也有高度的自我专注、持久的剥夺感、羞耻感和脆弱感。玛丽非常自负，感觉自己拥有一定的特权和特殊资格。她期望得到优待，幻想自己拥有无限的成功、权力、美貌、天赋、才华，而她也承认她总是在思考自己到底是个好人还是坏人。她似乎不能或者不愿对他人的真正需要和感受加以理解或是做出回应，除非那些人同她自身的需要和感受一致，或是理解和回应他人会让她自身的感受更好。她还感到不快乐、郁闷、沮丧，在生活中的各种活动里都找不到乐趣和满足。在人际关系方面，她常常需要他人反复安慰她，说她是个好人，即使最微小的批评也会让她感到不安、退缩，因此她总是在留心观察拒绝的迹象。而且，玛丽对他人很挑剔，易怒，充满敌意、对抗和对立情绪。她总是心怀怨恨，容易同权威人物起冲突。此外，玛丽还嫉妒他人，常常感到自己被误解、受到不当对待或迫害，且容易感到无助和无力。[39]

脆弱型自恋的相关特征解释了为何矛盾的特性会同时出现：当一个人的自我价值感处在剧烈变化、脆弱、不确定的状态时，这些矛盾特性倾向于共同存在。[40] 其实，根本就不存在什么低自尊。当人们做自尊测试时，没几个人称自己的社会价值为零。自尊量表得分较低的人的分数常常接近中点，这表明真实情况是，他们自尊心处在不确定的状态。[41]

关于脆弱型自恋的研究表明，对于个人价值的高度不确定性常常带来很多影响：一触即发的羞耻感及敌对反应，对此类刺激性场景的逃避，受到他人认可和尊重的浮夸幻想，对别人的认可和关注的持续性需要（包括感觉有权吸引他人的注意力和因为不被欣赏而抱有长时间的怨恨），对需要和脆弱的藏匿，想通过帮助他人来使自己感觉良好的过度需要，以及对于人们的真正意图的不信任和讥笑。所有这些特点往往同时存在。请参照以下说法，诚实地评估你在日常生活中脆弱型自恋的程度。[42]

脆弱型自恋量表

· 我常常感到自己需要别人的恭维才能比较自信。

- 当我意识到失败时，我会感到羞耻。
- 当他人窥测到我的需要时，我感到焦虑和羞愧。
- 我经常隐藏自己的需要，唯恐他人认为我照顾不好自己，依赖他人。
- 遭到批评时我会生气。
- 当人们没注意到我是个多么好的一个人时，我会被惹恼。
- 我喜欢朋友依赖我，因为这让我感到自己很重要。
- 有时我会避开人们，因为我担心他们会让我失望。
- 有时我会避开人们，因为我担心他们不认可我为他们做的事。
- 我常常幻想因为自己的成就而被人认可。
- 如果有人对我很好，我会怀疑他们想从我这里得到些什么。

尽管这些说法描述了脆弱型自恋的特征，但如果我们再深入挖掘该标签，我们就可以发现，所有这些特点都只不过是对他人的反应方式，这些方式汇总起来构成了一种明智的策略，它保护我们免遭被拒绝的痛苦。正如我们已经看到，人类演化出了一套非常强大的社交保护系统，它会追踪我们当下日常生活中的归属和接纳水平。当我们察觉到拒绝近在咫尺，我们就会感到痛苦，该系统会进入高度警戒模式来保护我们。

不幸的是，我们的"内在社交计量器"在校准上会犯下令人难过的错误。[43] 早年的创伤经历可能会导致我们以不准确的方式感知自我的社会价值和能力，如果依照这些在校准上出现极大偏差的想法行事，可能会遭遇我们最为惧怕的后果。不幸的是，脆弱型自恋的确同情绪、言语、肢体和性等方面的侵害的创伤经历有关。[44,45]

当然，在脆弱型自恋的发展过程中，基因也起到了重大作用。脆弱型自恋的发展要经历一个复杂的过程，在这个过程中，生物脆弱性（比如情绪高度敏感、冲动性对抗等）会被家庭和学校因素（比如父母的不当行为、来自同学的霸凌等）放大。不过，尽管对能引起应激反应的场景而言，基因会影响人们的敏感度，但父母的虐待和其他环境条件确实同脆弱型自恋有显著关系。[46]

考虑到儿童时期的情绪虐待可能对他人来说是并不外显的，甚至对那些可能搞不清什么是虐待行为的儿童也是如此，情绪虐待可以说是导致脆弱型自恋的关键因素。[47]情绪虐待可能来自控制欲极强、具有侵犯性或是对孩子不上心的父母，或者父母之一有着强烈的自恋需要，以至于孩子会因为表达自己的需要或表达他们的伟大梦想（这对孩子来说是一件非常正常的事）而感到不安或羞愧。在我和同事布兰登·韦斯、乔书亚·米勒及W.基斯·坎贝尔一同做的研究中，我们发现下面的说法同脆弱型自恋显著相关："作为孩子，家人常常鼓励我用自己的需要来取代他们的需要。"①

遭到拒绝和早年遭到虐待会造成低自我价值感和高羞耻感。尽管脆弱型自恋的特征可能有助于管理这样压倒性的痛苦，将再次遭受虐待的可能性降至最低，但是脆弱型自恋也可能导致许多最终会危害健康、妨碍成长和整合的想法、应对策略以及依恋模式。在我们的研究中，我们发现，脆弱型自恋同生活中较低水平的生活满意度、自主性、真实性、掌控力、个人成长、积极社会关系、目的感、自我接纳相关，与对自己的想法和感受缺乏信任、自我意识严重缺失也存在相关。[48, 49]

我们还发现，自恋和冒充者综合征的关系极为紧密。脆弱型自恋测评

---

① 不幸的童年体验与心理权利之间存在一种有趣的联系，这可能有助于解释为何神经质和对立会在脆弱型自恋中发生关联。研究表明，被排斥和感到被社会冤屈会使权利感增强，这一点已为实验，哪怕是这样简短的实验所证实，即让人感到自己是受害者会使其做出自私行为的可能性增大。参见 Poon, K-T., Chen, Z., & DeWall, C. N. (2013). Feeling entitled to more: Ostracism increases dishonest behavior. *Personality and Social Psychology Bulletin*, 39(9),1227– 1239; Zitek, E. M., Jordan, A. H., Monin, B., & Leach, F. R. (2010). Victim entitlement to behave selfishly. *Journal of Personality and Social Psychology*, 98(2), 245–255.

分数高的人在以下说法上的得分也较高，如"我容易感到自己是个骗子"和"有时候我害怕自己的真实面目会被发现"。其实，这些人不太可能真的感到自己在骗人，他们更可能采用了一种"自我呈现策略"，这是另一种自我保护的方式，可以使自己免于遭受拒绝可能带来的痛苦。通过调整他人的期待，即使他们失败了，他们也不会那么强烈地感到羞愧。[50]

我们还发现，在控制自身的强烈冲动和为了自身采取建设性行动方面，脆弱型自恋测评中得分高的人表现出极大困难。他们倾向于采用的防御机制包括：心怀幼稚、不切实际的幻想，将责任投射给他人，表达需要时采用消极对抗行为，因主张个人需要而道歉，感受身体的症状，远离那些可能提供援助的人，压抑情绪，在受伤或感到压力时做出愤怒的反应，做出冲动行为（比如暴饮暴食）来让自己感觉更好或重获控制。这些行为对于一个想要应对强烈痛苦和恐惧的脆弱的孩子而言是合理的，但成年后，这些行为会阻碍个人的整体成长。

从脆弱到成长

然而，脆弱型自恋不一定会成为成长的绊脚石。无论这些脆弱型自恋的特征达到何种程度，我们都可以掌控自己的人生，打造连贯和稳定的自我意识。要想克服自尊方面的高度不确定性，一个办法就是摆脱完美主义的自我呈现。一项对过往文献的整合统计学分析发现，脆弱型自恋同一种强迫性关注有显著联系，即关注自己在他人眼中是否仍不完美，同时认为他人要求自己保持完美。[51]

不要太担心别人对你的看法，你可以试着冒更大的风险（即使那些风险可能会让你看起来很糟糕）去真正地验证是否每个人都要求你达到完美，这样做能让你保持自尊。那些真的去验证了自我想法的人常常会惊讶地发现，其他人完全可以接受他们的不完美。事实上，他们常常会发现，在他人面前表现得更脆弱和更真实会增强社交关系。既然没有人是完美的，那么和表现出我们共同天性（包括承认人类的不完美）的人在一起，要比和完美的人在一起更容易让我们感到舒服。

为了促进成长，那些脆弱型自恋测评得分高的人可以采取的另一措施，就是真正地理解社交保护系统的作用。该系统的演化目的是不加区分地探查出对接纳和归属构成威胁的事物，因此系统会做出过度的反应，有时无视这个系统是必要的。你真的关心所有人对你的看法吗，还是只关心特定的人对你的看法？事实上，你只需重视那些真正尊重你的人和你真正尊重的人的真实反馈。

认知行为疗法（CBT）、辩证行为疗法（DBT）、接纳与承诺疗法（ACT）都可能会有帮助，让我们学会调节时常感到的强烈的拒绝和羞耻感，以及头脑中常常浮现出的非理性消极想法。[52] 你真的可以"重新训练你的大脑"。[53] 斯蒂芬·海斯（接纳与承诺疗法的创始人）宣称，ACT 的一个显著效果就是使你"能够作为一个有意识的人，更充分地与此刻建立联系，并且在有利于实现目标的情况下，能够改变或坚持你的做法"。[54]

我的同事和我发现脆弱型自恋还与"我的感受令我害怕"和"我的想法和感受对于我想要的生活方式来说是一种阻碍"等说法相关。[55] 这表明在脆弱型自恋测试中得分高的人回避的往往正是那些能带给他们最大幸福和成长的事情。当你真的去检验了你害怕的事情，你就会发现现实常常并不像你想的那样坏。事实上，一旦你拥抱了自己和生活，你会发现现实常常是积极的、正向的。既然人们倾向于以自己期待的方式来对待他人，那么改变你对待世界的态度也会改变人们对待你的方式。

此外，拥有梦想和抱负并不是什么值得羞耻的事。那些脆弱型自恋者有可能因为感到自己根本就不配成长而对其产生害怕和恐惧情绪，但是，他们又会虚构出永不向他人透露的宏大幻想。这种秘密不必要，也不利于产生成效，因为表达抱负才是健康的。

关于正常合理的抱负受到压抑会怎样阻碍自我实现，以及人们在多大程度上害怕成长，马斯洛十分感兴趣。在 1966 年的一篇未发表的文章中，马斯洛指出，在我们的社会中，我们学会了"穿上像变色龙一样的斗篷，露出虚假的谦逊和虚心"。[56]

马斯洛认为，为了避免社会的惩罚，一个人会"变得谦卑、善于逢迎、愿意安抚他人，甚至甘心受虐。简而言之，由于害怕因比他人优秀而受罚，他会甘居人后，放弃一些作为人的可能性。为了安全与保障，他会重创自己、自断前程……也就是说，他在逃避为他量身定制的任务，或者说他为之而生的使命——他在逃避命运"。[57]马斯洛称之为"约拿情结"。历史学家弗兰克·曼纽尔也描述过这种现象。这一说法源于《圣经》中约拿的故事：出于恐惧，约拿想从上帝的预言中逃脱，但是他找不到躲藏的地方。最终，他接受了自己的命运，做了注定要做的事。

让我尽可能地把这一点阐释清楚：你可能没有被赐予卓尔不群的天赋，但是你有权卓尔

> 你有权卓尔不群。

不群，因为你是个有价值的人。改变自我设障式的价值陈述方式，以健康的方式表明自己的需要，克服对于恐惧体验的回避心理，为你自己的行为负责——这些举措会令脆弱的自我变得强大而又稳定。极具反讽意味的是，你越是不关注自己是否有价值、是否有能力，而将之视为不争的事实，你就越有可能持续地认同自身的内在价值。

本节最后的话来自布琳·布朗，她花了数年时间来研究羞耻感、脆弱性和归属需要。

别再满世界去寻找你不属于这里的确凿证据，你总会找到它，因为你已把它当成了你的使命；别再搜寻人们的脸庞去找寻你做得还不够的证据，你总会找到它，因为你已把它当成了你的目标。真正的归属感和自我价值不是商品，我们不会就其价值同世界讨价还价。我们是谁？答案就在我们的心中。勇气本就是为了保护我们的本心不受源源不断的评价干扰，尤其是我们自己的评价。没有人比

你更属于这里。[58]

浮夸型自恋

吉姆是个 58 岁的男人，目前和妻子处于分居状态。他在一家当地的零售店担任经理，但他一直梦想着有一天能做些大事，比如成为一位有影响力和社会地位的领袖，收获无数粉丝的赞扬。在他还是孩子的时候，吉姆的父母会为哪怕是最微不足道的成绩而赞扬他，不断对他和他们的朋友说他未来注定会取得不凡的成就。吉姆善于洞察人心，总是充满活力、爱好交际，在社交场合舒适自如。他善于表达而且具有良好的幽默感，可是，他很自负。他似乎认为自己拥有特权和某些权利，总是希望享受优待，认为自己不必遵守传统的行为规范。他努力成为众人关注的焦点，会以夸张且戏剧性的方式表达自己的情绪，好像他人只是见证自己重要性、才华和外貌的观众。他似乎相信自己只应该与那些地位很高，或是很"特别"的人有联系。吉姆对自己也非常挑剔，他会给自己定下不切实际的高标准，他无法容忍自己的不完美。他也会给他人定下不切实际的高标准，总是把自己遇到的苦难归咎于他人。当感到他的"伟大"和"完美"受到哪怕一点点威胁时，他就会显露出极度的愤怒。吉姆还容易嫉妒别人，总想同他人一较高下，而且他还轻视他人、高傲、自大，明显缺乏同理心。[59]

以上对吉姆的介绍展示了典型的浮夸型自恋者的形象及其矛盾特征，这些矛盾特征会在我们对能动性和他人的尊重产生强烈需要，不惜任何代价维护自己的华丽形象时出现。当然，只是有很大的抱负和自信并不意味着自负。在以健康的方式调节自尊的过程中，很重要的一点是确认我们的尊重需要在何时已经强烈到脱离现实，或是对他人造成了伤害。

脆弱型自恋反映的是明显阻碍成长的应对行为（比如抑郁和退缩），而浮夸型自恋则更多表现出一种混合。浮夸型自恋包含一些对成长有益的品质（比如有魄力、对领导力的追求以及影响他人的能力），这些特质有助于达成目标，对世界产生影响，甚至产生快乐与满足感。但它也包含一些从长远来看妨碍个人成长以及实现人生目标的特质。请参照以下说法，评估你的浮夸型自恋程度。[60]

浮夸型自恋量表

- 在聚会上，我喜欢成为最受欢迎的人。
- 我倾向于掌控大多数事情。
- 当人们对我评头论足时，我一点儿都不在意。
- 我经常幻想自己非常成功、拥有很大权力。
- 我渴望变得伟大。
- 我很擅长利用他人。
- 我愿意利用他人来推进自己的目标。
- 我应该得到优待。
- 我不在意别人的需要。
- 其他人说我总是吹牛，但我说的一切都是真的。
- 为了得到刺激感，我几乎会尝试一切事情。

正如这些说法所描述的那样，那些在浮夸型自恋测试中得分高的人对于追求工具性社会价值，以及可能随之而来的社会地位与公众称赞有很强的动力。与此同时，得分高的人还往往会忽略自身的关系性社会价值，也不在意能否得到周围人的喜爱。事实上，那些得高分的人常常过度专注于他们的社会地位，以至于降低了在他人眼中的关系价值。尽管他们可能会认为自己高人一等，但作为一个完整的人而言，他们不一定那么喜欢自己。

相应地，在浮夸型自恋测评中得分高的人专注于成功，他们要么将人看作胜利者，要么看作失败者。因此，这些高分者往往非常看重那些被认为是"特殊"的品质，或是在社会中能够给人带来较高社会地位的品质；但对于能促进合作或是能够让人喜欢的较为隐性的品质，他们往往不大看重。在当代美国文化中，社会地位的标志往往是金钱、权力、智力，以及一些显性成就（获奖、排名、登上杂志封面之类的东西）。仅仅是个"好人"并不会让你的照片贴满时代广场。

此外，集体性自恋确实存在。集体性自恋是浮夸型自恋的一种特殊表现。在这种情况下，一个集体过于自信，认为他们是帮助别人的最佳人选，并确信他们会给整个世界带来正义与和平。但在现实当中，他们并不像他们引导他人所想的那样，拥有足够的技能和才干来实现集体目标，只会在身后留下一大堆乱摊子。[61]①

我们的研究发现，脆弱型自恋更为清晰地表现为整体上的不适应性，而浮夸型自恋的防御机制则更像一种混合体，至少就对本人造成的伤害而言是这样的。事实上，我们发现浮夸型自恋同较高的生活满意度有关，但我们也发现，这种生活满意度的提升很可能是要付出代价的，即他脱离了同自我的联系。

我们发现，那些在浮夸型自恋测评中得分高的人会表现出更高的冒充者综合征水平、较低的自我意识，他们会自我疏离，更可能受外界影响，经验性回避程度较高。而自尊测试分数较高者则表现出相反的模式，这表明自尊同更高程度的自我联系感密切相关。

这个结果并不令人惊讶。两种形式的自恋都牵涉对某种特定自我形象的维护。脆弱型自恋者会在被拒绝、好像不配拥有爱和归属感时展开猛烈

---

① 浮夸型自恋的集体性倾向是一个有趣的开放性研究问题。毕竟，自尊的需要是一种根本需要，它一定会以某种形式表露出来。

的防御，而浮夸型自恋者会极力维护高人一等的自我形象。两种策略都可能会在实现自我提升的目标时起作用，但两者都会造成对他人的伤害，也会牺牲个体同其最重视的目标和愿望建立深入联结的能力。

我们还发现，那些浮夸型自恋程度较高的人会做出很多投射行为，将自己的愤怒和沮丧向外界投射，他们不仅倾向于在受刺激后做出反应性攻击，而且会采取主动攻击行为。举例来说，浮夸型自恋程度高的人十分赞同这样的说法："挫他人的锐气让我感到骄傲。"[62]此外，他们还会否认周遭事物，比如，他们还会赞同这样的说法："人们说我倾向于忽略不快的事，仿佛这些事从未发生过。"

我们发现浮夸型自恋还同一种认为他人非黑即白的观念有关，这体现为他们对相关说法的赞同："就我个人而言，人们要么好要么坏。"也体现在他们对自己的极端见解上，即认为自己无所畏惧。比如，我们发现浮夸型自恋同"我忽视危险，仿佛我是超人"这样的说法有着密切的关联。

这些过度夸张的自我认知与在浮夸型自恋程度高的人身上发现的那种高水平的完美主义倾向有关。[63]一项整合统计学分析（元分析）发现，浮夸型自恋者更可能将严苛的完美主义要求强加给他人，对于察觉到的瑕疵永远都表现出不满意的样子。[64]浮夸型自恋者还追求完美的自我提升，并会抱有达到完美的幻想。但是，他们却不怎么关心由于自身表现不完美而要付出的代价（很可能因为他们认为这样的不完美并不存在）。[65]

请注意浮夸型自恋同脆弱型自恋的区别：脆弱型自恋者更关心如何从他人处获得赞许和认可，与此同时避开看起来不够完美的后果；而浮夸型自恋者则需要不断的称赞来时时维系自身的优越形象。[66]

话说回来，如果你感到需要不断地维护自我的优越感，这两种自恋者的做法都可以是有效的策略。而且，像超人那样无所畏惧有时确实也有帮助。[67]当你真的开始相信你就是超人，并且在所有场合都保持这样的行事风格时，问题就出现了——问题不出在自尊上，而出现在自尊成瘾上。

自尊成瘾

尽管我们每个人在任何时候都有不同程度的浮夸型自恋，但重要的是要意识到权力对所有人都有醉人的魅力。权力是人生来就有的一种内驱力，我们所有人都在某种程度上享受权力带来的刺激，享受被他人高度尊重的感觉。同浮夸型自恋尤其相关的是高自尊成瘾，这与其他我们更为熟悉的成瘾现象（比如可卡因成瘾或赌博成瘾）存在相似之处——欲望都被放纵到极具破坏性的程度。[68]

当自尊成瘾达到了特定的临界点，会对成长极为不利。我和同事伊曼纽尔·尧克发现，在浮夸型自恋程度较高的那部分人中，浮夸型自恋同脆弱型自恋、对抗、消极情感以及抑郁的加剧相关；同适应性因素，比如果敢、社会影响力的联系较弱。[69]这表明浮夸型自恋一旦超过一定程度，就很可能会出现一个优越感和极低自我价值感的快速循环。

这也有助于解释为何自恋倾向来了又走、循环往复（尤其是在临床背景下，即症状非常突出，以至于个人需要寻求专业帮助），以及为何脆弱和浮夸常常快速循环，甚至同时发生。[70]

当一切顺利，且浮夸型自恋者社会地位不断爬升时，他们会感到骄傲与兴奋带来的刺激。但是，如同人们最终会对大多数药物产生耐受性一样，刺激不再会带来快感。当快感减弱，浮夸型自恋者会寻求更大的辉煌（更高的"剂量"），在一切有可能的地方寻找对自身优越性的更多赞美和认可，甚至会在他们并非真正感兴趣的人和职业中寻找（比如在你根本不关心政治的情况下竞选某个政界职位）。

但同其他药物一样，这种浮夸是不可持续的（最终真相会战胜幻觉）。那些在浮夸型自恋测评中分数极高的人常常以退缩、羞耻、抑郁发作而收场——他们维持不切实际的自我评价的能力失效，这让他们感到极其脆弱。然而，一旦那种深深的绝望和无价值感平息，对于膨胀的自尊带来的兴奋感的渴求，可能会让他们再次接受他人的称赞和积极反馈，重新开始整个循环。

以成瘾视角看待自恋有助于解释为什么那些被我们贴上"自恋者"标签的人对于每个人都那么有吸引力：浮夸型自恋者沉迷于对尊重和权力的追求，那是我们每个人内心深处都渴望的东西。[71]正如社会心理学家罗伊·鲍迈斯特和凯瑟琳·沃斯指出的：

> 我们认为，那些做到了人们渴望却无法尽兴去做的事（要么是因为缺少机会，要么是出于内心的压抑）的人，通常会吸引其他人的关注。性、名声、金钱、权力，以及暴力是永恒的吸引力来源，因为人们十分好奇，想要观察某个人纵情于他们能感受到却无法完全实现的种种冲动。利己主义者则另当别论。[72]

事实上，如果所有人都被给予足够的权力（尤其是如果我们此前没有多少权力的话），那么我们都有可能"自尊成瘾"，追求越来越多的他人的尊重，以此来获得快感。这就是为什么我们要意识到先使一个人获得权力的利他主义倾向在巨大的权力面前可能被削弱——一旦尝到权力带来的喜悦，更是如此。心理学家达契尔·克特纳将之称作"权力悖论"，即权力体验本身将摧毁曾经给我们带来权力的品质。[73]

对于权力的过度追逐不仅仅体现在个人层面，它也是很多集体性自恋的来源。近年来，心理学家一直在从科学的角度研究"集体自恋"这种对内群体积极性的防御形式。[74]在集体自恋测试中得分高的人群认为，他们的内群体应享有优待，要得到应得的认可。正如个体自恋一样，集体自恋来自由掌控和自尊需要导致的挫败感，它是对保障缺失进行的补偿性尝试。[75]

与之形成对照的是，自尊已同健康的内群体积极性联系起来，这种积极性更可能培养内群体和外群体的和谐。[76]这终归是一条令人振奋的消息：正如我们可以拥有健康的自尊一样，拥有健康的内群体的爱也是可能的。成为内群体的一员会让你感觉良好，在内群体中你会为群体所取得的真正成就而感到无比自豪，不必再承受由群体间的威胁和敌意所引发的过度敏感。"

最后，我认为我们不应忽略权力的诱惑，或是假装这种吸引力不是我们共同人性的一部分。追求权力不一定必然导致毁灭，几乎所有人都追求掌控力，并想在世界中有所作为。但正如阿德勒所指出的，我们还有对于社会兴趣的追求，它们共存于我们心中。因此，问题依然是：我们如何能以最真实、健康、促进成长的方式满足自己的自尊需要？

健康的骄傲

> 好像（能够充分发挥自己作用的）个体在有意识地、包容地向着存在前行，这个过程就是他内心与实际的样子……他不会成为一个冒进的人，带着那伴随而来的不安感或装腔作势的防御性。他不会成为一个畏缩的人，带着那伴随而来的内疚感或自我贬低感。他越来越听从自己生理和情感存在最深处的声音，而且发现自己越来越愿意带着更大的准确性和深度，成为他最真实的自我。
>
> ——卡尔·罗杰斯《个人形成论——我的心理治疗观》（1954）

好消息是，我们可以满足自己的自尊需要，而无须诉诸自恋式的自我呈现。培养健康的自尊并不需要像脆弱型自恋者那样隐藏或压抑自我，或像浮夸型自恋者那样过度吹捧自我，以至于将整个人吞噬。培养健康自尊的关键是建立真诚的关系、学习真正的技巧和能力，使自身能够以一种健康的方式为所取得的成绩感到骄傲。

尽管骄傲常常被认为是"最致命的罪恶"，但杰西卡·特蕾西及其同事所做的研究表明，某些形式的骄傲可以成为生活中极强的生产力。事实上，在达到个人目标和影响世界方面，骄傲可以是一股巨大的动力，关键问题在于权力是如何获得的。特蕾西的研究显示，自大的骄傲与健康的骄傲之间存在天壤之别，前者基于自恋、自我夸大以及以牺牲他人为代价的对抗性，后者则基于健康的自尊和真正的成就。[78][①]

那些经常体验健康骄傲的人比较友善、热爱交际、讨人喜爱、冷静、富有韧性、有创造性，而且受人欢迎。尽管两种形式的骄傲都同较高的社会地位有关，但健康的骄傲在使人获得较高的社会地位的同时，还和真正地受到他人尊重、钦佩和喜爱有关。[79]很明显，一个人不必在拥有更高的社会地位和被赞美与喜爱之间做出选择——两者兼得是有可能的。

一项最近的研究支持了这一观点。[80]我和同事雷布·雷贝利给出了一份清单，上面列举了影响人们生活质量的因素，我们要求大家说明他们对每一项因素各需要多少比重才能对生活感到满足。我们发现三组动机：第一组动机，我称之为"地位驱动型人生"，由对社会地位、金钱、权力、卓越表现、成就、世界影响力以及创造力的追求构成；第二组动机，我称之为"保障驱动型人生"，主要由保障、幸福和亲密关系需要构成；第三组动机，我称之为"成长驱动型人生"，不仅包括对卓越表现、成就、创造力，以及想要产生影响的追求，还包括对意义、成长、亲密关系以及给世界留下积极影响的追求。我们发现，自我实现同成长驱动型人生关联最大，同地位驱动型人生没有关系。

要注意，想要给世界留下积极的影响与对意义和成长的追求相关。这同人本主义心理学家频频讨论的想法（即成长和人道主义关切会天然地相伴相随）是一致的。此外，我们还发现，笼统地想要给世界留下影响和想

---

① 心理学家杰西卡·特蕾西及其同事将健康的骄傲称为"真实的骄傲"（authentic pride）。考虑到"真实"这个词比较含混，我更喜欢用"健康"（healthy）这个词（尽管这个词也存在歧义）。

要给世界留下积极的影响之间存在差异。

研究结果契合克特纳对权力的定义，即权力是改变他人的状态以对世界产生影响的能力。[81] 使用权力的这一广义定义，我们可以看到存在很多通过"在世上产生影响"而拥有权力的方式。想要将世界变得更美好的主要驱动力来自成长的渴望——包括自身成长和他人成长，并非主要来自金钱、地位和权力。

现在你明白了。如果你主要的人生目标是拥有权力、金钱和地位，那很好，你现在就可以放下本书了。我的建议是，你可以仔细地做笔记，记好那些人所采用的策略，他们具有大量同浮夸型自恋有关的特质。那些浮夸型自恋程度高的人似乎找到了领先和主导一切的途径，不论这会令他人付出何种代价。

如果你主要的人生目标就是安全、保障和幸福，那么你现在也可以放下本书了。关于保障的这几章应该已经可以使你充分了解如何在人生中打下坚实可靠的基础。

但是，如果你受到成长、探索、目的感、创造性以及对全人类的爱的驱动，希望以自己独特的风格去实现自我，甚至超越自我，那么请继续读下去，因为前方还有更漫长的航行。

第二部分

·

成长

·

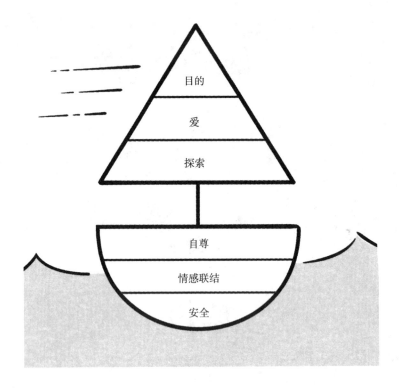

序 幕

1935 年 8 月，当马斯洛和妻子柏莎踏足纽约市时，此时的世界已经同他当初在研究生院时大为不同。随着法西斯势力在德国、意大利、日本和西班牙的崛起，马斯洛感到一种对人性的威胁，这令他沮丧又难过。[1]在哥伦比亚大学给爱德华·桑代克做博士后研究助理期间，马斯洛继续做着有关性与支配的一些研究。但他的兴趣已经变得越发广泛，并彰显出人道主义理念。

由于大批精神分析学家从欧洲移居美国，一场真正史无前例的文化复兴在纽约市萌发，此时，马斯洛一家正在着手安顿下来。正如马斯洛的描述，纽约是"心理学领域的中心……雅典之后再没有哪座城市可以同纽约相提并论了"。[2]10 年间（1935—1945），马斯洛向他那个时代最有影响力的一批心理学家和人类学家不断学习，其中许多都成了他的朋友。

他们当中有一批纽约最著名的精神分析医师和学者，包括阿尔弗雷德·阿德勒、艾里希·弗洛姆、卡伦·霍妮、贝拉·米特曼、埃米尔·欧柏霍泽、艾布拉姆·卡地纳、大卫·利维、格式塔心理学家马克斯·韦特海默和库尔特·考夫卡、神经精神病学家科特·戈德斯坦，以及哥伦比亚大学著名人类学家鲁丝·本尼迪克特和玛格丽特·米德。

尽管这些学者都很有影响力，但马斯洛对鲁丝·本尼迪克特与马克斯·韦特海默尤为推崇。他说自己努力研究自我实现就是为了理解二人的思想，这两人为他"所爱、所敬、所羡，是非常非常棒的人"。[3]他极为钦佩他们，也深感好奇：是什么让这两人如此与众不同？他对两人的人格特质做了大量笔记，在"一个美妙时刻"，马斯洛意识到他们的人格模式是可以概括的，他认为自己发现了一种人格类型。"这令我既兴奋又喜悦。"他在笔记中写道。[4]

人们可以从马斯洛 1941 年同心理分析学家贝拉·米特曼合著的一本有关变态心理学的教材中看到他自我实现理论的蛛丝马迹。这并不是本普通的变态心理学教材[5]，在导言中，马斯洛和米特曼称他们从人的"完人格"角度，以一个人的重大需要、人生目标，以及"解决人生问题的尝试"为背景来理解变态行为。[6]他们认为个体中很多明显"冲突"的强烈追求常常是对同一目标的反映——幸福、舒适、爱和自重，唯一的问题是，对于个人而言，实现那些目标的最佳路径是什么。"所有人都有同样的追求。"两位作者写道，"问题在于对于实现这些终极目标而言，存在很多可能的路径。"[7]

这本关于变态心理学的书另一不同寻常的特色是，作者加入了一整章关于"正常人格"的内容。尽管他们也承认正常与变态人格间没有清晰的界限，也强调正常总是相对于某个特定文化、亚文化、地位、年龄、性别和人格类型而言的，但马斯洛和米特曼还是概括出 12 种"正常的表现"。其中很多都同马斯洛数年后提出的自我实现者的特点相似，包括充分的安全感与稳定的自尊，恰当的自我认知，接受爱、情感和援助的能力，自发与自然地表达个性的自由，同现实有效连接的能力，人格的充分整合与一致性。

在"正常人格"那章的一节中，两位作者清楚地表明他们所描绘的并不一定是"理想"人格（因为理想人格的概念牵涉价值观），而是"在这个话语体系中个体理想的一种投射"。尽管如此，他们还是写道："希望科学在前进的过程中会最终接管整个价值观问题的研究……我们有理由相信科学的范畴最终会被拓展，使大部分价值观问题，甚或是全部价值观问题成为科学研究的对象，但在这之前，任何关于理想人格的讨论都应被推迟。"[8]

大约在变态心理学教材发表之际，马斯洛的研究已经转移到一些更具抱负、更为全面、更为紧迫的事情上。部分原因在于，在他同很多优秀学者的接触中，他们显露了对于社会变革和世界变化的热切关注，而这些关注引起了马斯洛深深的共鸣。

在美国参战后不久的一天下午，马斯洛经历了一个转折时刻，在《今日心理学》的一篇就其人生目的所做的采访中有相关描述："珍珠港事件第二天，我驱车回家，因遇到一支可怜可悲的游行队伍被迫停下……我看着这一切，眼泪不禁顺着脸颊流了下来。我感到我们完全没有理解——没有理解希特勒、德国人，也没有理解共产主义者。我们没有理解他们任何一方。我认为，如果我们能相互理解，那么我们就会进步。我憧憬着一张和平谈判桌，人们围坐在桌边，讨论人性与仇恨、战争与和平，以及兄弟情谊。我已经过了参军的年纪了。那一刻我意识到，余生一定要致力于发现一门为'和平桌'而生的心理学。那一刻改变了我的整个人生。"[9]

马斯洛感到作为一名心理学家，自己的研究可能会帮助"拯救这个世界……阻止残酷的战争和可怕的仇恨与偏见"，于是，他开始整合自己关于人类动机的理论。你能清楚地看到他的理论如何融合了他此前所受的所有影响。[10]

马斯洛动机理论的一个重要影响源是科特·戈德斯坦的作品，已故神经科学家奥利弗·萨克斯将科特描述为"神经病学和精神病学史上最重要、最矛盾也是现在最容易被遗忘的人物之一"。[11]1935年，戈德斯坦在事业巅峰时从德国移民美国，失去了50年间他在欧洲所积累的一切，包括他建立的研究所。在给遭受颅脑损伤的年轻士兵治疗的过程中，戈德斯坦认定神经病学领域需要一种新的"整体性疗法"以彻底地了解病患的康复过程，这种方法应把"整个有机体"都考虑进来。

在其 1934 年的代表作《有机体》中，戈德斯坦注意到，病人有一种固有的"自我保护欲望"，用来"以最可能的方式利用保留下来的能力……我们可以说有机体是由尽可能在世界上实现其能力和'本性'的倾向所支配的"。戈德斯坦认为这种"自我保护"和"自我实现"的独特欲望应"被视作生命的基本法则"。同马斯洛一样，戈德斯坦也受到了格式塔心理学家及其观念的影响，认为对有机体整体的理解不能只通过观察局部（比如大脑功能不全）而实现。

1943 年，马斯洛在其杰作《人类动机理论》中将所有这些表面上看起来迥然有别的线索整合起来，抓住了"自我实现"这一核心理念。在讨论过安全、保障、归属、情感和尊重等基本需要后，马斯洛继而提出一种更高的需要，它同基本需要一样，是基础性需要：

> 即使所有这些（基本）需要都得到了满足，我们仍然可能会经常（如果不总是的话）期待一种新的不满足和躁动感，除非一个人正在做着他作为独立个体适合的事。音乐家定会作曲，艺术家定会作画，诗人定会写作——如果他想要彻底同自身和睦共处的话，必然会这样，他定会忠于自己的本质。我们可称这种需要为"自我实现"……它指的是人对自我满足的渴望，也就是那种让自己实现潜在自我的倾向。这一倾向也可以说是一种对于越来越贴近个人特质，成为自己"能成为的一切"的渴望。[12]

1943 年的论文发表之后，马斯洛迫切地感到自己需要加深对社会领域的研究。[13]1944 年 5 月 19 日，他为共 21 章的代表作草拟了一份导言，希望那部作品能够以协调一致的宏大视角来审视人性。[14]6 月，他已完成了这部志向高远的作品详细的大纲，但他最终决定暂停本书的撰写，投入到对自我实现者的系统研究。[15]

　　马斯洛一直要求布鲁克林学院的学生就他们所知的"自我实现程度最高者"撰写论文，并思考学生的答复。他也在非正式地观察他的朋友、同事和亲属。但他承认他做得还不够系统化。于是在1945年5月6日，他开始做起了"善人（Good Human Being，GHB）笔记"，以便将所有的发现整理在一处。在第一条笔记中，马斯洛写道：

　　　　在瞎忙了几年之后，我已决定深入研究善人，且要更正式、更严格地去研究。但是，一切都很困难，问题很多。事已至此，我要尽可能地意识到难以克服的困难，之后不管怎样都要继续。[16]

　　马斯洛对自我实现所做的研究实际上是他对于"善人"特征的探寻。马斯洛相信人性本善，他所做的正是通过研究那些他认为发展得最充分的人系统地证明这一观点。他在多年后的一次采访中提道："我想要证明人能够做出远比战争、偏见和仇恨更重要的事。我想让这些人——我能发现的最好的人类样本被纳入科学研究的范畴。"[17]

　　马斯洛继续进行自我实现的研究，部分原因在于他坚信，在自我实现者身上，"我们发现了一套不同的行为动机、情绪模式、价值观体系、思维方式和知觉系统"。在1946年1月中旬的一则笔记中，马斯洛写道：

　　　　似乎没有内在原因来解释一个人为什么不这样做（自我实现）。显然，每个婴儿都有自我实现的可能性，但是几乎所有人都在成长的过程中让这种可能性被埋没了……我并不认为自我实现者是被额外赋予了什么特殊品质的普通人，他们只是一些什么都没有被消磨的普通人。[18]

> "我并不认为自我实现者是被额外赋予了什么的普通人，而是什么都没有被消磨的普通人。"

尽管马斯洛在笔记中提到的人性特质与自我实现者的特质清单有相似之处，但从善人笔记到他 1950 年发表的文章《自我实现：对心理健康的研究》之间仍有很大的飞跃。1945~1949 年间，马斯洛的笔记时断时续，1946 年以后，因为身体缘故（马斯洛被诊断为心脏病），笔记数量大幅减少。那些年里，马斯洛的头脑中到底发生了怎样的思考，才让他实现如此大的飞越？想想就非常有趣。正如理查德·劳里所说："这给人的印象是，在思考之路上，某个地方经历了大量的重塑、完善和重组。"[19]

在他的论文中，马斯洛提到，除了他认识的人、朋友，以及从 3000 名大学生中选出的"一名当即可用的对象和二三十个将来可能有用的对象"[20]，他还研究了公众人物和历史人物的特点。他"极有可能"研究了亚伯拉罕·林肯（晚年）和托马斯·杰斐逊，他还"有可能"研究了包括阿尔伯特·爱因斯坦、埃莉诺·罗斯福、简·亚当斯、威廉·詹姆斯、史怀哲、阿道司·赫胥黎和巴鲁赫·斯宾诺莎等在内的公众和历史人物。

尽管马斯洛有他所谓的方法，但他承认自己的自我实现者特质清单并非是沿着一条系统的研究路线得来的，而是基于少量来源形成的"全局和整体印象"。因为马斯洛自知在方法论上存在局限性，所以他给出这份清单的目的是使它成为未来研究的基础。

自我实现者的特质

自马斯洛发表自我实现者特质清单以来，已经大约 70 年了，但他的论文仍然有很多值得验证的想法。我很好奇他提出的自我实现者的特质中有多少经过合理的测试还能站得住脚，于是我把所有特质转换为一个量表，并向各式各样的人发放。数轮调查后，我发现十个特质经受住了科学的检验，而且它们彼此显著关联（也就是说，某一特点上得分高的人在其他几个特点上的得分也高）。

自我实现者的特质

- 寻求真理（例如，"我总是尽力想要弄清人和自然的真相"。）
- 善于接纳（例如，"我接受自己的怪癖和欲望，不会因此感到羞耻和愧疚"。）
- 有人生目标（例如，"我感到有极大的责任和义务去完成人生中的某一特定使命"。）
- 真实性（例如，"哪怕是在不像样的环境和状况里，我仍可以维持自身尊严并保持正直"。）
- 持续的欣赏和新鲜感（例如，"无论一些事情对于他人来说是多么陈旧乏味，我都可以带着敬畏、愉悦、好奇，甚至狂喜，永远单纯、天真地去欣赏生活中最简单的美好"。）
- 有高峰体验（例如，"我常常感到新的视域和可能性正在向自己和他人打开"。）
- 博爱（例如，"我真切地渴望能够帮助人类"。）
- 良好的道德直觉（例如，"当我做错事时，内心深处马上就能够感知到"。）
- 创造力（例如，"我通常会有一种创造精神，它能影响我所做的一切"。）
- 舍爱（例如，"我倾向于优雅、包容和沉着地面对人生中不可避免的起起伏伏"。）

马斯洛大约70年前提出的自我实现者的特质中，很多都可以被可信地、有效地证实，这不禁令人惊叹。尽管如此，马斯洛在一件重要的事情上却大错特错：自我实现者的特质比他想象的更具普遍性。我发现，在自我实现方面，个体之间并不存在性别、种族或是民族差异，同年龄也没有关系（至少对那些 18 岁以上的人是这样，因为我的研究要求参与者必须年满 18 岁）。考虑到马斯洛认为很少有大学生显露出自我实现的特点，这一点很有趣。

这些特质重要吗？它们听起来不错。但是，自我实现与当下这个残酷且充满竞争的世界也存在关联吗？事实证明，自我实现者的特质确实有很大的意义。正如马斯洛所预言的那样，那些在自我实现测试中得分高的人的动力更多来源于他的成长、探索和对人类的爱，而非对满足基本需要的追求。自我实现的分数也同多项幸福的指标有关，如更高的生活满意度、好奇心、自我接纳、积极关系、环境掌控力、个人成长、自主性，以及人生的目标。自我实现还能预测一个人的工作表现、工作满意度，以及从艺术、科学到商业、体育等多个领域的天赋、技能和创造力。

自我实现者的特质在概念上可以分为四类，也就是本书接下来几章要讲的内容：探索、爱、目的感和超越。前三者一起使成长成为可能，其中探索则是成长的根基，其他成长需要都要建立在探索之上。因此，我们的成长之旅必然要从探索开始。

第四章

探　索

如果我还希冀些什么的话，我不会希冀财富或是权力，我会希冀那由潜力诱发的激情，希冀那永远年轻、炽热而又看得见可能性的眼眸。欢愉会令人失望，可能却永远不会。没有什么美酒能像可能性那样熠熠生辉，那样芬芳馥郁，那样令人迷醉！

——索伦·克尔凯郭尔《非此即彼》（1843）

探索的需要——追寻并理解那些新奇、富有挑战而又不确定的信息和体验的渴望[1]，是一种不可再细分的基本需要。人类存在的一个核心问题就是要管理不确定性，减少我们生活中总在增长的熵和无序状态。正如马斯洛所说，尽管面对增加的不确定性可能会引发巨大的焦虑，但未知也有带来快乐之时。[2] 事实上，为了成长，人们常常有必要在某种程度上离开因熟悉带来的安全感，成长需要勇气。

对马斯洛而言，帮助人们迈向成长的关键在于，使成长这一选择的吸引力更大、威胁性更小，使安全这一选择的吸引力更小、成本更高。这样才不会使人们感到威胁，让人们自在且自觉，因而"敢于选择未知"。[3]

防御会带来贯穿一生的保护感，因而脱离防御可能会造成极大的压力。然而从长远来看，我们只有在朝着成长的方向前行时才会成长。马斯洛认为，如果人们内心自由，往往就会做出明智的、健康的、有益成长的选择。⁴对马斯洛而言，这就是调和存在心理学和成长心理学（psychology of becoming）的方式。单纯地做你自己，放下防御、恐惧和焦虑，你就会前进并成长。

这一过程在幼儿身上尤为明显。婴儿和幼童天生就爱探索，他们充满好奇、容易着迷、喜欢玩耍，想要了解这个新世界。可是，他们也会害怕，也会发现这种未知极其恐怖。幼儿在面对水时会先试探性地触碰，而且会看向父母或是周围其他人，想要知道进行探索是否安全。如果他们感到十分安全，就会觉得乏味，转而寻求"更刺激的"探索乐趣。太多的安全感会阻碍孩子，不利于他们获得真正的学习和成长的机会。

为了反对"直升机式育儿"（一种过度保护和干预的育儿方式），勒诺·斯科纳兹发起了"放养孩子"运动：鼓励父母培养孩子的独立性，适当地接受冒险。斯科纳兹同丹尼尔·舒克曼、彼得·格雷、乔纳森·海特一道，创建了非营利机构"自由放养"（Let Grow），其使命就是反对"过度保护文化"，使我们的孩子和国家能应对未来的世界。⁵

不只有孩子能够探索，但可惜的是，探索和游戏精神往往会在一个人的成年期消退。话说回来，那些能够追寻并积极探索未知的人会处于更有利的地位，更易于获得未知可能带来的欣喜，也更易于以完人的姿态去学习和成长。马斯洛已预料到这种情形，他写道："健康的个体通常不会受到未知的威胁和惊吓……他们接受未知、习惯了未知，而且与已知相比，未知对他们的吸引力更大。"看看下列托德·卡什丹及其同事设计的探索量表中的部分说法，你便可以对当下自己的探索需要做出评估。⁶

探索量表
- 我把有挑战性的状况视为成长和学习的机会。
- 我总是寻求能挑战我对自身与世界看法的体验。

- 我会找寻一些需要深入思考的情况。
- 我喜欢学习不熟悉的话题。
- 我发现，了解新事物让我着迷。

探索不仅有利于成长，而且有利于平息我们内心最深处的焦虑和恐惧。马斯洛指出：应对焦虑的一个办法就是让我们最深切的恐惧变得"熟悉、可预知、可处理、可控制，也就是让它们变得不再恐怖且没有危害……去熟悉和理解它们"。[7] 通过这样的方式，增加的了解不仅会帮助我们成长，还会起到减少焦虑的作用。

事实上，托德·卡什丹及其同事发现，与探索需要呈正相关的是抗压能力——拥抱新鲜、意外、复杂、神秘、晦涩事物固有的焦虑的意愿。测量显示，抗压能力与幸福（well-being）的各个维度相关性最强，其中包括快乐，生命的意义，掌控感、自主性和关系需要满意度，以及日常生活中的许多积极情绪。

探索的推动力

在无序中成长的潜能已被深刻地写入我们的遗传基因中。我们演化出的这种能力并非仅用来调控自身的防御性和破坏性冲动（即使我们变得更为安全），还可以用来了解未知。探索使我们能够将已有的知识和经验同新的或者意想不到的事件整合起来，这一过程对成长而言很有必要。[8]

探索的一般动机由多巴胺产生。[9] 多巴胺常常被贴上"快乐因子"的标签，但这是对这一神经递质的严重误解。多巴胺的主要功能是让我们产生欲望，但不一定是喜欢上什么东西。在有可能获得奖励时，我们的大脑会分泌大量多巴胺，但它们并不能保证我们一旦得到了想要的东西，就能真的喜欢甚至享受它。多巴胺是生活中一种巨大的能量，它驱动着我们去探索，推动着我们的认知过程和行为过程，让我们能够从未知中获得最大的乐趣。[10]

如果多巴胺并非总是和良好的感觉有关，那么为什么这种奇谈怪论会在人们的想象中持续存在？我认为原因在于，对多巴胺的研究主要围绕它在探索原始欲望或奖励中所起的驱动作用，如巧克力、社会关注、社会地位、性伴侣、赌博或是可卡因这样的毒品。然而，近年来，人们发现了大脑中其他的多巴胺影响路径，这些通路与信息的奖励性价值关系紧密。[11]

总体探索倾向得分高的人不仅会做出探索行为，而且会从探索新事物的可能性这一过程中得到能量，并从他们的经历中获得意义与成长的可能性。这些马斯洛所谓的"认知需要"，对成为一个完人而言，与其他需要一样重要。

在本章的其余部分，我会简要地论及探索需要的五个子需要：（1）社交探索；（2）冒险追求；（3）创伤后成长；（4）经验开放性；（5）智力。它们既涉及行为上的探索，也涉及认知上的探索。我希望本章能够把你的探索冲动充分激发出来，激励你拥抱未知带来的欣喜。

社交探索

人类是社会性动物，参与社会生活对于健康和真正幸福而言都是必要的。然而，从不安和匮乏中产生的社会参与形式（如对归属和依恋的极度渴求）和由探索和成长推动的社会参与形式存在显著的差别。在一组极富启发意义的研究中，吉内薇芙·L. 拉维尼及其同事发现了与归属需要有关的两种清晰的行为导向：成长导向，其驱动力为好奇心、对了解他人的兴趣和了解自己的渴望；弥补导向，其驱动力为强烈的接纳需要与填补人生巨大空洞。[12]

成长导向型归属需要同各种各样有利于成长的结果相关，包括更高程度的安全型依恋、过往的积极社交、韧性、对重要关系的投入程度，以及关系中的自我表露。与之相比，弥补导向同各种阻碍成长的结果相关，包括更深的社交焦虑、社会比较、焦虑型依恋、对关注的渴望和孤独感。

我们可以把成长导向的社交形式称为社交探索，这是了解人和参与新的社会活动的动力。社交探索的第一个方面是社交好奇心，它涉及一种普遍的兴趣，即乐于收集他人的感受、想法和行为。[13] 借用托德·卡什丹及其同事设计的五条测量标准，你可评估自己当下的社交好奇心水平：[14]

社交好奇心量表

- 我喜欢了解他人的习惯。
- 我喜欢弄明白人们为何如此表现。
- 当他人在谈话时，我想知道谈话的内容。
- 当我身边有其他人时，我喜欢听他们的谈话。
- 当人们吵架时，我想知道发生了什么。

社交好奇心之所以有助于成长，原因有很多。一个原因是，了解他人及其行为让我们有可能从他们的错误中学到一些东西，也会更有意识地关注人生的机遇，而不必亲自经历大量的试错过程。了解他人的信息还可以让我们有效地适应社会环境，促进关系的发展。毕竟，了解他人是件极其复杂的事，我们不仅要了解他们的外在表现，还要了解他们内在的想法、感受和体验。[15] 难怪获取社会信息的动力对于人类的生存而言不可或缺。

拥有社交好奇心的人能更有效地利用社会信息，因为他们对于社会环境更加关注，且会使用更多的线索来推断他人的人格特质。[16] 研究表明，具有社交好奇心的人在评估初次见面的人的性格时更为准确，哪怕他们只有短暂的接触，[17] 在感知外向性及经验开放性上——短期内可以了解到的最明显的人格特质，他们的判断尤其准确。可是，那些倾向于建立更深厚关系的具有社交好奇心的人，可能有更强的收集大量社会信息的能力，因为研究显示，在亲密关系上下功夫的人有能力随着时间推移而做出更为准确的人格判断。[18]

尽管社交好奇心常与八卦（gossip）行为联系在一起，但两者有不同的驱动力。[19]社交好奇心和八卦倾向都涉及对交流、了解他人和建立关系的兴趣，但八卦行为更多由娱乐的欲望所驱动，而社交好奇心则更多由了解和探索他人新信息这样的动力所驱动。而且，社交好奇心同对知识和信息的好奇心以及更高的经验开放度有关，八卦则与此无关。

尽管如此，社交好奇心和八卦可能是作为文化学习的两种不同核心驱动力共同演进而来的。罗伊·鲍迈斯特指出，人类的进化是为了参与并归属于某一文化社会，让个体间可以分享知识，并依靠这些知识生存，而不仅仅是靠自身的经验来学习。社交好奇心和八卦至关重要：它能帮助人们收集和传播文化规范；告诉人们什么样的行为值得鼓励，什么样的行为要受到惩罚；让人们知道谁值得信赖，谁应受怀疑。大部分流言蜚语都同他人的不幸有关（这也解释了为什么96%的流言会引发消极反应），而且人们说在自己经历过的八卦事件中，大约2/3给了他们有用的教训。[20]

因此，我们有可能既对身边的人产生了兴趣，又对传播信息产生了兴趣，甚至乐在其中。当然，获得的和传递出去的信息并不总是准确的，人们也不会简单地直接把信息不加判断且不带偏见地传播出去。群体中的成员乐于相互印证彼此的观点和看法，而且达成共识、确立主导世界观常常比寻求真相更加重要。那些在某一文化里表达不受欢迎观点的人可能会被忽视甚至压制，这并不是因为该观点一定不对，而是因为它不利于共同理念的构建。为了遏制这种偏见，创建一个理念一致又准确的现实社会，需要不同的人带着他们对现实的不同阐释，彼此辩论并相互接触。[21]

另一种社交探索的重要形式是积极体验新的社交环境和实际环境，这包括结交新朋友，进行新讨论，参加新组织的志愿活动，甚至是体验一家新舞蹈俱乐部。[22] 更多地接触新的社交情境，并且接触更大圈子中的不同的人、不同的想法，这会提供大量的学习机会。[23]

综上所述，社交好奇心和进行新社交活动的驱动力构成了社交探索需要，对于人类这样的社会性物种的成长和学习而言，这是一种重要的探索形式。

冒险寻求

亚历克斯·霍诺尔德说自己是一个"职业冒险攀岩者"，有时他被称为"亚历克斯·没什么大不了·霍诺尔德"。他在过去的 12 年里一直在进行徒手无保护攀岩——不带任何绳索、安全带或是其他保护设备的攀岩，已挑战了部分美国最凶险的攀岩圣地。2017 年 6 月 3 日，霍诺尔德最终实现了他毕生的梦想，徒手攀上约塞米蒂国家公园高达 914 米的酋长峰，共花费 3 小时 56 分——没有任何保护与外力帮助。

他为什么要这样做？是什么在驱使着他？是肾上腺素涌动所致吗？在电视节目《60 分钟》里他被问到这些问题，他说恰恰相反："我并没有什么肾上腺素飙升。如果有的话，那就意味着出了大问题，明白吗？因为整个过程应当是相当缓慢、完全处于控制之下的——我的意思是，整个过程应该是放松、稳健的。"[24] 事实上，这一切好像都同探索有关。正如他在另一则采访中所说："也许这更为复杂——想尝试做他人没有做过的事，突破我的局限，看看我能做到什么。在某种意义上，这种动力就像好奇心——探险者的心，也就是想要看看会发生什么。"[25]

霍诺尔德为征服酋长峰一丝不苟地规划了一整年，详尽地设想和规划着每一个细节，记下"动作编排"，并赢下第一关——心理游戏。他要在短暂的时间里完成大量的准备工作，而且风险巨大。霍诺尔德说，他也会像其他人一样计算风险，在深思熟虑后才做出是否要去冒险的决定。"实际上，这就是在选择你愿意承受多少风险，一定要谨慎。"他指出，"我想知道憎恶冒险的人在做决定时是否像我这样仔细考量过。多少人能选择以最匹配其价值、最能实现其价值的方式生活？"[26]

驱动着霍诺尔德以及像他这样的冒险家的似乎并不是构成安全保障的那些需要，比如安全、联系或是自尊的需要，他似乎更为学习、成长以及征服新的或复杂的挑战这种渴望所驱动。大部分攀登者看着酋长峰，一想到要爬上它就会感到恐惧。而霍诺尔德通过大量的准备和全面彻底地考量每一个可能的后果，最终克服了恐惧。

尽管霍诺尔德对冒险的追求可能源于遗传（追求刺激与控制和生成多巴胺的基因有关[27]），但他也不是生而无畏。霍诺尔德第一次徒手攀岩时，也极其恐惧，但他反复挑战，使自己成长起来，并把自己训练成一个无所畏惧的人。正如他在采访中说的那样："我的舒适区就像环绕我周身的一个小泡泡，我把它推向了四面八方，而且把它拓展得越来越宽阔，直到这些看似不可能的事物最终成为可能。"[28]看来，霍诺尔德把自己训练得有了很高的抗压能力，以便能够探索未知，不受自身恐惧和焦虑所碍。

这种抗压能力似乎并非仅仅对他的攀岩活动产生了影响。研究人员对霍诺尔德做了功能性磁共振成像检查，其间向他快速连续展示了大约200张图片，其中包括面部特征血肉模糊的尸体以及满是粪便的坐便器。大多数人会感到这些图片令人作呕，一看到它们就会激活杏仁核——大脑中处理情绪意义的关键部分。可是，对于霍诺尔德来说，在他看这些图片的时候，大脑几乎没有任何活动。研究人员认为，多年以来他一直在训练自己管控恐惧和不确定性，因而，尽管他确实受到了遗传的影响，但同时后天训练的因素也起到重要作用，而这是一项我们都可以学会的技能。[29]

科学家将"冒险追求"界定为冒着身体、社会和财务安全方面的风险去寻求多样、新奇、激烈和富有挑战的刺激感觉和体验。它是含义更广的人格特质——"刺激追求"的一部分，后者也包括对新的感官体验（比如使用迷幻药）的欲望、容易感到乏味以及极其冲动。[30] 尽管冒险追求可以同其他形式的感官刺激追求区分开来，但它们的共同点是对于奖励的极度敏感，以及大脑，尤其是大脑伏隔核中有极度活跃的奖励回路。[31] 使用托德·卡什丹及其同事开发的测量标准，你也可以评估自己当下的冒险寻求程度：[32]

冒险寻求量表

- 对新鲜事物的渴望令我兴奋、活跃。
- 冒险对我来说很刺激。
- 有空的时候，我想做些有点儿吓人的事情。
- 随机发生的冒险要比计划好的冒险更吸引我。
- 我更喜欢难以预测、令人兴奋的朋友。

各种各样的活动和职业都可以满足冒险者渴望的那种追求刺激、新奇、挑战和危险的需要。[33] 其中很多都有亲社会性或是中立性，比如有某种特定的音乐和审美偏好，有较强的创造动力，或是参与极限运动、登山、社区活动、志愿服务、消防、领导工作、政治活动以及服兵役等。[34]

寻求冒险也同更多由适应不良造成的后果存在关联，比如性冒险、对抗性、精神疾病、边缘型人格障碍、危险驾驶行为、赌博和药物滥用。

反社会的冒险者同亲社会、审美和社交性冒险者的差异是什么？这就是为什么我们要采用完人的视角。对于易导致攻击性后果和危险后果的个人冒险行为，其表现受到由缺乏安全感引发的人格特质的影响，比如情绪无常、易冲动、抑制力下降、计划性低、麻木、自我专注以及对抗性。

这就是我们不能仓促地对某一特质做出孤立判断的原因，也是成为完人之路既涉及安全保障又涉及成长的原因。在保障匮乏的情形下进行探索会导致反社会行为，但在有充足保障的情况下仍不进行探索，可能会导致挫败感和厌倦感。近来，在幼儿中所做的一项研究发现，高探索水平与低自控力水平要为外化行为（针对外部环境做出的不适应行为）负责，反之亦然——高自控力水平和低探索水平也要为外化行为负责。[35] 两者水平不均则会导致破坏性后果。

研究人员已经开始考虑冒险行为的潜在益处。托德·卡什丹及其同事发现，给自己的冒险需要打高分的人倾向于表露出更大的幸福感，认同享乐主义是美好人生的首要元素。可是，冒险并非全都和享乐有关，与之相关的还有个人成长、为他人做出贡献的渴望，以及较低的闭合需要与避开恐惧体验的需要。

罗素·拉沃特及其同事在大学生样本的大数据研究中调查了寻求刺激对他们的影响，[36] 他们认为探索在个体成年过渡期里起着重要作用。研究发现，对于新奇事物的追求与达到最佳状态、挖掘更大潜力，以及其他成就福祉的因素尤为相关。在追求新奇事物水平的测试中，部分描述包含"我很愿意成为一片未知土地的第一批探险者之一"以及"如果可以免费探访另一个星体或是月球，我会是第一批排队报名的人之一"。

相反，他们发现，对刺激的追求同较低的真正幸福感水平和较高的冒险水平相关。刺激追求的水平可以通过一些说法得到测量，如："我喜欢站在高处的边缘俯视的感觉。"这很好地契合了霍诺尔德这样的徒手攀岩者的观点：最有奖励感的是探索，而不一定是那一刻肾上腺素的涌动。①

另一项近来的研究发现，追求冒险与经历过创伤的人复原力的增强（以积极情绪增加和生活满意度提高为标志）有关。[37] 有效的应对策略可以在一定程度上解释这种联系。追求高度冒险的人更可能使用问题聚焦型应对策略，这让他们将生活中的应激源看成可控之物。那些采用问题聚焦型应对风格的人会通过改变压力源来应对压力情境，包括解决问题、寻找信息或社会援助，以及彻底地从压力情境中脱离开来。[38] 这与情绪聚焦型

---

① 我也怀疑，对在自恋、精神病态和马基雅维利主义这"黑暗三联征"人格上得分较高的人来说，他们的主要动机是追求刺激，而不是由追求新奇事物带来的学习和成长。

应对策略截然不同，情绪聚焦型应对策略会尝试通过分散注意力、压抑情绪、使用毒品和酒精等策略来减少同压力相关的负面感受。

那些冒险水平较高的人更可能使用问题聚焦型应对策略，因为他们更有动力去直面意想不到的困难问题，并探索可能的解决方案，而非跑开或是无限期地逃避问题。事实上，这个研究指向一个更大的发现：一个人不必因创伤受到伤害，他可以从创伤中成长。

> 一个人不必因创伤受到伤害，他可以从创伤中成长。

创伤后成长

> 那些能很好地应对暴力或生命威胁的人经常会被人以极端英雄主义的方式看待。无论人们如何为这种看法辩护，这种做法都强化了一种错误观念，即只有极少数拥有"不凡情绪力量"的个体能够拥有复原力。
>
> ——乔治·博南诺《损失、创伤和人类的复原力》（2004）

> 在某种意义上，一旦痛苦具有了某种意义，它将不再是痛苦。
>
> ——维克多·弗兰克尔《活出生命的意义》（1946）

在他 2004 年那篇影响深远的论文中，临床心理学家乔治·博南诺因赞同应激反应的广义化而引起轰动。[39]博南诺将复原力界定为，经历过严重致命威胁或创伤事件的人仍能维持相对稳定、健康的心理和身体机能的能力。他回顾了大量研究，证明复原力事实上是普遍存在的，复原力不同于精神病理学的功能缺失，它可以通过多种甚至是意外途径获得。据统计，美国大约有 61% 的男性和 51% 的女性说他们在人生中至少经历过一次创伤性事件，人类的复原力是非常惊人的。[40]

事实上，很多经历过创伤的人——比如被诊断为慢性疾病或是重症晚期，失去心爱之人，或是经历性侵害，他们不仅展现出难以置信的复原力，而且会在创伤事件的余波中继续保持健康与活力。研究表明，大多数创伤幸存者并没有患上创伤后应激障碍，一些人甚至说他们从这些经历中获得了成长。[41]理查德·泰代斯基和劳伦斯·卡尔霍恩提出了"创伤后成长"来指代这一现象，并将之定义为：与极具挑战性的人生境遇抗争后产生的积极心理变化。[42]他们的研究报告指出，遭遇逆境会引发七个方面的成长：

- 更加享受人生。
- 对亲密关系更加欣赏并加以强化。
- 同情心和利他精神的提升。
- 更容易发现新的可能性或是人生目标。
- 更能认识到并利用个人的优势。
- 促进精神发展。
- 创造性成长。

诚然，大部分经历了创伤后成长的人宁愿没有经历过这些创伤，而且同积极的人生经历相比，创伤给上述方面带来的成长并不会更大。[43]尽管如此，大部分经历了创伤后成长的人仍会对其感到吃惊，这些成长常常不期而至，是他们尝试理解复杂事件的结果。[44]

> 成长和痛苦常常共存。[45]

拉比·哈罗德·库什纳在反思儿子之死时很好地阐释了这一点：

> 因为亚伦的生与死，我成了一个比以前更敏感的人，一个更有用的牧师，一个更有同情心的咨询师。如果可以让儿子回来，我会立即放弃用创伤换来的所得。如果我可以选择，我会放弃所有因这

段痛苦经历给我带来的所有深度成长……但我别无选择。

不必怀疑，创伤会颠覆我们的世界，让我们不得不换个视角来审视自己珍视的目标和梦想。泰代斯基和卡尔霍恩将创伤比作大地震：我们通常会对世界的善意和可控性抱有某种信念和幻想，而创伤事件通常会像地震一样粉碎那种世界观，打破我们的常规认知，让我们不得不重建自我和内在的世界。

但我们有何选择？正如奥地利精神病学家维克多·弗兰克尔所言："当我们不可能改变某种外在状况时，我们就要勇于改变自己。"近年来，心理学家开始了解化逆境为优势的心理过程，逐渐清晰的是，这种"心理地震"般的重组对于成长而言是必要的。自我的基础结构被击碎时，恰恰是我们追求人生新机遇的最好时机。

与之相似的是，波兰精神病学家卡齐米日·达布罗斯基认为，"积极分裂"可以是一种促进成长的经历。在研究了若干心理高度发展者之后，达布罗斯基得到的结论是，健康的人格发展常常需要人格结构的暂时分裂，这可能会造成暂时的心理紧张、自我怀疑、焦虑和抑郁。但是达布罗斯基相信这一过程可以引导人们更为深入地思考自己可以成为什么样子，最终促成更高水平的人格发展。[47]

将逆境变为优势的一个关键因素是，我们能在多大程度上探索自己围绕事件产生的思想与感受。认知探索可被界定为对于信息所抱有的普遍好奇心，以及信息加工过程的复杂性和灵活性倾向，认知探索让我们对于令人费解的事物抱有好奇心，让我们更有可能为那些似乎无法理解的事件找到新的意义。[48]诚然，创伤后成长的许多步骤违背我们逃避不适情绪和想法的本能。然而，只有通过摆脱本能的防御机制并直面挫折，把一切经历都看作成长所需的养分，我们才能开始拥抱人生不可避免的矛盾与冲突，对现实形成一种更为微妙的见解。

无论是罹患重病还是失去亲友，在经历创伤性事件后，你自然会感到焦虑不安，你会不断地想起已经发生的事，一遍遍回想自己的想法和感受。反刍思维表明你在努力弄懂发生的事，积极地摧毁旧的信念体系，创造新的意义与身份结构。尽管反刍思维在开始时通常是无意识的，且具有侵犯性和重复性，但随着时间推移，这样的想法会变得更有意识，更为有序和可控。[49] 这一转变过程当然会极为痛苦，但反刍思维在强大的社会支持系统及其他表达渠道的配合下，可能会有助于成长，并使我们能够深入了解贮藏在自己身上却从未为我们所知的巨大力量与同理心。[50]

同样地，像哀伤、悲痛、愤怒和焦虑这样的情绪是经历创伤后的常见反应。[51] 如果我们没有不遗余力地抑制那些情绪或是做出"自我调节"，而是经验性地回避——避开令人害怕的想法、感受和知觉，则会以一种矛盾的方式使事情变得更糟，它会强化我们认为"世界不安全"的观念，并使追求个人长期目标变得难上加难。[52] 通过经验性回避，我们封闭了自身的探索能力，从而错失了很多能产生积极体验和意义的机会，而这是接纳和承诺疗法的一个核心主题，它会帮助人们提升心理灵活性。[53] 心理灵活性能让我们以探索和开放之心面对世界，且能使我们遵循自己选择的价值观，更好地对事件做出反应。

我们可以看看托德·卡什丹和珍妮弗·凯恩所做的一项研究，他们以大学生为样本研究了经验性回避在创伤后成长中的作用。[54] 受试者最常提及的创伤包括某位亲友的突然死亡、机动车事故、目睹家庭暴力，以及自然灾害等。卡什丹和凯恩发现，不幸程度越高，创伤后成长的幅度也就越大——但这只存在于低经验性回避水平的人身上。那些说自己的遭遇相当不幸却不大依赖经验性回避的人，收获了更多的成长和人生意义。对于那些采取经验性回避的人来说，结果正好相反——他们的遭遇越是不幸，创伤后成长就越小，找到的人生意义也越少。更多的研究显示，低焦虑水平加上低经验性回避水平（即心理灵活度较高），会使人的生活质量得到提升。[55] 从研究结果来看，他们也找到了更多的人生意义。

人生意义感的提升可以为创造性表达提供极好的素材。逆境与创造性之间的关联由来已久，但是科学家才开始着手解开这一联系背后的谜题。临床心理学家玛丽·弗加德曾收集了人们在生活中压力最大的体验，并让他们指出其中哪些产生了最大的影响。[56] 研究结果显示，这些不利事件包括自然灾害、疾病、意外，以及施暴。

弗加德发现，认知过程的形式对于创伤后成长尤为关键。侵入性反刍思维会造成多个方面的成长出现下滑，而有意识的反刍思维有助于五个方面的创伤后成长，其中关系上的积极变化和对人生可能性的感知能力提升，这两个维度的正向变化同创造性成长的感知力提升相关。

托比·佐斯纳在其《当墙成为门：创造性与变革性疾病》一书中对著名画家的生平做了分析，发现这些画家大都得过身体上的疾病。[57] 佐斯纳得到的结论是：疾病打破了旧习惯，引发失衡，从而迫使艺术家想出可实现创造性目标的替代性策略，这样一来，就使艺术创造出了新的可能性。[58] 该研究和一些逸事证实，在创伤后的重建过程中，进行艺术治疗或表达性写作有巨大的潜在帮助。研究显示，就某个能触发强烈情绪的话题每天写作 15~20 分钟，可以帮助人们从自身的压力中创造意义，并且让他们更好地表达正负两方面效价的情绪。

全面探索自身思想和感受的意愿与渴望不仅对于创伤后成长十分重要，对于很多其他人生领域的成长也很重要，比如创新性和创造性方面的成长。让我们深入认知探索及其迷人的表现中仔细探究一番，首先，让我们看看人本主义心理学最为核心的概念之一——经验开放性。

经验开放性

我发现（一个机能完善的）人处于流动中，处于某种过程里，而不是已经达到了某种状态。流动变化是其中最核心的部分。我发现这样一个人对于他的全部体验都是敏感的、开放的——对环境中正在发生的事敏感，对和他形成一定关系的个体敏感，且对在自己身上发现的感受、反应和意义可能最为敏感。他对自身体验某些方面所怀有的恐惧心理持续减弱，因而可以更好地利用自己的生命……这样的人即有创造力的人。

——卡尔·罗杰斯《探索成为一个机能完善者》（1962）

创造性之源在于非理性……科学和教育因太过抽象、排他、局限于文字且充满书卷气，无法给人内心主观世界里发生的那些原始、具体、审美的体验保留足够的位置。

——亚伯拉罕·马斯洛《存在心理学探索》（1962）

"经验开放性"在人本主义心理学创始者的思想里是一个核心概念。对卡尔·罗杰斯和亚伯拉罕·马斯洛而言，自我实现的顶点是创造性，而创造性的关键驱动因素之一即经验开放性。卡尔·罗杰斯干脆将经验开放性定义为"心理防御的对立面"。[59]他将其视为一种认知加工的方式：人们对其全部个人体验均持开放态度，接受矛盾信息而不强求认知闭合，包容模糊性，而且能看清现实却不会把预设的范畴强加给世界。[60]

20世纪80年代，当人格心理学家开始系统地研究人格的基本维度时，他们发现了人们彼此不同的一组特质，他们称之为"经验开放性"。构成部分经验开放性的一系列特点——包括想象、审美敏感以及求知欲是人类的核心特点，可以界定我们这个物种并助推我们的发展。

在过去的10年里，我和同事发掘了驱动这一涵义广泛的人格特质的特定动机、认知过程和神经生物学过程，并发现了一个清晰的认知探索层次（见图4-1）。[61]

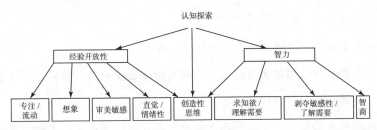

图 4-1 认知探索层次

层次的顶端是总的驱动力——认知探索。[62] 在认知探索上得分高的人既有通过知觉、感觉、想象和逻辑推理从认知上探索世界的渴望，又有相应的能力。认知探索始终同创造性相关，包括创造性思维、创造性成就、创造性职业、创造性爱好，以及广义上的创造性人格。

事实上，在认知探索上得分较高的人表示，他们每天都把更多的时间花在创造性追求上，而且他们说自己更愿意产出和创造事物，而不仅仅是观察世界。[63] 研究发现，在普通的一天里，那些在认知探索上得分较高的人倾向于做一些富有创造性的事。[64] 对于认知探索者而言，创造性是一种存在方式，它会自发和主动地表现出来，创造性充满其存在的核心，并从中渗透出来。

如果更为深入地探究认知探索层次，我们会发现它是由彼此分开却又存在联系的两个特征构成的：经验开放性和智力。经验开放性反映了通过想象、知觉和艺术追求对审美、情感和感官信息进行探索的动力；而智力则反映了对抽象和言语智力信息加以探索（主要是通过逻辑推理）的动力。参照下列说法，你可对自己的经验开放性程度进行评估。[65]

经验开放性量表

专注 / 流动

• 有时候我觉得自己体验到的事情是加倍真实的。

• 有时我会沉浸于自然或艺术之中，自己的整个意识状态都仿佛被暂时改变了。

- 我常常意识不到时间和物理环境的存在。
- 在我和自己创造出来的东西之间时常会出现分裂——我成了自己所写的 / 玩的 / 画的。
- 我和自己创造出来的东西之间时常存在一种亲近感，这种情感上的联结超过正常范畴。

想象

- 我喜欢生动地想象事物。
- 我喜欢读那些能够激发视觉形象的文字。
- 我可以清晰地想象或是记起我认为很美的雕像或自然物体（无生命的）。
- 我会深深地认同所看的电影或是书中的人物。
- 我倾向于使用意象、比喻或是创造性的比较来描绘事物。

审美敏感

- 我有很多艺术方面的兴趣。
- 我为艺术、音乐和 / 或文学所吸引。
- 我有自己中意的诗歌和绘画，它们对我来说意义深远。
- 我能看到其他人未必注意到的事物之美。
- 当我旅行或是开车到某地时，我总会留心周围的风光。

直觉 / 情绪性

- 我信赖自己的直觉。
- 人们不必对我说什么，我就能体会到他们的感受。
- 我喜欢通过实践来学习，而不是先通过书本把它弄清楚。

- 当我有强烈的情绪时，它对我的影响会持续很长时间。
- 我宁可有时苦恼有时快乐，也不愿总是感到很平静。

经验开放性同大脑中的"默认模式网络"相关，或者用我喜欢的说法来说，同"想象网络"相关。[66]与大脑这一网络有关的活动过程反映了人类独特的自省、身份认同、想象和意义构建的能力。以下是近年发现的同这一网络有关的部分认知过程：做白日梦，心理模拟，回忆过去，思考未来，产生新想法，爵士音乐家、说唱歌手和诗人的即兴创作和文思流动，对故事的理解，对强烈且动人的审美体验的反应，因他人的美德而备受鼓舞，以及对自己和他人的精神和情绪状态的反思。

研究发现，对于怜悯、共情和自我理解，以及从个人经历中创造意义并构建自我等能力而言，同默认网络有关的一系列认知过程在其健康发展方面起到了至关重要的作用。[67]显然，同默认网络以及经验开放性相关的认知过程，构成了人类经验的真正核心。

对经验开放性的其他研究证实了人本主义心理学家长久以来的观点——经验开放性与不会将预先确定的概念范畴强加给世界有关。从更为学术的意义上讲，经验开放性与"潜在抑制"有关，这种前意识的、基于生物学的阀门机制为我们和其他动物所共有，同大脑中多巴胺的生成有关。[68]潜在抑制帮助我们自动地对刺激物进行预先分类，将其分为同当下的目标一致和不一致的两类。可以想象，这是一种极为重要的机制，像索伦·克尔凯郭尔所说，它会使我们不至于被"淹没在可能性之中"。

但意外的结果是，那些经验开放性得分高的人，其潜在抑制水平较低，这使得即时体验不受先前体验干扰。潜在抑制水平降低同经验开放性和创造性都有关，[69]正如发现了经验开放性与创造性体验之间重要联系的巴纳比·纳尔逊和大卫·罗林斯所言：

正是这种对新认知的接纳，以及与之相联系的那种探索与发现的感受促使人们深深沉浸在创造性过程之中，这种过程本身就可能引发体验上的质变，通常表现为体验的强化和加深。[70]

这一描述同马斯洛"持续更新的自我认知"的概念惊人地相似，马斯洛将其视为自我实现的一个核心特征。马斯洛认为，持续更新的自我认知带来"主观体验的深刻与丰富"，并将之同"陈旧性体验"进行对比，认为后者常常"将丰富的感知标签化，或是划入固定的范畴，因为它们已经被证明不再有益、有用、有威胁，或是不再牵涉自我"[71]，比如，自动忽略一场美丽的日出，或是忽略朋友的友好手势，因为那对于你来讲已经习以为常了。

潜在抑制的减弱不仅对于沉浸于创造性体验不可或缺，对于产生新想法和创造意想不到的联系也是如此。毕竟，你怎么会知道最初看似无关紧要的想法就真的不重要呢？有史以来，许多最伟大、最有影响力的想法起初都看起来无足轻重。如埃德加·爱伦·坡所说："然而经验已经表明，而且真正的哲学总会显示，真理的一部分或大部分，都来自表面上的无关紧要之处。"[72]可是，如果一直在不相关的海域里游泳最终会使你迷失其中。

智力：找到靠岸的路

> 陷入"疯狂"仅会让那些对自己的心智不够自信的人觉得可怕。
> ——亚伯拉罕·马斯洛《存在心理学探索》（1962）

知识和理解使个体变得更强大、更明智、更富有、更强壮、更进步、更成熟。（它们代表着）一种人类潜力的实现，一种由人的可能性所预示的人类命运的实现。

——亚伯拉罕·马斯洛《存在心理学探索》（1962）

尽管对于创造性而言，经验开放性是不可或缺的，但对于找到上岸的路而言，人类的智力才是不可或缺的。人类的智力表现为多个方面，但人们研究得最为深入的包括智商和求知欲，以及掌握问题解决办法的需要。智力的所有方面都会在寻求真理以及观察现实的过程中起到重要作用，且同大脑中的"执行注意网络"的运作有关。[73] 这一大脑网络至关重要，它能帮助我们聚焦于最迫切的任务，屏蔽外界干扰，压制看似不相关的信息，必要时灵活地转移注意力，有意识地对未来进行规划，在工作记忆中整合多种信息源。以下是衡量某些智力特征的量表（你可以让一位有资质的教育心理学家评估你的智商）：

智力量表
求知欲 / 理解需要 [74]
- 我对很多事都感到好奇。
- 我喜欢智力挑战。
- 我会积极地参与那些智力和哲学上的探讨。
- 我会找出需要深入思考的情况。
- 我不喜欢知其然而不知其所以然。

剥夺敏感性 / 了解需要 [75]
- 思考有难度的概念性问题会让我在夜晚保持清醒。
- 我可以仅在一个问题上花费数小时时间，因为不知道答案我就没法休息。
- 如果想不出问题的答案，我会感到沮丧，于是更努力地解决该问题。

• 对于我感到必须解决的问题，我会不停地钻研。

• 如果得不到所需的全部信息，我就会感到沮丧。

尽管智商、求知欲和剥夺敏感性之间都有显著关联，而且它们都高度依赖大脑中的执行注意网络，但智力的各种表现形式存在着重要差别。例如，求知欲（理解需要）和剥夺敏感性（了解需要）只是中度相关，而且比起求知欲，剥夺敏感性同幸福及应对新环境压力的能力联系较弱。[76]

这就引出了一个有趣的问题，即理解需要（need to understand）是否较了解需要（need to know）"更强烈"。换一种说法，在缺乏信息时，了解需要是否是人类更为普遍的默认反应？这个问题是马斯洛在大约 70 年前提出的，那时他注意到："一旦这些（理解和了解）需要进入了科学研究的视野，我们会发现它们之间也会形成小的等级，其中了解的愿望要比理解的愿望更有优势。"[77] 研究表明，求知欲实际上可能会"强于"了解解决办法的需要。

智力领域中的另一个重要区别在于智商和求知欲之间。在我的博士研究中，我发现智商同求知欲之间的联系较弱：很多高智商的人的求知欲很低，很多求知欲很强烈的人有相对较低的智商。[78] 长期研究发现，智商能够有效预测学术成就，而求知欲也能独立于智商对学术成就进行有效预测。[79] 当涉及真实的创造性成就（即发明及科学发现上的创造性成就）时，求知欲的预测比智商还要准确。[80] 因此，尽管智商、求知欲以及了解需要常常相伴相随，它们在一些很重要的方面还是存在区别。

经验开放性和智力开放性仅存在较弱的关联，所以一个人经验开放度高但智力开放度低是可能的，反之亦然。经验开放性同艺术领域（尤其是视觉艺术、音乐、创意写作及戏剧/电影）内的成就存在更为密切的联系，而智力同科学（尤其是发明创造和科学发现）领域的成就关联更大。[81] 然而，经验开放性和智力开放性对创造性思维都很重要，而且自我实现者能够超越这两种存在方式看似矛盾的本质。

创造性悖论

> 通往创造性的道路总是毗邻疯人院，人们要么绕道而行，要么止步于此。
>
> ——厄内斯特·贝克尔

> 疯子和我之间只有一个区别：我没有疯。
>
> ——萨尔瓦多·达利

看似对立的两个认知加工过程——一个同深度专注、想象和弱过滤相关，另一个则同从容反思、计算评估和强过滤相关，为何都与相同的结果，即创造性有关系呢？这怎么可能？

其实，像有关自我实现的大部分事情一样，这只是一个表面上的悖论。创造性一般被定义为既新颖又有意义的思想或结果的产生。"新颖"和"有意义"这两方面对于创造性而言都很重要，如哲学家伊曼努尔·康德所说："也可以有新颖的废话。"[82]给创造性赋予意义让我们能够将创造性思维和行为同反常、古怪的想法和行为区分开来。[83]可是，意义的范围很广，包括实用的发明、创新的商务模式、引发强烈情绪的审美体验，甚至是引发和产生思考的想法。

既然创造性既要新颖又要有意义，它就会既依赖想法和成果，又依赖对将要探索、拓展和表达的想法做出的选择。一个人产生的新想法和意外联系越多，就越有可能创新；一个人越能有效地选择和拓展特定的想法，某些想法就越有可能有意义。如诺贝尔奖得主、化学家莱纳斯·鲍林所说："要想得到好想法，需得先想出很多想法，再把坏想法扔掉。"这常常需要一种在看似矛盾的思维模式间灵活转换的能力。

这正是我们在审视创造性大脑时所见到的。2014 年到 2017 年，我作为想象研究所（imagination-institute.org）的科学主管，同马丁·塞利格曼一道在研究所主持了一系列想象力静修——同最富想象力、最富生产力的人就其各自领域进行讨论，包含心理学、物理学、教育、领导力、未来主义、工程、喜剧，甚至灵性。在另一次尝试中，我们资助了 16 个研究项目，以增进我们对社会各行业想象力的度量和发展的理解。

想象力静修清晰地告诉我们，富有创造性的自我实现者也和普通人一样。尽管自我实现程度已经很高，但他们显然同我们一样，也在努力应对着人类生存所面临的问题。尽管如此，他们对待自身的工作却充满热情，在解决各自领域的问题时，他们常常利用自身的直觉和想象力，就像利用理性和审慎推理的能力一样，有时甚至更甚，无论是喜剧演员还是物理学家都是如此。

我们资助的神经科学研究也支持这一观察结果。其中一位受资助者为罗杰·贝蒂，他一直奋战在一线，努力从认知神经科学的角度推动人们对于创造性思维的了解。贝蒂和他的同事通过研究绘制了一张创造性大脑的神经活动图谱，这让他们能够以令人吃惊的准确性预测思想的创新度。[84]①

创造性大脑的神经活动图谱由反向运作的两种大脑网络的密切交流构成：默认网络（同心理模拟、换位思考、审美体验、意义建构以及自我建

---

① 创造性思维的创新度由定级者评估，他们以五分制给思想的创新度打分，其依据有三个标准：不寻常度（创造性想法有多么不常见）、远离度（创造性思想偏离常见想法的程度），以及聪慧度（创造性想法给人留下的印象是否富有洞见、具讽刺意义、幽默诙谐、恰到好处或富有智慧）。注意，这一创新度的衡量标准同创造性行为与成就的衡量标准之间存在显著的正相关关系。

构相关）及执行注意网络（同专注、工作记忆以及抑制潜在的干扰信息相关）。贝蒂及其同事发现，这两种网络同突显网络之间有着密切的交流。突显网络同潜在抑制的作用类似，即在前意识环节判定默认网络中产生的信息同当下任务相关还是不相关，之后把信息传递给执行注意网络，用以进一步处理。

　　另一项在美中两国进行的研究中，贝蒂及其同事发现，在认知探索——包括经验开放性和智力开放性上得分高的人中，这一组大脑网络之间有很强的连通性。在进行实验时，这些实验对象闲坐在大脑扫描仪器里，仿佛已准备好随时激活这三个大脑网络中的任何一个。换句话说，他们的整个自我都在待命状态。[85][①]

我认为这些发现能够丰富我们对人类智力的认识，拓展我们对于自身认知能力所能达到的深度的理解。我认为很多"智力潜能"测验（比如智商测验）在某些核心认知方面有所缺失，这些方面反映了人类的基本体验，比如个体的个人目标、梦想和渴望。[86]这也是我不敢仅凭一个时间点的一次测验结果就对一个人的最终自我实现水平做出预判的原因，即使在测试我的自我实现水平时也是如此。在研究中，当我看到人类智慧被完全运用于一件对个体来说有意义的、同其独特潜力相匹配的、既涉及理性能力又涉及体验深度的活动时，我反复看到了人类智慧的力量。

在 1979 年的《心理学与人类困境》一书中，人本主义心理学家罗洛·梅指出，从个体的全部存在去思考是可能的，且自我意识存在思维性的一面，但它并非自我意识的全部：

———————

① 富有认知灵活性的大脑似乎也是神经学意义上的灵活的大脑。

比如，当你投入爱情或其他形式的热情，或是一场战斗，抑或一个理想之中时，如果你想获得成功，你就应当同时在多个层面同自己产生联系。的确，有知觉的意识在你投入其中时会显现，但是你也会体验到自身的潜意识，甚至无意识的力量。你的取舍受到你与自我的联结的影响，自我联结意味着作为一个整体而行动，它是"将自身投入其中"的一种体验。[87]

情况就是这样，富有创造性的自我实现者能够超越大脑智力和心灵智慧的寻常二分法。他们能够将全部自我投入工作之中，灵活地转换看似矛盾的存在模式——理性的和非理性的，情绪化的和有逻辑的，审慎的和直觉的，以及想象的和抽象的，而不必对这些过程的价值做出预先判断。创造性自我实现者是真正的认知探索者。

第五章

爱

我们一定要理解爱，我们一定要传授爱、创造爱、预见爱，否则世界就会输给敌意和猜忌。

——亚伯拉罕·马斯洛《动机与人格》（1954）

爱是人类的存在问题唯一合乎情理且令人满意的答案。

——艾里希·弗洛姆《爱的艺术》（1956）

在某个广告公司里，一种竞争气氛弥漫其中。会议的内容常常是讨论公司如何能够取得更好的业绩，在竞争中占据主导地位。可是，路易莎——一个参加了所有会议、静静散发着光彩的人——却因一个与众不同的原因脱颖而出：每个人都喜爱路易莎。无论你何时见到她，你都会情不自禁地感到振奋。她好像能调动每个人身上最好的一面，部分原因在于她具有发现他人长处的能力。每个人都想让路易莎加入他们的团队，不仅因为她对所有人都抱有爱意，还因为她体贴周到且为人可靠。尽管路易莎散发着强烈的光芒，但她并不会牺牲自己的需要，而且她在必要的时候也能照顾自己，她会以一种让他人乐意倾听的方式表达自己的想法。路易莎能在几乎所有情境和讨论中看到更多的人性闪光点，而且她会在会议上竭尽所能地发现所有观点的优势。

路易莎这种存在方式的价值在当今世界被严重低估。由于很多人渴望取得成就，他们常常会策略性地做出更多利他主义的行为，借以获得更大的个人成就。不幸的是，社会严重低估了那些仅凭自己的本性给周围的人带来欢乐和光明的人，尽管这不一定会转化为公众所认可的成就，但其影响无法衡量，且会在人生中不断累积，甚至要比奖励和赞许所产生的影响还要大。这并不意味着你必须成为"路易莎"才能自我实现，但是，在努力培养更高级的爱以使我们获得更为深刻的人生完整感、整合感和超越感方面，我们可以从世上的这些"路易莎"身上学到很多这样做的价值。

在《精神的进化》一书中，精神病学家乔治·范伦特写道："成功的人类发展首先涉及吸收爱，接下来是分享爱，最后是无私地奉献爱。"[1]人类不仅有归属和情感联结需要，而且有需要感到自己正在对他人产生积极影响的需要。有能力将爱给予那些我们甚至都没有直接接触过或没有关系的人，是作为一个完人获得更多健康、活力、意义和成长的主要路径之一，要感到更加安全有保障就更需要这种能力了。[2]正如克莱尔·尼埃——一位大屠杀幸存者、晚期癌症幸存者和自我精进领域的开拓者所言："创造爱、安全和接纳的唯一方式就是奉献它们。"[3]

这里有一个悖论：如果归属和联结真的属于保障需要，那么有高质量联结的人应当感到自己对爱的需要已得到了满足，不再需要爱了——因为他已经得到了充分的爱，他便不再有动力去进一步体验和表达任何爱了。然而，马斯洛注意到事实常常与之相反："对于那些更为健康的人，那些爱的需要得到满足的人而言，相关临床研究表明尽管他们接受爱的需要变少了，但他们给予爱的能力增强了。从这个意义上讲，他们是更'有爱'的人。"[4]

马斯洛指出，当爱在研究论文和教材中被拿来讨论时，话题常常聚焦在爱的匮乏上："一般研究中爱的需要……是一种匮乏性需要。它是一个必须要填补的窟窿，是一片爱会倾泻而入的空白……精神异常和健康之间的中间态随挫败与满足之间的中间态而变化。"⁵但是他意识到，当接受的爱超过一定程度，我们就更能将自己的爱奉献出去。

马斯洛明确地区分了"需要之爱"和"无需要之爱"，并将前者称为"D 爱"（由匮乏引发之爱），将后者称为"B 爱"（"为另一个存在而爱"）。⁶马斯洛指出，尽管 D 爱可以被满足，但"满足"这个概念几乎不适用于 B 爱。怀有 B 爱的人不需要接受爱，除非是"少量稳定的、维持性的爱，而且即使长期无法得到这种爱，他们的身心状况也不会出现问题"。⁷

B 爱不是"需要"，而是"赞美"；B 爱无须满足，它通常会增多，而不会消失。因此，B 爱通常是一种更令人享受的体验，因为它在本质上就有价值（而不是必须作为达到某些目的的手段才有价值）。马斯洛写道："毫无疑问，比起 D 爱（所有拥有 B 爱之人都曾有过 D 爱的阶段），B 爱是更丰富、'更高级'、更有价值且更主观的体验。"⁸

B 爱类似冥想导师莎伦·扎尔茨贝格所谓的"真爱"，她将其定义为我们每个人在日常生活里都有的内在的爱的能力。⁹扎尔茨贝格认为，爱是天赋的礼物，而且我们所有人内心都储备有大量的爱，我们可以随时使用它们，在生活中创造更多的爱。

与之相似的是，在《爱的艺术》一书中，艾里希·弗洛姆认为：成熟的爱是一种积极的而非消极的过程；是一种态度，而非一种感受。¹⁰将爱视作一种态度，或是一种对待他人的倾向，这样做的好处在于你不必等到和另一人产生"积极共鸣"就能对他们表现出爱意。¹¹这也是我感到有必要将 B 爱同情感联结需要（见第二章）区分开来的原因。随着一个人的成熟，他人的需要变得同自己的需要一样重要，一个人逐渐将爱的观念从"被爱"转为"去爱"，从一种将被爱视为奖励的依赖状态变为以爱为导向，去爱整个世界的独立状态。弗洛姆写道："婴儿的爱遵循的原则是：

'因为我被爱，所以我爱。'成熟的爱遵循的原则是：'因为我爱，所以我被爱。'不成熟的爱宣称：'因为我需要你，所以我爱你。'成熟的爱宣称：'因为我爱你，所以我需要你。'"[12]

如存在主义心理治疗师欧文·亚隆注意到的那样，成熟地将爱视为"无需要之爱"，会给一个人的健康和成长带来意想不到的影响。在心理治疗中，人们常常诉说自己的孤独，将之归结为自己"没人爱"和"不招人爱"。但亚隆指出，最有成效的个人发展常常进行相反的领域：一个人没有能力去爱。他认为，"爱并非是一场邂逅，而是一种态度。不被爱的问题多半是不去爱的问题"。[13]

在本章当中，我会回顾自己在 B 爱上所进行的科学探索，以及爱他人的导向对于健康、成长以及健康的真实性的意义所在。我对 B 爱的科学研究开始于相反的一面，基于这样一种假说，我们可以通过尽可能深地窥视黑暗来更好地界定光明。

光明三联征和黑暗三联征

> 不管发生什么事，我都相信人们是心地善良的。
>
> ——安妮·弗兰克《安妮日记》（1947）

> 不过，地球上少了一个人又怎样呢？
>
> ——泰德·邦迪（转引自埃里奥特·莱顿）《猎杀狂人》（2003）

"为何具有黑暗三联征人格之人如此有魅力？"我在同事大卫·亚登的办公室里问他。[14]他立刻竖起了耳朵，让我发些有关黑暗三联征的论文给他——这些论文印证了我的观点。"所有研究都在关注他们！"我不满地说，"研究不是混蛋的人就没意思了吗？"一回到办公室，我就给大卫和我的同事伊丽莎白·海德发去了几篇论文。在很快发来的回信中，大卫简单地写道："光明三联征呢？"现在轮到我的耳朵竖起来了。有这么一个东西吗？有人研究过吗？

黑暗三联征已经被充分研究过了。德尔罗伊·保卢斯和凯文·威廉姆斯在 2002 年首次发现了黑暗三联征，包括浮夸型自恋（被称为"自大"）、马基雅维利主义（利用谋略剥削并欺骗他人）和精神病态（冷酷无情、愤世嫉俗和冲动性）。[15] 自从他们二人最初的那篇论文发表以来，已开展了数百项研究，这些研究将黑暗三联征的特征同各种引起社会反感的结果联系起来，包括更严重的攻击性与暴力，性操控，对权力、金钱和社会地位的强烈追求，甚至可能是不可饶恕的"七宗罪"。[16]

尽管其他的"黑暗特质"（比如虐待狂、恶毒）近年已被加入黑暗三联征中，而且每一种黑暗特质都有多个维度及其独特的属性（比如，第三章中深入挖掘的自恋特质），但所有这些特质的确都有一个"黑暗核心"。[17]研究表明，黑暗核心由冷酷以及欺诈/操控混合构成，[18]这种组合似乎是导致黑暗特质的关键。事实上，只有缺少共情能力同攻击性之间存在微弱的联系。[19]据奥雷利奥·费格雷多和 W. 杰克·雅可布斯，黑暗三联征的黑暗核心最显著的特征是"对抗性社会策略"：将他人视为利用对象或是要打倒的对手。[20] 请参考下列说法来评估你当下黑暗核心特质的水平：[21]

黑暗核心量表（对他人的对抗倾向）
- 我能够用我的方式来达成任何目的。
- 我愿意利用他人来推动自己目标的实现。
- 我理应得到优待。
- 他人的痛苦不会令我感到不安。
- 我不浪费时间与不如我的人瞎混。
- 我特别厌恶被人批评，一旦发生这种情况，我就无法控制自己的情绪。

- 当有人对我很好时，我会怀疑他们另有所图。
- 我会尝试几乎一切来得到我要的"刺激"。

尽管充满敌意之人确实存在，但那些平日里的圣人，那些始终如一地对他人抱有爱心、大方善良的人又当何论呢？我指的不是那些在很多公开场合进行捐赠，且受到很多公众嘉许和奖赏的人，我指的是仅仅通过自身的存在就能光芒四射的人。他们的给予并非出于某种策略，而是自然而又自发地释放出的一种无条件的积极关怀，因为那就是他们本来的样子，或者如马斯洛所说："正如玫瑰会散发芳香一样。"[22]

这就是我们要探究的话题。通过电子邮件和会议，大卫、伊丽莎白和我研究了黑暗三联征的现有实验，试图找到与这些人格相反的特质。我们最初提出的相关特质有宽恕、信任、诚实、关心、接纳、善于发现他人长处，以及乐于同他人建立联结，而不是将他人视作达到目的的手段，换言之：B 爱。

康德主义
将人本身看作自身的
目的，而不仅仅是手段

光明三联征

人道主义
重视每个个体
的尊严和价值

人性的信仰
相信人性本善

图 5-1　光明三联征

我们确认了光明三联征的三个组成部分：康德主义、人道主义和对人性的信仰。康德主义对应的是马基雅维利主义，是在哲学家康德的人性公式的启发下得到的，康德的人性公式认为："在对待人性时——不论是自己的人性还是他人的人性，绝对不能只将其视作达成目的的手段，也要同时将其视作目的本身。"[23]

同塚山惠理一道进行了进一步的实验和合作之后，我们发现以下说法很好地描述了对他人的 B 爱以及善意的特点：[24]

光明三联征量表（对他人的 B 爱以及善意）

- 利用他人来达成我的目的会令我感到不舒服。
- 与人格魅力相比，我更喜欢诚实。
- 在和他人交谈时，我很少考虑我想从他们那里得到什么。
- 即使可能毁坏我的声誉，我也宁愿保持真实。
- 我倾向于认可他人的价值。
- 我倾向于欣赏他人。
- 我倾向于为他人的成功鼓掌。
- 我喜欢倾听各界人士的声音。
- 我能够看到人们最好的一面。
- 我认为他人大都是好人。
- 我会很快原谅伤害过我的人。
- 我倾向于相信其他人会公正地待我。

我们现已将光明三联征量表在数以千计不同年龄和性别的人身上施测，并得到了意义重大的结果。[25] 首先，非常清楚的一点就是光明三联征并不仅仅是黑暗三联征的对立面。尽管两者呈负相关，但两者的关系就紧密程度而言仅是中等水平，这表明我们每个人都至少有那么一点儿黑暗三联征和光明三联征的特质。我的观点是，最好不要将在黑暗核心测试中得分高的人看作一个独立的类型，而要将其看作我们所有人都有的人格特质被放大的结果。

所以说，安妮·弗兰克的话十分可信。我们发现，相对于黑暗三联征，普通人在日常的思维模式、行为模式和情绪模式上更易向光明三联征倾斜。事实上，极度恶毒的人在我们的研究样本中是极其少见的。（当然，少数极度恶毒的人就足以给世界带来巨大的破坏。）

我们还证实了马斯洛的观点——那些具有强健的爱人之心的人实际上可能不那么需要爱。那些在光明三联征量表中得分高的人在成长过程中面临的混乱和不可预测性较少，并"感觉跟关心自己的人之间存在一种联结感"，"感到同他人亲近并发生了联结"，"感到同他人有一种强烈的亲密感"。与此同时，他们对自己的关系表示不满的可能性较低，在以下项目上得分也较低，如"我曾感到孤独"，"我曾感到没有得到一个或多个重要人物的重视"，以及"我曾与人发生过争论或是冲突"。

与之形成对比的是，在黑暗三联征上得分高的人显示出相反的结果——他们在童年曾遭遇更多的不和睦与不测，且他们对自己人际关系的满意度较低，对自己的不满程度较高。研究表明，那些对他人麻木且具有操控倾向的人，在同他人的互动中更多受匮乏性需要而非成长需要驱使。

我们还发现，光明三联征与真正的幸福及多种成长路径相关。在本章余下的部分里，我不会一个一个地探讨这些关联，而是会给拥有 B 爱的人画一幅整体画像。应当注意的是，这是基于大量相互关系综合而成的一幅理想的画像。尽管如此，这些相互关系的确彰显了人性的诸多可能。

B 爱之人的画像

自我实现者没有必须要满足的匮乏性需要，他们一心寻求成长、成熟和发展。一言以蔽之，他们已经可以去完成和实现个体和人类的最高追求了。这种人所做的一切都源自他们的成长，是一种自然的流露。他们爱，因为他们是爱人之人，他们的和善、诚实自然也是如此，因为这些是他们的本性……正如玫瑰会散发芳香，小猫能如此优雅，幼童则充满孩子气一样。

——马斯洛《动机与人格》（1954）

自我超越的价值

拥有 B 爱之人有着高度的普世关怀（秉持公平、正义，乐于保护所有人）、普世包容（接受和理解那些同自己不一样的人，能促进不同群体间的和谐与和平），他们对亲近之人而言可靠又可信，充满关爱和善意。[26]拥有 B 爱之人最大的性格优势是善良、充满爱、对生活有热情、懂得感恩、眼界开阔、宽容、高社交智商、善于欣赏、富有团队精神、操持希望、公正、保持好奇心、拥有判断力、谦逊、热爱学习、有幽默感，以及灵性。[27]拥有 B 爱之人在某些与能动性相关的人格特质上得分也较高，如毅力、勤奋、成效、组织和责任。

因此，B 爱之人表明能动和共生需要之间不一定相互矛盾。在 1966 年的《人类生存的二重性》一书中，戴维·巴肯强调了整合两种人类存在的基本模式——能动和共生的重要性。[28]巴肯认为，能动涉及自我保护、坚持己见、隔离和分裂，而共生涉及参与、联系、开放、一致，以及"非契约合作"。巴肯认为，理想的心理健康状态是"仁爱和利己、共生和能动相结合"的状态。

当代研究已发现支持这一论点的重要证据。能动和共生对于社会运行、健康和幸福都有显著的、积极的影响。[29]那些在生活中能动程度更高的人表现出更多的独立和果断，以及对于愤怒的建设性使用，他们的痛苦情绪和焦虑性依恋较少，且自身的社会网络能给他们提供较大的支持。[30]此外，共生程度更高的人还更喜欢社交，在与他人交往时一般没有困难，而且在痛苦时更容易得到支持。显然，人类存在的这两种维度可以和谐共存，共同促进人类成长和完整性的发展。

那些有 B 爱的人将两种存在方式和谐地整合起来。事实上，唯一与 B 爱之人的价值观相悖的是自我放大的权力动机，该动机也是黑暗三联征测试中得分较高的人所拥有的一个特点。B 爱之人还向我们展示，对内群体的关怀（对朋友家人的善意和关照）与自我超越的价值观并不矛盾。尽管 B 爱之人很开放，愿意接受不同的视角、不同的社会阶层，他们仍旧珍视所爱之人的可信赖性和可靠性。他们超越了对内群体的爱同无条件的爱之间错误的二分法。

健康的关怀之心

B 爱之人喜欢关爱他人，而且相信减轻所有人的痛苦是十分重要的。另外，他们的动机真实纯粹：他们认可自己既能帮助他人又利于自身成长的动机。比如，"我喜欢帮助别人，因为帮助他人成长令我感觉很好"，"我帮助他人的一个主要原因是对个人成长的渴望"，以及"我之所以不吝付出，主要动机是提升自己对于新体验的开放性"。B 爱之人往往是在鼓励帮助他人（同时也注重个人需要）的环境里成长起来的。

发展心理学家保罗·布鲁姆指出了共情可能存在的潜在陷阱——让我们产生偏见，只帮助那些与我们有共同情绪体验的人。[31] 事实上，人类历史上一些最残酷的暴行都以共情的名义发生。[32] 而 B 爱之人往往拥有一种以普世关怀为推动力的健康的关怀之心，且能将认知共情和情感共情整合起来。

认知共情反映了欣赏和理解另一人感受的能力——一种观点采择和"心智理论"能力；而情感共情反映的是体会另一个人的情绪，真切地感受他人的感受的能力。[33] 令人意想不到的是，很多黑暗三联征得分高的人在认知共情上得分也很高，但在情感共情上得分较低，他们会用自身的认知共情能力来利用他人的弱点，而非感受他人的苦痛。[34] 要评估你在这两种共情

能力上的水平，请参照下列说法，看看自己在多大程度上认同它们：[35]

认知－情感共情量表

认知共情

- 当两人争吵时，我可以看到双方不同的立场。
- 当某人有负罪感时，我可以看得出来。
- 当某人感到羞愧时，我可以从他的表情和行为上看出来。
- 在被告知原因之前，我就可以看出某人不快乐。
- 当某人感到失望时，我可以从他的外表看出来。

情感共情

- 如果某个朋友没被邀请参加某次有趣的活动，我会为他感到难过。
- 看到瘦弱、饥饿的儿童会令我感到不安。
- 如果我看到一个哭泣的婴儿，我也会为其难过。
- 如果我看到一个男人打一个无力自保的女人，我会感到愤怒。
- 看到一个人拿枪指着一个手无寸铁的人会让我感到害怕。

尽管 B 爱之人往往在情感共情上得分较高，但他们在病态利他主义（以一种可能带来伤害的方式将他人的需要置于自己的需要之上）上则得分较低。[36] 他们有能力准确地评估他人的真正需要，却不会被自身的共情以一种不健康，甚至给自己和他人造成伤害的方式蒙蔽双眼。部分原因在于，他们具有较强的认知共情能力及健康的应对机制。

健康的应对机制

对于那些在给人提供帮助的行业工作的人，比如医生、护士、教师、治疗师或牧师，或是那些情感共情程度极高的人来说，一个主要的问题即

"共情倦怠"（换言之，"同情疲劳"或"慷慨倦怠"）。[37] 不断地给他人以爱可能会使人筋疲力尽，但爱人之人有很多健康的应对机制，这些机制可以保护他们免于倦怠，保证他们的健康和成长。

乔治·范伦特在哈佛进行了一项长达 75 年的大规模研究，他发现，五种成熟的应对机制同更大幅度的成长、积极的心理健康、良好的人际关系以及成功的事业（即对于生活的健康适应）相关。[38]B 爱之人在感到倦怠临近时会采用以下策略：

预期。对于未来的内心不安所做的现实预期或规划。范伦特认为："预期使人能够在事情发生前就对之有所意识，因此减轻相关的焦虑和消沉。"[39] 比如，"当我不得不面对困境，我会努力设想并筹划"以及"如果我可以预料到自己会难过，那么我就会更好地加以应对"。[40]

抑制。有意识地避开让人心烦意乱的问题、欲望、感受或体验，直至你能更加成熟地处理和整合它们。范伦特发现，这是同适应性良好关系最为紧密的应对机制，但也是过度使用风险最高的一个。他表示，抑制并不意味着彻底地压抑或是否认："抑制不太可能改变世界，但极有可能向人生提出的条件妥协。当抑制被有效利用时，它会类似于一张调整得当的帆，每一个制约因素都会得到精确的计算，借以强劲风加以利用，而不是隐藏。"[41] 比如，"我会把一个问题抛诸脑后，等到有时间了再去解决"以及"如果释放自己的感受会干扰我正在做的事，我会把自己的感受暂时封存起来"。[42]

幽默。幽默既能让一个人去积极应对，同时又能让他专注于需要完成的工作。成熟的应对方法（B 幽默）并非自我贬低，也不是把注意力从手边的事务分散开来，或是用其他事情取而代之。范伦特将幽默描述为"人类全部才能中真正优雅的防御机制之一……幽默的能力，像希望一样，是应对人类苦难的最有效的解药之一"。[43] 弗洛伊德也相信："幽默可被视为人类防御机制中最高级的一种。"在成熟度方面，他甚至将其排在机智之上。事实上，我发现幽默的能力同自我实现者的特质呈正相关。[44]在预期和抑制的共同作用下，幽默使得想法和情绪得以在意识中共存。比如，"我可以轻松地自嘲"以及"我总是能在痛苦的困境中看到有趣的一面"。[45]

升华。通过令人快乐的游戏、运动、爱好、浪漫，以及其他创造性表达来表现侵略性。比如，"我会通过做有建设性、创造性的事，比如绘画和做木工，来把焦虑释放出去"以及"坚持手头的工作可以使我免于感到抑郁和焦虑"。[46]

利他。给予他人你希望得到的东西，并从中获得乐趣。比如，"我会从帮助他人中获得满足感，如果这样做的权利被剥夺，我会感到沮丧"以及"如果我处于危机之中，我会找出另一位遭遇同样问题的人"。[47]利他与投射这两种防御机制的不同之处在于，利他是对他人的真实需要做出的反应，而不是对于投射的需要做出的反应。

B 爱之人所采用的健康应对策略不仅对他们的人际关系产生了影响，还向我们展示了健康地处理自我联结的能力。

健康地爱自己

"当代文化充斥着一种对自私的忌讳。"艾里希·弗洛姆在他 1939 年的论文《自私与自爱》中写道。[48]弗洛姆注意到这种文化禁忌已经产生了一种不良后果——人们可能会因健康地自爱而产生罪恶感，它甚至已使人们耻于体验乐趣、健康和个人成长。

然而，B 爱之人超越了爱人、爱己这样的二分法。尽管自恋的、不健康的自爱当然存在（见第三章），但并非所有形式的自爱都是不健康的。受到弗洛姆论文的启发，马斯洛写道："在我们发现真相之前，我们不能假定自私或无私行为是好还是坏。某些时候，无私行为是好的；而有些时候，它是坏的。自私行为亦然。"[49]

马斯洛认为有必要区分健康的自私和不健康的自私：前者根植于心理的丰富性，它的动机是成为独特之人，并能学习、成长和获得快乐；后者则根植于心理的匮乏性、神经质和贪婪。如弗洛姆所言："贪婪是个无底洞，它令人无休止地尝试去满足自身的需要，却永远得不到满足，进而耗尽一个人的全部精力。"[50]

马斯洛和弗洛姆都认为健康的自私需要健康的自爱：对于自己和自己的边界抱有健康的尊重，对于个人的健康、成长、幸福、快乐和自由的重要性加以肯定。B 爱之人有健康的边界，以及自我照顾和玩乐的能力，哪怕这些能力并不一定能帮助其他人。参照下面的描述，你可评估自己当下的健康自私水平。

健康自私量表

- 我有健康的边界。
- 我很会关心自己。
- 我能适度地自重，且不会让人们利用我。
- 我会平衡自我需要和他人需要。
- 我会为了自我需要而提出自己的主张。
- 我拥有健康的自我中心模式（比如冥想、健康饮食、锻炼等），且不会伤害他人。
- 尽管我为别人付出了很多，我还是知道何时该积蓄能量。
- 我允许自己玩得开心，哪怕这样做并不一定会帮助他人。
- 我把自己照顾得很好。
- 我会优先考虑个人计划，而不是他人需要。

在我的研究之中，我发现健康的自私同光明三联征以及其他成长指标，包括健康的自尊、生活满意度、工作中体验到的真正的自豪感或骄傲呈正相关。同时（尽管可能看起来很矛盾），我还发现健康自私得分高的人更有可能去关心他人，且更可能抱有以成长为导向的动机（比如："我之所以不吝付出，主要动机是提升自己对于新体验的开放性"。"我帮助他人的主要原因是我渴望个人成长"。"我喜欢帮助别人，因为帮助他人成长让我感觉很好"）。[51]

健康的自私同脆弱型自恋、抑郁、病态自私（比如"我会千方百计地利用局势为自己争取利益"），甚至病态利他呈负相关。显然，健康的自爱是可以同病态的自爱，甚至病态的自我牺牲区分开的。

健康自爱水平高的个体还会对自己进行自我关怀。我们常常对自己如此冷漠，如弗洛姆所言："人们驱使着自己这个奴隶，他们的主人不是别人，正是他们自己。"[52] 自我关怀提供了一个宝贵的将自我从自我中解放出来的工具。

心理学家克里斯廷·内夫将自我关怀（或译自我同情，编者按）定义为"以人类的共同体验来看待自身的体验，承认痛苦、失败和匮乏是人类境况的一部分，所有人——包括自己——都值得自我关怀"。[53] 你应像善待朋友一样善待自己，在对待自己时应比对待别人时抱有更多的同情与怜悯，而自我关怀就是这一切的核心。

尽管在早期佛教文献中就发现了自我关怀这一概念，但当代研究显示自我关怀同心理健康与情绪复原力，低焦虑、抑郁和压力水平，以及更多的幸福和乐观相关联。[54,55] 对照以下说法，你能对当下的自我关怀水平做出粗略的评估：[56]

自我关怀量表

- 当痛苦的事情发生时，我会试图保持一种平衡的观点。
- 我试图将自身的失败看作人类境况的一部分。
- 我经历艰难的时刻，我会给自己所需的关照和温暖。

- 当我难过时，我会力图保持情绪的平衡。
- 当我感到自己在某些方面有所欠缺，我会尽量提醒自己大部分人都不完美。
- 我会对人格中自己不大喜欢的那些方面尽量保持理解和耐心。

很明显，那些向外爱他人、对他人充满善意的人更可能向内对自己闪耀同样的光芒。爱的聚光灯之所以能够灵活闪耀，很大程度上是因为他们有使自我安静下来的能力。

安静自我 [57]

自体（the self）可能是我们最大的资源，也可能是我们最大的敌人。[58]一方面，自体意识、自体反省和自体控制这些人类的基本能力对于实现我们的目标而言是不可或缺的；另一方面，自体永恒的愿望就是被他人视作积极、正向的，自体会竭尽所能地拒绝为与之相关的消极后果承担责任。如一个研究人员所言，自体形成了"一个由自我防御机制构成的自体动物园"。[59]从积极的角度看，自体的这些防御性策略可以被概括为"自我"（ego）。

一个吵闹的自我（ego）会花很多时间对自体进行防御，仿佛它真实存在，然后又会不遗余力地维护自身，以至于常常阻碍了对重要目标的追求。近年来，社会心理学家海蒂·威蒙及其同事一直在开发一个"安静自我"（quiet ego）的研究项目，其理论依据为佛教哲学和人本主义心理学思想，且得到了积极心理学领域实证研究的支持。[60]安静自我这一研究主要关注如何平衡自己和他人的利益，并促进自己和他人的成长。它建立在自我意识、相互依存的身份，以及关怀的体验之上。[61]结果，矛盾的是，让自我安静下来对幸福、成长、健康、效率，以及健康自尊的积极作用比仅仅关注自我提升更明显。[62]

B 爱之人更可能表现出安静自我的四个特征，它们相互联系，是我们每个人都可以培养的：

超脱的觉知

即那些有安静自我的人对当下有一种投入的、非防御性的关注——他们既注意到了当前情况的积极面，也注意到了其消极面，而且他们的注意力会从由自我驱动的对当下情况的评估中超脱出来。更准确地说，他们会试着尽可能地看清现实。这要求一个人对自己和他人当下可能发现的一切持有开放和接纳的态度，并让这一时刻尽可能自然地展开——这是正念的一个重要组成部分。这还要求一个人对已产生的思想和感受重新进行考量，对它们做出更为客观的检验，并且做出有利于进一步成长的适当调整。

包容性认同

那些安静自我的人对于自我和他人的解读较为客观或更为综合。让自己认同他人的体验、打破藩篱，并对共同的人性产生更深的理解——他们会以这种方式来理解不同的观念。如果你的认同更有包容性，你可能更善于合作，对他人抱有同情，而非仅仅采取利己的行动。尤其是在冲突性时刻，在你的核心价值观受到挑战之际，你依然能倾听另一种观点，并且从对方身上学到一些东西。即使你所学到的是你会更加相信自己的观点，你还是首先将对方当作个人来尊重。

观点采择

通过反思其他观点，安静自我将注意力从自体中移出，提升了共情和同情能力。观点采择和包容性认同紧密相连，互相激发。比如，意识到你同他人的共性可以使你更能理解他人的观点。

成长性思维

安静自我还使个人的成长性思维成为可能。随着时间的推移，改变自己的兴趣会增加亲社会行为的可能性，因为它让人质疑当下行为的长期影响，并视当下为人生旅途中的一部分，而不是对自体及存在的威胁。

> 安静自我当然不同于沉默自我。

所谓安静自我当然不是沉默自我。过分压制自我直至使其丧失同一性不会给任何人带来好处。相反，安静自我强调平衡和整合。如威蒙和她的同事所言："让自我安静下来，以便它能够倾听他人和自己的声音，更为人道且有同情心地应对人生。"[63] 安静自我的目标是减少对自己和他人的防备，获得更为整合的立场，而不是丢掉你的自我意识，或是否认你的自尊需要。你完全可以培养这样一种真实的同一性，包容他人，但又不丧失自我，也不必展示自恋般的优越感。安静自我是健康自尊的一个标志，这种健康自尊承认自身的局限，但当自我受到威胁时不需要立即展开防御，而且它具有坚定的自我价值感和掌控感。[64]

健康的真实性

B 爱之人是真实的，他们有一种健康的真实性。我认为区分不健康的真实性（D 真实）和健康的真实性（B 真实）是极其重要的，如亚当·格兰特所说："没有人想知道你脑海中的一切。"[65]

事实上，健康的真实性并不意味着不停地走来走去，自发地告诉每个人你的感受和你的想法（那只能算是愚蠢）；健康的真实性并不意味着不停地谈论你自己和你最大的成就（那只能算是自恋）；健康的真实性也不意味着主动屈服于你最邪恶的冲动（那只能算是黑暗三联征）；健康的真实性也不意味着拼命地像捍卫一座城堡一样捍卫你的价值观（那只能算是固执和刻板）。这些都是对于健康真实性的常见误解。组织心理学家赫尔米尼亚·伊瓦拉的理念契合我们的帆船比喻，他注意到："当我们在考虑改变游戏时，一种过分死板的自我概念就会变成船锚，阻碍我们向前航行。"[66]

相反，能帮你成为完人的那种健康的真实性，需要理解、接受并且为你的整个自我负责，以获得个人成长和有意义的关系。[67]健康的真实性是一个发现、培养自我意识和责任感的持续过程，它建立在一种不受安全、情感联结和自尊需要支配的稳固的人格结构基础之上。健康的真实性源自探索和爱，它使你能够真正地面对内心深处的未知，接受你的全部存在，并且，正如德国精神分析学家卡伦·霍妮所言，它能使我们更加信任那"独特的、富有活力的自我中心"。[68,69]

健康的真实性的主要构成部分为自我意识、自我诚信、正直，以及真实的关系。[70]你可比照以下说法来评估你在健康真实性的核心层面的水平：

健康的真实性量表

自我意识

- 不管怎样，我都能真正地意识到我是谁。
- 我完全理解自己为何要做这些事。
- 我知道自己为何相信我对自己做的事。
- 我会积极地尝试尽可能地理解自己。
- 我会弄清楚自己的动机和愿望。

自我诚信

（这些说法全部做了逆向处理，即你赞同的程度越低，你的自我诚信度就越高。）

- 我宁可自我感觉良好，也不愿客观地评价自己的缺陷和不足。
- 我很难接受自己的错误，所以我会用更为积极的方式处理它们。
- 我会尽量忘记任何对自己的不快感受。

- 我倾向于忽略自己最阴暗的想法和感受。
- 如果有人指出或是关注我的某个缺点，我会很快试着抛诸脑后并忘记它。

正直

- 我会尽力以一种符合我的价值观的方式行事，即使他人因此批评或拒绝我，也在所不惜。
- 在大部分情况下我都能够做到忠于自我。
- 我愿意为真实地表达自己对事物的见解而承受负面结果。
- 我认为我的行为一般能表达我的价值观。
- 我依照自身的价值和信仰生活。

真实的关系

- 我希望亲近的人可以了解真正的我，而不只是我的人格面具或对外形象。
- 通常，我会重视和我亲近的、了解真正的我的人。
- 我想向亲近的人表达我对他们的关心。
- 我希望亲近的人能了解我的弱点。
- 在亲密关系中，我自身的开放与坦诚对我来讲极为重要。

B 爱之人的健康真实性使他们对自己关系的满意度更高，这些关系包括恋爱关系，也包含性体验。换句话说，B 爱之人更可能体验到完整的爱。

完整的爱

> 成熟的爱是以保留各自的完整性和个性为前提的结合……在爱

情中，有一种矛盾现象：两个人会变成一个人，但仍然是两个人。

——艾里希·弗洛姆《爱的艺术》（1956）

从某种深刻但又可验证的意义上讲，B 爱创造了伴侣。它给人自我形象，给人自我接纳，给人一种值得去爱和尊重的感受，这一切都让他成长。没有 B 爱，人类还能否充分发展真的是一个问题。

——亚伯拉罕·马斯洛《存在心理学探索》（1962）

哲学家阿兰·德波顿曾指出："选择将自己托付给谁只是选择我们最愿意为哪种痛苦而牺牲自己罢了。"[71] 他的话确实包含了一丝真理。社会中对浪漫关系的记述和不切实际的期待让我们在进入关系中时时常带着扭曲的想法，因而注定给我们带来失望和怨恨。很多人相信，有一个合适的人在某处等我们，我们期待那个伴侣会是我们的一切——我们期待他们能满足我们那贪得无厌的性欲，满足我们的归属需要，消除我们内心最深处的绝望感。德波顿所说的"浪漫的爱情不必完美"很对。通过容忍我们自己的小缺点并适应伴侣的小毛病，我们同共同的人性联结起来，也促进了自身和伴侣的成长。

然而，我们之所以努力，当然不仅仅是为了对怎样在爱情中遭受痛苦做出选择，而是为了得到更丰富、更深刻、更有意义、更超越的爱的体验。要消解这一矛盾，最好的例子莫过于自我实现之爱——两个自我实现的情侣有着各自的强烈个性，但也超越了他们自身，使得更为完整和超越的爱的体验成为可能。

据心理学家亚瑟·阿伦和伊莱恩·阿伦夫妇提出的爱的"自我拓展"理论，人类的一个基本动机就是自我拓展，而且实现这一基本动机的（其中）一种方法就是恋爱关系，人们可以将伴侣的自我的某些方面融入本人的自我之中。[72] 在《动机与人格》一书中，马斯洛撰有"自我实现者的爱情"一章，他指出："总的来说，自我实现之爱体现了自我实现的多个特点。"[73] 我将自我实现之爱称之为"完整的爱"，它是一种持久的爱恋关系，双方持续地处在一种健康、成长和超越的状态中。完整的爱可能永远不会实现，但我们都可以朝之努力，使我们的关系变得越发接近完整。

完整的爱的一个关键方面即将个性的需要同联结的需要进行健康整合。在讨论自我实现之爱时，马斯洛指出："自我实现者保持着一定程度的个性、超脱和自主性，乍一看，这些特点似乎与我描述的那种认同和爱无法共存。"[74] 事实上，大多数人都害怕与另一个人走得太近，以为那样我们会失去自己的个性和自我感。的确，许多文献都指出，一个人在进入关系时可能存在"角色淹没"的现象，在这种情况下，一个人的身份会建立在良好的关系伙伴这样的角色之上，导致他同其人生的其他角色、目标和优先考虑之事脱离开来（可以称之为"角色抛弃"）。[75]

但是，在完整的爱中，这种恐惧会被超越。举例来说，角色淹没最可能出现在那些对他们的关系极度痴迷的人身上。对于那些对自己的关系仅抱有适度热情的人来说，他们的关系带有一种自由选择的感觉，使他们对作为一个人的自己感觉良好，且同他们生活中的其他活动协调一致。他们的关系体现了更大的个人成长，而且他们更可能维系恋爱关系以外的友谊、兴趣和活动。[76]

维持这样一种和谐关系的关键之一即在关系中运用一定程度的"健康的自私"，马斯洛将之描述为"一种强烈的自重，一种对无谓牺牲的抗拒"。[77] 马斯洛指出，自我实现的伴侣体现了"一种融合，他们既具有强大的爱的能力，与此同时又极为尊重他人和自我"。[78] 成为一个完人要给自己设定合理的界限，平衡自我的需要和他人的需要。

在完整的爱中，这一矛盾最明确的解决方法或许是承认伴侣之间可以帮助彼此朝自身的方向成长。马斯洛指出，这要求双方不依附彼此："他们可以极为亲近，但在必要时可以分开却不分裂。他们并不依附彼此，也没有任何类似'钩'或是'锚'的东西……在最为热烈和迷人的恋爱过程中，这些人能够保持自我，保持自己在本质上是自我的主人，即使热切地享受彼此的陪伴，也依然会依照自己的标准来生活。"[79]

焦虑型依恋个体总是迫切地想要同另一个人合二为一，而回避型个体则渴望保持他们完整的个性。这两种倾向都不利于形成完整的爱，因为完整需要对爱的开放性。自我实现的伴侣并不会依附或是推开彼此，他们见证、称赞而且帮助对方成长，这可以与维持自我意识完美相容。

马斯洛的 B 爱观念有些许佛教"无执"的影子。乍一看，无执好像同依恋理论抵牾。但是，正如心理学家巴尔吉德·萨哈德拉和菲利普·谢弗指出的那样，依恋理论和佛教心理学都"强调给予和接受爱的重要性，也强调要减少焦虑性依附和回避性疏离，还强调要压抑不必要的心理体验"。[80]

研究人员开发了可以测量无执水平的量表，其中包括这样的说法："我能够接受生命中的风云变幻，不会对某些事格外执着或抗拒。""当他人做得比我好时，我可以称赞他人的成功。""我可以享受愉快的体验，但不会强求这些体验永久地持续下去。"[81] 他们发现，无执同低水平的焦虑和回避型依恋相关（同焦虑型依恋的负相关尤其显著）。

尽管佛教的无执观念同安全型依恋并不相同（佛教意义中的无执要比针对照顾者而言的安全型依恋含义宽泛），但两者明显相关。在一段关系中，我们越是能够关注当下，不去尝试让当下来满足此前的期待，就越可能帮助我们的伴侣实现个人的成长。马斯洛指出：

> 要做到充分地认知——尽可能接近完整的认知，就要完全聚焦在体验上，全身心地投入其中，直至意识不到整个世界自古至今的任何事。这种状态必然包含一种自我的无意识状态，正如一个人的自我意识消失了，他就会知道他真的聆听了音乐（这在真正的创造和投入的

阅读中也会发生），以忘记自体为标识的彻底的爱也是如此。 [82]

要强调的是，暂时忘掉自己并不意味着失去了我们的个体性。相反，如马斯洛所说："我们已习惯性地从自我的彻底融合、分离感的不复存在、个性的丧失等角度来定义（相恋），而忽略了其强化作用。尽管所言不差，当下的情况似乎是个体性得到了强化，自我在某种意义上同另一自我融合，但从另一种意义上讲，自我还是处在分离的状态，而且一如既往地强大。一定要将超越个体性同强化个体性这两种倾向看成是伙伴关系而不是对立关系。此外，有人指出，超越自我的最佳方式就是拥有强大的身份认同。" [83]

自我实现之爱的另一个核心方面就是对伴侣拥有一种崭新的敬畏感和新奇感。[84] 这样，关系中常见的"安稳还是探索"的难题就会得到解决。当面对浪漫爱情时，我们常常会认为激情、刺激同安全、舒适抵牾，事实上，对大部分人而言，当论及恋爱关系时，探索动机同我们追求稳定和保障的动机并不冲突。

心理治疗师埃丝特·佩瑞尔在其富于启发性的《亲密陷阱》一书中指出："我们希望在伴侣身上找到一个稳固、可靠的锚，但与此同时，我们还期待爱能提供一种超越体验，让我们能够飞跃平凡的生命。当代情侣的挑战在于如何协调对安全、可预知的需要和追求刺激、神秘和敬畏的欲望。" [85]

尽管这是恋爱关系和存在本身共同面临的困境，马斯洛还是认为："对自我实现者来说，对爱情和性的满意度均会随着关系的延续而得到实质性提升。"自我实现的情侣如何做到既保持关系中的兴奋感、神秘性和不可预测性，同时又能维持深厚的感情和紧密的联系？研究表明，情侣可以通过共同参加新奇、刺激、令人兴奋且能提供新信息和新体验的自我拓展活动来克服倦怠感和激情的消退。[86]

为得到进一步的启迪，我请教了知名佛教冥想导师、《真正的爱》一书的作者莎伦·扎尔茨贝格对于这个问题的看法，她告诉我："显然，恋爱关系是极为复杂的，但是从冥想的角度看，我们可以思考一下'关注'的作用，这一简单的问题颇为有趣。忽视伴侣的情况多久发生一次？我说的是自以为是或想当然地对待伴侣。神秘感并不一定来自兴奋感，也不仅仅源于未知，你可以主动发现它。有时，那就是我们发现彼此之时。"[87]

我喜欢这个回答，它让我想到心理学研究中的一个重要区分——想要（wanting）和喜欢（liking）。[88]奥斯卡·王尔德曾写道："在这个世界上只有两种悲剧：一种是得不到想要的，另一种是得到了想要的。"我们能不能想要已经拥有的东西？不管怎样，正如埃丝特·佩瑞尔指出的那样，整个疑问只是问题的一部分。[89]我们很容易在错觉下行动，误以为我们已经占有了我们的伴侣，仿佛他们是我们的所有物，就像我们拥有了一部新的智能手机或是一部酷炫的新车一样。在物质上，我们常常会痴迷于某一款产品，想着如何好好地利用它，结果却发现，在我们最终把它买回来后，自己已不在意，也不再需要它了。

然而，把这样的逻辑套用在人身上是没有任何意义的。人会不断地成长和发展，当我们想当然地看待伴侣，或是假定我们已经永远地拥有他们时，我们就会停止发现和欣赏他们人性的深度。在一段关系中，激情能持续多久仅仅取决于伴侣的想象力，以及他在多大程度上投入对彼此需要的安全探索和成长之中。[90]这一点不仅有助于维持关系中的激情，而且有助于提升性体验的乐趣程度。

B 性

在（自我实现的）人身上，性和爱可以而且常常实现了更为完美的融合。

——亚伯拉罕·马斯洛《动机与人格》（1954）

在我写作本书时，一些人问我性是否是一种需要。以严格的进化观点来看，性作为一种将基因传递给下一代的主要机制，当然是一种需要。可是，恰恰因为性是人类如此强有力的繁殖方式，才会出现性活动的多种动机。毫无疑问，进化会让我们受无数的原因驱使进行性行为。

因此，性可以被用来满足多种心理需要。[①]独立心理学作家马克·曼森就曾颇有见解地指出："性是我们满足自身心理需要的一种策略，它本身并非一种需要。"[91]临床心理学家辛迪·梅斯顿和进化心理学家戴维·巴斯发现了人类性行为的237种动机，包括简单的缓解压力、增进愉悦感，提升权力和社会地位，提升自尊，获得可靠资源，报复，寻求多样化体验，以及表达爱与承诺。[92]这些动机可以粗略地同本书讨论的需要联系起来。

但重点是，并非所有动机都有益于作为完人的性满足与成长。性活动本身已形成了等级，包括低级的D性（把性当作一种手段，用来暂时性地满足某人匮乏的基本需要）和高级的B性（性被用于成长和更为深刻的满足）。需要再次强调的是，决定性活动等级的重要变量就是依恋系统的运作。那些安全型依恋感最强的人（也就是那些依恋焦虑和依恋回避程度最低的人）往往拥有最高的性满意度。[93]

依恋动力还可预测人们对自身在性爱上的探索，即"性探索"（sex-ploration）的舒适度。金赛研究院的社会心理学家阿曼达·杰赛尔曼和艾米·穆尔斯将"性探索"定义为"个体将其视作安全型依恋动力的一种功能，并能对性的方方面面（比如行为、身份）进行有效探索的程度"。[94]

为什么依恋动力会同性满足和"性探索"如此紧密地联系在一起？这同性活动的动机有关。研究表明，依恋回避程度高的人往往出于同存在的D领域相关的原因进行性行为，诸如避免消极关系带来的后果，或提升自己在朋友中的地位和声望。例如，因大胆的性行为给朋友们留下印象。[95]

---

① 马斯洛认为性是一种"纯粹的生理需要"，但我认为那是不对的。尽管生理上的愉悦可能是进行性行为的一个原因，但那只是众多原因中的一个。人类的心理太复杂了。

反过来，这些性行为的动机和对伴侣在痛苦时的需要的忽视，都与较低的性满意度有关。

那些依恋焦虑程度高的人也会被安全保障缺失的顾虑所驱使，比如为了取悦伴侣和减少不稳定关系带来的不适感受而进行性行为。尽管那些依恋焦虑程度很高的人常常说自己对于伴侣的需要更为敏感，但实际上他们对伴侣的真正需要的敏感度较低，他们更多地在操控着关系的方向，而且他们不太可能将性行为用于表达对伴侣的珍视。反过来，这些行为同较低的性满意度有关，如一组研究人员所说：

> 这些（焦虑型依恋）个体似乎缺少一种能力，以致他们不能很好地发现伴侣的真正需要，以及伴侣种种痛苦的迹象，或许原因在于他们过度关注那些以自我为中心的忧虑和内心的自我怀疑。这样的慢性焦虑会消耗他们的内部资源，阻碍他们去真正地充分照顾伴侣的情绪体验和需要……这或许能够解释为什么他们用性来表达对伴侣的珍视的可能性较低。[96]

沿着这样的思路，研究发现，那些社交焦虑水平较高的人对于自身的性体验的满意度较低，比起那些没有社交焦虑的人，他们在性活动中体验到的乐趣和联结感相对较少。[97]当你一心想着自我评价和对关系的不安全感时，你就很难充分地享受性爱。

另一个影响性满意度的重要变量是，一个人的性欲与其他身份和生活中其他方面的健康融合度。性活动不一定只需要一个伴侣（如多角恋），它甚至一个伴侣都不需要。对于健康和成长尤为重要的是，一个人所有的性体验都能得到整合且彼此和谐，同生活中的其他活动（包括性活动和其他活动）产生的冲突最小。

弗雷德里克·菲利普及其同事所做的研究发现，较高水平的和谐型性欲（个人能够自由选择其性活动，且这些活动不会同其生活中的其他活动产生冲突）同较高的唤醒水平、和谐的浪漫激情、关系质量、心流状态、性满意度，以及较少的焦虑和性侵犯想法有关。[98]

相反，那些沉迷型性欲（个人的性活动处于失控状态，同生活中的其他激情没有很好地整合）水平较高的人往往表示他们的性满意度较低，而且性侵犯想法更为活跃，在一段关系中很难控制住自己不去想其他伴侣。他们在性和生活其他方面的冲突增多，且更可能会对吸引他们的人产生过度的性意图，甚至当关系面临威胁，比如产生嫉妒情绪时，他们更有可能采取暴力和挑衅行动。

最后，另一个影响性满意度和性探索的因素是浪漫激情，或者说性爱。人类历史上曾经多次区分过两个重要概念——性爱（eros）与性（sexuality）。尽管性交这一身体行为可能由许多潜在的需要驱动，但性爱有一个特殊的功能：它能让一个人爱的深度得到成长和表达。性同刺激和释放有关，而性爱同想象和可能性有关。正如罗洛·梅在《爱与意志》一书中指出："性爱从前方吸引着我们，而性则从后方推动着我们。"[99] 同样，马斯洛也指出，自我实现的情侣将性"用作建造更高事物的基石"。[100]

由于性爱关注的是成长而不是结果，所以它是更可能让人们享受其中的体验。临床心理学家阿尼克·德夫罗特及其同事在多个研究中发现，情感能够解释性和真正幸福之间的联系。[101] 性爱过程中的柔情时刻包括"爱和安全的时刻"以及"伴侣深情和关切的迹象"，性交过程中这样的时刻越多，当天的生活满意度和积极情绪水平就越高，这甚至会强化第二天早晨的积极情绪。更重要的是，从性交中获得积极情绪体验是使关系免于恶化的一个保护性因素，它会随着时间的推移进一步提高双方对关系的满意度。马斯洛认为关系中的"需要共享"十分重要，相应地，一方从性中获得的积极情绪越多，另一方对双方关系的满意度就会随着时间的推移而提升。

在一个相关研究中，托德·卡什丹及其同事发现，性快感与性亲密越多，则积极情绪就越多，而且它会增加生命意义感。[102] 无论一个人的关系状态如何，这些发现都站得住脚。然而，正如一个人结了婚未必能表明他的孤独感减少，处于亲密关系之中也并不意味着一个人的性生活十分美妙。卡什丹及其同事发现，那些在头一天说自己感到双方关系更亲近，性亲密程度更高的人，第二天也会感到心情更佳，生活更有意义。但是，反之则不然：幸福与意义感的提升与第二天的性活动、性快感和亲密感并没有直接关联。

显然，无论一个人的情欲如何，或是有怎样两厢情愿的性安排，令人愉悦的性都可以是幸福、意义和成长的一个重要来源。一个人在性关系上越愿意付出时间、关注、想象、爱、保障、关怀和信任，这份体验就越可能令人满意。罗洛·梅指出："难以驯服的性爱会同一切观念斗争，力图摆脱时间的制约……在一段时期内，恋人之间会不停地体验到彼此之间的碰撞、冲突和成长，爱的深度借以不断拓展。"[103] 正如人生一样，成长常常需要时间，B 爱与 B 性的融合是成为完人的一条极为重要的路径。

爱是你的全部所需吗？

B 爱的相关研究表明爱是一种强大的力量，它同健康的平衡、成长、同情、应对、自爱、真实性，甚至更令人满意的性联系在一起。这就引出了一个问题：爱是你的全部所需吗？令人意想不到的是，从我在本书中对所有需要所做的分析来看，爱与成长的关联最为密切。要成为一个完人，爱即使不是最重要的，也是极其重要的。不过，我们还是有合理的理由相信，爱并不是人类所需要的全部。

举例来说，那些 B 爱之人可能会因为自己比那些没他们幸运的人更耀眼而心生内疚，进而丧失健康的自信和至高的追求。尽管这种形式的罪恶感来自对他人的爱和关怀，但它可能会阻碍 B 爱之人充分地自我实现。

同样，B 爱之人很容易成为恶毒之人利用的对象。这并非由于那些 B 爱之人效率不佳——事实上，我们发现他们的工作效率更高，且更勤劳——但黑暗三联征人格特质极为显著的人可能会试图利用他们的同情心及其努力来实现其自我提升的目标。

因此，重要的是，要使能动和共生健康地整合起来，并且意识到绝对的能动（对他人的过度支配和控制）和绝对的共生（过度地参与到他人的问题和痛苦之中）都同健康状况不佳、愤怒以及人际关系问题有关。[104]

这也自然地将我们引向整合需要层次中的下一个需要。随着我们在需要层次中朝着完整和超越不断上升，本书始终小心翼翼地将每一种新的需要建立在另一需要之上。现在，以安全、情感联结和健康的自尊作为保障基础，以探索和爱为动力，我们终于准备好朝着可以同时助益自我和世界的更高目标而努力了。

第六章

目　标

自我实现者无一例外地投身于某些事业。他们全身心投入了一些事，一些对他们而言十分宝贵的事——按旧有概念来说，那是某种召唤或使命。他们做着命运以某种方式召唤他们做的事，也是他们喜欢的事，因此工作和欢喜这一二分法在他们身上消失了。

——亚伯拉罕·马斯洛《人性能达到的境界》（1971）

如果不知道向哪个港口航行，什么样的劲风都无济于事。

——塞涅卡

1954 年，在布兰迪斯大学最后一天的课上，马斯洛正在做一场极其精彩的讲座，他的学生们彻底听呆了。马斯洛温和但严肃地鼓励他的学生要意识到自身的全部存在，包括自己独特的才能和巨大的潜力。马斯洛论及责任，还谈到人们应为自己最终的模样负责。学生们深受感动，许多人说他们感到"教室里充溢着灵感与鼓舞"。

一名年轻的女同学举起手来。马斯洛若有所思地看着她，并示意她提问。"我想知道期末考试的事。"她说，"您能给我们讲讲期末考试的内容吗？"房间里的每个人都扭过头来看着这个学生，惊讶、愕然又反感。在这门课上，马斯洛第一次明显地生气了。他气得脸都红了起来，声音也带着怒气，回答说："你要是到现在还能问出这样一个问题，那么我很怀疑你对这个学期所学的内容到底理解了多少。"[2]

自 1951 年离开布鲁克林学院来到布兰迪斯大学创建了心理学系以来，马斯洛发现自己同学生之间的关系不像过去那样和谐了。在布鲁克林学院，他的学生会对他的每个词抓住不放，而且他对学生常常比对教工更佩服。可是，在布兰迪斯，他感到学生缺乏动力、抱负和方向。如马斯洛的传记作家爱德华·霍夫曼所说："仅仅看到学生们把这门课学好并不能令马斯洛满意。他想提升学生的道德和智力水平，想看到学生在自我实现的道路上显著地成熟起来。"[3] 这被有些学生视为家长作风，是他优越自大的表现。

马斯洛同布兰迪斯大学教师的关系也比较紧张。举例来说，系里的大部分教师都是严谨的实验心理学家，而马斯洛那时的工作主要是哲学性和理论性的。此外，1962—1965 年间在布兰迪斯大学任副教授的肯·费根鲍姆注意到，马斯洛热情而友好，但在指出别人的错误时过于直白。[4] 费根鲍姆还留意到马斯洛很害怕英年早逝，他想要在死前写完他的所有著作，这导致他的学生常常得不到想要的帮助。在 1961 年 1 月 22 日的一则日记中，马斯洛写道："我觉得这一切都是因为我想要留给世界的东西太多了，而且这些都是重要讯息，是我觉得最重要的事，任何削减它或是妨碍它的东西都是'坏的'。在我死前，我一定要将它们全部说出来。"[5]①

写下那则日记之后不久，马斯洛收到一封邀请函，那刚好给了他当时迫切渴望的自由。创建了非线性系统的工程师和企业家安德鲁·凯邀请马斯洛于 1962 年夏天去考察其数字仪表厂的管理运营情况，并同凯本人交流讨论，每周待一个下午。凯出了一大笔咨询费，并向马斯洛许诺此行会

---

① 有趣的是，他后来在这条日记中插入一个注释，说："彼时微醺。"所以可能他自己也意识到这听起来多么夸张！

颇为有趣。马斯洛欣然接受了，认为即使此次咨询收效不大，他也能有时间来完善自己关于存在心理学的理论，并推敲他在心理学的科学性和宗教性上的新想法，摆脱教学、考试评分、学术官僚体制或学生的种种要求带来的压力。

但凯管理工厂的方式给马斯洛留下的印象太过深刻，以至于他忘记了自己带过来的大量书籍、论文和记录着他的灵感的卡片。凯的管理方式在很大程度上借鉴了马斯洛在《动机与人格》中提出的原则，同时也借鉴了彼得·德鲁克、道格拉斯·麦格雷戈等管理学专家的经典文献，打算提升员工的幸福指数和生产效率。凯改革了工厂的运营方式，使得每位员工都对产品有了一种自豪感和主人翁意识。马斯洛注意到，那里的员工看起来很开心，对工作很感兴趣。

马斯洛深深地沉浸在那个夏天同凯的讨论，以及对员工和管理培训所做的观察之中，他决定记下自己的所思所想。在他口述了自己的想法并用录音机录下来以后，几名秘书以文字的形式整理出了他的言论。整个夏天，马斯洛全神贯注地阅读管理类文献，他从德鲁克的《管理的实践》读起，一直读到麦格雷戈的《企业的人性面》。

马斯洛尤其为麦格雷戈的 X 理论和 Y 理论这两套截然相反的理论所吸引。麦格雷戈认为，支持 X 理论的管理者的管理风格是权威式的，他们认为员工几乎没有内在的工作动机，因而要实现工作目标，他们一定要受到控制并得到外在的奖励。相反，支持 Y 理论的管理者的管理风格更接近合作式，且以信任为基础，其核心理念即员工存在自我驱动的潜力，乐于成为自己工作的主人，员工也会承担自身的责任，且能够创造性地解决问题。

尽管德鲁克和麦格雷戈都深受马斯洛人类动机理论的影响，但这是马斯洛首次涉足工业心理学和管理心理学。从细致的观察中，马斯洛意识到，工作场所可以用于验证他的自我实现和改善这个世界的理念——这段经历"为我开拓了一片全新的理论和研究领域，促使我认真思考并将其理论化"。此前，马斯洛曾将教育视作促进人类进步的最佳方式，"但直到近来我才逐渐明白，工作同教育一样重要，甚至比教育更重要，因为每个人都要工作……工业场景或许可以成为新的'实验室'，用于心理动力学、人类发展和人类理想生态的研究"。[6]

在此行结束之际，马斯洛将他的思考汇总，取名为"工业和管理社会心理学夏，笔记"，让马斯洛高兴的是，凯提出把这些笔记以书籍的形式出版。1965 年 10 月，《优心态管理》出版，马斯洛几乎没有对他的口述内容做任何改动。[7]正如他在前言中所写："我没有试着更正错误，也没有质疑自己最初的想法，没有去掩盖自己的偏见，也没有刻意表现出比1962 年夏的自己更有智慧、更博学的样子。"[8]

尽管此书的大众读者并不多，但它在管理学领域却受到欢迎。这本日志汇集了一系列新思想：从开明的管理政策的必要性到开明的销售人员的心理，再到员工激励和工作场所的健康自尊，从创造性到顾客忠诚度和开明的领导，再到社会进步的方法。①

这本书的一个主要思路即"协同作用"（synergy），这种协同的想法令马斯洛颇为着迷。他是从其朋友兼导师、人类学家鲁丝·本尼迪克特那里了解到这个术语的，这也是他进行自我实现研究的主要灵感来源之一（因为马斯洛认为她的自我实现程度极高）。只有少数几个私下里熟悉本尼迪克特的人（如玛格丽特·米德）才会注意到她的这种"协同"的想法，但这个想法显然深深地刻进了马斯洛的脑海中，而且他看到了协同与工作场所中的开明管理和自我实现的关联。[9]

---

① 在这本书中，有些思考尚不成熟、杂乱无章，有些则颇有争议，如社会应如何处理对更有天赋之人和天生的领导者（优势成员）的憎恨这一问题，马斯洛的反思就存在很大争议。尽管如此，他的一些想法极富先见，比如他预言了苏联会最终解体，以及技术的兴起会使雇员产生更多的意义需要。

本尼迪克特称协同文化为全结构文化，它为个体和社会的共同利益而运转。[10] 在组织背景下——马斯洛特别强调是在开明或是"优心态"工作场所（即有利于自我实现的环境）里，对个人成长有利的因素也是对于公司有利的因素。"（自我实现的）工作无须刻意努力便可以超越自我。"马斯洛在录制口述内容时说，[11] "（自我实现的）工作既是对自我的寻找，同时也是自我的实现，还是无我的实现，无我正是真正自我的终极表现形式。"

马斯洛认为，通过这样的方式，对自私与无私常规化的二分法便会瓦解，因为那些寻求满足自私需要的人会自发地帮助他人。反之亦然，当他们做利他之举时，他们也会自动地得到回报并感到满足，因为最令他们喜悦的便是用自身的财富和能力使文化中的其他成员获益。（1938 年夏他拜访的黑脚印第安人就是这样一个例子。）马斯洛指出，在这样的文化中，"美德会有回报"。[12]

马斯洛认为，在协同文化中，对内与外的常规二分法也会瓦解，因为一个人工作的动机得以"向内投射"，成为自我的一部分，然后，"内在世界和外在世界会合而为一，趋于一致"。[13] 马斯洛认为这样的协同最可能在理想的环境下发生，比如麦格雷戈的 Y 理论提及的案例，即工人有充分的自主权、合作机会、支持和信任的环境。

在他的夏日笔记里，对那些认为自我实现仅同冲动性有关，不需要付出努力的年轻人，马斯洛持反对意见。"他们好像都想被动地等待自我实现发生，却不愿付出任何努力。"他注意到，[14] "自我实现需要付出巨大的努力……它涉及外部的日常世界对他们的召唤，而不仅仅是内心的渴望。"[15]

马斯洛还特别指出，他赞同日本经典影片《生之欲》中描述的自我实现路径："努力工作，并致力于做好命运或天意召唤你做的工作，或是任何重要的、'需要'做的工作。"[16] 对马斯洛而言，那些充分自我实现的人追求的是他们的使命，而不是幸福。尽管如此，他指出幸福还是常会作为一种伴随结果来临："幸福是一种附带现象，一个副产品，不是可以直接寻求的东西，而是一种对美德的间接奖励……我认识的幸福之人都是那些把他们认为重要的事情做得出色的人。"[17]

自 1962 年夏天马斯洛将这些话录下来以来，心理学家积累了大量的科学研究发现。它们表明，目的是人至关重要的需要之一，也是生命的意义和价值的一个主要来源。

目的需要

人对于意义的追寻是人生的一种根本动力……有学者主张意义和价值"仅仅是一种防御机制、反应形成与升华作用"。但对我而言，我不愿意仅仅为了自身的"防御机制"而生活，也不愿意仅仅为了自身的"反应形成"而死。然而，人总是能够为了他的理想和价值而活，甚至为之而死。

——维克多·埃米尔·弗兰克尔《活出生命的意义》（1959）

在我开始组织校园罢课之前，我没有活力、没有朋友，也不跟任何人说话，我只会在家中一个人坐着，还患有进食障碍。现在，所有这一切已经过去，因为我已经在这个在很多人看来肤浅且没有意义的世界里找到了一种意义。

——格雷塔·桑伯格，患有孤独症的 17 岁气候变化活动家 [18]

在 2010 年的纪录片《忘梦洞》中，导演沃纳·赫尔佐格及摄制组引领观众来到法国南部的肖维岩洞，开启了一段非凡之旅。肖维岩洞因 1994 年的发现者之一让-马里·肖维得名，那里有着迄今为止保存最为完好的古代壁画，可追溯至 32,000 年前。如赫尔佐格所言，肖维岩洞就像"一个冻结的瞬间"。在数百幅动物主题（包括马、猛犸和熊）的壁画之中，有一些画上有代赭石绘制的手印。一看到这些手印，你就会立即产生一种同我们祖先的拼搏奋斗的联结感。毫不夸张地讲，远在 32,000 年前，我们的祖先就已经有了留下自身印记的冲动，想让人知道他们在那里存在过并曾产生过重要影响。

这种本能体现了人类的某些独特之处。请注意，并不是熊画出了这些表现性绘画，或是刻意留下了它们的"手印"（尽管它们会在无意间留下它们的爪痕）——这是人类画的。哲学家、小说家丽贝卡·戈尔茨坦称之为"重要本能"。[19]变得重要的路径有很多，但有一条潜在的坚实路径，那就是拥有一个目的。

目的需要可以被定义为一种超越一切的渴望，它会为一个人的努力注入能量，为人的生命提供意义和价值的核心来源。目的常常引发对与自我有关的核心动机彻底的重新排序，明确了目的后，曾经让你全神贯注的事会突然不再那么有吸引力，甚至可能变得无足轻重。[20]

存在-人本主义心理治疗师詹姆斯·布根塔尔发现，病人往往会在早期治疗过程中表达类似的关切和执念——他们想要知道自己到底是"善"还是"恶"，他们会因为违反了某些社会规范而诉说自己的罪恶感，努力让自己摆脱无力感。"神经症患者常常会因自身隐秘的担忧而感到威胁，以至于无法投入对他来说真正重要的事情上。"布根塔尔在他的《寻找真实》一书中这样写道。但是，随着治疗的深入，病人会接受他们真正要关心的事，比如愿意在做出承诺时更加慎重，并让事情变得重要起来，而且他们会对早先关切之事的重要性重新做出正确的评估。布根塔尔还在他的病人中观察到，他们不再把幸福看作一个目标。"自我实现者忙于他选择的重要之事，很少停下来评估自己的幸福感。"布根塔尔说，"似乎只有神经症患者和不幸之人才会直接把心思全都放在自身的幸福之上……幸福是一种被就要抓住它的手推开的状态，这种状态常常同注意到自身存在的人相伴相随。"[21]

在 1964 年一篇未发表的论文《幸福心理学》中，马斯洛认为有必要重新定义和丰富幸福的概念。他坚决主张，我们一定要学会放弃幸福这一人生目标，他认为人类存在的一个特权即拥有"值得之痛"，比如分娩，不计后果地爱一个人，为你的小伎俩而遭受折磨。马斯洛断言，美好生活和幸福需要新的定义，将"体验悲惨的权利"包含在内："或许我们应该将幸福定义为体验真正问题、真正任务中的真正情绪。"[22]

目的的另一个关键作用是给人以能量。因为坚韧意味着值得为某事付出努力，所以赋予人生以目的便会令人不畏险阻、坚韧不拔。如尼采所言："知道自己为何而生的人几乎可以承受任何境遇。"这是维克多·弗兰克尔的座右铭，他在纳粹的死亡集中营中的经历令他开创了一个全新的心理治疗形式，它的基本理念是人并不只有一种"享乐意志"（由弗洛伊德提出）或"权力意志"（由阿德勒提出），而且还有一种"意义意志"。[23]弗兰克尔注意到："人类最初由欲望推动，却被意义指引……人类最关心的是其意义意志！"[24]他认为，当首要的意义意志遭受挫折，我们的能量就会被投射到权力意志当中，如果对权力意志的追求也受挫，能量则会被投射到享乐意志之上。

弗兰克尔不仅相信意义意志是人类存在中最值得关切之事，而且至关重要的是，它不可归结为其他需要。在弗兰克尔 14 岁时，他的老师教导他人的生命只不过是一个燃烧的过程，听到这个，他从椅子上跳了起来，不由自主地问："那么人的生命又有什么意义可言呢？"[25]

16 岁时，弗兰克尔已经在维也纳的某个哲学圈子就生命意义的议题举行讲座了，他主张：人生的意义并不建立在提出与生命相关的问题这一基础之上，而在于回应来自生命的提问或召唤。后来，在他的经典著作《活出生命的意义》一书中，弗兰克尔以尖锐的笔触写道，在集中营中，他看到的最有可能幸存下来的人就是那些相信尚有一个使命等待自己完成的人。他认为那些在人生中看到更大意义的人能够"将个人的悲剧变成一场胜利,将一个人的困境变成人生的成就"。[26,27]

马斯洛在写作中常常将目的类比为某种召唤。尽管"召唤"这个概念有某种宗教意味,但很多人,无论他们是否有宗教信仰,都会反映自己感到"被召唤进了未来"。[28] 科学证实,视工作为一种召唤同生活满意度存在相关。请阅读以下三个段落,指出哪一段最能引起你的共鸣:

工作(Job)

A 先生工作的目的是赚取足够的钱来维持工作以外的生活。如果他在经济上有足够的保障,他将不再从事当下的职业,他真的更愿意做一些其他工作。A 先生的工作基本上就是生活的必需品,就像呼吸和睡眠。他常常希望工作时时间会过得更快,还非常期待周末和假期。如果 A 先生能重新来过,他可能不会从事这个行当。他不鼓励他的朋友和孩子进入他的行业。此外,A 先生非常渴望退休。

事业(Career)

B 先生大体上还算喜欢他的工作,但他并不希望五年后仍旧从事当下的职业,他计划向更好、更高级别的工作发展,对此,他有几个目标。有时,他觉得工作似乎是浪费时间,但他知道他只有在当前的位置上做得足够好才能继续向前。B 先生迫不及待地想要得到晋升,对他来说,升职不仅意味着对他出色工作的认可,也是他在与同事的竞争中取得成功的标志。

召唤(Calling)

C 先生的工作是他人生中最重要的部分之一。他非常高兴能够进入这个行业，因为他的工作构成了他整个人的主要组成部分，在他向人们介绍自己时，说的第一件事也都是他的职业。他总是把工作带回家，度假时也是如此。他的大多数朋友都是在工作中认识的，他也加入了几个同工作有关的组织和俱乐部。C 先生对自己的工作感觉良好，因为他喜欢这份工作，也因为他认为这份工作能够让世界变得更加美好。他会鼓励他的朋友和孩子进入这个行业。如果 C 先生被迫停止工作，他会非常沮丧，他也不怎么期待退休。

组织心理学家埃米·沃兹涅夫斯基及其同事发现，大多数人很容易根据以上描述给自己归类（事实上，研究人员对于人们这么容易就能做到这一点十分惊讶）。[29] 他们发现，与那些仅仅把工作看作养家糊口的方式或一份职业的人相比，那些把工作视为一种召唤的人更可能反映自己的生活满意度和工作满意度更高，缺勤的日子更少。即使研究人员在收入、教育和职业方面做出一些限制条件，这些研究结果依然站得住脚，这意味着对生活和工作的满意度可能更多地取决于你如何看待你的工作，而不是收入或职业声望。事实上，以下这种说法也同视工作为一种召唤密切相关："如果我不需要担心自己的财务状况，哪怕是不领薪水我也会继续从事目前的工作。"

最后，有了目的就要有责任感。投身于更高的志向当中，意味着当你踏上实现目的的旅途时，你要承担自己行为的后果带来的责任。尽管这些责任并不一定牵涉道德责任，但那些对世界产生积极影响的人的一个共同特征，就是他们确实会为他们的行动承担"终极责任"，并为了更高远的目的做出道德上的正确选择。[30]

威廉·达蒙对实现目的的路径进行了广泛研究，他发现一名非常成功的商人——赫曼·米勒办公家具公司的创始人马克斯·德普利就是个很好的例子。尽管德普利的很多竞争对手都会进行不正当交易，例如为了击败对手而行贿，但德普利拒绝这样做。他致力于以正当的方式获得成功，只有这样他才永远都不会感到不安。他希望能够坦然地面对自己，并为自己感到骄傲。承担终极责任并没有阻碍德普利成为一位成功的商人和畅销书作家。

事实上，自我实现者的一个标志性特征可能就是他为一个可能给他造成困难的目的奋斗的能力，这种目的常常会使一个人不受周围人的欢迎，尤其是当周边环境不健康、充满敌意或危险之时。[32] 如艾里希·弗洛姆所说，在病态社会里保持精神正常本身就是病态的标志。马斯洛在其《存在心理学探索》一书的导言中回应了这种观点：

> 疾病必然意味着有症状吗？我现在坚定地认为，应有症状时你却没有，可能就意味着疾病。健康意味着没有症状吗？我也不赞同这种观点。在奥斯维辛或者达豪集中营，哪些纳粹成员健康呢？是那些良心有愧的纳粹成员还是那些问心无愧、无负罪感、没心没肺的纳粹成员？对一个有人性的人来说，没有冲突、痛苦、抑郁、激愤等感受可能吗？[33]

马斯洛认为人们有必要接触自己的"内在良知"，内在良知建立在你对自己的本性、命运、能力和生命召唤的准确感知上。可是，要是你觉得自己没有感到使命的召唤怎么办？或者如果你听从了错误的召唤，妨碍了自己的成长，让你不健康，无法成为最好的自己，又当如何？再或者，如果你确实感到了理想的召唤，却似乎无法实现自己的目标，又当如何？这些都是挫败感和不安全感的重要来源，必然阻碍成长。关于如何明智地奋斗和明智地追求，我将在本章的其余部分讲述最新科学进展。

明智地奋斗

不值得做的就不值得做好。

——亚伯拉罕·马斯洛《优心态管理》（1965）

仅有目标对于成长来说是不够的。我们可以有意识地为自己设定许多重要奋斗目标，但其中许多目标实际上并不能帮助我们成为完人，在很多情况下，这些目标甚至可能严重阻碍我们的自我实现。研究表明，为自己选择正确的目标尤为关键。

目的之内容

20 世纪 80 年代，罗伯特·埃蒙斯运用创新型方法，发起了一项关于个人奋斗的研究项目：他让人们列出自己的奋斗目标。[34] 这听起来并不怎么有新意，但之前关于这个话题的研究大都要求人们从实验者预先选定的列表中选出自己的目标。埃蒙斯还用了另一个创新型方法，这种方法由心流和创造力研究者米哈里·契克森米哈赖开创，可称之为"心理体验抽样法"。[35] 采用这种方法时，参与者需在三周里每隔一段时间就反馈一次自己的心境和想法。

埃蒙斯在奋斗和心境之间找到了清晰的关系：人们越是珍视他们的奋斗，付出的努力越多，就越可能感到更加幸福、快乐和满足；另一方面，那些说自己不快乐、沮丧和失意的人，感到成功的可能性更低，对于自身的奋斗有更强的矛盾心理，奋斗目标之间也存在更大的冲突。尽管一个人只要有奋斗目标就会有较高的生活满意度，但生活满意度最高的是那些认为自己的奋斗很重要、有价值、不太可能同其他奋斗产生冲突的人。

这项有关个人奋斗的早期研究意义重大，它说明拥有奋斗目标对生活而言十分重要。在过去的 25 年里，埃蒙斯的研究生肯农·谢尔登一直在将研究朝着许多重要的方向拓展。[36] 谢尔登和他的同事已经证明：尽管选择个人奋斗目标并朝它前进有助于获得幸福，但奋斗的内容也很重要。有利于成长的目标——如提高掌控力、自我提升、培养创造力、建立联结和增加对社会的贡献，可能比由地位和不安全感驱动的目标——如获得权力、金钱、自尊、美貌或名气带来的幸福感更多。

当然，既然我们有很多需要，我们也就有很多的奋斗目标。当人们在心理学实验中被要求列出他们的奋斗目标时，他们会提到各种各样的事。可是，大部分人的奋斗目标并没有得到很好的整合，而且对于一些人来说，这些奋斗目标可能完全是碎片化的，会造成一种不一致感和缺少人生意义的感觉。研究表明，最佳的心理健康状态不仅要求一个人有恰当的目标，还要求他对不同的奋斗目标加以整合。

理想状态下，奋斗目标的整合方式应当能够为我们的"终极关怀"提供支持，促使我们成为更好的完人。[37] 研究自我调节的学者强调，目标导向的行为是有内在层次的，底层是具体的、短期的、可付诸行动的目标，顶层是最抽象、最长远、超越一切的人生目标（见图6–1）。[38] 最高奋斗目标（比如，"我想成为一名杰出的健康教练"）比低层奋斗目标（比如，"我想吃那块比萨饼"）更可能具有自主意识，也更能界定自我，低层次目标往往同更加无意识的和惯性驱使的活动相关。

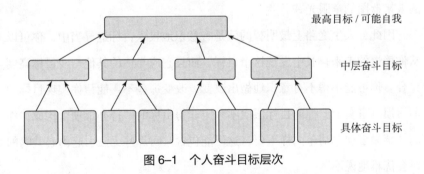

图6–1 个人奋斗目标层次

尽管我们的很多（或许是大多数）行为都受到无意识的习惯的影响，而且意识通常不会及时出现，但意识至少仍然还保留着在可能的行为中做出选择的能力，并"在一种或另一种选择背后施加影响"。[39] 我们是否真的拥有自由意志？这是个极富争议的话题。[40] 在此，我不打算终结这场争论，但我认为最能界定自我的奋斗目标或召唤确实会在某种意义上给我们自由意志，因为它们让我们采取破釜沉舟式的行动，从深思熟虑转为彻底投入。[41] 如果我们已经选择了恰当的目标，那么我们就可以有意识地改变我们优先考虑之事，重新组织奋斗目标层次，让这些奋斗为了一个共同的目的而发挥作用，让我们能够超越当下的自我，朝着最好的可能自我前进。[42]

拥有一个可能自我的清晰图景的重要性再强调也不为过。20 世纪 50 年代，创造力研究人员 E. 保罗·托兰斯在一群小学生当中发起了一项长期研究，目的是界定创造力在一个人的一生中最重要的特性是什么。经过 25 年的跟踪研究，他们发现了最重要的创造力预测指标之一，即受试者年幼时"对于未来自身形象的爱恋"程度。[43] 这一预测指标的准确性高于研究人员设定的所有在学校表现方面的指标。在其论文《爱上"某事"的重要性》中，托兰斯写道："人生中最振奋人心、最令人兴奋的时刻都发生在一瞬间，在那些瞬间里，我们的奋斗和追寻会突然变成一种蕴含崭新的未来蓝图的耀眼光芒。"[44]

因此，人生之路上最明智的就是有意识地投入目标追寻当中，你可以从你憧憬的未来自我中发现这个目标，而且它应与你的其他奋斗目标高度整合。你可能不得不有意识地做出改变，改变那些不再能帮你实现目标的旧习惯。事实上，你的目标层次不一定非得由你的"待办事项"构成，你的"禁做事项"清单同样重要，这可能包含"对那些无法引起内心共鸣的机会优雅地说不"。

与整合的层次相对，分散的层次（见图 6–2）同样存在。想象这样一个人，其最高奋斗目标是成为一名"世界级音乐家"：

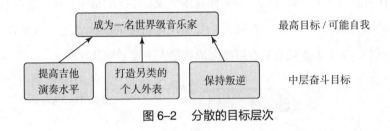

图 6-2 分散的目标层次

这个人日常的奋斗目标（中层奋斗目标）是地位相关型和成长导向型奋斗目标的"大杂烩"。并不是所有目标都同样有利于"成为世界级音乐家"这一首要目的，如果他可以把某些中层目标调整为更具体可行且与成长和技能直接相关的奋斗目标，比如找到更多的指导老师，在同音乐素养相关的进阶技能上下功夫，听更多音乐会，结交更多业内人士，那么这位音乐家就更可能实现他的人生目的。

但是，也可能有人虽然拥有一个处于良好整合状态的目标层次，却没有一个值得为之奋斗的最高目标。例如，你可能会把"在社交媒体上拥有更多追随者"作为你的最高奋斗目标，但实现这一目标本身不太可能有利于完人的成长。有些人的奋斗目标甚至可能更加宽泛，就是单纯地想要"出名"。图 6-3 是一个良好整合的目标层次案例，但其最高目标同成长并没有直接联系：

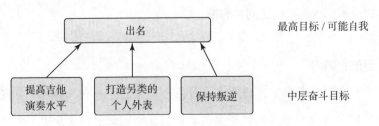

图 6-3 良好整合却无益于成长的目标层次

当然，上图中的所有底层目标都可能增加成名的可能性，但这个最高目标真的值得你为之奋斗吗？如果你有多个较高层次的奋斗目标（这是有可能的），那么很重要的一点就是，要确保将奋斗的层次做进一步整合，这样一来，某个人生规划就有可能促成其他人生规划顺利开展。

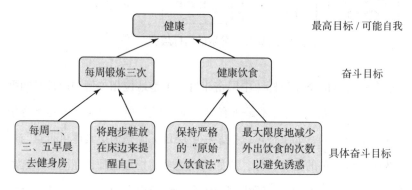

图 6-4　高度整合的目标层次

无论你的目标层次结构如何，一定要确保你的各种努力和目标得到良好整合，能够让你更有可能实现最好的可能自我、帮助你避免许多（通常是诱惑性的）分心之事和可能会阻碍你实现最高目标的外部需要。研究人员谢尔登和蒂姆·卡瑟的研究也支持这一点，他们发现拥有有利于成长的奋斗目标并对之进行有效整合同多种健康的结果相关，包括更好的心情，更高的生活满意度、自我实现程度、活力程度，更多地参与有意义的活动，以及不同人生角色之间的和谐。[45]

目的之原因

在理想条件下，会存在一种同形现象，即一个人和他（自我实现的）所做的事（他的事业、责任、召唤、使命、任务等）之间会相互选择。也就是说，每项任务都会去"召唤"世界上最适合做这件事的人，就像钥匙和锁一样，那个人会最强烈地感受到这项任务的召唤并与之产生共鸣，与之谐调一致，并最终对它的召唤做出回应。在这个过程中存在一种互动、一种相互匹配，就像一段命中注定的美好的婚姻或美好的友谊一般。

——亚伯拉罕·马斯洛《优心态管理》（1965）

不但选择有利于成长的目标很重要，而且选择这一目标的动机也很重要，只有出于正确的动机，那些动机才能与你产生深深的共鸣。你很有可能虽然选择了一个有利于成长的目标，但却感到那并非你真正的选择。

谢尔登发现，通过有意识地反思选择特定目标的原因，我们可以深入了解奋斗背后的动机。要想了解动机的运作方式，我们需要理解自决理论的一个核心原则。[46] 根据自决理论，人们对人生自主权的感受存在差异。有些人觉得自己的选择反映了更深层面的自我，有些人觉得自己的选择是被外部力量或内部不安全感和内疚感操控的，这两种感受之间存在着巨大的差异。这种种动机存在于"动机质量"的连续体上，类似卡尔·罗杰斯的"自主梯度"概念。[47]

表 6-1 动机质量（MQ）连续体

无动机	外部压力	内部压力	个人价值	内在动机
我感觉自己就像在机械地做着一个个动作	我受制于： • 回报空洞的赞扬 • 惩罚／威胁 • 来自他人的压力	我受制于： • 内疚感／羞耻感 • 自我压力 • 自我投入	我认可并珍惜自己的任务与工作的目标（即使我的工作并不能直接带给我乐趣）	我能从工作中获得内在满足感，我的工作是有趣的
相关表现： • 成效较低 • 创新性较弱 • 更少学习 • 对薪酬不满 • 对价值和政策的认同感减少 • 忠诚度低、信任感少		低动机质量 ▶	高动机质量	相关表现： • 更优秀的表现 • 创造力较强 • 学习更深层次的东西 • 工作满意度和薪酬满意度更高 • 对价值和政策的认同感较高 • 忠诚度高、信任感强

　　动机质量涵盖完全无动机（仿佛在机械地做着一个个动作）、外部压力、内部压力、个人价值，以及能让你在工作中持续感到满足和享受的内在动机。动机质量最高的人是那些高度重视自己正在做的事并能从中获得内在满足的人。

　　谢尔登的主要创新点在于将这种宽泛的动机框架用于研究个人的奋斗。令他吃惊的是，他发现，列出某个奋斗目标，并不意味着对目标有自主感——有些人觉得自己的目标不是由自己决定的，似乎与自己真正的兴趣、价值、才能、需要或动机无关。[48]

　　是什么把那些自决的奋斗目标和那些仿佛被操控了的奋斗目标区分开来？谢尔登的早期研究表明，在奋斗之中感到最大自主性的人经验开放性更高，更为关注自己的内在体验，而且他们在自我实现的测试上得分也更高。进一步的研究发现，最能代表某一个体的奋斗目标是"自我和谐的目标"。大量研究表明，选择自我和谐的目标不仅对促进成长、提升成就感和幸福感有重要意义，而且会影响奋斗程度，以及最终达成目标的可能性。[49]

　　有很多原因可以解释为什么你可能正在为一些并不是真正适合你的事情而努力着。比如，谢尔登发现，那些在奋斗中自我和谐程度较低（也就是说，目标不太符合他们的内在兴趣和价值观）的人更可能受制于外部的影响。的确，有许多社会压力（例如，父母、朋友、社交媒体等）会极大地影响你的决心和努力。结果，你所处的环境或从事的工作可能是你刻意让自己珍惜，或者认为自己"应该"珍惜的，但在深层次上，你并不是真的珍惜它们。许多社会压力都是善意的，比如为了亲社会的目的而做某事的压力。然而，正如亚当·格兰特的研究所示，如果你有亲社会的动机但不会从亲社会行为中获得喜悦，那么这种失调会对你的毅力、表现和成效产生不利影响。[50]

　　我们经常在理性自我（我们"应当"是谁）的层面上行事，以至于失去了与经验自我（我们实际上是谁）的联系。[51]但经验自我往往能帮助我们挖掘自我的身份，更重要的是，挖掘我们的可能自我。我们不应该为失调的信号感到羞耻，我们应该带着充分的理解和接受去拥抱它们。

如果你想试着找出内心深处最好的自己（即你最好的自我），那么或许你可以评估自己的"标志性优势"（signature strength），即你渴望利用的、能够让你真实地表达的、赋予你能量且给你活力的人格特质。[52] 标志性优势包括你的各种才能和性格优势——你的人格中那些能给自己和他人的美好生活做出贡献的特质。[53]

道德目的

每当我论及目的需要，总是会有人问："那么希特勒呢？他好像有着强烈的目的感。"重点是，我完全认同历史上存在很多通过破坏性手段满足目的需要的案例，这也是我不断强调整合需要层次的原因。不在其他成长领域付出努力而直接跳到目的需要是存在风险的。当代研究表明，在残暴的极端主义背后的主导需要是个人意义——对变得举足轻重、成为"大人物"、拥有人生意义的渴望。[54] 人生目的并不总是健康的，你选择的奋斗目标完全有可能唤醒你和他人最坏的一面，因为驱动你的可能是对匮乏的保障需要不顾一切、永无止境的弥补，无论你缺失的是安全、归属还是自尊。

尽管希特勒可能是在满足其目的需要，但他的所作所为能够最大限度地促进成长吗？（我会把这个问题当成一个反问。）我把目的需要当作高层次需要是有原因的。相关研究证明，最能促进成长的目的建立在有保障的环境、归属、情感联结，以及健康自尊构成的牢固基础之上，它以探索和爱为动力，要求我们对很多需要进行深层次的整合。

心理学家杰里米·弗里梅及其同事对过去的半个世纪里有影响力的道德榜样进行了广泛的分析，[55] 他们采用了安妮·科尔比和威廉·达蒙在《有人真的在乎》一书中阐明的标准。[56]科尔比和达蒙认为，道德模范应该有以下品格：

- 有原则／有道德：他们永远坚定地主张尊重人性的道德理想和准则，或永远彰显着美德。
- 一致性：他们往往遵照道德理想和准则行事，这也就意味着他们的行动和意图之间、手段和目的之间存在一致性。
- 勇敢：他们愿意为了自身的道德价值而将自己的利益置于风险之中。
- 鼓舞他人：他们会鼓舞并感化他人，使他人的行为符合道德规范。
- 谦卑：他们会将个人的重要性与整个世界进行比较，表现出一种现实的谦卑感，这意味着他们相对不太关注自我。

弗里梅及其同事根据这些标准对有影响力的人物进行了专业化评分，筛选出了一批道德模范，包括罗莎·帕克斯、希尔琳·艾芭迪、纳尔逊·曼德拉、莫罕达斯·甘地、昂山素季、马丁·路德·金、安德烈·萨哈罗夫、埃米琳·潘克赫斯特，以及埃莉诺·罗斯福。这些人在科尔比和达蒙提出的五项评判标准上得分都很高。

相比之下，其他极具影响力的人物的评分则不那么均衡，弗里梅对他们进行了分类，包括：专制统治者，如阿道夫·希特勒，他在"有原则／有道德"和"谦卑"维度得分较低，在其他方面得分居中；宗派主义者，如艾略特·斯皮策、唐纳德·拉姆斯菲尔德和梅尔·吉布森，他们在上述五个道德维度上的得分都较低；成功人士，如玛丽莲·梦露、比尔·贝利奇克、大卫·贝克汉姆、康多莉扎·赖斯，以及阿诺德·施瓦辛格，他们在所有维度上的得分都接近中点。尽管从个人角度你可能不认同以上分类，但这并非根据政治立场划分的。至少在什么样的特质造就了一个好人这个话题上，自由派和保守派在对有影响力的人物做出道德评判时，都基于高度相似的道德基础——包括关爱、公平和纯粹。[57]

那么，他们发现了什么？所有有影响力的人物都有类似的品质：他们在追求目标时都具有非常高的能动性。事实上，心理学家安德瑞亚·库瑞斯基指出，英雄和恶棍之间的共同点就是他们都有坚韧、勇敢、敢于冒险和反叛的特质。[58]她甚至给这些无畏的英雄起了一个名字：X利他主义者。

话虽如此，这两类人群在主要变量上还是存在差异。道德楷模在能动与共生的需要方面更加平衡，而其他有影响力的人物则表现出更强烈的极端能动性。值得一提的是，道德楷模表现出了"理性利己主义"，这表明他们将能动与共生动机整合了起来，使得他们在满足个人利益时必然帮助他人。[59]这与马斯洛对协同概念的构想高度相似。

有影响力的人物的终极目的多种多样。对于道德模范而言，能动总是为共生服务的，能动往往是他们用来实现人道主义目标的工具。以下是英国女权主义者埃米琳·潘克赫斯特于1913年10月21日在纽约发表的一则演讲的部分内容，这就是一个很好的例子：

> 所以，我们很高兴我们有战斗经验，而且我们很乐意为全世界所有女人进行一切战斗。我们对你们的全部请求就是支持我们。也许你们不打算像我们一样去战斗，但你们要明白我们战斗的意义，明白我们是为了伟大的目标而战斗的女人，明白我们希望人类生活得更美好，明白我们相信更加美好的人类未来需要解放妇女、提高妇女地位。[60]

在这则演讲中，工具性能动（为了权利而战斗）是为共生（人类生活得更美好）服务的。而对于其他那些并非道德模范的有影响力的人物来说，能动性仅服务于能动性，他们要么完全缺少清晰的亲社会的目标，要么只有某种模糊的对进步的召唤（比如"变得伟大"），再或者只是单纯地渴望权力、金钱、地位或对他人的控制。弗里梅及其同事认为，尽管能动和共生在大多数人心中是两件无关的事情（其中一个常常在任何时间都很活跃），但那些道德榜样却彰显了能动和共生的超凡整合。[61]

我们不可能都成为莫罕达斯·甘地或者埃莉诺·罗斯福（我们也不会都想成为他们），但是对大多数人来说，成长、能量和完整性的最大来源只会在动机得到良好整合时形成，那时，实现内心深处所渴望的能动性动机，会与对他人产生积极影响的动机和谐地整合起来——无论是通过掌握一门手艺，创作一幅艺术作品，激发出人的领导才能，还是参与某个人道主义组织。当我们既感到有自决能力，同时又受到激励去产生积极影响时，我们就会变得最幸福、最坚毅、最有成效，而且表现最好。[62]如谢尔登所言："最幸福的人是为了正当的缘由做好事的人。"[63]

要想达到如此高度的整合很不容易，而且需要高度的自我发展，但这是成为完人的必经之路。如心理学家威廉·纳斯比和南希·里德所说："侧重能动性的英雄只会与恶势力单打独斗；只有在更高的神话层面中整合了能动和共生的英雄……才会举剑同内心真正的恶势力作战。"[64]

总而言之，在明智的奋斗中，最高目标应满足以下条件：1.真正符合内心最深处的成长冲动；2.令人愉快且是由你自己自主选择的；3.能够帮助你向未来那个不断成长、对社会有益的自我前进；4.同其他人生奋斗目标及你的其他基本需要整合在一起。

但是，明智的奋斗仅仅是第一步。要想体验满足目的需要所带来的革命性好处，你必须实现你的目的。切记，要明智地实现它。

明智的追求

如果你刻意不去做那些你能做到的事，那么我要告诫你，你的余生可能会深感遗憾。你逃避了自己的才能，以及自身的可能性。

——亚伯拉罕·马斯洛《人性的更高境界》（1971）

有一个真正适合你的召唤是一回事，实现对你的召唤又是另一回事。奋斗是实现目的的关键力量，但只知道奋斗还不够——实现召唤需要明智的追求。要想以一种能带来健康、成长和幸福的方式去实现你的目的，下列品质不可或缺：

- SMART 目标
- 坚毅和舍受
- 和谐型激情
- 发挥你的标志性优势
- 希望
- 得到支持
- 把握向前看的时机

SMART 目标

要想实现我们给自己设定的目标，那么这一目标必须是实际的、有意义的，以使自己为成功做好准备。因此，我们用首字母缩略词 SMART 来概括目标应当具有的特点：（1）具体（specific）；（2）可衡量（measurable）；（3）可实现（achievable）；（4）相关（relevant）；（5）有明确的时间限制（time-specific）。[65] 通过设定 SMART 目标，我们能将大的总体目标分解成小的、更容易实现的任务，并以这样的方式提升自我效能。下面，让我们逐一看看 SMART 中的每个字母，来进一步阐明其中的含义。[66]

总体目标（示例）：我想加强锻炼

使目标 SMART 化

具体：目标应尽可能具体。你必须明确要进行的具体行动，以及行动的地点、时间和对象。有很多办法可以改进你的健康状况，但你要聚焦于一个范围内使行动更加具体。例如：

我想每周去健身房至少锻炼 150 分钟（30 分钟 / 次 × 5 次 / 周）。

可衡量：目标应当可衡量，也就是说应当有当前值或基准值，以及预期的水平。例如：

我现在每周健身约 90 分钟，下个月我想每周锻炼 150 分钟。

可实现：目标一定要实际，如果过分追求难以实现的目标，你可能会灰心丧气或失去动力。因此，要通过制订一份实际的时间规划来确保目标可以实现。例如：

这是一个可实现的目标，因为我肯定能在周一、周四、周五早上上课前，以及周三、周五傍晚完成锻炼。（如果你知道自己不习惯早起，那么把健身安排在下午可能更好。）

相关：你的具体目标应在方向上与最高目标保持一致。要定期审视自己，确保你的短期目标符合你的总体目标。例如：

我想要锻炼，因为锻炼能赋予我活力，让我感觉更好。锻炼会改善我的心情、认知、睡眠，以及整体活力。

有明确的时间限制：目标应有一个具体的时限，以便你能够：（1）衡量自己是否已经成功；（2）在耗费大量时间之前及时调整目标。例如：

> 下个月我想每周锻炼 150 分钟，每过一周我都会根据实际情况判断这个目标是否切实可行，并调整进度。

坚毅与舍受

> 与我们应有的样子相比，我们尚未完全觉醒。我们的火焰被熄灭，我们的生气被阻隔。我们只利用了自己的一小部分精神资源……全人类都拥有大量的精神资源，但只有少数杰出的个体能将之发挥到极致。
>
> ——威廉·詹姆斯《人类的能量》（1907）

> 即使是幸福的人生也有一定的阴霾，如果没有悲伤的制衡，"幸福"这个词会失去意义。你应带着耐心和平静，接受事物本来的样子。
>
> ——卡尔·荣格《生活的艺术》（1960）

为了实现个人目标，你必须意识到内心最深处的激情会随着时间而发展壮大。实现目的包含了一种激情与毅力不断循环的持续过程。[67]一项研究发现，在两年的时间里，一个人感到的召唤越来越强烈，这种召唤在第三年就越有可能实现。[68]

一旦投入某种召唤之中，朝着它大步迈进，你就会更有努力的激情，那也会鞭策你投入更多的精力，使自己处于一种成长与发展的上升螺旋之中。[69]这就是为什么我们不能把激情和兴趣看成是已充分形成、不太会改变，仅需被发现的东西。在面临困难时，那些认为兴趣不会发生变化的人更可能丧失兴趣，因此更容易过早地放弃。[70] 仅有明智的努力并不意味着你能轻易实现最高奋斗目标。

李惠安的研究将"坚毅"——对于长期重要目标的激情与坚持这一概念普及开来。事实上，坚毅对于实现目的而言不可或缺。[71] 如李惠安所言："坚毅就是牢牢抓住那个（长期）目标，哪怕在你摔倒时，哪怕在你搞砸时，哪怕在进展缓慢或停滞不前时。"[72] 坚毅就是坚持你重视的承诺，不因前路险阻而过早地放弃。坚毅，正如李惠安指出的那样，是"像跑马拉松一样生活，而不是短跑冲刺"。[73]

不幸的是，对坚毅的误解不在少数。[74] 其中最大的一个误解是，坚毅总是意味着埋下头来一心一意地追求某个特定的目标，不顾及追求这一目标对本人或他人造成的后果。我的同事雷布·雷贝利和我对于验证这个说法很感兴趣，我们认为区分拥有广泛兴趣（例如："各种各样的话题和项目都会令我兴奋。"）和在兴趣上有始无终（例如："我感到自身的兴趣好像很不稳定，像风一样多变。"）十分重要。[75]

我们发现，拥有广泛兴趣同在兴趣上有始无终的关联度为零，但是同逆境中的坚持却呈现显著的正相关。换句话说，同时拥有多个进行中的、令你兴奋的计划并不意味着你更可能放弃它们。拥有多种兴趣同探索的动力，以及更高的健康水平、人生满意度、自我接纳度、个人成长水平、完整性、积极的人际关系、自主性、抗压性、心理灵活度、工作满意度、工作表现、创造性和对世界做出积极影响的动力都存在密切的关联。对于兴趣有始无终则同以上多个结果呈负相关。我们的研究清晰地表明，你可以有多种兴趣，但同时你仍然能够对你最珍视的兴趣做到始终如一。[76] 事实上，坚毅与探索和爱（包括健康的自爱）的结合使得挫折之中的坚持不懈变得更为可能。

佛教中舍受的概念也有着坚毅的意味，这种理念是最有助于成长的。不同于不计后果地一心扑在对于个人长期目标的追求上，舍受的一个重要理念就是在你遭遇不可避免的人生压力源时，始终散发温暖、彰显开放。佛教中将怀有舍受之心的人描述为"广大、出众、无量、无怨恨、无恶意"。[77]

舍受还包含对正念与观察的修习，包括在追求目标时睁大双眼，对新信息始终保持开放，始终充满智慧和坦诚地看待现实，始终密切关注你的进展，关注追求目标对个人成长的影响和对他人的影响。

舍受的第三个方面是平衡、稳定和专注。舍受利用的是内心的力量，建立在健康的真实性和个人存在中的生命力源泉之上。你在自己最真实的状态里越是感到安稳无虞，你就越可能克服旅途上那些不可避免的障碍，去追求你最希望成为的样子。

支持这一点的还有心理学家米娅·瓦伊尼奥和戴娃·道肯泰特，她们发现坚毅同一些幸福的标志存在关联，包括自主性、环境掌控力、自我接纳、个人成长、人生目的，以及积极的关系网络。但是，这种关联建立在一个人的真实程度（包括完整性、自我联结感，以及对外界影响的抵制）及其一致感（感到世界可理解、可控制、有意义）之上。[78]显然，坚毅与舍受的理念对于实现真正的幸福和成长最为有益。

现在，你可能想知道，那个散发着温暖、善于接受、怀有不加批判的开放意识的人在无可避免的人生苦难之中到底会变得多么强大？实现目的有时不是需要对他人十分严酷吗？记住，舍受只是需要整合层次的一部分。马斯洛观察到，自我实现者的特质有时看起来与他们的行动有矛盾，尤其是当行动确实有必要时。他曾说："即使对于老虎的存在性认知（B认知）并不鼓励你杀死一只老虎，但为了自我实现，你可能还是需要杀死这只老虎。"[79]实际上，采取果断行动来保护你自身的存在或是他人的存在有时是必要的。那么，要想实现你的目的并成为完人，关键在于时刻怀有一颗舍受之心，但同时也要保留防御、战斗、采取强硬立场的能力。

尽管如此，在大多数时间里，对大多数人而言，舍受之心可以帮助你优雅地渡过难关，在困难和逆境中保持专注，如果真同那些麻烦纠缠在一起，你就很难做到你本应在世上做的事。

和谐型激情

在实现目的的过程中，你可能会有陷入不安的时刻，不幸的是，这可能会摧毁你的全部目的。明智的奋斗需要你评估为何致力于实现某个目的，这是一种持续性评估。

用专注于研究激情的学者罗伯特·瓦勒朗的话说，对于那些与目的相关的活动，你拥有的是"和谐的激情"，还是一种痴迷？瓦勒朗及其同事将"激情"定义为一种"对于个人喜欢（甚至热爱）、重视且投入相当多时间和精力的自我界定活动的一种强烈意愿"。[80] 当你对某事抱有激情时，这件事就会成为你自身的一部分（比如"我是一个作家"），而某些你碰巧乐于参与其中的活动则不会。注意，和谐型激情和痴迷型激情都只是激情的形式，两者都涉及从事个人喜爱的自我界定性活动。尽管如此，这两种形式的激情在整合进你的身份与人生的方式上存在差异，会对你的成长和人生产生不同的影响。[81]

在实现目的的过程中，问问自己：我致力于这些活动，是因为它们源于最好的自我，会让我在进行这些活动时体验到喜悦和自由，还是因为外在的压力或内心的罪恶感和焦虑感，操控我、逼迫我进行这些与目的相关的活动？此外，你在追求目标的过程中是否因动机太过强烈以致自己的其他方面黯然失色？你是否将那些虽然与目的无直接关联，但也有利于成长和完整性的活动弃置一边？对此进行评估也是很重要的。

当然，对于与目的相关的活动，你也可能同时拥有痴迷型激情和和谐型激情，而且痴迷型激情可以提升你当下的表现（尤其是在你的自我遭受威胁之际）。[82] 尽管如此，长远来看，拥有更多和谐型激情对于身体健康、幸福感、掌控力、个人表现和创造力都更为有益。[83] 事实上，对目的的和谐型追求可以消除强迫性思维反刍和无关紧要的不安全感，[84] 而且会推动你带着探索之心和爱来进行与目的相关的活动，使你更有可能真正地实现自身的目的。

和谐型激情之所以能促进成长，还因为它会提供保护，使人们免于遭受过度痴迷型激情带来的负面影响。[85] 痴迷型激情不在乎自我关怀并排斥人生的其他方面，如休息、欣赏一场美丽的日落、建立积极的关系，以及培养一项新爱好——那些活动是可以赋予人极大的能量的。在你实现目的的过程中，你应该定期反思那些充满激情的活动是否已经在某种程度上阻碍你成为一个完人。

发挥你的标志性优势

在你实现自身目的的过程中，一定要确保你在持续以新的、不同的方式发挥自身最大的人格优势。[86] 多个研究表明，在日常生活中，你发挥自身标志性优势的创新方式越多，你的幸福感水平就越高，产生焦虑和抑郁情绪的可能性就越低。[87] 在追求目的过程中，你越是感到真实，你就越可能挺身直面巨大的打击，因为在内心深处驱动着你的是稳固的内核。

希望

或许有一些性格优势可以让我们所有人从中受益。[88] 在实现人生目的的道路上，普遍值得培养的两个性格优势即我们在前文中讨论过的探索和爱，另一个就是希望。我说的"希望"并非乐观，乐观只局限在对积极向好的未来的期待上。[89] 希望则不然，它既包含达到目的的意志又包含达到目的的方式。已故的致力于研究希望的学者查尔斯·斯奈德和沙恩·洛佩斯发现，你从自己的目标中得到的力量越多，就越是能够预见可能面对的障碍并想出克服障碍的策略，也就越可能获得更多的希望，因障碍而遏制成长的可能性也就越小。

充满希望的心态会促使你相信有多种路径可以让你到达想去的地方，而且在任何一条道路受阻时，希望都会帮助你保持灵活。抱有希望的人更可能将失败看作成长的机会，将挫败归因于失策，而不是性格缺陷，他们会调用多种资源并运用各种策略来应对挫折，也会看到在目标实现路上的潜在阻碍。

正是希望帮助我度过了童年时光。小时候，我的听力有点儿问题，还容易产生焦虑，因而我接受的是特殊教育。九年级时，一名老师问我为何还待在特殊教育学校，我因此受到鼓舞，离开了那里。但是考试焦虑依然存在，这种情绪让我难以选择自己想要学习的课程，难以进入自己心仪的大学。可是，每次遇到障碍时，我都会尽力想出替代方案。在卡内基·梅隆大学心理学系拒绝我以后，我参加了歌剧系的面试并被录取，之后我从"后门"溜进了心理学系。我受到鼓励，而且下定决心，无论有多少艰难险阻，我一定要实现自己的目标。

我的个人经历便可以证明保持希望的力量，尤其是斯奈德和洛佩斯概念中的那种希望。你可利用他们开发的希望量表（或者用他们更喜欢的叫法——"未来量表"）来评估你当下的希望水平：

希望量表

以目标为导向的能量

• 我会充满活力地追求自己的目标。

• 我的经历已使我对未来做了充分准备。

• 我的人生相当成功。

• 我达到了我为自己设定的人生目标。

路径

• 我能想到很多摆脱困境的办法。

- 任何问题都有很多解决办法。
- 我有很多办法来获得我认为重要的东西。
- 即使其他人都丧失了勇气，我也知道自己总会找到解决问题的办法。

研究表明，希望同人生中的一些积极结果相关，包括身体健康、心理健康、学业成绩、创造性，以及运动能力。[92]希望还有利于减轻负面的人生经历（如抑郁症）所带来的消极影响，在丧失了重要的人事物和面对逆境时，希望可以提升人的复原力。[93]一项研究曾持续一年跟踪调查某些人格优势，最终表明，只有希望这一人格优势能够减轻创伤经历对幸福造成的消极影响。[94]因此，希望似乎在提升复原力和舍受能力方面尤为重要，它是能让你明智地追求目标的重要因素。

支持性环境

即使是最富有探索精神、最具爱心、最有目的的人，在不被支持的环境中也很难充分地自我实现。尽管本章中提到的心理因素——比如希望和坚毅——很是重要，但我们决不能不由分说地指责那些处于巨大劣势之中，或是处于恶劣无助的环境中的人，说他们的失败是因为自身缺少希望和坚毅。环境确实很重要。

环境支持包含两个部分，这两个部分共同助力人们发挥最佳状态，这两个部分是：开明型领导与开明型文化。尽管两者对所有人类活动以及社会的方方面面都有价值，我的关注点在有组织的职场上，因为无数人都在工作，他们可以把这些道理应用到他们的生活当中。

首先是开明型领导。当领导者具备开明的特点时，员工们便更可能发现自己的工作富有成就感、令人愉悦、十分重要，而且员工投入在工作上的精力也会更多，他们的目的感更强，创造力更大。[95]尽管"变革型领导"

和"赋权型领导"之类的术语近年已流行开来，但依照马斯洛的精神，我会把这类领导者称为"开明型领导"。开明型领导有以下特点：

- 开明型领导者以身作则。他们会设定严格的绩效标准，像员工一样努力工作。他们会带着真诚的热情，清楚地阐明其令人信服的目标和未来设想。

- 开明型领导者善于让员工获取所需信息。他们将具体的工作任务同集体的更高追求与愿景明确地联系起来，清楚地告诉员工自己的期待，对于员工的疑虑能够给出诚恳、公正的答复。

- 开明型领导者信任员工，明确地宣称他们对员工有信心，也相信员工能够满足他们的高期待。

- 开明型领导者推崇参与式决策，弱化权力层次，鼓励并给予所有员工发表意见的机会，而且会在做出决策时考虑员工的反馈。

- 开明型领导者擅长培养员工，能为他们提供必要的帮助，教会他们如何独立解决问题，当员工表现优异时会提出赞赏，帮助他们专注于完成任务，有时甚至会比员工本人更能看到他们身上更大的可能性。

- 开明型领导者十分关爱员工，会花时间同员工单独交谈，重视他们的反馈，并会想出提升职场幸福感和意义感的方式，他们还会给员工安排富有挑战性且有利于成长、发展，让他们感受到真正的自豪的任务。

环境支持的另一个部分是一个人所处的工作文化。开明型文化支持自主性。[96]在支持自主性的环境中，人们会感到他们的决定仿佛是由自己自由选择的，而且他们发自内心地认同自己的目标和最高的奋斗理想，而不是在外部奖励或领导命令的威逼利诱之下才做这件事的。当然，有些任务是领导分配的，但关键是，员工得到了对任务清晰且有意义的解释，而不是因感到被控制或迫于压力而执行某种任务，而且员工在处理任务的方式上也有一定的选择余地。研究表明，人们在心理上越是感到自由（即有自主性），就越会对自己的行为承担起更多的个人责任，也越可能愿意为他们的失败接受指责。[97]如埃莉诺·罗斯福所言："自由对每个人都提出了很高的要求——伴随自由而来的是责任。"在开明型环境中，责任似乎是人人都愿意背负的——只要他们感到决定是自己做的，也是自主做出的即可。

支持自主性的组织开放、有远见且以成长为导向。在这种环境下，在做那些极具创造性意义但可能十分冒险，甚至可能失败的探索性活动时，员工会有安全感。[98]员工还能自由地表达自我，如果他们发现工作难以继续，也能自由地离开组织。当代组织也不鼓励权威主义，因此一旦某个职级高的人员犯下严重错误，普通员工也可以质疑他们。每个人都感到他们能够表达自己的观点，且能够以尊重和理性的方式同那些有异议者进行探讨。

而且在支持自主性的组织里，大部分员工都认可工作的核心价值，这体现了超越特定团体利益的自我超越的价值。正如之前提及的，大部分员工不只想要表现优异，他们还想体会到自己正在为更多人的利益做出自己的贡献。[99]当员工感到公司关心更广大的群体和所有的利益相关者，而不仅仅是公司的所有者时，他们就会产生更强烈的成长动机。[100]

支持自主性的环境中还存在同事间的支持：同事之间会对彼此的成长和自由感兴趣，并会分享专业技术和知识，甚至会帮助进度落后或在奋斗过程中遭遇困难的人。[101]研究表明，同事支持可以强化成长的动机，会为你实现目的提供极大的帮助。[102]这样的文化中还很少滋生愤世嫉俗的心态，每个人都会在质疑他人的同时给他人带来帮助，而且每个人始终都会看到他人身上最好的一面。人们之间的互动并非仅仅是为了从他人那里获得什么，而是因为人们真正地欣赏他人并关心他人的成长、发展和自由。

最后，支持自主性的组织文化允许一定程度的工作重塑。员工可以通过工作重塑的方式在设计自己的工作上拥有发言权，这能够提高他们的参与感与工作满意度，使他们获得成长、复原力、目的感与幸福感。[103] 工作重塑者可以重新设计完成任务的方式，在执行任务的同时增进社会交往，将任务重构为对社会更有意义的事情。饭店的主厨可以成为一位艺术家，护士可以成为一名治疗师，甚至看起来最受限的工种也能提供工作重塑的机会。贾斯廷·伯格、简·达顿和埃米·沃兹涅夫斯基注意到："通过培养与同事的良好关系，或是承担更多任务以施展自身才华（比如打造一个安置重要设备的搁架系统），一名在流水线上工作的机器操作员也可以重塑他（她）的工作。"[104]

> 工作重塑还有可能让一个人响应他未曾回应的使命。

工作重塑还有可能让一个人响应他未曾回应的召唤，或者满足他们对其他行业的渴望和激情。[105] 工作重塑者可以把更多的时间和精力投入与他的激情相关的事情上，比如一名渴望帮助他人的图书管理员就可以花时间同学生和家长交谈。他们或许会扩大他们当下的任务范畴，把那些与他们未回应的召唤相关的任务囊括进来，比如，一名对写作和沟通有着极大热情的初级员工，可以在措辞的细微差异和传达信息的方法上帮助高级别员工。或者，工作重塑者可以重新设计工作目标以便将未回应的召唤整合进来，比如，对音乐和绘画有热情的教师以演奏家和摇滚乐手的身份重新设计自己的工作，将非常规的方法融入课堂，比如跳到桌子上、给学生讲笑话（"不管怎样，只要能调动他们的积极性就行。"），再比如，视自己为治疗师的教师可以帮助全体学生和其他教工更加愉悦、更富创意地生活，带着更美好的爱意生活。

当然，面对未曾回应的召唤（要么间接面对，要么通过将相关的活动整合到当下的工作中直接面对），可能引发对错失理想生活的深切遗憾、焦虑和压力感。可是，伯格及其同事发现，永久的遗憾更可能出现在一个人未回应召唤，且并不把当前的职业视作一种召唤（研究人员称之为"错失召唤"）的情况中。当员工视当下的工作为一种召唤，其他召唤给他们带来负面情绪的可能性会小很多。我相信，兴趣广泛之所以能引发有利于成长的结果，这就是原因之一。

说到底，如果你发现自己周遭的文化环境限制了你的成长和自由，使你没有多少机会可以实现自己的人生目的，或是没有办法与人生的其他激情达到某种平衡，那么你或许真的应该更换工作了。事实上，及时认清一份职业或是一个目的不再有助于你的成长，也是成为完人的一个必不可少的素养。

向前看的时机

当然，目的与其他的成长元素密不可分。探索、爱和目的——每一个都是帆的一部分，此外，成长还有一个不可或缺的部分，那就是在追求目标与奋斗的过程中的灵活性。你很有可能在努力成长时陷入困境、停滞不前，陷入困境的标志是目的已不再有利于你的健康、成长和发展。这时，改变方向是最合理的选择。

当然，很重要的一点是，不要过于频繁地更换工作。践行你的召唤需要时间，你需要培养你的使命感和力量，需要在严重的打击面前适度忍耐。但你也要知道，有时一个人的召唤和最高奋斗目标会被证明是不可企及的，无论是工作重塑还是健康的环境都无法保障这个目标的实现。之所以如此，原因有很多，比如目标超出了能力范围（比如，进入美国职业篮球联赛），事故造成了损伤、失业，或是仅仅是年龄的增长——尽管这些因素都不会彻底地阻碍成长。

直面实现目的过程中的心理挑战是能够促进成长的。如马斯洛所言："没有痛苦、悲伤和纷乱，你能够成长和自我实现吗？"[106] 令人不适的体验不一定都是坏的，保护人们免遭这些体验是一种对其完整性、本性和未来发展的不尊重，毕竟人生是一个不断发展的过程。从任何体验中都可以学到一些东西，无论它看起来同人生的其他方面（包括未来的召唤）联系多么微弱。

事实上，放弃阻碍成长的目标，重新瞄准健康的目标往往会提升人们的身体健康水平和幸福水平。[107] 心理学家卡斯滕·霍什及其同事提出，那些有着不可实现的目标的人，可以通过放弃这一目标，终止为之付出努力，并停下来重新思考自己的目标来再次走上成长的道路。换句话说，有时对于成长和发展而言，最好的做法就是放手。这并不是半途而废，而是明智之举，因为这样做能释放我们有限的资源，将之用于能培养新的目的、促进未来发展的其他选择上。[108]

改变和发展是人生的一大特点：摆脱原本目标后的人会重整旗鼓，尽快找到更有希望、更高层面的奋斗目标，并下定决心，付诸努力。[109] 理想状态下，新的目标能令人精神振奋，同时又能自我组织，还提供了意义感和重要性的主要来源。

尽管我们已详尽地探讨了目的需要，但目的其实只是一座通往更高人性上限的桥梁，那正是马斯洛那年夏天在一场看似偶然的邂逅中所意识到的。

通往人性的更高上限

那是 1962 年的 6 月，亚伯和妻子柏莎正在加利福尼亚州大瑟尔附近的 1 号公路上驱车向南，寻找一个逗留之处。那是漫长的一天，他们都已经很疲惫，打算找一家旅店过夜。能够让他们借宿的地方在这条蜿蜒的公路上并不常见，他们在浓重的黑暗中行驶，耳畔是大海猛烈拍打悬崖的声音，突然，他们注意到一盏灯光。[110]

马斯洛夫妇小心地开到了大瑟尔温泉旅馆，马斯洛在后来的记录中提到，此情此景令他想起电影《惊魂记》中的贝茨汽车旅馆——一处前不着村后不着店的诡异场所。[111] 在入住登记处，一个名叫冯家福的人随便地问道："你想做什么？"[112] 马斯洛形容此人的言谈举止傲慢无礼。[113] 冯给了他一支笔，走过场一样地要求他们在登记表上签名。对于如此冷漠的招待，柏莎非常反感，想马上离开，但亚伯实在是太累了。

对方低头看了一眼登记表，然后整个态度都变了。"马斯洛？"他突然带着兴奋问道，"那个亚伯拉罕·马斯洛？"他一边深深地鞠躬，一边难以置信地反复呼喊："马斯洛！马斯洛！马斯洛！"依莎兰学院的联合创立者之一——理查德·普赖斯冲了进来，告诉他们马斯洛的书《存在心理学探索》是员工的必读书目，他们的全部使命（还在规划阶段）就是举办由人本主义心理学代表学者、思想家和治疗师主讲的讲习班。[114] 他们最早请到的主讲人都是马斯洛的朋友和同事，包括卡尔·罗杰斯、罗洛·梅、阿道司·赫胥黎、弗兰克·巴伦、加德纳·墨菲，以及阿诺德·汤因比。

马斯洛受宠若惊，在生活中见到另一家专注于他本人理念的"实验室"令他备感兴奋，正如心理治疗师、作家杰西卡·格罗根所言："在依莎兰，马斯洛找到了志同道合的灵魂，一群真正聆听他的想法的人（不像他在布兰迪斯的同事）。"[115] 迈克尔·墨菲（依莎兰的另一位创立者）当晚不在，但那年秋天两人开始通信，并于 1964 年 9 月在洛杉矶举办的人本主义心理学会（AHP）的会议上会面。作为学会的发起者，马斯洛以主旨发言人的身份在大会上发言，他举起大瑟尔温泉旅馆的活动目录，说："我要向你们展示这里的活动目录，关键词是'热'，这里会成为我们一个气氛热烈的基地。"[116] "从第一天起我们就仿佛成了最好的朋友。"墨菲告诉我。他还说，马斯洛曾向自己的女儿们讲述过他，称他为"一个没有血缘关系的儿子"，而且墨菲也把马斯洛当作自己的"第二个父亲"。[117]

1962 年的夏天对马斯洛而言可谓不同寻常。他不仅目睹了自己的想法被用在了职场，而且还看到那些想法正在成为一项日益壮大的精神运动的一部分。尽管他很快就会对反主流文化运动在实践其想法时的准确性产生一些保留意见，但他在依莎兰的经历还是推动他关于高峰体验的构想朝新的方向发展开来。最终，马斯洛开始相信，自我实现事实上并非人类需要层次的顶峰，他意识到人类还有一种更高的渴求……

第三部分

——•——

健康的超越

——•——

序 幕

1928 年 10 月 23 日，20 岁的正在读本科的亚伯拉罕·马斯洛向自己的导师提交了一份哲学论文。这篇文章是对拉尔夫·沃尔多·爱默生备受赞誉的论文《论超灵》所做的回应，很多人认为这是爱默生最伟大的作品之一，但年轻的马斯洛却不这么想。马斯洛在论文开篇写道：

> 我对爱默生及其同类深恶痛绝……在我看来，爱默生是个啰唆的说教者、一个迷信的神秘主义者、一个拙劣的思想家（要是称他为思想家可以让他更体面的话），最后还是一个要多糟就多糟的哲学家。他冷静地凌驾于束缚所有其他可怜众生的一切逻辑和思想规则之上。他仅仅是个伪装成深刻思想家的诗人（当然是一个拙劣的诗人）……[1]

多么无所顾忌！但亚伯才刚刚热了个身而已，他继续用数页篇幅来严厉批评爱默生浮华的写作风格和自相矛盾的逻辑："对这些混乱、让人糊涂的语句，还有这些互相矛盾的想法，我们又该说些什么好呢？"年轻的马斯洛写道，"这就是哲学吗？不是。那这是什么呢？是愚蠢的卖弄，是一派胡言！"[2]在读完这篇论文的主体部分后，我或许也会同马斯洛的老师——著名哲学家马克斯·奥托一样，做出完全相同的反应：

　　你下笔充满活力，而且颇有吸引力。但与此同时，当你让自己做出毫无根据的主张时，那一锤定音的样子我实在不敢恭维。为什么我还是读了你的论文？那是因为我希望你能保留这份直白和这份批评的力量，并且能够将其同更精确的知识联系起来。[3]

　　但是，这篇论文不只有批判。这篇论文的结尾还是很像一篇普通的本科哲学论文的：

　　爱默生以神秘体验作为超灵存在的证据，关于这点，我只想说，我本人就有过这种神秘体验……我感到自己在盲目地摸索着什么，感到一种不可抑制的欲望，一种如此强烈的无助感，强烈到它几乎让我哭泣起来。在经历神秘体验的时刻，我们能够见到种种美妙的可能性，看到人类不可估测的深度……为何不把这些（神秘体验带来的奇妙感）归因于人类本身？不要一遇到神秘就感慨人类的无助和渺小……关于人类物种的伟大之处和人类未来可能的进步，我们不能有一种更宏大、更美好的构想吗？[4]

　　假如这段话出自我的任何一个本科生，我可能已经停下来思考。显然，这是一位内心受到某些刺激的学生——这段话确实引发了我"强烈的情绪"，但这显然也是一位对人类状况有着不凡洞见和远见的学生。

　　这篇本科论文体现了马斯洛后期作为思想家、学者和作家的很多特点。比如，它展示了马斯洛的一般风格。不论马斯洛的其他方面如何，当他写作时，他总是充满了活力。他以前的同事理查德·罗瑞说："（马斯洛的）风格，不论好坏，是那种感到自己有大把的真理要传递给世人的风格，是那种感到人生短暂，几乎拿不出时间来讲究礼节的风格。"[5]这篇论文也清楚地表现了马斯洛喜欢坦诚、直白地表达他的内心——他总在他的讲座、写作和私人日志中不断地斥责虚假。[6]

　　对我而言，马斯洛论爱默生的论文的最不寻常之处还在于，它是马斯洛一生工作的萌芽。[①]马斯洛不仅终其余生来阐明他年轻时便已看见的这一崇高的人性观，而且这也说明他长期以来一直在同内心深处所感到的精神冲突全力抗争，并在人生的最后时刻将其成熟地整合起来。是时候将马斯洛破碎的自我拼凑起来了，也是时候将我在全书中呈现的全部需要层次整合起来了——我们该超越自我了。

---

① 在《论超灵》里有一首诗（爱默生后来以《统一》为题将其单独发表），关注的是自然的内在二重性以及对立极端的必要性，比如"东与西"、"草皮与石头"，以及"夜与昼"只有通过共存才能够完整。年轻的马斯洛可能没有意识到，这些整合、统一、完整的概念——也正是爱默生论文的主题——会与他的（恕我冒昧）灵魂深处产生如此深远的共鸣，以至于这些概念将会很快成为他新提出的人类动机理论的基础，并最终引发心理学的革命性新浪潮。

第七章

高峰体验

可以说，在我们的一生中，天堂一直都在那里等待着我们，让我们时不时地进去体验一番，在返回日常的奋斗生活之前让我们享受一下。一旦跨进天堂，我们便会永远记住它，并不断地回味这段记忆，遭受压力时在它的帮助下渡过难关。

——亚伯拉罕·马斯洛《存在心理学探索》（1962）

1954 年，马斯洛在完成《动机与人格》之后将注意力转移到自我实现者的一种独特的特点上，他早已为之吸引。在他研究的自我实现者中，很多人都听起来像神秘主义者，他们说自己体验了不同寻常的高度喜悦、宁静、美好和奇妙。[1] 人们一度认为，神秘体验很罕见，甚至是"一个世纪才发生在圣人身上一次"的事，带着这样的印象，马斯洛开始了自己的研究，结果却令他感到惊讶。[2]

与他的印象恰恰相反，马斯洛观察到高峰体验在很多人的身上都发生过，而且似乎有多种诱发因素，比如一场精彩的体育竞赛或音乐会、创造性体验、审美感知、爱情体验、性体验、生子、洞察与理解时刻、宗教体验或神秘体验，或是克服一项意义深远的挑战——"任何接近完美的经历"都可能带来高峰体验。[3] 此外，似乎一个人的心理健康程度越高，这种体验发生的频率就会越高，体验能达到的高度也随之越高，而且强度和启发性也越大。这样的观察结果鼓舞马斯洛对这一体验进行了归纳，并"将它从传统的宗教意义中剥离开来"。1954 年，他终于做好了准备，开始致力于探索这些让人着迷的人类体验。①

这一切并不容易。作为一个坚定的无神论者，马斯洛将有组织的宗教同教条和迷信联系起来。尽管威廉·詹姆斯在其 1902 年的重要著作《宗教体验种种》⁴一书中视神秘体验为一种积极体验，但詹姆斯大都是在某种宗教语境下对此进行讨论的。②当马斯洛宣布自己有意正式研究此类体验时，他受到了很多同事的质疑，可是，正如爱德华·霍夫曼所言："（马斯洛）勇敢地面对同事的调侃，独自进入了这一领域，开启了他的冒险之旅。"⁵

马斯洛开始广泛地阅读，从东方宗教思想，包括印度哲学家吉杜·克里希那穆提的《最初和最终的自由》、艾伦·瓦兹的《不安的智慧》，到神秘主义、宗教、艺术、创造性以及恋爱的相关文献，他甚至研究了入定状态的有关瑜伽的相关记录。他还探究了卡尔·荣格的宗教论著，那时这些书的英译本刚刚面世。1954 年夏，在未出版的笔记中，马斯洛在《永恒》的标题下记录了自己能想到的所有神秘体验的例子，⁶包含神秘状态、催眠所致的恍惚、审美感知，以及超越性的性体验。

这一切为他正式研究这一话题做好了准备，马斯洛设计了一种现象学方法，将以下启动材料发给 190 名大学生：

---

① 马斯洛迟迟没有深入研究这一话题原因之一是 1947 年他生了一场怪病，那很可能是他第一次心脏病发作。

② 在詹姆斯之后，关于这个话题的心理学著作都保留了宗教色彩，大都颇为消极地看待神秘体验。1927 年，诺贝尔奖得主罗曼·罗兰给弗洛伊德写了一封信，要求他对"自发的宗教情绪，即……'永恒''无垠'的感受这样简单明了的事实"做出分析。弗洛伊德的答复是，这种"无垠的归一体验"只是孩子气的自恋表现，一种回归子宫的神经机能退化。弗洛伊德就这样简单地解决了一切！

　　我想让你们回想自己的人生中最美妙的一次或多次体验，比如最喜悦的时刻、迷醉时刻、狂喜时刻，或许它们来自恋爱中，抑或发生在听音乐或读书、看画时，再或者来自伟大的创造性时刻。首先，请列出这些体验，然后试着回想起在这种深度体验的时刻你的感受如何，与其他时候的感受有何不同，以及在那一刻，你与平时的自己有哪些不同之处。

　　马斯洛还收到了他认识的自我实现者给予的反馈，以及一些听说了他的新研究的人的主动来信。很快，他在神秘体验方面采集的主观报告已经超出了威廉·詹姆斯以来所有主要的心理学家。此时他刚刚完成了关于自我实现的研究，他基于这些报告和大量文献描绘了一幅关于"高峰体验"的大致的、理想的全景画面。马斯洛决定使用"高峰体验"这一宗教意味较少，对大众而言更具普遍意义的术语。

　　1956 年春，马斯洛对自己的初步发现兴奋不已，打算与同事分享。但令他感到震惊的是，这篇论文被顶级期刊接连拒稿，包括《心理学评论》《美国心理学家》《精神病学》。他这才意识到自己的研究和思考离主流心理学是多么遥远。马斯洛没有被打倒，他把自己的论文用作美国心理学会 1956 年年会的发言稿，该学会刚刚任命他为颇负声誉的人格与社会心理学协会主席。作为大会主旨报告发言人，他有选择自己演讲话题的自由。

　　1956 年 9 月 1 日，马斯洛发表了这次演讲，题为《高峰体验中的认知》。[7]一开始，他便讲道："自我实现者，也就是那些高度成熟、健康且自我满足的人，可以教给我们许多东西，多到他们几乎像是一个不同的人种。但是，因为这是一个新话题，所以对人性的最高境界及其终极可能性与渴求的探索是一项相当艰巨的任务。"[8]

　　在高峰体验——也就是这些"短暂的绝对存在状态"之中，人们会有怎样的认知？马斯洛总结了 17 种认知特点，包括：

- *彻底的投入*
- *更为丰富的感知*
- *物理时空上的方向迷失*
- *超越自我*
- *超越二分法*
- *短暂地失去恐惧、焦虑和抑制倾向*
- *更易接纳自我和他人，更加宽容*
- *高度唯美主义，充满惊奇、敬畏，不再狂妄自大*
- *人与世界合二为一*

　　马斯洛注意到，对于处在巅峰时刻的人们而言，真、善、美"密不可分，以至于实际上，三者据称是融为一体的"。马斯洛认为，如果这种说法被证明是正确的，那么它会同科学界通常认定的"感知越客观就会同价值越疏离"这样的观点产生直接矛盾。"事实和价值几乎一直被（知识分子）认为是一对反义词，彼此排斥。"马斯洛写道，"但或许相反的说法才是正确的，因为当我们研究人们最为自我疏离、最客观、无动机和被动的认知时，我们发现他们声称在这种认知状态下可以直接觉察到价值。价值不能从现实中剥离，而且对'事实'最深刻的感知总会染上一抹奇妙、钦佩、敬畏和赞许的色彩，即有了价值。"①

　　马斯洛认为，高峰体验为人们提供了看到全部真相的机会，尽管为保护我们免遭心理痛苦，许多认知会扭曲，但高峰体验不会受到认知扭曲的阻碍。马斯洛在演讲中提出一种可能性："如果自我实现者可以而且的确

―――――――――

① 这是一个有趣的命题，我认为这也是一个值得当代心理学家更充分地讨论和研究的命题。

在觉察现实方面比其他人更高效、更充分，且动机不纯的成分更少，那么我们或许可以用他们来做生物分析。通过他们更强的敏感性和感知力，我们或许可以更好地认识现实……正如金丝雀被用来检测矿井中的可燃气体一样，它们会先于其他不甚敏感的生物发现危险。"[10]

当然，马斯洛并不认为高峰体验一定会引发对现实的准确感知，而且他指出对现实做进一步测试是必要的。[11] 尽管如此，马斯洛还是留意到，高峰体验对于体验者而言常常是深刻的、具有变革意义的。马斯洛引用了两份报告，一份来自一位心理学家，另一位来自一位人类学家，两份报告称这种体验是如此强烈，以至于"某些神经病症状从此永久地消失了"。[12] 马斯洛评论道："既然美、真、意义已被证实确实存在，高峰体验者会更容易感到人生……是值得的，尽管人生通常比较乏味、缺乏想象力、痛苦、难以令人满足……我认为，如果可以将高峰体验比作一次对个人意义上的天堂（人们还会从那里返回人间）的造访，那么所有体验者都可能从中获得相似的益处，且相关感受也都可被传达。"[13]

马斯洛在结束他引人入胜的演讲时提到，高峰体验中的所有人都可能短暂地呈现自我实现者的多个特质。"因为自我实现之时，"马斯洛写道，"不仅是（他们）最幸福、最激动的时刻，也是他们最成熟、个体化程度最高、最具成就感的时刻——简言之，是他们最健康的时刻。"[14,15] 马斯洛主张，真正将自我实现者与其他人区分开来的是，自我实现者的高峰体验来得更为频繁和强烈。"这使得自我实现成了一种程度和频率的问题，而不是一个有或无的问题，从而使得它更适合现有的研究程序。"[16,17]

马斯洛的发言反响很好，但不幸的是，这篇论文直到 1959 年才发表，因此减缓了其影响力的扩大。但马斯洛仍在就高峰体验这一话题进行大范围演讲，而且致力撰写一本名为《宗教、价值与高峰体验》的书，这本书于 1964 年出版。[18] 在这本书中，马斯洛写道："任何高级宗教的原初状态、固有内核、本质、普世的核心……一直都是一些极为敏感的预言家或先知得到的私密的启示……但是，直到近年来人们才开始将这些'启示'或神秘指引归在'高峰体验''入定'或是'超越体验'名下，当下许多心理学家也正在热切地研究着这些话题。"[19]

依我看，直到今天，对于超越体验的科学研究依然是幸福研究领域最令人激动的前沿话题之一。

超越体验之学

对超越的追求是人类基因中固有的需要。

——拉尔夫·皮埃蒙特《灵性代表人格的第六个因素吗？》（1999）

很多人（或许是大多数人）将宗教或灵性视为生命核心……所有关于人性的完整理论都必须理解这一点。

——保罗·布鲁姆《宗教是自然的》（2007）

大学一年级时，大卫·亚登感到迷茫和困惑。他似乎不知道自己是谁，也不知道自己将去往何处。他在努力地形成自己的世界观，但太多的东西变化不定。他甚至有点儿抑郁，不敢参加大学的聚会，也不愿涉足社交生活。一天傍晚，他躺在宿舍的床上，想着："管他呢，该来的总会来的。"尽管他还是困惑且不确定，但他还是接受了自己必须前进这一点。不知怎么，一些事自然而然地发生了，并永远地改变了亚登的一生：

胸口里这种炽热的感觉不知从何处冒了出来。我切身地体会到了，就像感受胃痛一样。这种炽热流散全身，突然，脑海中响起一个声音，说这就是爱。在那一刻，我仿佛脱离了自己的躯体，或者说我进入了自己的脑海之中。在某个地方，我可以360°地看到无边无际的地平线，还可以看见自己完全成了某个精妙结构的一部分，仿佛我和那个结构之间不分彼此。而且那种感受，那种感觉像爱一样的炽热，在那一刻达到了沸点。我无法再接纳它了，仿佛杯子正在被填满，里边的液体正在溢出。那好像是一段漫长的体验，但或许只有一两分钟，之后，我睁开了眼睛，发现自己又笑又哭。一想到那次体验，我就能立刻哭出来。那是一种令人费解又矛盾的感受，一种既让人啜泣悲叹又放声大笑的感受。那是在我身体里涌动的一种释放、宽慰和喜悦。那种感受深刻、美丽，充满力量。我最先想到的是：一切都变了。我感到自己与众不同，因为有了这个想法，我都不知道自己是谁了。周围的一切皆有别于前、清新明净。世界曾令我感到那么遥不可及，仿佛是我和他人之间的一堵墙，现在我却感到自己完全化成了其中一部分，全然融入其中。一切都好像新鲜有趣起来，包括我的未来也是如此。一瞬间，烦扰消散而去，我感到通向前方的条条大道都如此令人着迷。睁开双眼，我看见了一个不同的自己、世界和自己的未来。但最重要的是，我在想："刚刚在我身上究竟发生了什么？"[20]

那个问题太深刻了，直击他的本质。对于亚登而言，这是一次改变一生的体验："那是我最为消沉的一段时光，而那一刻却是我经历过的巅峰时刻。"他开始吃素，开始锻炼，忽然之间，他想要好好照顾自己。他也开始读起更多的书来，许许多多的书，在这次体验之后，亚登每天都去图书馆。最初，他只能用宗教来解释这次体验——他成长在一个宗教家庭，每个星期天都去做礼拜。尽管在孩提时代他总是在质疑，直至那次体验前都没有信仰，但他对于宗教团体带给他的益处深怀感恩之情。不管怎样，在这次体验过后的一段时间里，他开始相信宗教。

亚登开始阅读比较宗教文献。他感到自己见到的一切似乎在以某种方式在向他昭示：所有宗教都是通向同样真理的不同途径。而且他感到深入研究比较宗教会给他带来终极真相。他的阅读很快将他引向哲学，他说哲学让他在总结那次体验时更加谦虚。最终，他变成了一名不可知论者，而且现在仍是。

"眼见为实变成了眼见为识，而且你可以质疑你的这种认识。"亚登对我说。这种认识引导他去了解威廉·詹姆斯，并读了他的《宗教体验之种种》。亚登深深感到，在呈现各界人士的故事时（有些故事要比其他故事更为深入），詹姆斯是多么敏锐，他不轻易做出评判，思想又那么开明。对于神秘体验，詹姆斯更关注"其果，非其根"——体验的结果而不是体验的来源。他认识到，你可以在很大程度上搁置信仰问题，科学地研究这种体验。对亚登来说，更重要的是，"那本书令我相信，我并没有疯"。现在，他人生召唤的一部分就是，通过帮助人们理解自身的体验来回报他的那次经历：

> 谈论这些体验的人会被当作在胡言乱语，大部分人的第一反应都是这一定有什么病理原因。心理学家一定会这么想，我也有类似的心理。我是一个非常挑剔也会自我质疑的人，以为或许当时我要疯了。但关于这件事，没有哪一点能让我相信我真的疯了，不过，在我们的文化中，这种体验却是发疯的迹象。《宗教体验之种种》告诉我：不，我没有疯，历史上不同文化中很多人都有过类似体验，而且他们大都非常积极乐观。这令我如此宽慰，好像回家了一样。[21]

威廉·詹姆斯的作品最终引导亚登阅读了更多当代实验心理学的作品，之后他又读了托马斯·杰斐逊大学的安德鲁·纽伯格的神经科学著作。一个新领域——神经神学的开创者纽伯格及其同事在 2001 年出版了著作《为何上帝不会走开》，这本书从神经科学视角研究了精神体验。纽伯格扫描了长期禅修者的大脑，从西藏僧侣到方济各会的修女，这些禅修者都经历过亚登体验到的那种强烈的一体感。纽伯格发现，无论这些人有什么样的信仰，这种体验都与同一个大脑区域——上顶叶有关，这一区域同身体的空间感相联系。[22]

亚登读到的文献给了他极大的启示，于是他完成了一篇有关青少年的通过仪式（rite of passage）与自我超越体验的本科毕业荣誉论文。为完成研究，他去体验了两种当代通过仪式——一场禅修和海军陆战队新兵训练营的训练。亚登继续就善终和自我超越这一话题展开硕士论文研究，论文用到了他作为晚期病人护理志愿者的工作经历，这项工作是宾夕法尼亚大学应用积极心理学硕士项目的组成部分，他在学校同纽伯格以及当代积极心理学创立者马丁·塞利格曼共同开展研究。亚登现在在宾夕法尼亚大学塞利格曼门下攻读心理学博士学位，致力于通过科学研究来理解这些体验的因与果。

正是这个自我超越和幸福的交汇点给了亚登灵感，他于 2017 年完成了论文《自我超越体验之种种》，这篇论文的共同作者为乔纳森·海蒂、拉尔夫·胡德、大卫·瓦戈和安德鲁·纽伯格——一支由专家组成的梦之队，文章发表在《普通心理学评论》上。[23] 这篇文章整合了自我超越体验（为了同马斯洛的措辞一致，后续简称为超越体验）方面日益丰富的心理学文献。

超越体验的其他名称 [24]

神秘体验（Mystic Experience）

高峰体验（Peak Experience）

宗教、精神和神秘体验（RSMEs）（Religious, Spiritual, and Mystical Experiences）

净光（Clear Light）

宇宙意识（Cosmic Consciousness）

去自动化（De-automatization）

寂灭（Fana）

神秘结合（Mystical Union）

心流体验（Flow Experience）

最优体验（Optimal Experience）

提升体验（Elevating Experience）

上帝体验（God Experience）

强烈体验（Intensity Experience）

内心之光（Inward Light）

爱的火焰（Living Flame of Love）

爱火（Love-Fire）

神圣体验（Numinous Experience）

客观意识（Objective Consciousness）

上帝所赐超越一切理解的平和（The Peace of God, which Passeth All Understanding）

三昧（入定）（Samadhi）

开悟（Satori）

萨满出神（Shamanic Ecstasy）

音外寂静（The Silence Beyond Sound）

阈下意识（Subliminal Consciousness）

研究人员将超越体验定义为"以自我感降低、联系感上升为特征的短暂精神状态"。自纽伯格所做的早期工作以来，进一步的研究证实，有过神秘体验和出体体验的人的上顶叶和下顶叶及颞顶联合区——一片代表自我和他人边界以及自我中心空间意识的大脑区域——活跃度有所下降。[25]亚登及其同事指出："这种解释强调了大部分恐惧和焦虑是从身体和社会自我可能遭受的危害中形成的，因此，当自我短暂消失时，一些恐惧和焦虑也可能随之消失。"

在极端情况下，超越成了一种同一切彻底融为一体的感受（"绝对统一的存在"），²⁶ 这个统一体包含其他人（社会环境），以及所有的存在、自然和宇宙（空间环境）。① 詹姆斯观察到，神秘体验的一个极端后果是感到宇宙如家。²⁷

但并非所有的超越体验都如此神秘，也存在强度和一体程度各异的多种神秘体验。有一种"一体连续体"²⁸ 就涵盖了多种与日常相关的体验，包括：深深沉浸在一本引人入胜的书中、体育表演中或创造性活动中的体验（心理学家米哈里·契克森米哈赖称之为心流体验），²⁹ 深入的正念禅修体验，³⁰ 感恩无私善举，³¹ 同爱人融为一体，³² 因观赏日落或仰望群星而心生敬畏，³³ 被某事（比如一位激励人心的榜样、精湛的表演、充满智慧的思想或高尚的举动）激发、启迪以至于你会有一种"超越的觉醒"，³⁴ 以及异乎寻常的神秘启示。³⁵

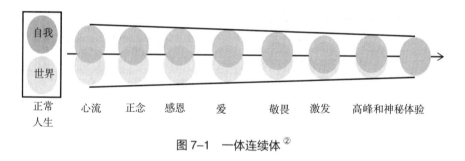

图 7-1 一体连续体 ②

尽管超越体验的形式各式各样，但它们的共同之处在于体验者与他

---

① 神秘体验的一个重要衡量手段为神秘体验问卷，它由四个维度构成：神秘性、积极心态、时空超越和无法言说。当四个子量表的得分均大于等于最大可能分数的 60% 时，研究人员就会将这个体验判定为一次"完整的神秘体验"。参见 Barrett, F. S.,Johnson, M. W., & Griffiths, R. R. (2015). Validation of the revised Mystical Experience Questionnaire in experimental sessions with psilocybin. *Journal of Psychopharmacology, 29*(11),1182–1190.

② 这张概念图改编自亚登等人 2017 年的文章《自我超越体验之种种》，它展示了在不同超越体验中，自我与世界的联结水平各不相同。为了清楚示意与说明，我将其列在此处，但仍需进一步的研究来丰富这一模型。

人、世界和自我的联系的边界变得模糊。威廉·詹姆斯觉察到了超越体验的这一核心方面："回顾我自身的体验，它们全都指向某种洞见，我不禁觉得这有某种形而上的意义……仿佛世界——它的矛盾性和冲突性造成了我们的一切困难和麻烦——的所有对立面都融入统一体之中。"当代研究表明，意识的超越状态同良好的心理健康状况有关，包括家庭生活的积极变化，对死亡的恐惧减弱，更好的健康状况，更大的目的感，还同利他及亲社会行为的动机增强有关。[36] 在超越体验过程中发生的那种自我缺失似乎对健康和成长十分有益。这就引出一个问题：哪种形式的自我缺失同这些体验存在明确的联系？

健康的自我缺失

> 我们的确可以将大部分时间花在争取个人利益之上，但我们都有超越自身利益、成为整体的一部分的能力。它并非只是一种能力，它也是很多最珍贵的人生体验的开端。
>
> ——乔纳森·海特《正义之心》（2012）

当我们被不安掌控时，即当我们感到不安全、不被接受和尊重时，我们常常就会不知道自己是谁，不知道自己真正的身份是什么。这时，这个世界就会令人感到不那么真实，而且我们会感到同他人越发失去了联系。这种形式的自我缺失深受环境影响，常常造成过度的自我关注，包括对失去自我控制的恐惧，以及同人格结构的其他部分健康整合的缺失。

可是，发生在超越时刻的自我缺失，常常会有一种被放大的纯粹的存在感，而且这种体验常常会令人感到"比真实还要真实"。[37] 威廉·詹姆斯将这种感受称为神秘体验的纯理性特质。[38] 此外，体验者在描述这种真实感时使用的语言表明，这种感觉同更大的整体、包容以及物理上的接近有关，比如，他们会用"全部""一切""我们""亲近"等描述，而且第一人称代词"我""我的"使用频次更低。[39]健康的自我缺失并不涉及恐惧，相反，它的特点是充满好奇心、对当下的开放性和注重自己的内心体验。

健康的自我缺失类似于被马克·利里称为"轻自我"（hypoegoic）的意识状态。[40]利里认为："处于轻自我状态中的人们首要关注的是当下的情境，极少对自己的思想、动机和感受进行内省。他们主要以具体而不是抽象的方式来思考和评价自己，对于别人对他们的感知和评价则很少给予关注。"[41]轻自我状态类似于安静自我（参见第五章），自我的真正宁静同强大的自我感、强烈的真实感密切相关。事实上，那些自我防御程度较低的人常常有最强的自我感，正如哈佛心理治疗师杰克·恩格勒所说："只有先成了一个人物，你才能够变得默默无闻。"[42]

在马斯洛 1962 年的文章《作为深刻身份体验的高峰体验》中，他力图理解这一看似矛盾的现象，他注意到："身份、自主、最大限度的自我实现本身就同时是一种超越自身的体验，超越并高出了自我。之后，这个人的自我就会消失。"[43]尽管马斯洛承认他并不能充分理解这个悖论，可他还是试着对这些能够实现超越的自我做出了进一步的描述："自我意识或自我观察通常会伴随我们，但是，无论是在高层次的高峰体验中，还是在低层次的在欣赏电影、小说、足球赛时忘记了自我和自己的外表、忧虑以及小伤小痛，我们之所以会产生自我意识或自我观察，目的在于降低沉迷、发生兴趣、专心、分心或是被'带离自身'的程度。自我超越时，这两者会全然消失，从而给人愉悦的感受。"[44,45]

我们再一次看到自我实现者消解了常用的二分法。我们总是将强化的联结感看作个体意识的对立面，可是正如马斯洛所说，这种二分法在自我实现者那里被消解了："事实上，自我实现者既是最具个性的，同时也最具利他性、社会性，且最关爱全人类。我们的文化却总将这些特质置于一个连续体的两极，这显然是一个必须立刻更正的错误。这些特质相伴相生，且这种二分法在自我实现者那里会被消解。"[46]

超越体验中最普遍的感受就是敬畏感。大卫·亚登告诉我，他在做讲座时，曾要求有过"与万物融为一体"的感受的人举手，结果只有大约1/3的听众举起了手。他接着告诉人们，如果曾有过深刻的宗教体验或是改变人生方向的觉醒，请举手。通常在这种情况下，举手的人会略多一点。最后，亚登问，是否有人曾"感到敬畏"，这时，几乎所有人的手都迅速举了起来。因此，亚登将敬畏感称作"人类共同的精神体验"。

敬畏：人类共同的精神体验

> 最幸运的人会带着敬畏、愉悦、惊奇乃至狂喜，以天真而又充满新鲜感的目光不断地欣赏着生命中种种最简单的美好。
>
> ——亚伯拉罕·马斯洛《存在心理学探索》（1962）

尽管敬畏和惊奇的概念在哲学和宗教领域有着悠久的历史，但在将这两个概念引入心理学方面，詹姆斯和马斯洛起到了推动作用。当今，有关敬畏的大部分当代研究源于2003年达契尔·克特纳同乔纳森·海特共同撰写的文章——《认识敬畏：一种道德、精神和美学情绪》。[47] 作者认为，对于敬畏体验，存在两种不可或缺的主要认知评价：对广阔的感知和对敬畏的心理加工。广阔不一定需要切身感知（比如亲眼看到大峡谷），它也可以是抽象而概念化的，比如冥思永恒。敬畏是一种不同寻常的复杂情绪，原因在于它能将不轻易同时出现的情绪，如狂喜和恐惧，混合起来。[48]

在《认识敬畏》一文发表后，相关研究将敬畏同生活满意度的提升[49]、一种从容的感受[50]、慷慨和助人行为的增加，[51] 以及攻击性降低[52] 联系起来。敬畏还可以影响我们感知自己身体的方式，使身体在我们眼中越发渺小，[53] 暂时地强化宗教和精神上的感受与行为，[54] 以及超自然信念，并更可能在随机事件中使我们感知到人的能动性。[55]

2014 年，在宾夕法尼亚大学，当我和亚登的研究领域出现交集时，我俩因共同的研究兴趣紧密地联系起来，几乎当即在多个项目上展开了合作，包括我在第五章所呈现的光明三联征研究。亚登观察到，有关敬畏的实验缺少一种对敬畏状态的可靠的量化标准，因此，为了尽可能地全面，我们以过往文献中对敬畏各个方面的描述为基础，设计了一份量表。[56] 同项目的其他合作者——伊丽莎白·海德、安德烈亚·加焦利、张家威以及达契尔·克特纳一道，我们告诉被试者："请花几分钟时间想想最近的一段时期里您感到强烈敬畏的时刻。"同时，我们让被试者就他们的体验写下几段话。[57] 以下是部分匿名答复：

> 寒假期间，当我将目光投向湖泊的那一刻，我立即进入敬畏的情绪之中。我的下巴几乎掉了下来，感到非常震惊——那色色真的太美了！我的眼前一亮，此情此景带来的强烈的喜悦、慰藉和敬畏感令我笑逐颜开。

> 我上一次体验到敬畏感是在我观看女儿用萨克斯演奏《平安夜》时。她是学校爵士乐队的成员，在今年的学校演奏会上得到了独奏的机会……那次演奏令我惊叹。

> 令我感到强烈敬畏的一刻发生在我和妻子在落基山脉度蜜月时。我从未走出过密苏里州，像山脉那样雄伟的事物是我无法想象的。

大部分受试者将自己的敬畏体验评价为"十分积极"。我们要求受试者明确指出是什么引发了他们的敬畏体验，结果发现，"自然景色"是最常见的诱发因素，尽管他们也提到了其他诱发因素：了不起的技能、"遇见上帝"、伟岸的美德、建筑或纪念碑、强大的领袖、宏大的理论或想法、音乐、艺术、顿悟。第二个最常见的诱发因素是"其他"范畴。同马斯洛的观察一致的是，一些人认为分娩也是敬畏体验的一种诱发因素。

接着，我们要求被试者填写了一份量表，表中包含我们为测量敬畏体验划分的几个维度。敬畏体验量表的六个方面包括：广阔（比如，"我感受到了一些比自己更大的东西。"）、适应需要（比如，"我很难全面理解这种体验。"）、时间（比如，"我感到一切在一瞬间慢了下来。"）、自我缩减（比如，"我感到自己的自我意识减弱了。"）、联结感（比如，"我感到同人类有着亲密的联系。"），以及物理感受（比如，"我直打冷战。"）。

我们发现，敬畏体验的这六个方面在很大程度上彼此联系，这表明它们的确倾向于在敬畏体验中同时发生。整个量表同多个重要变量有关。首先，敬畏感越强，敬畏体验的强度就越高。敬畏体验同更高水平的惊奇、好奇、灵感、满足、欣赏、爱、信任、幸福和愉悦等感受相关。

同敬畏体验有关的不适情绪仅有压力感、紧张感和被征服感。这符合敬畏本身的特点，即它是一种兴奋与恐惧感/崇敬感的独特结合。[58] 同敬畏体验有关的最显著的人格特质是经验开放性。考虑到经验开放性也同心流、专注、对美的鉴赏力，以及其他超越体验相关（参见第四章），这种联系非常合理。

最后，我们发现敬畏体验同宗教信仰并没有直接联系，却同灵性、参与宗教仪式，以及祈祷、冥想显著相关。因此，尽管宗教包含的不只是超越体验——宗教还发挥着基本的社会以及社会群体的建构功能[59]——但我们的研究的确表明，特定的精神实践、仪式和干预手段可能更能提高我们所有人的敬畏感，激发其他超越体验，无论我们有没有以及有什么样的宗教信仰。[60]

改变心智的干预

> 或许一些药物……可以用在没有高峰体验的人身上，借以制造
> 出一种伴有核心宗教启示的高峰体验，因而弥合人类这割裂的两部
> 分之间巨大的分歧。
>
> ——亚伯拉罕·马斯洛《宗教、价值与高峰体验》（1964）

2012 年 4 月 15 日，在图森飞往拉斯韦加斯的途中，凯瑟琳·麦克莱恩"死了"。麦克莱恩一直非常焦虑。某些事会让人短暂地摆脱焦虑，比如冥想、专心致志地工作。可是在那一天，一切都变了。

那时，麦克莱恩在约翰·霍普金斯大学医学院跟从罗兰·格里菲思从事精神药理学博士后研究已有两年，她以迷幻剂科学家的身份在那里工作，做合法的赛洛西宾（"神奇蘑菇"中发现的主要化学物质）实验。一天，在她同一位老师一起去开会的途中，这个老师说了一些引人深思的话。

谈话结束以后，麦克莱恩去看了瀑布，坐下来进行呼吸冥想，此时一个问题突然出现在她的脑海之中：我在哪儿？她一问出这个问题，"一切便消解在这个能量旋涡之中。这很可怕，因为我感到我仿佛被吸入了这个旋涡之中，它不关心人类，不关心地球上的生命，不关心我是否还回得来"。但是在她回归身体之中后，一切都变得"光辉闪耀、精彩美好"。她说："能拥有一具身体并且活着令我十分感恩。而且我认为地球就是生命的天堂。"结果证明，这一切都只不过是她"死亡"的第一步。

几天以后，在她就赛洛西宾做出第一次重要的公众演讲之后，麦克莱恩踏上了归家之途。当迈向通往飞机的登机桥之际，"我突然知道自己要死了。我就是知道了"。当她靠近座位时，她开始感到恐惧。"我在冒汗。我要想出一些借口让自己离开座位，下飞机。"她讲述道。但是她留了下来。或许这只是几天前发生过的那种冥想体验，但她向当下屈服了，她无

THE NEW SCIENCE OF
SELF-ACTUALIZATION

自我

[美] 斯科特·巴里·考夫曼
(Scott Barry Kaufman) 著
辉柯 译

TRANSCEND

马斯洛需要金字塔的新层次

超越

SELF-ACTUALIZATION
自我实现

ESTEEM NEEDS
尊重需要

BELONGINGNESS
AND LOVE NEEDS
归属与爱的需要

SAFETY NEEDS
安全需要

PHYSIOLOGICAL NEEDS
生理需要

欢迎联系心理主编信箱，
获取更多线上读书沙龙内容和免费课程。
xinli@citicpub.com

法控制任何事，于是她开始呼吸冥想，仿佛每次呼吸都是她的最后一次。此时"死亡"发生了。

"死亡那一刻实际上颇为扫兴。"她说，"事实上，什么都没发生。好像只是标着'凯瑟琳·麦克莱恩'的电灯开关被关上了。我记得我睁开眼睛看向窗外，脑中想着：'噢，原来是这样。'"她当即感到一种解脱和彻底的自由，但紧接着恐惧袭来。"我清楚自己没办法回去了。当我走下飞机，一切变得古怪而又不真实，仿佛这个世界的音量被调大，而且很难分辨方向。"之后数月，她感到自己仿佛陷入生死之间。"我脚下的地面仿佛在流动，而且有时在我看镜子时，一个病态的'尸体'在回望我。"对于"死过"但仍然活着这一新的现实，麦克莱恩艰难地适应着。

最终，麦克莱恩不再试图理解在她身上发生了什么，而是开始享受这一体验。她充分接受了所发生的一切："仿佛一直与我相伴的大部分恐惧感已然消失，但我的很多其他部分还在那里。我忘记了怎样害怕，而那正是世界打开的那一刻。在那样的时刻，我周边的所有事、所有人好像都完美到我无法承受的地步。一切似乎皆有可能，而我则感到能活在一个熠熠生辉的奇妙世界是如此幸运。"

当然，药物干预并非实现这一巨大视角转变的唯一路径。超越体验也可以由各种冥想和祈祷行为引发。[61]

一些研究人员，包括芭芭拉·弗雷德里克森、达契尔·克特纳、帕蒂·范·卡普兰，以及瓦西利斯·萨罗格鲁，已经开始将"诱发敬畏"的方法应用到自己的研究中来。他们给受试者观看激发敬畏的建筑或自然风景的图片和视频，之后让受试者写下或阅读一篇关于敬畏体验的文章，或是让他们做仁爱冥想。[62]

还有一些有望帮助人们强化超越体验的技术。历史学家尤瓦尔·赫拉利注意到，这些技术拥有改变人类未来进程的潜力："可是，在未来，强效药物、基因工程、电子头盔，以及人脑—电脑直连界面可能会开拓出直达内心世界的通道。正如哥伦布和麦哲伦驾船远洋去探索新的岛屿和未知的大陆一样，有一天我们也可以开拓我们的内心世界。"[63]

在这些能够引发敬畏情感的技术中，虚拟现实是一款极具前景的工具。某些最能激发敬畏感的体验——比如登临山峰之巅，或是从太空视角俯视地球[64]——很难在实验室环境中再现，却在虚拟现实技术中变得越发逼真。如赫拉利所言："模拟一个令人几乎无法与真实世界区分开来的虚拟世界，从理论上说是可行的。"[65,66]

虚拟现实技术还能帮助住院人员或残障人员，一般来说，他们是没有机会在巴黎街头漫步、攀登珠穆朗玛峰或环绕地球飞行的。（应该说，大多数人都不能攀登珠穆朗玛峰或进入太空。）[67]艾丽斯·基里科及其同事一直在实验室中尝试通过让受试者体验虚拟的360°的森林来诱发他们的敬畏感。这种环境能够提升敬畏体验的强度，强化临在感，并提升创造性思维。[68]

非侵入性脑刺激是另一项颇富前景的能诱发超越体验的技术。尽管存在一些侵入性人脑刺激技术——比如脑深部电刺激和电休克疗法，但非侵入性脑刺激技术在提升幸福感和引发超越体验上正在显现出潜力。其中包括经颅磁刺激（TMS）——一种无创技术，这需要使磁脉冲穿过头颅，射入大脑皮质，对特定的神经元集群产生作用。[69]另一种非侵入性技术是经颅直流电刺激（tDCS），它会根据（低电压）电流强度，增强或减弱皮质兴奋度和神经元在大脑目标区域的兴奋度。[70]近期研究显示，经颅磁刺激和经颅直流电刺激都会以某种方式对认知和行为产生影响，包括悟性、想象力、道德情操、学习能力和注意力的提升和抑郁性反刍思维的减少。[71]研究显示，经颅直流电刺激甚至可能会减轻实施攻击和性侵害的欲望，而且会强化道德认识，即认为这样的暴力行为在道德上是错误的。[72]

心智改变干预的健康整合

随着技术的发展，对技术使用进行伦理考量就变得越来越重要。[73]很重要的一点是，强化超越体验的技术在多大程度上存在限制人的自主性与意义感的风险。努力克服困境的过程也能赋予我们人生以意义。大多数人都会选择自主和偶尔奋斗的人生，而不会选择随时随地都可以获得一番快乐的体验或超越体验的人生。[74]

亚登和麦克莱恩两人体验的相似之处引起了我的兴趣。对于他们来说，人生巅峰似乎紧随人生低谷而来。马斯洛意识到高峰体验在一些人群中发生的比例很高，即"那些克服逆境的人，那些因逆境而变得强大而非弱小的人"。[75]纽伯格告诉我，他的研究发现之一是：很多人都是在经历了某种强刺激性事件之后紧接着进行冥想，因而感受到了最不同寻常的高峰体验。[76]好像最深刻的人生体验即我们赢得了某个看似威胁生命或不可能获胜的斗争，之后充分地接受这一体验或是对这一体验加以冥想并获得深刻见解：哇，我没有必要忍受恐惧！

因此，同"如何强化我们的超越体验？"这一问题同等重要的或许是"我们如何能将超越体验整合到日常生活中？"。2014 年，凯瑟琳·麦克莱恩离开了学术界，专注于创造"健康的药物使用"的新途径，引领麦克莱恩当下工作的一个关键问题是："我们应如何利用高峰体验帮助人们创建健康的群体，成为更好之人？"[77]

在 1966 年 11 月 29 日写就的一篇名为《药物-批评性分析》的未发表文章中，马斯洛注意到，如果你已获得成功，无论是通过勤恳工作还是通过掌握一门手艺来赚取收入，那么你的成功就是健康的，但是，如果你的成功并非通过努力得来的，那么它就是病态的。[78]马斯洛认为真正的、有持续效果的自我实现不存在捷径，没经过一番艰苦的内心整合，突然降临的超越体验可能带来危险。"我认为，比起买来的幸福，争取来的幸福显然更美好。"马斯洛在另一封信中写道，"我想未经努力到达的天堂是毫无价值的。"[79]"我们应当建造一架直达珠穆朗玛峰峰顶的自动扶梯吗？我们应当在荒野中修建更多的公路吗？总体而言，我们应当把生活变得更容易吗？"[80]

　　尽管马斯洛承认高峰体验极其重要，具有变革性的潜力，且能够向人展示人间天堂是有可能存在的，可是他却越来越相信，对整个人的透彻理解需要将高峰体验同一个人持续不断的意识流健康地整合起来，并利用这一点来让自身和世界都变得更美好。

　　1968 年春，马斯洛接受了其好友沃伦·本尼斯对他的长篇访谈，访谈的目的是制作一部纪录片，名为《我就是亚伯拉罕·马斯洛》。访谈地点在布法罗，时间刚好在马斯洛即将出发前往俄亥俄州哥伦布市之际，马斯洛此行是去庆祝外孙女珍妮的生日。（马斯洛在他的日记中记下了数次与珍妮在一起时经历的高峰体验。）在纪录片拍摄期间，马斯洛告诉本尼斯，他即将见到一种新的人类、社会和宗教形象——那是"普世主义的一个基础"。如他所说："美好社会必须是一个大同世界。民族主义已经消亡，尽管它自己还未意识到。善人一定得是这类人中的一员，他们也必须知道这一点。"对马斯洛而言，两个核心问题是：人性能让社会达到哪种高度？社会又能让人性达到哪种高度？

　　摄像机关掉以后，马斯洛转身向本尼斯说道："我不得不做出一个重大决定。"自从他近期心脏病发作以来，他间歇性地感到胸痛、心悸、失眠、"病态的疲劳"、四肢乏力、虚弱、颤抖和抑郁。[81]他清楚现在着手写作会耗费他多少精力。"我完成了自己期待完成的所有心理学作品了吗？"他自问道。马斯洛解释说，他的朋友比尔·劳克林，萨佳食品公司主席兼首席执行官已给他一次难得的重返加州并偶尔为该公司提供咨询的机会，那会给他充足的自由时间来写作。马斯洛接着告诉本尼斯："我迟疑了数日，之后，在获得柏莎的许可后，我拒绝了一切大学的邀请，决定前往西部，把全部时间用于写作。我将切断同一切外部环境的联系——不论是哈佛这样的大学，还是布兰迪斯这样的大学。我打算留下自己的绝唱，甜美而又欢欣的绝唱。"[82]

第八章

Z 理论：走向人性的更深层次

如果不考虑一个人的最高志向，那么你永远都不能理解他的人生。

——亚伯拉罕·马斯洛《动机与人格》（1970 年修订版前言）

第三种心理学正在引领第四种心理学的到来，即研究超越体验和超越价值的"超人本心理学"。

——亚伯拉罕·马斯洛《人性的更深层次》演讲

于旧金山一神教堂（1967）

或许没有哪个词会像"超越"一样被人赋予了如此多的意义。事实上，当我告诉人们我正在写一本有关超越的书，他们总是不可避免地问道："可是超越指的是什么呢？"在其 1969 年的论文《超越诸解》中，马斯洛提出"超越"一词的 35 种概念化方式——从失去自身意识之意，到一个人自我的超越，到对自然世界的接纳，到对二分法的超越，到对他人依赖的超越，到超越"我们-他们"的二分的民族主义、爱国主义或种族主义，到超越时空，到超越平凡、日常的人性而去追求更高的人性，再到超越人性，体验"宇宙意识"。

看着这么多的定义，我们不禁要问：哪一个才是真正的超越？请真正的超越站出来，好吗？我希望到目前为止，你已经意识到这个问题本身并非一个合适的问题。依我看，最健康的超越形式并不在于存在的某一个方面，而在于对整个存在的健康整合。

基于马斯洛的作品，以及同自我实现和人性的高度相关的当代心理学研究，我对健康的超越做出如下定义：

> 健康的超越是整个自我的和谐整合，是有利于建设美好社会的新现象。

我认为这种超越是最健康的超越形式，它并非要将我们的某些部分或其他人弃置不顾，也不是要凌驾于其他人性之上。健康的超越并不是在人类存在之外，也并非比人类存在更高级，而是人类整个存在的一个和谐的组成部分。它也不是个人能真正达到的一个层次，而是指引所有人的北极星。简单地说，健康的超越需要利用你自身的一切，做到最好的自己，进而提升整个人性的高度。

一些人在不断地被这些更高的价值和更高层次的体验激励着。对于这些"超越者"来说，自我实现仅仅是一座通往超越性存在状态的桥梁。这些超越者向我们展示了人类的种种可能性，展示了作为一个物种我们能够有何作为。

超越者

早在 1967 年，马斯洛就已开始想要弄清楚是否真的有不同类型的自我实现者。在 1967 年 5 月 28 日的一则私人日记中，他谈到了"各种深刻的见解"，包括关于自我实现的"一项重大发现"。"我本打算写一篇有关自我实现的评论文章并发表，但因故未能实现。"马斯洛在日记中写道，"我想我现在知道原因了。我无意识地使用了一种潜在的错误标准，因而没能选择超越健康的自我实现。"[1]

几周后，在同其友人、人格学创立者亨利·默里交谈之后，马斯洛在日记中就这一感悟进一步写道：

> 我把自己的新发现告诉了他（即亨利·默里）……比起没有任何症状的健康人，存在之人（B-person）可能会有更多症状、更多价值观上的病理表现。或许，仅在不知道或不关心存在域（B-realm），且从未在高峰状态体验过存在域（现在这个说法也得修正了）的情况下，一个人才会没有任何症状。有价值观上的病理表现要比没有相关症状处于"更高"的层次（或许也在存在的意义上更为健康？）……价值观症状可以说是一项很高的成就，而且人们应该尊敬那些人，通过受挫的理想主义的种种表现，人们可以在那些人身上看到美好的存在域，他们正在为之努力，很有可能最终到达那里……比起那些满足于自我实现并因此止步不前的人，那些不停奋斗并向上进取的人真的有更好的"预后"……（我真的是一直在追捧和称赞价值观上的非常规表现！）[2]

我们应该重视马斯洛这一深刻的见解。马斯洛意识到的是，在他的需要层次中，仍缺少一种动机，那并不仅仅是一种短暂的高峰体验。[3]这一区别意义重大。尽管高峰体验具有巨大的变革性潜力，任何人——无论其最高动机是什么——都可以短暂地经历高峰体验（正如不论最高动机是什么，任何人都可以短暂地经受饥饿、孤独或者自尊的打击一样）。可是，尽管他囊括在"自我实现者"这个大概念下的人往往以健康和成长为动机，但他们最高的动机似乎是为了超越体验和超越价值而不断努力。重要的是，这些人的主要动机并非获得幸福，事实上，他们中的很多人都在努力实现心中关于人类的愿景（这些愿景常常来自高峰体验）的过程中不断地经历着挫折。

第二年，在同人本主义心理学家威拉德·弗里克的一次谈话中，马斯洛进一步指出："我们已经可以在诸多层面上谈论自我实现者，远比我十年前想象的多。"⁴他注意到自己结识了一些人，"他们拥有一切……却感到自己十分不快乐，不知路在何方，蹒跚而行，到处跌跌撞撞，做了许多糊涂事和蠢事"。他将那种人同所有需要都得到满足，没有神经性疾病，且能很好地运用自身能力，但"仅是健康而已"的人区分开来。

然后，他指出还有一种人做到了自我实现，但那类人是"超越者"。对马斯洛而言，这些人的价值观蕴含了开悟的菩萨道——"他们提升人性或帮助他人……单纯地想让他人和自己成为更好的人，并最终超越自我。"

马斯洛得到了令自己兴奋不已的新感悟，并把这些想法写进了1969年的名为《Z理论》的论文中，发表在《超个人心理学杂志》第二卷。为了强调"超越者"和"仅是健康而已之人"的区别，马斯洛表示仅是健康而已的人仅达到了道格拉斯·麦格雷戈的Y理论的标准：他们不受匮乏需要的牵绊，由实现个人潜能，发展个人身份、个性与独特性的渴望驱动着。"这样的人活在世上，是来达成成就的。"马斯洛说，"他们操控世界、引导世界、善意地利用世界，正如（健康的）政治家或是务实主义者所做的那样。"⁵

尽管超越者也满足Y理论，可是马斯洛认为，他们同时也超越了Y理论，他们更频繁地得到"启迪、洞见或认知，不定期地或常态性地改变他们对世界和自我的看法"。⁶马斯洛提出，超越者的动机超出了基本需要的满足和个人独特自我的实现，他们的更高理想和价值受"超越性动机"驱使。这些超越性动机包括献身于某种外在的召唤，以及全身心投入终极价值或 B 价值，也就是存在价值。马斯洛所谓的存在价值包括：真、善、美、正义、意义、幽默、活力、独特性、出色、单纯、优雅和完整性。

马斯洛观察到，当他问超越者为什么要行所做之事，以及是什么让他们的人生有意义时，他们经常提及上述价值。至于他们为什么要将如此多的时间投入他们关心的事业之中，他们并没有做出更多的解释——这些事业创造的价值对其他事情既没有直接影响，也不是达到其他目标的手段。当马斯洛问道，"可你为什么会如此关注公正？"答复者一般会沿着"我就是关注而已"这种逻辑回答。马斯洛认为，"元需要"（meta needs）的满足在"避免疾病、实现完整性或充分成长"方面是必要的："这些元需要值得人们去为之而生、为之而死，思考这些元需要或与之融为一体都会给人带来无上的喜悦。"

马斯洛还提出一种有趣的见解，即剥夺存在价值（B-values）可能会造成"超越性病态"，而且这种受挫的理想主义可能会引发"超越性牢骚"。马斯洛认为，超越者的这些超越性牢骚可能是其心理健康的一个指标。事实上，抱怨缺乏安全、地位、金钱、权力、尊重、接纳和情感，确实与抱怨世界上极度缺乏美、幽默、善良、正义、独特性、完整性和意义是不同的。

在论文中，马斯洛概述了超越者和健康者之间在自我实现的程度上的一些区别，强调非超越性和超越性自我实现者都有他最初描述的自我实现者的全部特征，但超越者在以下方面超越了那些特征：

马斯洛的超越者特征[7]

- 对于超越者来说，高峰体验和高原体验成了他们人生中最重要的事件、最精彩的部分，是生命的验证，是人生中最宝贵的一方面。
- 超越者会轻易、自然并无意识地说起存在语言（B-language）——诗人、神秘主义者、预言者、笃信宗教者、从永恒的方式生活的人的语言。

- 他们在世俗里感知神圣性，即万物的神圣性，与此同时，他们也能在日常实践中看到这些神圣性。他们可以随意将一切事物神圣化，即以永恒的方式感知一切。这种能力是附加在良好的现实检验能力之上的——两者并非是彼此排斥的关系。

- 他们更加有意识地以存在价值为动力，比如完美、真、美、善、一致性、超越二分法和存在性质的娱乐活动（B-amusement）等。

- 他们好像可以以某种方式认出彼此，并且几乎可以当即建立一种亲密关系，并能相互理解，哪怕是初次相遇。

- 他们对于美更敏感，或者更确切地讲，他们倾向于美化一切事物——包括在大多数人看来丑陋的事物。

- 同"健康的"或务实的自我实现者（这些人也同样持有整体观）相比，他们更能以整体的方式看待世界。人类是一体的，宇宙是一体的，而诸如"国家利益""父亲的宗教信仰"，以及"人类的等级"或"智商水平"之类的概念要么已经不再存在，要么被轻易地超越了。

- 与上述整体观有部分重合的是，自我实现者天然有着更强的协同倾向——内心的、人际的、文化内的和文化外的协同倾向。协同超越了自私和无私的二元对立，将两者都涵盖在一个上位概念之下。协同是对竞争性、零和、输赢博弈的超越。

- 他们会更频繁也更为容易地超越自我。

- 超越者不仅像所有高度自我实现的人一样可爱，还能激发人们更多的敬畏感，更"超凡出世，为人崇敬"。他们常常让人产生"这是个伟人"的想法。

- 超越者更容易成为创新者，也更容易发现可能存在的新事物，因此他们更容易发现什么是可能实现的。

- 超越者不及健康者"幸福"。超越者更可能体会极度的喜悦，体验更为深刻的"幸福"，但他们同样可能——也可以说更可能——对人们的愚蠢、自我挫败、盲目、彼此间的冷漠，以及短视感到一种形而上的或是存在性的悲哀（B-sadness）。或许这来自实际情况与超越者的理想世界之间的反差，超越者能够轻易而清晰地看到那个理想世界，而且从理论上来说，那是很容易实现的。或许这是这些超越者不得不付出的代价，因为他们能够直接地看到世界之美，看到人性中的神圣性，同时也能看到这么多的罪恶，看到对于美好世界而言定当需要的事物；这也是为人类之善付出的代价，而不是为了更高的智商，或是为某个具体工作提升专业性而付出的代价。

- 超越者可以轻松地同时生活在匮乏域（D-realm）和存在域，原因在于他们能够更轻易地将每个人神圣化。超越者能够看到一切最真实的神圣性，它存在于每个人、每个生命体，甚至美好的非生命体之中，他们几乎一刻都不能忘记。

- 超越者会发现，知识的增加与神秘感、敬畏感、谦卑感、无知感、尊敬感以及供奉感相关。大多数人追求知识意在减少神秘感并弱化焦虑，但是对于高峰体验者，尤其是超越者，以及自我实现者而言，神秘感引人着迷、富于挑战，并不令人生畏。

- 超越者更可能成为创造者（他们有时看起来十分古怪或疯疯癫癫）的伯乐。另一方面，超越者也更能筛选出没有创造力的怪人和疯子。

- 恶，从整体意义上来说，是不可避免且确有必要的，然而超越者却更可能"与恶和解"。这意味着更好地理解恶，因而这种理解既会对恶产生更大的同情心，同时又会引发一场针对恶的更加坚定的、不屈不挠的斗争。进一步而言，理解恶意味着更多决绝，更少冲突、矛盾、遗憾，更为迅捷、稳妥和有效地采取行动。如有必要，人们可以更富同情心地打倒邪恶之人。

- 超越者更可能将自己看作有天赋的人，超越个人意义的"工具"。这意味着他们对于自身有着某种客观或超脱的认识，对非超越者而言，这听起来则像是傲慢、自大，甚至妄想症。

- 无论是在有神论的意义上，还是在无神论的意义上，超越者都往往有一种深刻的"宗教虔诚"或是"灵性"，他们能够摒弃自身的历史、传统、迷信或约定俗成的意义。

- 超越者很容易就能超越小我、自我以及身份，并超越自我实现。未能实现超越的自我实现者的首要特征却是拥有强烈的身份认同，他们知道自己是谁、要到哪里去、想要什么、擅长什么，简言之，他们拥有强大的自我，善于真正地、遵从自己的本性来利用自身。当然，这并不足以描绘超越者——他们当然如此，但他们还不止如此。

- 因为超越者更容易感知到存在域，所以他们会有更多的终极体验，会更加着迷。我们在孩子身上能看到这种着迷状态——他们会为泥坑中的色彩、玻璃上滑落的雨滴、光滑的皮肤或是毛毛虫的蠕动而着迷。

- 超越者有时多少有些道家色彩，而仅是健康的人则更偏重实用。存在认知（B-cognitive）让一切看起来都更加神奇、更加完美，有着一切应有的样貌。因而，存在认知不会让人们轻易干预原本就很好的物体，更不会对物体做出改善或是加以干扰。他们只想盯着它、观察它，而不是对它做些什么或是用它做些什么。

- "后矛盾心态"可能是所有自我实现者更为典型的特点，也更可能是某些超越者的特点。这一术语源自弗洛伊德，它指的是全力以赴、无冲突的爱、接纳和表现，而不是更为常见的爱与恨的混合体——通常表现为所谓的爱或友谊、性欲、权威或权力等。

- 随着性格的逐渐成熟，更高级的报酬（超越性报酬）和回报（超越性回报）的重要性会提升，而钱和奖励的吸引力会减弱。当然，不管怎样，大部分自我实现者已经将工作和玩耍融为一体，他们热爱自己的工作。可以这样讲，他们为得到报酬所做的给他们带来内在满足感的工作，正是他们哪怕作为爱好也要做的事情。但超越者还会进一步寻求使高峰体验和存在认知更可能发生的工作。[8]

整体而言，"超越者"的特征代表了一套完整的世界观（Weltanschauung），它类似于马斯洛所说的"健康的孩子气"（healthy childishness）或"第二纯真"（second naivete），其中包含"人在各层面的真正整合"。[9]这种世界观既需要保障和成长需要的满足，但也超越了简单的需要满足。一名超越者能够自由地航行于匮乏域和存在域。

Z理论世界观充满了敬畏、美、惊奇、品味、探索、发现、开放性、整体感知、无条件接纳、感恩、存在之爱、存在性谦卑（对于个人能力的诚实评估，而不是隐藏自我）、[10]存在性玩乐、[11]自我超越、协同、统一、工作的内在动力，以及追求人生终极价值的动力。Z理论世界观中的一个关键即"超越二分"：一般而言对立的事物——比如男和女、心与脑、色与爱、善与恶、自私与无私、仁慈与残忍、喜与哀，以及神秘与真实——不再被一分为二地看待，而是都被看作更大的整合体之中的一部分。

Z理论世界观同其他心理学文献中关于自我发展的主要理论一致，比如简·卢文格提出的发展阶段中的整合阶段，爱利克·埃里克森的心理社会发展阶段中的繁殖和自我整合阶段，罗伯特·凯根的结构-发展理论的个体间发展阶段，以及苏珊·库克·格罗伊特的自我发展理论中的后习俗期。除了心理学经典文献以外，Z理论还同肯·威尔伯的整合理论中意识的最高状态，以及克莱尔·格列夫斯的螺旋动力学中的"第二层"也有关联。[12]

Z理论世界观与当代心理学对于智慧的研究惊人地相似。[13, 14]心理学研究在将智慧概念化时经常包含认知、情感和行为的整合，智慧包含以下能力：接纳不同意见，在受到挑战时不做出防御性反应，表达一系列不同情绪以获取意义，批判性地评价人类真理，以及意识到人类问题的无常和悖论性。[15]

正如临床心理学家迪尔德丽·克雷默所言："智者已然学会同时看到积极面与消极面，并将两者整合，创造出一种更人性化、更完整的自我意识，它包含人性中所有缺陷和弱点……智者似乎能够先欣然接受对自我的关怀，随后超越它，将其内省的能力与对人际关系深切、持久的关怀和相应而生的对他人的关怀结合在一起。"[16]智慧往往随着年龄而增长，而且有智慧的人经验开放度很高，具备自我检视和内省的能力，渴望个人成长，而且对自我认识保持怀疑态度，不断地质疑已有的设想和信念，探索和评估同个人身份相关的新信息。[17]

> 这个视角无关你的自我或身份，有需要时，你仍能清楚地看到你的全部自我或身份。

从 Z 理论的视角来看，你能带着爱和非批判性态度，俯视人类的全部需要，看到它们的整体性与和谐性，而不再把它们看作彼此孤立的需要。这个视角无关你的自我或身份，有需要时，你仍能清楚地看到你的全部自我或身份。确切地说，它就像一只海鸟的视角，海鸟可以自由地翱翔于人世之上，也可潜入其中，从任何角度进行观察。通过这种方式，健康的超越将帮助你在人生的风浪中前行。

至此，有一点已经很清楚：自我实现和自我超越可以彼此和谐共存。[18]我认为，将自我实现的东方、西方以及本土哲学观念真正整合起来不仅是可能的，而且，对于达到人性的最高层次而言，这也是必要的。成为一个完人需要对保障、成长和超越的层次进行整合。我们没有必要将这些存在领域彼此对立，在最高的层次中，它们将融为一个整体。

"我希望我已将自己的观点阐释清楚。"马斯洛在 1961 年的一次公开演讲中说道，"只有通过消解和超越原发与继发过程、意识与无意识、理性与直觉、科学与美学、工作与娱乐、抽象与具体、标签化与直接体验之间的对立，我们才能感知到世界和我们的全部。只有这样，我们才能创造全科学、全语言、全数学、全艺术、全教育和完人。"[19]

人类的可能性

> 或许人性已被低估……
>
> ——亚伯拉罕·马斯洛《人性的更深层次》讲座
>
> 于旧金山一神教堂（1967）

> 现在，是时候将我们对人性所有方面的理解加以整合，并通过这样的方式创建一门真正全面的心理学了。
>
> ——亚伯拉罕·马斯洛《在人本主义心理学的基础上创建一种新政治》（未发表）（1969）

Z理论世界观对于美好之人与美好社会有着深刻的启示，而且在人类的可能性这一点上展现了振奋人心的前景。我相信，在当下这个两极分化和非人性化的世界中，这种美好前景极为重要。在这一节中，对于人类可能成为的样子，我将提出自己的看法，我将秉承马斯洛的毕生使命，将人本主义心理学的核心原则融入人类行为和体验的每个方面。

首先，Z理论拓展了科学研究的话题范畴。[①] 在《人性的更深层次》的

---

① 在1966年的《科学心理学》一书中，马斯洛批评了科学的"去神圣化"。他认为，这样的科学"将超越体验从值得重视的已知和可知领域中排除，并对敬畏、惊奇、神秘、狂喜、美丽和高峰体验在科学中的系统性地位加以否认"。参见：Maslow, *The psychology of science: Areconnaissance*, p. 121.

演讲中，马斯洛注意到："当你打开通往价值、价值体验、高峰或超越体验的大门时，一个新的充满可能性的层面便会向研究者敞开。"[20]事实上，当代心理学多个领域的大量研究人员正在审视我们人性深处的文化、进化和生物学基础，包括人类的利他性、道德、爱、联结、希望、宽容、欢笑、感恩、冥想、灵感、灵性、高峰体验，甚至感悟重大神秘启示的能力。[21]尽管研究永无止境，但我还是愿意相信，如果马斯洛仍然在世，在看到我们在人性深处的内在潜能方面取得的进步后，他将非常高兴。

其次，Z 理论提供了一种新的人类关系图景——从友情、家庭，到浪漫之爱，再到性。马斯洛将每一种关系都看作需要层次的一部分，爱处于最高层，被视作"远不止双方相互满足"[22]的一些东西。正如前文所说的那样，无论是在教师-儿童关系、学生-教师关系、治疗师-患者关系中，无论是在工作环境里，还是管理与领导领域中，存在之爱都与匮乏之爱大为不同。

> 设想一下，如果学校不只是一个学习标准化课本的地方，同时也是充满惊奇、敬畏、自我实现，以及人性的希望的地方，学生会变成什么样呢？

以教育领域为例，真正的人本主义教育涉及全儿童的教育，重视儿童及其独特的个人目标、梦想和抱负，无论它们与教学安排有多大关系。[23]此外，设想一下，如果学校与生活的关系更加密切，如果孩子们从学校回到家中，又被鼓励着在剩下的时间里继续认识这个世界，又当如何？向学生灌输对于学习的喜爱就是灌输重要的存在价值，正如马斯洛所说："人本主义教育意味着将整个生活教育化，而不是让教育局限在校园之中或不在其他地方发生。"[24]

同样的原则也适用于治疗过程。如果我们将病人首先当作健全之人来对待，把他们身上的临床症状放在其次，那么治疗过程会有哪些不同？很多接受治疗的超越者表现出的症状都是理想受挫后的正常表现、是健康的，这些症状值得鼓励，而不应被看作应当用药物治疗且需同存在的其他部分断绝开来的事物。很多病人需要的是对其"黑暗面"的健康整合，而不是防范他挖掘潜力。

Z 理论世界观还会让我们体验到更深层的喜悦。马斯洛将与存在价值有关的喜悦称为"超越性享乐主义"（meta hedonism），他认为享乐可能存在不同的层次："最底层的是从痛苦中解脱，再往上有泡热水澡带来的满足感，同好友在一起的幸福感，美妙的音乐带来的享受，孩子诞生的喜悦，因体验最高层次的爱而产生的狂喜，最高层是与存在价值的融合。"[25]

试想如果我们都学习了喜悦可能达到的高度会怎样。研究表明，临床诊断为患有抑郁症和焦虑症的患者在接受十天道德提升干预（观察美德、慷慨与勇气之举）之后，帮助他人的行为增多，同他人的亲密度增加，人际冲突与痛苦症状减少。[26]有时，不满和抑郁情绪的解药是靠近存在域，并体验由此带来的超越性享乐。

性体验也是如此。超越性享乐主义的性体验是怎样的？如马斯洛所观察到的："从其最高级的形式上来说，尤其是在爱的关系之中，性可被视作高峰体验、神秘体验或一体体验的诱发因素——简而言之，性可被视为通往天堂的大门之一。这打开了一片可以进行科学探索的新领域，因为如果去研究大部人真实的性生活，从全部总体中采样，你会发现 99% 的人并不真正了解性生活的可能性，他们并不知道这种感受可能到达的高度。"[27]如前所述（参见第五章），存在之爱能够给人更令人满意和更为超越的性体验（存在之性）。

Z 理论世界观对于当下的种种分歧也有启发，它使得宗教或政治信仰不同的人得以拥有健康互动的可能性。正如马斯洛指出，我们可以将全部生命、所有个体都纳入"宗教化"和"神圣化"的讨论范畴，无须根据共同的身份、宗教或政治信仰来划分阵营。

以宗教为例，无论我们信仰什么宗教，我们都可以因为将一个物种凝聚在一起的共同精神体验而团结起来。"很典型的是，在宗教圣地或类似的地方，你一走进门，就会感受到一种宗教情怀，它会一直持续到你走出门之前。"马斯洛观察到，"然后你会释怀，直到下一次或进入下一个建筑你才会再次拥有这种情怀。"[28] 然而，马斯洛称："我敢说，（高峰）体验可以在任何时间，任何地点，在几乎任何人身上发生。"

尽管"神圣"这个词常带有宗教色彩，但马斯洛指出，任何人在任何地方都能感知到神圣感——尊崇、神秘、惊奇，以及敬畏的感受。试想我们不只在周日的教堂里能感到那种深厚的联结感和一体感，试想我们不只在做完礼拜后立即登录推特，把同我们意见不同的人召集起来，而且是在人生的每次邂逅中都保持那份神圣感。设想我们所有人这样彼此相待。

这对当下的政治格局也有着深刻的启示。马斯洛致力于创造一种新的政治手段，他称之为"心理政治"，其基础是人本主义心理学的公理，即人类的共性比人类的分歧更加深刻。设想一种"一个世界（one-world）"型政治：我们首先将他人看作人类的一部分，把他们的政治立场置于其次。

人本主义政治也基于一种对人类本性的现实观照，它既包含我们的保障需要，又包含我们的成长需要和超越需要。当然，政治家们很有必要重视安全、保障和归属需要，与此同时保持与环境的一致性。没有充分的稳定性，很难实现充分的成长。可是，马斯洛认为，我们不可以忽略自我实现与自我超越等种种可能性。"若没有法律和秩序作为坚实基础，就不可能有真正的成长。"马斯洛指出，"然而，如果一个社会止步于制定法律和维持秩序的层面，过分强调这种状态，个体的成长也可能会受到限制。"[29]

这就是保守主义者和自由主义者能够互为补充的原因——社会需要注重保留传统文化、维持社会稳定的当权者，也需要那些更关注平均主义的人，需要他们来关注脆弱和需要帮助之人的痛苦。[30] 事实上，保守主义者和自由主义者都有值得赞赏的一面，只是方式不同而已：保守主义同礼节、传统道德价值和狭义的人生观有关，如对友人、家庭和国家的投入；而自由主义同普世的同情心与平均主义有关。二者都能为一个世界型政治做出重要贡献。[31]

然而，对于健康的民主而言，最大的威胁却是我们彼此之间的敌意，以及那些行使着巨大政治权力的人之间敌意情绪的攀升。政治混乱和不平等会滋生敌意、怀疑和愤世情绪，因为它们激发了我们最为深切的不安全感。在安全感高度缺失的社会，人们的高层次动机会被搁置，有序、稳定和归属的需要变得更为迫切。可是，正是在这些动荡的情形下，我们才必须多加小心，保证我们没有忽略对存在之爱和存在价值的争取，否则可能会助长民粹主义和威权主义。

这与当下的世界局势息息相关。荷兰政治学家卡茨·穆德指出，民粹主义论述已成为西方民主政治的主流。[32]平民主义的核心特色是反建制，并强调"纯粹的人民"[33]的重要性。分歧并不在于自由主义价值观和保守主义价值观之间，而在于民众与当权者之间。

寻求荣耀的投机政客能够精准地操纵信息的传播，从而充分利用存在的匮乏域所具有的力量，以散播仇恨和恐惧。[34]世界范围内的多项大规模研究已经表明，民粹主义者的反建制主张会与具有高度敌对情绪的人们产生最大的共鸣。[35]从生理上看，那些倾向于对他人抱有敌意的人认为，反建制信息尤其能够激发他们的情绪。这种针对他人的呈螺旋式下降、不断恶化的敌意对健康的民主尤其具有威胁性。马斯洛在1969年的未发表的论文《在人本主义心理学的基础上创建一种新政治》中指出：

因此，至关重要的一点是，民主社会植根于对他人的一系列积极情感（比如同情和尊重），我们在理解人类的不道德行为时应该考虑到这一点。如果我们不信任他人，如果我们不喜欢他人，如果我们不怜悯他人，如果我们对他人没有对兄弟姐妹一样的情感，那么民主社会当然是不可能实现的。显然，人类历史中的很多例子都证明了这一点。[36]

最后，健康的自我超越为我们呈现了一幅新的人类文明图景。长期以来，社会利益和个人利益一直被看作相互排斥的，有时甚至是彼此敌对的（对个人有利的就是对文明有害的）。但是，如我们所见，随着我们不断地在整合的更高层次中攀升，情形就不一定如此了——个人的目的与价值可能会与那些对社会有利的东西协同起来。最健康的社会建立在一种对人类需要的现实观照上，它为身为社会成员的个人提供最能助力成长的机会。我们在多大程度上顾及了所有人满足其保障、成长与超越需要的机会？

能够提升这种协同性的社会结构变革方式当然是存在的。如早先提到的，马斯洛认为最健康的社会是那些"美德得到回报"的社会——换言之，奖励行为高尚的人，而不是富有或最有声望的人的社会（如黑脚印第安人的社会）。早期教育就可以采用这样的做法，具体方式包括对善举做出奖励，根据对学习的热爱程度而不是标准化考试成绩进行奖励。这样做不仅会令集体受益，而且也会提升社会中的个体奋斗目标的上限。

现在，是时候为我们的社会承担起责任，致力于创造一种有助于所有人自我实现与自我超越的条件了。我们可以在致力于让美好的社会更加美好的同时让自己变得更好。随着我们将视角转移到人性上来，发展美好社会便要从内心开始。这样一来，我们甚至可以超越自身的物理存在，在我们逝去后许久仍给将来的一代又一代留下影响。

终极未知

（人类境况的）反讽意味在于，最强烈的需要莫过于摆脱死亡和毁灭所带来的焦虑，但是生命本身却唤醒了这种焦虑，所以我们在充分地活着这件事上表现出退缩。

——厄内斯特·贝克尔《死亡否认》（1973）

我们可以体验到同比自身更伟大的东西的结合，在这个过程中，我们能感受到极致的平和。

——威廉·詹姆斯《宗教体验之种种》（1902）

几年以前，正当我着手写作此书之际，我经历了一场生存危机。我患上了某种良性疾病，并接受了一场手术，医生说死亡的可能性微乎其微。我还记得当时我想问："你是说死亡的可能性不是零？你的意思是我有可能死？"治疗按照计划进行着，但我突然意识到自己是会死的。因为某些奇怪的原因，在人生的近四十个年头里，我竟没有主动意识到我这条命，至少是这具身体中的生命，不会永远存在。而且我可以坦诚地说，这个想法真的把我吓到了。

为了让自己冷静下来，我读了人类学家厄内斯特·贝克尔经典的《死亡否认》一书。贝克尔大量引用了奥地利心理分析学家奥托·兰克的研究，他宣称"一切的背后"都回响着一种"隆隆的恐惧声"。贝克尔认为，这是"存在悖论"的结果：

这就是恐惧：一个人不知从哪里冒了出来，拥有了名字，又有了自我意识和内心深处的感受，有了对生命的苦苦渴求和自我表达——拥有了这一切后还是得死。[37]

我当然理解贝克尔描述的"隆隆的恐惧声"，但他提出的解决办法——包括"信仰的跳跃"，进入造物者所设、凡人无法理解的"无形之神秘境地"——没有为我解决"我"怎样活下去这个问题，即使我做出了这样的"信仰跳跃",也没什么帮助。

刚巧,一个机遇不期而至。一个在"矮马游泳"实验戏剧公司工作的朋友正在创作一个名为"结束"的互动游戏。我受邀参加,他们请我评估这个游戏能否提升人们的幸福感。我同意了。

这之后不久,我收到了一个包裹,里面有一本杂志、一副画着动人图案的卡片以及一封28天后的聚会邀请函,地点还未确定。我还收到一条短信,上面写着:"你好,我是'结束'。等你准备好参加游戏时请给我发短信。"哎呀,我到底掺和进一件什么样的事啊?

那个说自己是"结束"的存在向我解释了游戏规则。每一天,我都要随机抽出一张新卡片,按照卡片的要求进行一次探索,连续28天,天天如此。之后,我要同"结束"一起反思从这次经历中学到的东西,可以是在游戏中关于自我的发现,也可以是这次游戏体验同此前玩过的卡牌游戏的关系。带着"隆隆的恐惧声",我全身心投入地参与了游戏。

连续28天,我一直走在探索之路上,游戏强度越来越高,也越来越沉重,我做了有关广阔宇宙的冥想,写下了自己的讣告,在公墓中漫步并留意自己的感受,还想象了人生中理想的一天,以及想与谁度过这一天,我甚至体验到了得知自己的生命即将结束时真实的感受,并思考了在死后怎样处理自己的尸身,以及如果不能自理,可以接受哪些医疗程序。在极度情绪化的28天中,我不带任何防御地直面令我极度恐惧的死亡,感受它到底是怎样一回事。

我多次被明确要求提供一份个人使命宣言,解释自己为什么要参与这样一个游戏。最初,我的解释是:"因为我害怕那终极的未知,但又对它极为好奇。"有一次,他们又问我是否要根据到目前的体验对最初的说明做些调整,于是我回答:"出于某种原因,我想要把我的默认状态从焦虑改成好奇。我是个非常好奇的人,但我的默认状态可能会碍事。"

"结束"一完成,我和其余的游戏玩家便(想当然地)聚集到一处公墓来反思这段经历。我们都认为这次"游戏"改变了自己的人生。我们理解了在自己的人生中什么才是最重要的，而且尽管我们比以往任何时候都有了更强烈的死亡意识，但我们也比任何时候都拥有更强烈的生命意识。当我看着所有玩家（包括我自己）的数据时，我们在公墓的谈话得到了印证。从统计数据来看，幸福感的以下指标在游戏后的评分上发生了显著提升：

- 必要时，我会从他人那里接受帮助和支持。
- 感到人生有了方向感。
- 焦虑感减弱。
- 总体上感到幸福。

　　最初，这些数据令人疑惑。根据贝克尔及其研究，即他在自己的恐惧管理理论（TMT）的基础上发展起来的整个研究，死亡意识会引发不安全感和防御意识的提升。[38] 但是，我们这些"结束"游戏参与者的经历恰好相反，我们对自己的人生感到了一种焕然一新的惊奇和喜悦，并会更加关注我们最在意的事。这种偏差要如何解释？

　　现在，在即将完成本书之际，我可以更加清楚地看到，如同本书中其他许多看似悖论的东西一样，这个悖论也仅是个表面上的悖论而已。（对你而言，那是 Z 理论思维。）说到对死亡的恐惧，我认为这种恐惧远远不止单纯的对"绝对毁灭"[39]的恐惧。同恐惧管理理论相反，我并不认为人类防御机制的演变就是为了应对死亡的存在。毕竟，研究表明，比起对死亡的恐惧，人们常常更恐惧未知、同所爱之人的分离，以及永恒的地狱惩罚。[40] 事实上，当让人选择是永远孤独地活着还是在所爱之人的陪伴下死去时，大部分人会选择死亡。[41]

　　我之所以相信厄内斯特·贝克尔所描述的"隆隆的恐惧声"，并不是因为我们对毁灭本身的恐惧，而是因为毁灭的想法对大多数人而言，对他们一心想要去满足的需要产生了极大的威胁。[42]死亡意识可能是我们独特的想象力和自我意识的附加结果，为激活我们如此之多的防御机制，死亡的想法就这样相应地发生了。具体来说，意识到自身的死亡会激发内心深处对于不确定性的恐惧（毕竟，死亡就是终极的不确定），威胁到我们的归属感和同他人联系（死亡将我们同他人分开）的稳定性，威胁到自尊，尤其是我们的自恋型自尊（对于我们孜孜不倦的成神追求，没有什么比死亡更具破坏力了）。

难怪人们在产生死亡意识时会唤醒如此多的防御机制，也难怪当我们感到最不安全、最不确定的时候，我们会把注意力转移到更为迫切、更为自我中心的考量上。但是，情况不一定总是如此，至少在我们能够摆脱不安全的感受时我们便不会做出这些反应。正如欧文·亚隆所说："尽管肉体的死亡会毁掉我们，但死亡的想法却可能拯救我们。"[43]他说，在充分进入关于存在的正念状态时，"人不会因事物的发生方式而惊叹，而会因事物本身而惊叹"。[44]

亚隆对一些近距离面对死亡的个体进行了研究，这也包括他自己对癌症晚期患者所做的心理治疗工作。他发现这种体验常常能给人带来巨大的改变，使人生的重心发生变化，并带来自由感，强化活在当下的意识，使人能够生动地欣赏和接受人生的基本事实（变化的季节与叶片的掉落），同所爱之人进行更深的交流，减少人际恐惧。[45]以下内容出自一位自杀未遂的幸存者：

> 我被重新注满了对生活的希望和目的感，虽然可能大部分人都无法理解。我欣赏生命的奇迹——比如看一只鸟飞翔。当你即将失去的时候，一切都会变得更有意义。我体验到一种同万物融合、同所有人融为一体的感受，在灵魂重生之后，我还能感知到每个人的痛苦。一切都变得清晰明朗。[46]

有迹象表明，对于任何有机会不断遭遇终极未知的人来说，这样的转变都是可能的。《寻找极乐之国》一书的作者埃里克·维纳游历了不丹这一以国民幸福总值（用以衡量公民的快乐和幸福的指数）著称的佛教王国。在不丹，每天都能遇见死亡和可怖的死亡景象，没有人能够免于恒常的死亡意识，甚至孩子也不例外。[47]不丹存在着许多死亡的方式，在一个人死后，人们会为他举行细致漫长的仪式。不丹首都廷布的一个居民告诉维纳："你每天都需要花五分钟时间来思考死亡……那会治愈你……就是这个东西，这种对死亡的恐惧，这种对在完成想要完成的事情之前，或是在看到我们的孩子长大之前死去的恐惧，它是你一切苦恼的来源。"[48]

研究表明，即使在心理实验室里，当让人们在一段时间内更为深刻、设身处地思考自身的死亡时，人们的价值观也会变得以成长（自我接纳、亲密感和集体感）为导向，而不是以外在事物、地位为导向，比如金钱、形象和名望。[49]在长期感受死亡意识后，人们会出现三个尤其能够代表成长的特点，即正念、经验开放性和安静自我，这些是存在域存在的重要组成部分。[50]带着开放、好奇、深刻的反思、正念、谦卑，以及自我关怀去探索自身的死亡，会帮助你突破不安所引发的防御。[51]

当然，说起来容易做起来难。存在的匮乏域是一股强大的力量。我们必须不断践习世上的这些存在方式，因为在对保障构成的威胁面前，我们很容易跌回防御和没有保障的状态之中。亚隆本人在车祸后也发现："因此，我对死亡的焦虑仅仅是昙花一现，之后便世俗化到了对自尊、被排斥的恐惧或是羞耻这样的次要问题。"[52]

说到底，善终的最佳方式便是活出美好的人生。发展心理学家加里·雷克和存在主义积极心理学家王载宝认为意义从浅到深，存在不同层次——从纯粹的享乐与舒适，到成长、创造和自我实现，到为他人服务，为了更大的社会或政治事业而献身，再到活出超越个体的价值，实现宏大的意义以及最终的目的。他们坚信，个人的人生意义会随着对深层意义的追求而加深。[53]

意义研究者塔季扬娜·施奈尔及其同事在研究中找到了支持这一理论的有力证据。他们发现，同意义感关系最密切的人生意义的来源涉及自我实现和自我超越的整合，比如生育、欣赏、内在和谐、成长、价值、灵性、关怀，以及爱。联系较弱的是乐趣、个人主义、成就、传统、秩序和舒适等低层次需要。

随着我深入阅读马斯洛人生最后几年的私人日志，我发现他的死亡意识以及人性的发展使他的人生意义深度发生了显著转变。

高原体验

> 从真正的神秘主义者（禅僧和当下的人本主义心理学家及超个人心理学家）那里学到，神圣就在平凡之中，一个人在每天的生活中、在邻里朋友身上、在家中和后院里就可发现神圣。
>
> ——亚伯拉罕·马斯洛《宗教、价值和神秘体验》（1970）

> 死亡意识会引发超越、超个人、超人类体验吗？
>
> ——亚伯拉罕·马斯洛（转引自理查德·洛瑞）
>
> 《亚伯拉罕·马斯洛日记》（1970年3月28日）

马斯洛在去世前数月参加了一场会议，在会上他表示："心脏病让我近距离直面死亡。从那以后，我把自己的生活称为'死后的生活'。我已经经历了死亡，所以自那以来的一切都是额外的福分。"[54]

但是，他的私人日记里的记述却与此有所不同。这些日记展现的是一个人直到死亡都在尽可能诚实地面对越来越多的内心冲突、挣扎和不安。

马斯洛始终感到自己的与他人联结、被人喜爱、被人认可的需要没有得到满足，这种内心冲突纠缠了他一生。但他也有自大的一面，他视自己为一位弥赛亚，"感到肩膀上承载着责任与权威的负担……感到作为权威压力如此之大，以至于深陷紧张之中，身心俱疲"。[55] 贝克尔认为，在某种程度上，我们都面对着同样的矛盾——既想像上帝那样，又渴望成为更大的整体的一部分。[56]

马斯洛人生中的另一激烈的内心冲突在他理性和科学性的一面与直觉的精神性的一面之间产生。一方面，马斯洛相信"同混乱、毁灭、憎恨和反价值势力做斗争"是其"义务"，而且他经常批评不切实际的自由主义者（他认为他们优柔寡断），说他们是乌托邦思想家和迷信的人。[57,58] 另一方面，他温柔的一面又欣赏"全身心投入、不存在界限、令人着迷的体验"，[59] 并且深深地憎恶在人性更高境界的探索问题上大部分科学家的冷嘲热讽和否定。

在人生的最后几年里，马斯洛在这两种自我概念间反反复复，为双方辩护，这导致他常常说自己感到在同友人和同事疏离。临床心理学家 A. 林恩·海茨曼对马斯洛后期的日记做过大量研究，他指出："在他身上出现的那种对于灵性的敏感与他作为反对宗教的虚伪、迷信和混乱的斗士形象形成了直接冲突，那一定给他带来了相当大的焦虑。"[60,61]

尽管有着这样的内心冲突，在人生的最后几个月里，马斯洛仍然"能够暂时超越那些冲突，瞥见一个比自身更大、更壮丽的世界"。[62] 他能暂缓对完美和宏大的不懈追求，并将对立的内心冲突加以整合，接受生命原本的样子。他甚至在人类的不完美以及邪恶这一令他长期痴迷的话题上与两种存在达成了和解。1970 年 4 月 28 日的一则日记表现出，他已实现了更高的整合，达到了更高的接纳水平，这令他超越了"善"与"恶"：

人们一定要乐于接受并预见人类的脆弱，这样才不会因为它们的出现而感到幻灭，也就是说，不要抱有完美主义的态度，或是做出先验的判断，要始终以现实的眼光看待人性……我猜，描述这种态度的最好方式就是"对于人性的现实主义"，同"对于树、猫、马的现实主义"在一个等级上。所以，或许我应该这么说——"对于人性的脆弱，我有现实的认识，也能够接受"，而不是在论及善恶时坚称自己能够把它界定为"基本为善"。最终，我将不再使用"善""恶"这两个词，对树、对老虎、对人都是如此。[63]

这种深度的整合和接纳使得马斯洛能够比此前更为频繁和深入地发掘超越体验。如海茨曼所言："这不但没有削弱他的生活体验，相反，在接受了他一度逃避的残酷现实和人类境况的矛盾本质之后，他的人生反而变得更为畅快深刻，充满活力且不可思议……他发现，无须摘下星星，在一朵小花里就能发现生命的奇迹。"[64]

马斯洛人生最后几个月的日记中充满了由屈服于现实世界引发的强烈酸楚。以下是 1970 年 3 月 26 日的日记：

> 我一直在自家后院的阳光里写作，面前是三角梅的藤蔓，有鸟落在上面，发出啁啾的声音……这一切几乎让人落泪，但那都是因为纯粹的美和好运的叠加。那眼泪也确实是美的眼泪……但我想我们不得不同时认识到，纯粹的美太不平凡，令人无法承受。那的确"太过了"，超出了我们能够接受和理解的范畴。那种美超出了我们的能力，是我们无法理解或掌控的事物。或许泪水是对掌控和意志的快乐的放弃，预示了一种快乐的无助？[65]

几天之后的 1970 年 3 月 28 日，马斯洛写下了一则篇幅较长的日记，展示了同死亡的和解在待人方式上的影响：

那些与死亡和解了的人放弃了竞争。（我仍怀疑，或许自我实现的一个必要条件就是同死亡和解。）……死亡是一种剥夺，就这一点而言，死亡放大了人对很多事的意识——没有死亡，这些事情就不能被感知。死亡还有助于激发悲悯、怜惜、同情、对他人的认同、共情、直觉感知和对他人的理解。

几周以后，在堪萨斯州康瑟尔格罗夫举办的一次超个人心理学会议上，马斯洛为自己当前的体验提出了一个术语——"高原体验"。[66] 马斯洛从他的东印第安人同事 U. A. 阿斯拉尼那里借用了这一术语（实际上，阿斯拉尼称这一术语是由作家亚瑟·奥斯本创造的）。高峰体验令人狂喜而又稍纵即逝，马斯洛认为高原体验则更为持久，更具认知意义，主要指从寻常之中看见不寻常。[67] 马斯洛将高原体验中出现的意识形式称为"统一意识"，他将统一意识界定为"同时感知神圣和平凡"，他说："我现在能以永恒的方式感知一切，并能因平常之事变得神秘且富有诗意和象征性……这里有一个悖论，因为这既是一种奇迹般的体验，却又不会引发强烈的情绪。"[68] 在《宗教、价值和高峰体验》一书 1970 年版的前言中，马斯洛详细阐述了这一点，他发现意识的高原状态"变成一种见证、一种欣赏……可它具有一种随意和闲散的性质"。[69]

1970 年 4 月在康瑟尔格罗夫召开的会议上，马斯洛提到高原体验的一个关键触发因素——同死亡的对峙：

死亡体验使人生变得更为珍贵、深刻，也更为鲜活，而且它要求你去欣赏它，紧抓着它不放……以海浪为例，你会感到自身的短暂同浪花的永恒之间的巨大反差——海浪将会永远在那里，而且曾经一直在那里，你在目睹着已一百万岁的东西，而且此后一百万年它仍会在那里。而我会稍纵即逝，一方面这令我很悲伤，另一方面我却极为欣赏这种体验。对我而言，海浪现在比过去更美丽、更触动人心。这可以算作一个同时感知短暂与永恒的例子，但若从见证的角度来讲，这可能并不能令人信服。想到海浪，我便意识到我是会死的，而它不会。这形成了鲜明对比。①

马斯洛相信，人们在高原体验上的能动性比高峰体验更强，人们可以有意识地追寻高原体验（就像"我可以让自己进入一座艺术博物馆或一片草甸，而不是一列地铁"），甚至可以传授高原体验："我认为人们是可以教授高原体验的，你可以开设与奇迹有关的课程。"[70] 在 1970 年 3 月 28 日的日记中，马斯洛还提及他有意开发能够引发高原状态的练习："要通过存在练习、一体练习、神圣化练习等方式思考高原状态，这些练习将会促使你获得存在之爱。"

在那则日记当中，马斯洛还说了一些真正触动我的话。他认为自己能够解决长久以来的内心冲突，但是那将"花费数年"。我感到他提出动机理论并发展 Z 理论的一部分原因在于造福世界，一部分原因在于自身的进取。随着研究问题一个个被解决，他同时也在发现自身更高层次的种种可能，急于把它们作为所有人性中潜藏的可能性分享给他人。[71]

对全人类而言，值得感谢的是，马斯洛愿意接受自身存在的全部复杂性。如 A. 林恩·海茨曼所言："我相信马斯洛于人本主义心理学而言就是一份天赐的礼物……我相信他的个人努力为其高原体验增添了深度和意义。最重要的是，当他开始向自身的人性缺陷妥协，享受余生之时，他像其他人一样富有人性——也可能比其他人更有人性。"[72] 通过接受自身的全部人性并敞开自我来同日常世界产生更深刻的联系，马斯洛最终找到了

---

① 会议结束后五天，马斯洛私底下进行了反思，写道："谈及高原，我必须要避开海浪、避开珍妮（他的外孙女）。我会因激动而颤抖，会太过感动。"关于高原体验"能被认知的"部分就是这些了。

自身最大的安宁、最深切的完成感，以及未来的一代又一代终将继续完成其毕生工作并实现其憧憬的信心。

在1970年2月12日的日记当中，马斯洛写道："我曾经认为当下我已挖掘了自己的全部能力和价值，所以无论我何时死去，都会像砍倒一棵树一样，留下一大片成熟的果实待人采摘。纵然十分令人难过，却是可以接受的，因为如果人生已经如此丰富多彩，那么抓住它不放就显得十分贪婪且不懂得感恩。"

几天后，马斯洛给《今日心理学》杂志寄送的一盘磁带中的话呼应了这种观点：

> 我真的已经用尽了自己的一生，这是我能做的最好的事了。现在不仅是一个赴死的好时机，而且我甚至也愿意去死……那是大卫·M.利维所称的"行为的完成"，那就像是一个美好的结局，一场美好的收尾……如果你真的和死亡达成了和解，或者如果你已相当确定自己将会有一场美好的死亡，一场体面的死亡，那么每一天中的每一刻都会被转化，因为无处不在的暗流——对死亡的恐惧——已被平息……我已经过上了一种终结的生活，在这样的生活里一切都应当是一种终结，我不应浪费任何时间为未来做准备，或是让自己忙于达成其他后续目的……
>
> 有时我感到自己的写作是同自己玄孙辈的一种交流，当然，他们还没有出生。我的作品表达的是对他们的爱，我没有给他们留下金钱，却留下了情深意切的笔记、点点滴滴的建议，以及能够帮助他们的人生经验……

马斯洛对世人所说的话止于此。[73]

练 习

更多地生活在存在域[1]

我查到了马斯洛在生命的最后几年里做的一些存在练习。我将列出其中的一部分，希望能够帮助你们实现整合、健全和超越。你可以随时随地进行存在练习，因为它们是永不过时的。

- 去体验事物。

- 多关注目的，而不仅仅是关注手段。

- 同熟悉感做斗争，寻求新的体验。

- 解决匮乏性问题（即不要总是视匮乏域在存在域之上）。

- 有意识地进入存在域，脱离匮乏的世界，比如，前往美术馆、图书馆、博物馆、美丽雄伟的森林、山脉或海滨。

- 避免将匮乏域和存在域置于对立面，它们是（或者应是）没有高低之分且整合在一起的，非此即彼的选择没有必要。存在域最坚实的基础是匮乏需要（如安全、联结或自尊）得到满足。

- 安排一个固定的时间段，用于沉静、冥想、"出离世界"，以及"离开"我们通常所在的地点，摆脱眼前的关切、忧虑和不祥的预感。定期地远离与时空有关的问题，远离时钟、日历、责任、世界对你的要求、义务，以及其他人。

- 进入梦一般的状态之中。

- 感知宇宙的永恒和内在的法则。接受，甚至喜爱这些法则是道家精神的体现，是称职的宇宙公民的本质。

- 坦然接受你的过去。

- 坦然接受自己的愧疚，不要逃避它。

- 关怀自己。作为人性的表现，要理解、接纳、宽容，甚至喜爱自己的小缺点。要喜欢自己，并对自己微笑。

- 问问自己：这种情形在一个孩子看来是什么样子？对纯洁天真的人而言又如何？对一位已无个人抱负，亦无争斗之心的年迈老人又当如何？

- 试着感受生活中的奇迹，例如，一个婴儿就是一个奇迹。现在，像婴儿一样思考，比如"任何事都可能发生""天空是地球的盖子"，逐渐形成那种有无限可能的感觉，培养钦佩感、敬畏感、尊重感和惊奇感。

- 欣赏自己当下的境遇，不要把自己同那些看似比你更幸运的人比较，而要同那些不及你幸运的人相比。

- 在这个见利忘义的世界里，你不可以为自己的善感到羞耻。

- 永远不要低估任何一个个体影响世界的能力。记住，岩洞中的一根蜡烛照亮了一切。

- 为了重获真正的尊严和骄傲，不要试着隐瞒，不要依赖外在的认可标志（制服、徽章、毕业帽与长袍、标签、社会角色）。以赤诚、自我表露的姿态展现自己，展现自己隐藏的伤疤、羞耻和罪恶。

- 记住，总要有一个童话中的孩子先说出"国王没穿衣服！"，所有人才能看到这一事实。

- 不要让任何人把任何角色强加给你。也就是说，无论其他人认为医生、牧师、教师应当怎样做，倘若这样的想法让你很不自在，就不要那样做。

· 不要隐瞒自己的无知，承认它。

· 参与计划周密、实验性质的慈善活动。如果有时你没办法帮助自己（抑郁、焦虑），至少你可以帮助别人。

· 如果你发现自己以自我为中心、傲慢、自负、膨胀，想想死亡，或者想想其他傲慢、自负的人，看看他们是什么样子。你也想像他们一样吗？你想那么把自己当回事，那样缺乏幽默感吗？

· 认真观察那些令人羡慕、美丽、可爱或值得尊敬的人。

· 试着缩小关注范围，或是近距离观察微观世界，例如蚁丘、地上的昆虫。仔细审视花朵或草叶、沙粒或泥土——不受干扰、聚精会神地看。

· 试着以艺术家或摄影师的方式看待物体本身。比如，给物体加上框，以使它从周围的环境中脱离，摆脱事先的构想和期待，以及约定俗成的理念；放大该物体；斜眼看着它，以使自己仅能看到大致的轮廓；从不寻常的视角凝视，比如倒着看；看镜中反射出的物体；将物体放在另类的背景前，形成不同寻常的参照，或是透过特殊的彩色滤光片来观看；长时间凝视着它；在自由联想或是做白日梦时凝视物体。

· 多花时间与婴儿或儿童待在一起，他们更接近存在域。有时，你也可以在动物旁体验到存在域，比如小猫、小狗、猴子或大猩猩。

· 以一百年甚至一千年后的历史学家的视角来审视自己的人生。

· 以一个非人类物种的视角来审视自己的人生，比如，对蚂蚁而言，自己的人生可能会是什么样子的。

· 设想自己的生命仅剩一年。

· 从一个遥远的距离来审视自己的日常生活，比如从位于非洲的村庄来看。

- 注视着一个熟悉的人或场景，想象这是你第一次看到他（它）。

- 注视着同一个人或是同一个场景，想象这是你最后一次看，例如等不到你再见到这个人，他就要死了。尽可能生动地想想你会有怎样的感受，你会失去什么，你会为什么而难过。你会有任何遗憾和悔恨吗？为了避免以后因缺憾而感到痛苦，你会怎样与他告别？你要怎样保存对这个人的记忆？

- 想象自己濒临死亡，或是处在被处死的边缘，然后想象在那时一切事、一切人将会看起来怎样鲜活和珍贵。生动地想象自己会怎样与所有爱的人道别。你会对他们说些什么？你会做些什么？你会有什么样的感受？

后 记

再论“美好的可能性与难测的深度”

　　那是我在阿克伦大学美国心理学史档案馆中度过的漫长几天里的最后时刻。由于如此深入地了解马斯洛的存在，我筋疲力尽，身心俱疲。面对如此多的信件、转录文字、日记和未发表的论文，我头晕目眩，但我下定决心找到它，我必须找到它——那份手稿在我脑海中已经达到了神秘的程度，但我知道它一定就在那成百上千的文献中。'

　　时间逐渐耗尽，与此同时我匆忙浏览着桌上剩余的文件夹。它就在那儿——马斯洛留下的最后的文字。笔记本的上端是一段手写的说明，上面写着：“这是马斯洛在1970年6月8日死前留下的最后一段文字。1970年，B. G. M.（柏莎·G. 马斯洛）。”

　　我感到很难面对它。这就是我要找的那份手稿，一个个体存在（不是随便一个人的存在）的最后言语。这便是那个人最后的文字，那个人激励了我，促使我系统地研究了这么多的想法，帮助自己和他人看到了更大的可能性，坚定地探索人性的更深层次——同时又充分地意识到了现实中人类的种种挣扎。不仅如此，我逐渐对这个人——准确地说是一位完人——产生了更深的感情，这并不是因为我忽略了他身上贯穿一生的矛盾和悖论，而恰恰是因为我看到了，而且看到了他的抗争。

　　但无论我多么难过，我还是看了。随着我一页页翻阅过去，我的眼中嚎满泪水，我发现马斯洛在致力于研究一组将为人本主义革命打下基础的公理或是命题。我贪婪地阅读着马斯洛最后的话和临近文件夹的内容，发现这些公理是他正在努力完成的一本书的一部分，这本书将提出一种新的人类和社会形象。直至生命的最后一刻，马斯洛还在致力于这样一本书，它将利用人本主义心理学的基本公理，为尽可能多的人类领域——科学、宗教、管理、政治、经济、教育、艺术、新闻——阐明其启示意义。我还发现马斯洛正在计划写一本用于人本主义教育的书。

他甚至打算用一章的篇幅讲述心理学需要的第五势力——超人类主义，那将超越人类利益并关注超越物种的价值。[2]"只有脱离了物种利益的立场，"马斯洛写道，"人们才可以从老虎的眼中看到谁在威胁我们，谁还保有物种的价值。这不是一件简单的事。尽管很难，要想成为超人类，有时和片刻也是能做到的，而且这的确会发生。"

当然，马斯洛的想法十分宏大，但这样的视野曾是也仍是对低估了人类的心理学的重要矫正。1970 年 6 月 10 日，在加利福尼亚州帕罗奥多市斯坦福纪念教堂里，沃伦·本尼斯在献给马斯洛的悼词中提到："亚伯给我们所有人两个重要之物：更充分地成为人的艺术与科学，以及灵魂的民主化。为此，我们将永远心存感激。"[3]

当我阅读马斯洛这本题为《人性的可能性》的未出版书稿其中一章时，我看到了他为这本书起草的总结。我大为震惊——那篇总结同 20 岁时的马斯洛为其本科哲学课所写的论文的结论段惊人地相似：

> 如果我不得不把整本书浓缩成一句话，我认为这么说大致可以揭示本书的本质，即它阐明了一项发现的后果，这一发现即人类拥有更高的本性，且这是人类本质的一部分。或者说得更简单些，基于人性或生物性，人类是可以变得非同寻常的。我们没有必要用超自然力量来解释我们的圣人、贤哲、英雄和政治家，那仿佛是在说我们不相信普通人类能仅凭自己就做得那样好、那样明智。[4]

我们一生都在做着各种各样的改变，但是仍然有很多办法能让颗颗种子一直留在那儿，等待着萌发与成长。在浏览完马斯洛的笔记本中手写的笔记之后，我看到了一页空白，之后又是一页空白，再一页空白，还是一页空白。我想象着马斯洛人生的最后一天，他一边放下了我正拿在手中的这本笔记本，一边起身锻炼身体，不料竟永远地把笔记本留了下来。我突然想到，人生正是如此。

> 我们每个人都能在这短暂、痛苦，但有时又能产生奇迹的一生中实现自我超越。

尽管我们不应追求完美，但我们每个人都能在这短暂、痛苦，但有时又能产生奇迹的一生中实现自我超越。我们每个人都具有成为后代的向导的潜能，我们可以帮助他们以自己的方式来续写剩下的一页又一页。

那正是马斯洛于我的意义，可以见证马斯洛的一生令我感到十分荣幸，我将永远心怀感激，我还要感激他给予我的激励，以及这种激励为我的人生旅途打下的坚实基础，其实人生旅途的果实就掌握在自己手中。作为回报，我希望本书传递的信息与人性能够激励你脱离原有的状态，活出自己完满的存在状态。远方有一个广阔的世界，有那么多的空白页等待着你以自己的方式填充，而且是以一种你不仅存在过，而且很好地存在过的方式填充上去。

致 谢

这本书是融合了诸多想法、研究发现，以及个人合作的成果。对于给予我大量灵感、影响了我的想法并且为本书论及的研究做出直接贡献的人，我心怀超越性的爱念与感激之情。尽管需要提及的人数远远超出这个部分的篇幅，但我在这里还是要特别感谢一些人。

首先，我要感谢我的编辑玛莉安·利齐和我的经纪人吉姆·莱文，是他们使得这本书能够面世。如果没有他们，这本书将仍旧是个白日梦。

我还要向马斯洛身后的友人、家人、以前的学生表达强烈的感激之情，他们给予我的帮助令我更为深刻地理解了马斯洛的复杂理论和他本人的慷慨本性，他们是：保罗·歌诗达、詹姆斯·法迪曼、汤姆·格里宁、基妮·卡普兰、米里亚姆·考德雷尔、L.阿里·考普洛、斯坦利·克瑞普纳、理查德·洛瑞、安·马斯洛、里卡多·莫兰特、迈克尔·墨菲，以及迈尔斯·维赫。尽管我为永远都没有机会同亚伯拉罕·马斯洛进行真正的交谈而难过，但得知同他私下里交往的情形令我有了多次高峰体验，我必须说，从认识他的人那里听到他们认为马斯洛会为我再现他一生事业的方式而感到非常高兴，我感到十分欣慰。

感谢爱德华·霍夫曼同我见面并与我讨论了我的书，感谢他写下了这样一部全面的、详略得当的马斯洛传记（《为人的权利：亚伯拉罕·马斯洛传》），还要感谢他将马斯洛未发表的部分论文编撰成一本精华集（《洞察未来：马斯洛未发表文章》）。这些资料是我写作此书时的重要参考，为此我深表感谢。

还要感谢莉泽特·罗耶·巴顿——阿克伦大学心理学史中心美国心理学史档案馆的档案管理员。在我尽力查找马斯洛未发表的信件、日记、论文和未完成手稿的过程中,用"大有帮助"来形容莉泽特已远远不够。还要感谢唐·布洛霍瓦科帮我找到了马斯洛在生前最后的日子里用于记录的笔记本。

感谢多位慷慨地为我的草稿提供宝贵反馈意见的人,他们是:莎拉·阿尔戈、科林·德扬、R.克里斯·弗雷利、简·达顿、马克·利里、哈拉·艾斯特洛夫·马拉诺、丹尼尔·内特尔、雷布·里贝尔、柯克·施奈德、肯农·希尔顿、布兰登·韦斯,以及大卫·亚登。我一定要特别感谢一下哈拉·艾斯特洛夫·马拉诺,感谢她在写作上给予我的长期支持,尤其要感谢她帮忙编辑书稿。

我还非常感激我的众多合作者,对于在过去的二十年中能同他们共事,我感到很荣幸。由于许多人的研究对本书有巨大的帮助,需要特别感谢的人包括罗杰·贝蒂、W.基思·坎贝尔、科林·德扬、李惠安、丽贝卡·戈特利布、伊丽莎白·海德、托德·卡什丹、泰勒·克赖斯、玛莉·海伦·伊姆莫迪诺-杨、伊曼纽尔·耀克、詹姆斯·C.考夫曼、约书亚·米勒、雷布·里贝尔、马丁·塞利格曼、卢克·斯迈利、杰西·孙、塚山惠理、布兰登·韦斯,以及大卫·亚登。特别感谢马丁·塞利格曼给我到想象力研究所交流的机会,我因此加深了对想象力和创造力科学的理解,还有幸同众多从积极心理学中心走出的如此了不起的学者交流、合作,还要感谢他给我从内部了解积极心理学这一领域的机会。

感谢那些围绕本书涉及的种种话题与我进行探讨的人。首先最重要的是,我要感谢柯克·施奈德这位人本主义心理学领域的传奇人物,我既要感谢他对本书的支持,也要感谢他在我写作的不同阶段对原稿的各个方面提供的有益建议。对于他曾经共事的导师和合作者,我也肃然起敬,包括罗洛·梅和詹姆斯·布根塔尔在内。我真的非常感激柯克为当代人本主义心理学所做的一切，而且我期待能够继续同他共事，使人本主义心理学同心理学的其他领域连接起来。感谢亚当·格兰特简洁地同我讨论了真实性的含义，能够听到他对这个话题的见解，我心存感激，而且我要感谢他对本书的鼓励。感谢安迪·克拉克，他向我解释了大脑的预测机制，并和我一起将他对大脑的研究成果与我对保障需要的探索联系在一起。感谢播客《发现掌控力》的主持人迈克尔·热维斯，感谢他就目的需要所做的探讨，以一名运动心理学家的身份就这一话题提出了独特而又富有启发性的观点。感谢安德鲁·布兰德和尤金·德罗贝蒂斯，他们就如何以最佳的视觉效果再现马斯洛的需要层次做了讨论，并且让我明白了马斯洛在发展心理学上所做的贡献。此外，自始至终，我都要感谢史蒂芬·科特勒在心流以及世间其他形形色色的事上同我所做的交流。

还要特别感谢安迪·奥格登，他是本书使用的帆船插图的绘者和设计者，而且是帆船隐喻的首创者。奥格登一把自己的想法呈现给我，我当即就知道那是最完美的。还要感谢萨夏·布朗和夏洛特·利文斯顿，他们帮忙绘制了早期草稿中的部分插图。

我还要感谢那些持续给予我道德支持的朋友，对于像我这样敏感的作家而言，道德上的支持极为重要，他们是：内奥米·阿比特、约书亚·阿伦森、苏珊·鲍姆、苏珊·凯恩、斯凯·克利里、詹妮弗·科里、科林·德扬、乔丁·范戈尔德、詹姆斯·C.考夫曼、托德·卡什丹、丹尼尔·勒纳、埃丽卡·利布曼、哈拉·艾斯特洛夫·马拉诺、科里·穆斯卡拉、埃利奥特·塞缪尔·保罗、佐拉娜·伊芙捷维克·卜林格、黛博拉·雷伯、爱玛·塞佩莱、艾米莉·艾斯弗哈妮·史密斯、丹尼尔·托马苏洛、劳拉·泰勒、爱丽丝·怀尔德、大卫·亚登……这样的朋友太多了，我无法在此一一列举，能拥有这样满足我需要的朋友，我感到十分幸运。

不用说，我还要把自己无尽的爱和感激献给我的妈妈和爸爸——芭芭拉和迈克尔·考夫曼，感谢他们的存在之爱和无条件的积极关注。我用尽自身存在的全部爱着他们。言语无法描述我是多么地珍视和感恩他们的存在。

最后，我要谢谢你，亚伯。我意识到这是单方的友谊，但我很享受同你进行想象中的对话，了解你的生活和想法。感谢你持续向我展示人性中"美好的可能性和难测的深度"。我希望自己会令你感到骄傲。

附录一

成为完人的七个原则

如德国人本主义发展心理学家夏洛特·布勒在1970年的第一届国际人本主义心理学大会所指出的那样:"各界人士对人本主义心理学认同度最高的一点是,我们要努力找到研究和理解完人的路径。"[1]

完人是一种向往,并非一个终点;它是过程,而不是一种曾经达到的状态。如果有人告诉你他们已然是彻头彻尾的完人,你可能需要检查

> 完人是一种向往,并非一个终点。

一下,看看他们的后背是不是有一根电线——他们可能不是人类。成为完人的过程是一个持续不断的发现、开放和勇气之旅,在旅途中,你与内心及外界的整合程度和谐程度会越来越高,你将拥有更大的灵活性和自由,去成为你真正想要成为的样子。只要你总是处在变化的状态里,你也就总是处在成为的状态中。

在这个附录里,我会列举七个成为完人的核心原则,你可以以它们为健康的基础,进而以自己的方式来实现自我,并最终体验最令人满意和最深刻的超越时刻。

原则 1：接纳完整的自己，而不仅仅是最好的自己 [2]

卡尔·罗杰斯在他的《个人形成论》一书中指出，尽管在心理治疗过程中人们所表现出的问题来源于"一生中的全部经历"——学校、配偶、雇主、不可控或古怪的行为，以及由个人的恐惧情绪引发的烦恼，但是，"或许问题只有一个"。[3] 罗杰斯观察到，在表面的抱怨之下，每个人都在问："我到底是谁？我如何才能同这个隐藏在我所有表面行为背后的真实自我建立联系？我怎样才能成为我自己？"

依我看，这个问题问错了。你的精神的方方面面都是你的一部分。你所有的有意行为都透过你的心理伪装反映了你的某些真实部分，无论是你的性情也好，还是态度、价值或目标也罢。[4] 我们每个人都包含多个方面。要想实现个人成长，我认为你应当问自己一个更好的问题："我最想在这世上将自己有限的时间花在培养、发展和实现自己的哪些潜能上？"为了有最大限度地回答这个问题的自由，你一定要探索自身意识的深处，并接纳你的全部自我。

可是，大部分人仅接受那些让自己感觉最好的内心动力。在世界各地，无论文化背景如何，人们都倾向于有一种真实性积极偏差：人们会把他们最为积极高尚的品质——比如仁爱、奉献和诚实——用于描述他们"真实的自我"。[5] 事实上，人们认定自己的积极行为比消极行为更为真实，哪怕两种行为都同他们的个人特点和追求相符。[6] 我们以为的真实自我似乎真的只是我们最珍视的自我。[7]

当我们只是遵从自己的本性毫无保留地行事时，我们并不会感到最真实——这同我们的常识恰恰相反。不论我们有什么样的人格特质，我们都倾向于在感到满足、平静、愉快、爱、自我接纳、乐于交际、自由、有能力、向目标推进、关注当下，并且向新体验开放之际才会感到最为真实，并同自己产生联系。[8] 换句话说，我们倾向于在基本需要得到满足，感到自己拥有选择特定的行为方式的自由，且拥有对主观体验的自主权时才会感到最为真实。[9]

而且，真实性还有明显的社会性的一面，人类的社会性是如此之强，名声和在群体内的特定角色在人类进化过程中是这样重要，人类的真实性会包含社会性并不出人意料。[10]人们往往在与亲近的人在一起时、在同他人及环境和谐共处时、在以社会认可的方式行事时感到最为真实。[11]相反，我们会在感到被社会孤立，在关系中产生冲突和误解，或是在评价性环境中未能达到自己或他人的标准时感到最不真实。[12]

由于真实感同社会认可的行为之间存在强烈的联系，人们自认为的真实自我可能只是人们希望的他人眼中的自我。[13]社会心理学家罗伊·鲍迈斯特认为，当他人对你的看法同你希望他人有的看法相吻合时，你会感到真实和满意。正如他指出的那样，只是让人们相信自己拥有积极的特质远远不够，人们还需要他人给予自己相应的高度评价。[14]如果你回顾个人体验，想想你感到最为真实的时刻，你可能会想起你的高光时刻，那正是你最珍视的特点和才能也同样为他人所珍视的时候。

另一方面，鲍迈斯特认为，当人们没能获得渴求的名望，他们就会以不真实、不能反映真实自我（"那并非我本来的样子"）为由否认自己的行为。鲍迈斯特指出："从我们熟悉的例子中可以看出，对于许多曾有非法滥用毒品、非法性行为、挪用公款或行贿，以及其他影响名誉的行为的名人和政客来说，这样的否认是他们在公开申辩时的核心。"[15]

这解释了为什么人们对自身真实性的评价同人们的道德情操，以及他们最珍视的目标紧密地联系在一起，也解释了为什么只是回顾过去的道德体验就能令真实感增强。[16]毕竟，以同更高目标一致的方式表现自我（比如宣布你成立了人道主义非营利组织），通常会被自己和他人视作比一边吃着冰激凌，一边看电影来得更真实，尽管——说来抱歉——两种行为都是真实的你。

这一切都会令人对真实自我的存在产生巨大的怀疑。[17]尽管如此，感觉同真实的自我建立联系是测量幸福程度时的一个重要指标。[18]而且，你可将真实自我当作一个风向标，用于评估自己是否在实现自身理想。[19]正如哲学家瓦莱丽·泰比里厄斯注意到的那样："充满价值的人生"是幸福的一个重要来源。[20]

> 我相信每个人都拥有最好的自我——个体中最健康、有创造力、以成长为动力的方面，它能让我们感到我们同自己和他人产生了最紧密的联结。

还有一点，尽管真实自我可能是人们为了方便而做出的假想，可我相信，对健康和导向完人的成长最有益的方面在我们每个人的自我中都存在。我相信每个人都拥有最好的自我——个体中最健康、有创造力、以成长为动力的方面，它能让我们感到我们同自己和他人产生了最紧密的联结。[①]我们越是能够放下自身的社会面具和我们建立起来的自我防御机制，我们就越能开放地迎接更好的成长、发展和创造的机会。

同最好的自我建立联系的第一步即尽可能地意识到自己的整个自我，并接受自身存在的整体性，这包含接受一切自己不喜欢和想要否认的方面。存在主义心理治疗师欧文·亚隆曾要求他已经痊愈的患者按照有效程度将治疗中的 60 种因素进行排序，他发现到目前为止患者公认的最有效的因素是，"发现和接受自己以前不知道或是不可接受的部分"。[21]

---

① 我对"最好的自我"的定义类似于卡伦·霍妮的"真实"或"真正"自我的观念，她认为那是"我们鲜活、独特的个人中心"。尽管我们身上的若干方面会给予我们这种鲜活感，但我不认为只有一个中心。不过，我认同霍妮对自我疏离有害效应的关注。霍妮认为，自我疏离就像与魔鬼签订契约。霍妮认为，作为获得荣耀的代价，自我疏离使我们同自己的感受、期盼、想法、活力脱离开来，也无法感受到自己是人生的积极决定力量。霍妮认为，如果不能将自我视为有机整体而加以感受，我们便会失去自身的"灵魂"，定然会奔向"内心的地狱"。参见：霍妮.《神经症与人的成长》[M].上海：上海译文出版社，2016.

当然，接受不一定意味着喜欢。比如，你可能克制不住自己想要吃一大堆奶酪甜甜圈的欲望，这完全情有可原。[22] 可是，正如卡尔·罗杰斯所说："奇怪的悖论是，当我接受了自己本来的样子时，我就可以做出改变了。"[23] 接受一部分是为整个自我负责，并不仅仅是为你喜欢或是让你感觉良好的某些想法或行为负责。[①24]

发现并决定自己最希望将有限的时光用于实现哪些潜能并非易事。你可能知道自己有一些巨大的未知潜能，它们构成了你可能成为的样子的一部分，但是真实的外部现实（环境条件）和内部现实（主导你人格结构的极端特质），将影响着你开发自身某些潜能的可能性。更为糟糕的是，如果真的实现了某些潜在的自我，那么你的自我之间必然产生冲突。罗杰斯并不否认这些困难，但他认为在合适的环境条件下，随着时间的推移，你会逐渐学会辨识和信任自身那些最利于成长且为你带来活力感、创造感和完整感的方面。

原则2：学会相信你的自我实现倾向

小时候，我们常感到饥饿、疲惫或恐惧，但父母和其他看护人常常会出于好意（令人难过的是，还常常有不怀好意的）传递这样的信息："如果你那样的话，我就再不爱你了。"当孩子的某种需要被认为不及看护人自身的需要重要而被忽视时，这样的情形随时可能以各种微妙或直接的方式发生，于是我们开始表现出我们应当如何感受，而不是我们实际上如何感受。结果，我们中的很多人在成长过程中不断地被他人的观点和想法左右，被面对真实自我所带来的无保障感和恐惧感驱使，导致我们将他人的

---

① 在亚隆对最有效治疗因素的研究中，他发现仅次于接受的第二个因素是："懂得了无论我从他人那里得到多大的指引和帮助，自己都必须为自己的生活方式承担最终的责任。"参见：亚隆.《存在主义心理治疗》[M].北京：商务印书馆，2015.

想法、需要和价值投射到了自身存在的本质之中。这样一来，我们不仅同自己真实感受到的需要失去了联系，而且也同最好的自我疏离开来。

对于人本主义心理学的创始人之一、心理治疗师卡尔·罗杰斯而言，所有状态中最孤独的并非社会关系造成的孤独，而是一种同自身体验近乎完全分离的状态。他以大量完整自我得到健康发展的患者作为观察对象，以对他们的观察为基础，形成了"充分发挥功能的人"（fully functioning person）这个概念。[25] 像其他许多人本主义心理学创始者一样，罗杰斯受到存在主义哲学家索伦·克尔凯郭尔的启发，索伦注意到："想要成为那个真实的自我，实际上正是站在绝望的对立面。"[26] 罗杰斯认为，充分发挥功能的人应有下列特征：

- 对自身体验的全部因素保持开放。
- 信任自身的经验，将其作为一种敏感生活的工具。
- 渐渐认识到评价发生于人的内心，并加以接受。
- 正在学会以流动并持续的过程的参与者身份来生活，而在这个过程中，他们能在体验之中不断地发现自身新的方面。[27]

罗杰斯认为，我们每个人都有内在的自我实现倾向，这一点可以用机体评价过程（organismic valuing process, OVP）来解释。罗杰斯认为，机体评价过程是人性至关重要的一部分，其形成是为了帮助个体向着成长的方向迈进，不断地对环境给予的反馈做出回应，更正那些同成长背道而驰的选择。[28] 罗杰斯认为，当人们内心能够自由地选择他们最认同的价值时，他们倾向于重视那些能够有助于自身生存、成长和发展，并有助于他人生存和发展的体验和目标。

人类机体评价过程的存在和重要性得到了当代研究的支持。积极组织心理学家里纳·戈文德吉和 P. 亚历克斯·林利编制了一份测量机体评价过程的量表，他们发现机体评价过程同更大的幸福、更多的知识、更能利用自身最大的优势，以及日常生活中的活力感呈正相关。[29] 对于自己同内心最深处的情感、需要和价值的联系程度，你可以根据以下部分说法做一个大致的评估：

机体评价量表

- 我清楚自己适合做哪些事情。
- 我得到了人生中想要的东西。
- 我做出的决定对我来说是正确的。
- 我感觉同自身有着联结。
- 我感到同自我是整合的。
- 我会去做对我来说正确的事情。
- 我做决定的前提是我认为这个决定是正确的。
- 我能够听从自己的意见。

在另一种研究机体评价过程的方法中，肯农·谢尔登进行了一系列精巧的实验，结果表明，当人们有自主性时，他们的确会随着时间的推移而倾向于做出有助于成长的选择。[30] 谢尔登给了人们选择的自由，让他们在一段时间之内从含有大量目标的清单中做出选择，他发现这些目标自然而然地归于两类：保障和成长。

保障与成长目标

保障目标

- 观点得到很好的尊重。
- 拥有很多美好的事物。
- 被很多人羡慕。

- 经济条件良好。

- 受人喜爱、广受欢迎。

- 找到一份高薪的好工作。

成长目标

- 帮助需要帮助的人。

- 对心爱的人表达情感。

- 感到被亲近的人深爱。

- 使他人的生活变得更美好。

- 别人能够接受自己。

- 努力使这个世界更美好。

- 做出一些持久的贡献。

谢尔登发现，在有选择的自由的情况下，人们倾向于迈向成长，随着时间的推移，他们会朝着最有可能促进成长的方向改变自身的想法。当然，目标并不会变成 100% 以成长为导向，一点儿都不考虑保障需要。保障需要和成长需要都是必要的，但在拥有充分自由的情况下，保障和成长之间的天平会逐渐向成长那一侧倾斜。事实上，谢尔登发现，在一段时间之后，那些最初选择最多保障目标的人向成长目标转变得最多。谢尔登指出："那些在价值观方面不求回报的人最需要改变（与成长相关的）动机，也因而最有可能显示出这样的改变。"[31] 因此，这项研究表明，当人们没有了焦虑、恐惧和悔恨，大部分人的确会倾向于向着实现自我独特潜能的方向靠近，而且他们会向善的方向靠近。

这可以给我们以希望，也能指明在最佳条件下人的可能性。但是，鉴于在真实的世界中，大部分人还不能完全自由地选择他们最珍视的方向，这也应当给予我们一点儿合理的现实认识。文化氛围极为重要，比如，很多带有边缘化身份的个体——无论是边缘化的民族、种族、宗教、性别、社会经济地位、性取向、残疾，甚至是教育上的特殊情况（"有学习障碍""有天赋""双重特殊资优生"）——常常无法从环境中获得他们需要的支持和鼓励，也无法自如、充分地表达自我。[32] 对于这样的个体，在他们感到无法融入的环境中，或是在他们的边缘身份太过突显的环境中，他们可能很难感到真实性。[33]

一个组织的文化也会对身处其中的人产生影响。谢尔登发现，法学院新生在第一年里会转向保障目标，偏离成长目标，原因可能在于，"传统的法律教育会诱发无保障感，这使得学生同自身的感受、价值和理想疏离开来"。[34] 我在下文中会讲到，存在大量能够诱导人们变得目光短浅、不愿合作、同完整自我减少联系的恶劣和不可预知的环境条件。不仅环境条件会阻碍我们的自我实现，而且在我们的内心中，也有着太多不同的（常常是无意识的）念头在强烈地要求我们的关注。这就是意识——包括对自己的内心冲突和极端特质的意识——如此重要的原因。

原则 3：觉知内心的冲突

有冲突的才是人，人们会与他人产生冲突，与自己产生冲突。尽管存在着一系列普世的基本需要，但我们每个人都有截然不同的满足那些需要的方式，而且在哪些需要最重要，以及什么时候这些需要特别突出上也存在着差别。这样的差异可能在人们之间引发大量冲突，但同样重要、同样相关的是我们内心的冲突。内心的冲突通常会穿透自我的边界，使得我们将自己的挫败感和攻击性冲动发泄在他人身上。内心的冲突是我们朝着自我实现所做的努力的重要组成部分。

如果有时候你感到内心好像有多重人格在不停地彼此斗争，那是因为你的内心确实存在彼此不断抗衡的多种人格物质。我们每个人都有很多彼此矛盾且不相容的性格、情绪、价值观、态度、信念和动机。[35] 早期精神分析学家和人本主义心理学家已对我们的内心冲突做了很多讨论，当代心理学研究——包括进化心理学、社会心理学、认知科学，以及控制论——更是以实证的方式证明我们的精神确实是"分裂"的。[36]

人类，像地球上所有其他生命有机体一样，都是一个控制系统——简单来说，我们都是目标引导系统。[37]作为这样的系统，人类拥有多样且常常冲突的目标，其中一些是有意识的，还有很多是无意识的。我们的每一个目标都有其自己设想的未来，憧憬着目标实现后世界的样子，每个目标都制定了某些步骤，这些步骤可能会帮助我们实现目标。尽管我们对于未来的设想并不总是清晰的，但它会驱动我们的行为并主导我们体验世界的方式。我们都在不断地把自己当下的体验同我们想要达到的境界进行比较，把我们的注意力引向那些最相似的特点，以帮助我们减少当下状态和目标之间的差距。

既然我们有很多目标，我们就会有很多动力。如马斯洛所言："人是一种有需要的动物……人类的特性就是几乎总是在渴求着某些事物。"[38]我们的很多目标都被预先写入了我们的基因之中，因为它们增加了人类祖先的存活率，促进了人类的繁衍。[39]可是，我们需要意识到，我们越是投入一种"亚自我"——或者说一种由进化生成的精神角落当中，那个亚自我就会越强大，而且在未来就会越来越快地被激活。反之，我们越不在意那个精神角落，相应的迹象就会变得越弱。

我们的目标之中也有很多是没有被预先写入的。人类在目标追求上有一种灵活性，那是动物王国中前所未有的。人类创造出的大量的目标种类——经营一个成功的人道主义非营利组织，成为世界滑雪球冠军，成为社交媒体意见领袖，甚至拥有世界上最大的臀部[40]——常常引发剧烈的内心冲突。单是知道我们所有人都会面对这些冲突，就能让我们对自己和他人的弱点更为宽容。

我们的大脑能够意识到从大脑复杂运算中产生的迷惑性信息，考虑到这种独特的能力以及大脑自身的情况，实际上我们在管理内心冲突方面已经做得相当不错。当然，有时现实可能会令人无法忍受，而且，尽管大多数人普遍对自己的生活感到满意，但精神疾病实际上要比人们意识到的普遍得多。事实上，大部分人都会在某个时刻患上精神疾病。[41] 尽管如此，大部分人仍反映他们的人生相当快乐，在一生中显示出积极的发展变化，而且会展现出复原力、尊严和优雅等非凡的能力。[42] 如研究复原力的学者芙洛玛·沃尔什所言，人类有能力"很好地奋斗"。[43]

如果你想找到一个适用于全人类的有关内心冲突的绝妙例子，一个常常引发短暂的疯癫状态的例子，那么爱情再合适不过了。能促使人成为完人的人际关系有很多种，它们存在于朋友、手足、父母、子女，以及全人类之间。但在爱的多种形式之中，最令人渴望，最令人兴奋、满足又绝望、疯狂、困惑的，就是爱情。①

典型的浪漫关系可以被看作依恋、关爱、情欲和浪漫激情的部分组合。[44] 尽管这些元素在浪漫关系中常常深深地纠缠在一起，但实际上每一种元素都有自己的主见。每一个元素都是一种特定体系的标志，这种体系

---

① 浪漫爱情如此强大，如此普遍地存在，以至于人类学家海伦·费舍尔认为，它是同其他形式的爱区分开来的一种与众不同的基本需要。事实上，浪漫爱情的表达（包括喜悦和悲伤）可见于跨文化之中，而且不会因年龄、性别、性取向，或是民族产生实质性变化。当然，这并不意味着文化因素不重要。如心理学家丽莎·戴蒙德所言："人类的性唤起和浪漫爱情体验总是受到社会、文化和人际语境的协调。爱既不是生物性的，也不是文化性的。恋爱时我们大脑的强大机制会进行精细调整，以对环境中的特定信息做出反应。"参见：Diamond, L. M. (2003). What does sexual orientation orient? A biobehavioral model distinguishing romantic love and sexual desire. *Psychological Review*, 110(1), 173–192; Fisher, H. E. (1998). Lust, attraction, and attachment in mammalian reproduction. *Human Nature*, 9(1), 23–52; Fisher, H. E. (2004). *Why we love: The nature and chemistry of romantic love.* New York: Henry Holt; Tolman, D. L., & Diamond, L. M. (2001). Desegregating sexuality research: Cultural and biological perspectives on gender and desire. *Annual Review of Sex Research*, 12, 33–74; Jenkins, C. (2017). *What love is: And what it could be.* New York: Basic Books.

的演化发展是为了帮助解决同生存和繁衍有关的问题。

爱情所有元素——依恋、关爱、情欲和浪漫激情——都在以不同的强度同其他因素配合运作，产生了人们表达爱情的无尽方式。每种元素都有不同的目标，这可以解释世界各地多种多样的戏剧性事件。如人类学家海伦·费舍尔所言："这些……求偶动机在神经病学上具有相对独立性，这有助于解释一些当代的跨文化恋爱模式，像调情、性嫉妒、跟踪、虐待配偶、情杀、殉情，以及同不稳定和破碎的恋爱关系有关的临床抑郁症。"[45]

不同的环境因素能够激活我们内心不同的目标，因而，如费舍尔注意到的那样："一个人可能既对某个人有着强烈的依恋，又对其他人怀有浪漫的激情，同时又对一大堆人抱有性冲动。"[46]从理论上来讲，爱情中的元素可以任意组合。我们可以变得依恋我们不喜欢，甚至看不上的人；我们可以深深地关怀我们甚至都不认识，但仍有动力去减轻他们痛苦的人，比如第三世界国家饥饿的儿童；我们能够对那些在其他方面令自己感到厌恶的人产生情欲，并爱上那些无法勾起一点儿性欲的人，哪怕违背了我们声称的性取向。[47]沃尔特·惠特曼是对的，人类包含多个方面。

当然，爱情的各种元素之间不一定必然产生冲突，而且你会在这些元素被调和一致并和谐整合时产生最大的满足感。更完整、更超越的爱是可能的（见第五章）。尽管如此，在恋爱关系和我们的内心之中，如果我们不能以健康的方式整合这些不同的体系，就会造成巨大的混乱和挫折。

原则 4：警惕不平衡的发展

瑞士精神病学家卡尔·荣格认为，治疗的一个主要目标就是让人走向"个性化之路"，在个性化的过程中，个体会接受他们内心的固有矛盾，以使自己能够实现自身独特的潜能。荣格提出一个普遍的原则——相反相成原则，即物极必反。这种观点认为，人格中的极端元素会引发相反的另一极端，借以恢复平衡，哪怕这种矛盾可能处于隐藏状态，藏在潜意识的影子里。[48]尽管荣格相信神经病患者陷入了单向的发展当中，他依然认为治疗能帮助人们接受自身的全部并接近完整的潜力。

卡伦·霍妮拓展了荣格的思想，并发现了人们若干单向度的社会行为模式，她称之为"神经质倾向"。霍妮认为那是一种对其他人和人生的态度，在困惑和痛苦之时，这种倾向会提供一种安全感和保障感，但最终会阻碍成长。她将这些倾向归为三个主要类别：（1）顺从和为人喜爱的极端需要（"向人靠近"）；（2）与他人对立并不断反叛的极端需要（"与人对抗"）；（3）脱离他人，证明自己的独立性的极端需要（"脱离他人"）。[49]

当然，想要获得他人的喜爱和恭维，或是珍视你的孤独，在需要受挫时表达你的失意和愤怒是非常正常和健康的。但当这些需要变得过于强烈，以至于使你产生了强迫性，进而控制了你的整个人时，问题便会出现。记住，成为完人的目标之一便是拥有最大限度的自由，能够朝着成长的方向，最大限度地发掘你的可能性。健康的人格能够使人在多种奋斗目标之间灵活转换，并能以成长为完人为导向，通过有效方式来调节人的行为。

在单向度奋斗的操控下，我们常常无法意识到它正在多大程度上决定和控制着我们的人生。在这样的时刻，这些极端的需要不由分说地提出各种各样的"你应该……"，让我们变得心神不宁，以至于我们实际上并没有朝着我们真正重视的方向前进。霍妮给出的例子是情感这一人类基本奋斗目标的神经质表现："只有当你对他人拥有某种情感、感到同他们存在某些共同点时，希望得到他人的情感才有意义……但是对情感的神经质需要缺乏这种相互性。对于神经质的人而言，自身的情感起到的作用微乎其微，他们仿佛面对的是一群古怪而危险的动物。准确地讲，事实上这类人甚至不需要其他人的情感，他们关心的只是别人不对自己做出侵犯性举动而已。那种存在于相互理解、包容、关心、同情中的独特价值在这种关系中完全不受重视。"[50] 神经质倾向的强迫性本质具有两个主要特点：

- 不加区别地追求。（例如，我一定要让每个人都喜欢我，哪怕我并不喜欢他们。）
- 任何挫折都会引发恐惧和焦虑。（例如，对无限的自由有强迫性需要的人会因感到一点点束缚的苗头而恐慌，无论是订婚，还是需要签订健身房会员合同。）[51]

霍妮指出，神经质倾向在保证安全感和保障感方面起着极其重要的作用，这就是为什么这样的个体在其神经质倾向受到任何形式的威胁时都会表现出极大的恐慌。这些神经质倾向给人以安慰的幻觉。研究"自我的智慧"的乔治·范伦特将心理防御机制比作人体的防御机制："心理防御机制通过产生多种幻觉来过滤痛苦并让我们自我安慰，它们就是以这种方式保护着我们。"范伦特认为，我们的"防御机制创造性地将冲突的来源重新排列，以使它们能够处于控制之下……而自我则会全力减轻这种影响它的力量，使之与自我的关系更加和谐"。[52] 霍妮认为，我们的神经质倾向在制造"人工和谐"方面存在两种方式：

- 压抑自身人格的某些方面，并将它们的对立面提到显著位置。（例如，过于强调某些能力：和善、体贴且在任何情况下都不会侵犯他人的能力；控制环境，支配他人的能力，以表明我们在任何情况下都不会放弃、道歉或是通过示好来示"弱"。）
- 保持自己和他人之间的距离，不给冲突一点儿机会。（例如，高度重视孤独，以至于如果某件事有丝毫危及宝贵的个人空间、引起我们神经质反应的迹象，我们就永远都不会去做。）

两种策略都会诱发一种虚假的统一感，让人能够暂时地机能运转。可是最终，霍妮还是相信成长和发展的巨大潜力。事实上，她将自己的理论称为一种"建构性"理论，并且认为治疗的最高目标便是努力使人做到"全心全意"："没有伪装，感情真挚，能够全身心地投入感情、工作和信念当中。"[53,54] 如大量研究所示，这并非盲目乐观，因为持久的人格改变是可能的。

原则 5：做最好的自己

> 我们所有人都保留着变化的能力，甚至可以做出根本性的改变，只要我们还活着。
>
> ——卡伦·霍妮《自我分析》（1942）

接纳是自我实现关键性的第一步——霍妮在这一点上认同荣格，但她与荣格在一个重要的方面意见不同：她认为仅仅是接纳还不够。霍妮认为，人们还需愿意进行大量的自我分析，并为成长付出巨大的努力。[55] 她认为，只有做到了这些，人们才能开启逐渐成长的过程，更加有意识地察觉自身神经质倾向的触发因素，检测自身的非理性想法，通过经历和洞察来改变自身对于世界的不适应态度。马斯洛的观点也与霍妮的一致："治疗过程帮助成年人发现，幼年时期（受到压抑的）得到他人认可的需要没有必要继续以幼儿时期的形态和强度继续存在了，失去他人带来的恐惧感，以及伴随而来的对于软弱、无助和被抛弃的恐惧都已不再像对孩子那样真实而合理了。对成年人而言，他人也应当不再那般重要了。"[56]

这种方法类似当代的认知行为疗法，而且事实上，认知行为疗法的创始人阿朗·贝克告诉我，他深受人本主义思想家影响，如卡伦·霍妮、亚伯拉罕·马斯洛和戈登·奥尔波特。[57] 在对康复导向的认知疗法的研究中，贝克发现，当他和他的团队把精神分裂症患者当作真正关心人类的人来治疗时，他们在患者身上见到了巨大的成长。患者不仅需要药物治疗，而且需要爱、关心和作为一个完整的人所需的治疗。

当然，当代科学已经证实，我们并非生来就是一张白纸，每个人生来都有成为某种人的潜质，尽管那种潜质会围绕这一主题发生独特的变化。[59] 尽管这意味着没有任何人拥有变成一头大象或一只老虎的潜能（事实上，反之亦然），而且大多数人都没有成为迈克尔·乔丹那样优秀的篮球运动员的潜力，但它的确意味着，倘若被赋予有利条件，你有潜力成为这个世界上最好的自己。换句话说，除了你，这个世界上没有任何人拥有成为你的能力。在一生的时光中，在极其复杂的成千上万个基因间的互动和同环境的互动中，你做出了关于自己存在方式的抉择。[60, 61] 在成为自己的过程中，创造你的在很大程度上是你自己。

研究显示，尽管实现持久的人格变化并不容易，但人们的确可以在人生中通过刻意的努力和治疗做出实质性的人格改变，也可以通过改变对人格有持续性影响的环境来实现这一点，比如更换工作、社会角色、伴侣，或是采纳新的身份。[62]

> 我们不应将人格看作板上钉钉、一成不变的事实。

当代人格心理学家更愿意将人格特质看作人格的"密度分布"。尽管环境因素可以决定某个时刻哪个自我更加突出，但是谈论人与人之间的人格差异还是有意义的，因为当观察了所有行为的分布，我们还是能发现持续的个体差异。例如，所有人在一天当中都多少需要独处的时间，但是有些人的独处时间则显著地高于其他人。

尽管如此，我们不应将人格看作板上钉钉、一成不变的事实。[63] 在一天中，每个人的人格，甚至智力都会有很大的波动。[64] 人格心理学家威廉·弗利森发现，人们一天中人格特质的波动幅度就像人与人之间的差异一样大。表现反常实际上是非常正常的。[65] 这很可能适用于我们的全部特质，包括我们的道德品行。即使是那些我们认为是"圣人"的人，在一天之中也会做出道德水平不一的行为，只不过他们总体的道德行为远比别人更多而已。[66]如心理学家道恩·伯杰和罗伯特·麦格拉思所言，要把美德看作"我们必须持续追求的东西，而不是能达到的某种状态"[67]。事实上，马斯洛不断强调自我实现者仍是人，而且在很大程度上仍旧很容易显露出自身的不完美之处（尽管习惯性的不完美行为更少）。这种新兴的人格心理学理念同人本主义心理学对于体验的强调是一致的。将人格看作是体验或状态的日常模式，这样我们就能谈论外向这一体验、道德这一体验、残忍这一体验、神经质这一体验，诸如此类，因而将人格心理学同存在心理学整合起来。

在过去的大约三十年间出现的这种对于人格的新理解，对人格变化有深刻的启示，因为它表明我们只有在自身不断重复的思想、感受和行为模式认为我们"外向""关爱他人""认真""神经质"，甚至"有智慧"时才会变成这样。[68]尽管基因定然会对我们的行为模式产生巨大的影响——我们拥有被人格心理学家布莱恩·利特尔称为"生物本源性"的东西[69]——但没有什么存在方式是神圣的或不可改变的。在一定时间内对这些模式做出充分的调整，我们真的能够改变自身的存在。

当然，这并不意味着改变人格很容易。过快地改变自己常常造成很大的消耗，而且你必须有强烈的改变自己的意愿。在自然地体验某些状态时——比如感到有能力，或是同他人有联系时——所有人都会倾向于感到真实，尽管这一点不假，但新近研究表明长时间地强迫人们不断做出与自身性情相反的行为会导致焦虑感和疲惫感提升，真实感下降。[70]

有些人可能就是不希望只是为了实现某些社会理想而改变自身默认的存在方式。比如，很多在内向测评中得分很高的人可能会完全不介意自己的内向，并且看不到任何更多地同陌生人交际的理由，反而更愿意加深已经存在的那些联结。[71]事实上，一项研究发现，同表明自己更渴望变得较为外向的内向者相比，那些不介意自身的内向的人有更高的真实感。自我接纳程度较高的内向者的幸福程度接近外向者的水平。[72]

关键是，为了实现长久的人格改变，你一定要有改变的强烈意愿，并且愿意坚持不懈地追求人格改变的目标，积极地、成功地实施那些改变自身的行为。[73]而好消息是，通过在一段时间内对状态做出足够的改变，我们不仅能永久地改变我们的人格特质，而且还能改变我们最珍视的人生目标。[74]

原则6：为成长而非快乐奋斗

人本主义心理学的创始者并不关注快乐或成就这种当代心理学或是心理自助的书中关注的话题，他们的主要兴趣在于个人如何才能获得健康和成长。这一过程常常涉及充分体验不适情绪，还涉及对这些不适情绪与其他体验的接受和整合。[75]这解释了我为什么更喜欢使用描述情绪体验的术语（比如"充满活力""舒适""不适""痛苦"）而不是给这些情绪直接贴上"积极"或"消极"的标签。

对于我们的特质、情绪和行为，研究人员在理解它们时正越来越注重细微的差别，并将语境的重要性考虑在内。[76]很多令人不适、痛苦难耐的情绪可能会对成长有不可思议的帮助，正像更为舒适，甚至热烈的情绪有时会妨碍我们的成长一样。关键是要去拥抱情绪的丰富性和复杂性，并将它们健康地整合起来。卡尔·罗杰斯在其心理治疗实践中观察到爱："在我看来，在治疗当中取得极大进步的求助者能够更好地接纳自身的痛苦，同时也可以充满活力地接纳自身的狂喜；他们能够更加清楚地感知愤怒，同时也能感知到爱；他们能更深刻地了解恐惧，也能认知勇气。他们能够在更广阔的范畴里更为充实地生活，其原因在于他们拥有潜在的自信，并把这份自信当作与生活打交道时值得信赖的手段。"[77]

当然，大多数人都想感觉良好。大体而言，相对于不适或痛苦的情绪，人们在日常生活中更喜欢良好的感受。好消息是，当人们持续地朝着成长的方向前进时，更高的幸福感和生活满意度会作为一种成长的附加现象伴你前行。[78] 换言之，获得幸福和满足感的最佳路径是超越自我的保障缺失感，成为最好的自己，对你周围的世界做出积极的贡献。

让我们来看看黑马项目——这是哈佛大学进行的一项长期研究，研究对象是那些出人意料地取得了卓越成就的人。[79] 他们名单上的"黑马"包括上门主厨、侍酒大师、木偶艺人、人生向导、尸体防腐员、训犬师，以及热气球飞行员。这些开拓者是如何做到自我实现和自我成就的？研究人员发现，他们成功的关键在于，他们持续关注着自身最关心的事情，而且很少将自己做事的方式同他人比较，或是同传统意义上的成功相比较。[80] 通过培养自身独特的兴趣、能力和环境，他们能够获得满足并有所成就。

原则 7：利用自身黑暗面的力量

> 我批判弗洛伊德学说的支持者，他们倾向于（在极端情况下）将一切病态化，不能清晰地看到人向着健康发展的可能性，且用悲观的眼光看待一切。但是成长学派（在极端情况下）也有着同样的弱点，因为他们倾向于用乐观的眼光看待事物，通常会回避病态、软弱和成长的失败等问题。这两个流派一个像仅有邪恶和罪恶的神学，另一个像根本不存在任何邪恶的神学，因此它们同样不准确且不切实际。
>
> ——亚伯拉罕·马斯洛，《存在心理学探索》（1962）

卡尔·罗杰斯注意到，他的患者有一种共同的恐惧，即当他们解除自身的防御机制，充分地体验以往未知的方面时，他们担心治疗会"释放"

内心的"那头野兽"。可是，罗杰斯发现，事实恰恰相反："人的内心没有野兽，人的内心只有人，而且一直以来我们的内心能够释放的也只有这个。"[81]

罗杰斯注意到，当人们对自己的所有冲动更加开放时，人们倾向于在彼此竞争的需要之中更多地取得一种平衡，而且在合适的情况下，人们能表现出侵犯性，但不会因为侵犯性而显露出一种"逃离"的需要。罗杰斯认为，只有当人们否认对自身经历的觉察时，我们才有理由害怕他们。然而，当一个人实现了充分的发展，其诸多感受会以一种和谐的方式建构性地发挥作用："这种方式并不总是墨守成规、循规蹈矩，它会因人而异，会适应社会。"[82]

针对人性之恶，罗洛·梅有一种类似的但在他看来更为现实的思路。[83]梅强调，我们所有人身上都有"原始生命力"（并非"恶魔性"）。他认为，人本质上既不善也不恶，而是"恶与善的潜能的综合"。[84]梅将"原始生命力"定义为"能够掌控整个人的潜力"。[85]将原始生命力同人格整合起来可以激发创造力，且可以起到建构性作用。但是，倘若原始生命力没有得到整合，"它就会接管整个人格……这样一来破坏性活动就是它的结果"。[86]梅认为，只有直面邪恶潜能，敌对、侵犯和愤怒的健康整合才能有助于成长。[87]

尽管梅认为我们既有善的潜能，也有恶的潜能，但他也认同当时其他人本主义心理学家的观点，即环境可以将这些潜力引到健康的方向上。事实上，马斯洛不断强调，我们可以为自由选择创造良好的条件。[88]

大脑会为健康的人生适应性调整做出防御反应，乔治·范伦特让我们看到了这种防御机制的重要性，他还强调我们有做出改变的巨大潜力。[89]改变不需要压抑我们内心的冲突，或是假装一切都再好不过，而是要将我们的防御"从雷暴变成彩虹"，并通过这样的方式，提升我们的创造性表达和智慧。"青少年因不适而采取的防御反应可以发展为成熟的美德。"范伦特写道，"如果我们能很好地利用自身的防御机制，我们就会被认为精神健康、认真负责、有趣、有创造力，且具有利他精神。如果我们利用得不好，精神病学家就会为我们开具诊断书，我们的邻居就会给我们贴上讨厌的标签，而社会会给我们加上不道德的污名。"[90]

　　人本主义心理学的创始者既不是天真的乐观主义者，也不是愤世嫉俗的怀疑主义者。[①]马斯洛称自己是一个"乐观的现实主义者"，认为我们对人性的看法应保持一种均衡。[91]尽管认识到了我们的内心冲突和防御机制，人本主义心理学家依然敢于向我们展示人类成长和向上的可能性。

---

① 一个特例可能会是卡尔·罗杰斯。他的确看起来对人性特别乐观。

附录二

成长挑战

（与乔丁·范戈尔德合作完成）

> 一个人可以选择向后退回安全区，也可以选择向前迈向成长。
> 成长需要反复选择，恐惧需要反复克服。
>
> ——亚伯拉罕·马斯洛[1]

恭喜！如果你读到了这里，你可能已经踏上了个人成长、整合和超越的旅途。接下来的成长挑战将给你具体的引领，帮助你向着完人的方向发展。包括一系列指导语、练习活动和思想实验。

以下练习都基于本书各章所讲述的科学发现，分别建立在上一个挑战的基础之上循序渐进。所以，我们建议你依次完成这些练习。[2]鉴于不同的练习与你和你独特的人生境况可能有不同的共鸣程度，有些挑战可能比其他挑战要花费更多时间与精力。我们建议你谨慎地推进练习进度，自觉地保留针对自己和自己察觉到的不足的看法。这是一趟挖掘全部自我的旅途，你要利用正在起作用的东西和优势，帮助自己在层次上爬升。你可以自行决定在每个练习上花费的时间，但在某些情况下，你可能会在慎重考虑之后发现最好先跳到另一个练习，等准备得更充分了，再回到之前跳过的练习。记住，人生不是一场电子游戏，而且人类的发展常常是进两步退一步的连续动态。[3]最后，我们建议你记日记，用于反思每一项挑战，以便你能够绘制出自己的成长之旅。

我们希望你能够一直留在这条勇敢的道路上，一次又一次地选择成长。祝你航途顺利！

成长挑战 1：聚集你的发展不平衡之处

成为完人的关键就是意识到自身发展的不平衡之处。这一成长挑战可以帮你发现和面对你对世界做出的夸张反应，这样你便更能依照自己的价值观去生活，以此为前进的方向，而不会被盲目的日常生活中的幻象所迷惑。当然，有时候顺从、斗争或与周围世界的疏离也是很重要的。但是，如果你发现自己在某一类表现上尤其显著，这可能表明你困在了这艘缺乏保障的船里，没办法扬帆前行。

挑战

首先，通读每个标题（顺从、斗争、疏离；见下表）下的各项说法，[4]并按标题统计你认同的说法的数目，以此来评估你的"神经质倾向"。[5]这是我们首先要关注的特质。

最突出的神经质倾向：＿＿＿＿＿＿＿＿＿＿＿＿＿＿＿＿＿＿＿＿

（你可能会发现每一列中都有很多自己认同的说法，那么，你可以先选择自己想要优先处理的那一类。）

你的具体信念或行为体现了你认可的每项说法，现在，请详细说明这些信念或行为，例如，这些信念在你的生活中有怎样的表现？

请思考：这些信念和行为对你有怎样的帮助？在按照自己的价值观生活并感到完整时，它们又可能起到怎样的阻碍作用？为了让自己能拥有更多的内心自由，应如何质疑那些正阻碍着你的想法？

表Ⅱ-1　神经质倾向

顺从	斗争	疏离
1. 我需要被每个人喜爱	1. 这是一个充满敌意的世界	1. 我完全可以独立生活
2. 我总是自我牺牲	2. 人生就是奋斗	2. 我并不真的需要他人
3. 我几乎总是宁可同别人在一起也不愿意独处	3. 我喜欢担任领导者	3. 在没有别人陪伴的情况下，我可以过得非常好
4. 我太过关注别人对我的看法	4. 只有最强的人才能够生存下去	4. 我会回避长期的义务
5. 如果被拒绝，我会感到崩溃	5. 感到强大会给我带来享受感	5. 我不喜欢受到别人的影响
6. 在我独处的时候，我会感到弱小无助	6. 我喜欢以智胜人的感觉	6. 我会尽量回避他人给予的建议
7. 我会尽量避免打斗和争吵	7. 别人都太过情绪化了	7. 没有家人或朋友，我一样可以过得很好
8. 如果出了问题，我往往认为是我的错	8. 我无拘无束，勇往直前	8. 我更喜欢人们不同我分享他们的想法或是感受
9. 我往往首先道歉	9. 要想在这个世界上生存，首先要为自己着想	9. 对我而言，比起与人同行，我更喜欢独自前行
10. 我总是需要他人的陪伴	10. 大部分成功人士是踩着他人前行的，这是人生的一个事实	10. 我会尽量避免冲突

当这些信念在生活中出现时，要提升自己对它们的觉察——你应怎样挑战这些信念、解放自己，成为那个你最想成为的人？

成长挑战 2：探索你的黑暗面

研究表明，不但培养积极情绪、参与积极活动在我们的人生中十分重要，同样重要的还有接受和探索自身最难应对或最不适应的情绪，不加评判地承认它们，且最好为它们找到一个健康的发泄渠道。[6] 比如，像自大、内疚、愤怒或尴尬这样的情绪可以起到提示作用，我们可能会在忏悔、解决冲突或是判断消极情绪的起因时发现它们很有帮助，因此我们便可以对这些情绪做出反应。类似的是，有时令我们感到像伤疤一样的那些人生特别之处，比如与身体或精神疾病所做的斗争，有一种无保障感，等等，实际上可以成为巨大力量的源泉，赋予我们一种独特的帮助他人或理解他人的能力。

这个活动需要我们对自身的不适情绪或人生体验做出谨慎的回应，并思考如何利用这些情绪，以实现最大的成长，发挥最佳创造力。

挑战

在日记中反思你的"黑暗面"，你可以使用以下问题中的一部分或全部来引导你思考：

• 当你思考自己的黑暗面时，你的脑海中可能会出现什么？

• 在你的人生中，尤其消极的情境是什么（例如，在特定地点、同特定的人度过的时光，你害怕但又不得不经常做的事情，等等）？

• 你在人生中曾与之斗争过的事，或被你视为内心创伤的事是什么？

• 你曾用怎样的方式应对过自己的负面情绪、情绪伤疤或自身身份的消极部分？

• 你可能会以怎样的新方式来接受这些消极情绪或伤疤，并利用它们做一些能产生良好效果的事？比如做些小小的个人改进，或是同他人联系，而不是批评自己。你的黑暗面可能会以怎样的方式令你成为一个更好的朋友、学生或是人？你的黑暗面会以怎样的方式为你服务，帮助你成为完人？

成长挑战 3：正视你的恐惧

这一成长挑战需要你识别和正视心理恐惧，目的是让你在日常生活中能够遏制妨害你的健康，干扰你的发展的持久性焦虑。首先，请你通读以下心理恐惧量表的题项，之后请依照指导语进行练习。[7]

心理恐惧量表

对失败的恐惧

1. 在困境中，当很多事情都要靠我完成时，我害怕失败。

2. 如果我没有成功的把握，做这件事时我会感到不安。

3. 如果我不能马上理解某个问题，我就会开始感到焦虑。

对于被拒绝的恐惧

4. 当我尝试结交新朋友时，我常害怕被他们拒绝。

5. 接触陌生人时，他们的冷淡反应会令我感到局促不安。

6. 被拒绝对我而言是个大问题。

对失去控制的恐惧

7. 当我失去对事情的控制时，我会害怕。

8. 当我意识到我对一些事情没有任何影响时，我就会立即担心起来。

9. 一想到在某些局面下失去控制力，我就会感到恐惧。

对失去情感联结的恐惧

10. 如果一个好朋友中断了同我的联系，我会彻底崩溃。

11. 当我同所爱之人失去了情感上的交流，我会变得焦虑不安。

12. 如果一个亲密朋友爽约，我会对我们之间的关系感到焦虑。

对名声受损的恐惧

13. 当我的好名声受到损害，我会非常焦虑。

14. 我热衷于保护自己的名誉。

挑战

请回想一下你有哪些恐惧。对有些人来说，这些恐惧可能会立即涌入脑海，如果你没有想到什么让你恐惧的事，你也可以通读心理恐惧量表来看看哪些说法最能与你产生共鸣。以你的人生经历为基础并将心理恐惧量表考虑进来，决定你最想解决哪些恐惧。

写下书面反思，探索以下问题：

- 我害怕什么？为什么这个东西对我而言如此可怕？这件事造成的最可怕的可能结果是什么？
- 这种恐惧可能有哪些潜在的有利后果？作为一个人，我可能会以哪些方式成长？我会学到什么？我能依赖自己的哪些部分（例如，特定品质、力量）来帮助自己克服自身最大的恐惧？

在日常生活中，尽量留意何时恐惧会成为你的拦路虎。要全力以赴地直面恐惧，同时，当你感到惊恐或是回避这些令人厌恶的刺激性事件时，要尽量公正地看待那些可能继而发生的积极事物。

成长挑战 4：共同成长，培育牢固关系

在某个时候，我们都曾在一段关系中感到局促不安，无论这是外界压力所致，还是我们自身根深蒂固的回避或焦虑倾向所致。可是，当伴侣之间彼此袒露自身的恐惧和需要时，此前未吐露的问题可以直接得到解决，而伴侣们也会减轻压力，不必去猜测对方的心思，或是臆测对方可能的感受。这个练习专为一段关系中的双方（配偶、朋友、手足等等）设计，可以深化你最珍视的关系，揭开你们隐藏的情绪与焦虑，夯实彼此信任和接纳的基础。

挑战

与你的伙伴（一个重要的人、亲密的朋友等）一起在一个没有干扰的舒适环境中坐下来。（请把手机放到一边，心无旁骛地投入当下之中。）

首先，请你们一起想想在你们的关系中，你们最珍视且给你们带来最大满足感的 2~3 个因素（例如，你们在一起时的乐趣，你们对于未来的共同憧憬，从彼此那里学到了什么，等等）。深入思考是哪些因素使你们的关系变得如此美好，你们可以讲述共同的回忆或故事，或者分享以前从未表达过的感受。

在充分列举了这段关系中最牢固的部分之后，每人分享一个自己可能抱有的忧虑或不安。在分享时，尽量使用"我……"而不是"你……"的句式——分享体验，但不要指责他人。倾听者应当静静地聆听，直到对方分享完毕再做反应。之后，倾听者应当复述对方的话，以确保你们能相互理解。

之后，共同设计一个计划来设法解决你们分享的问题，利用此前你们想到的关系中美好的部分来制定一个解决方案。

注意：你们可能不能一次性地解决这些问题或担忧。这个挑战的目标是创造安全分享自己不安的环境，使双方在这样的环境下都能让自己更加关注对方的需要。同时利用你们作为一个整体的优势和各自的优势，是应对不安和焦虑的一个好方法。

最后，交换角色，确保每人都有一次分享的机会。同时，你也要确保自己有一个能解决伴侣关心的问题的计划。

成长挑战 5：建立高质量的联结

即使是同他人短暂的联系，也会给我们带来活力，使我们更接近完整。设想一下，如果你与同学或邻居之间没有紧张或尴尬，而是以信任、幽默，以及以彼此的积极关注为基础来交流，那么你的一天会有怎样不同的感觉。这个练习意在将你人生中的一段不太理想甚至淡漠的关系变为活力的源泉，并帮你维持这段关系。

表Ⅱ-2   在四个维度打造高质量联结（HQCs）的建议[8]

尊重也参与	任务支持	信任	娱乐
• 在场	• 辅导	• 与他人分享	• 让约会好玩起来
• 聆听，认真倾听	• 协助	• 自我表露	• 放松你的警惕
• 守时	• 适应	• 收集反馈并采取相应行动	• 创造有趣的仪式
• 给对方真实的肯定	• 培育		
• 交流			

挑战

回想你个人生活中或职场生活中的一段不太理想的关系，并以书写下来的形式，描述和反思这段关系当下的状态。这种联系若是在普通级别以下又会怎样？

制订包含具体步骤的行动计划，以改进同这个人的关系。你可能会采取哪些行动来提升这段关系的质量，增进真正的积极关注？

当你准备好了以后，要从自己的观察着手。这份联系的质量是否发生了任何改变？这会对你的活力程度产生怎样的影响？你怎样才能确保这份联系和其他联系保持很高的质量？

成长挑战 6：积极的建设性回应

卡尔·罗杰斯以人为中心的疗法的核心部分是他所谓的"积极聆听"。[9] 罗杰斯认为积极聆听是有效交际和解决冲突不可或缺的一部分。他的治疗方法需要让聆听者复述他们所听到的内容，以确保双方能够相互理解对方所说的内容，因为这是"共同成长，培育可靠关系"这一成长挑战的核心所在。如今，利用积极建设性回应的技巧，科学家对这一点做出了详尽的阐释。[10] 这一成长挑战将帮助你练习这一技巧，其语境设定在对积极消息做出的回应上。

表Ⅱ-3　对积极消息做出回应的方式例如：你的朋友告诉你他升职了

积极-破坏性 贬低这件事 "新职位难道不会让你变得压力更大，变得更不开心吗？"	积极-建构性 热心支持，问问题，帮助他人利用这一积极事件 "太好了！把一切从头到尾都告诉我！"
消极-破坏性 忽略该事件，将关注点转移到自己身上 "你都不敢相信今天我遇到了什么事！"	消极-建构性 默默地、不声张地提供支持 "很高兴听到这个消息，但我现在特别忙。你能以后再讲这个吗？"

挑战

选择一个和你关系亲近的人（朋友、同学、重要的人等），开始关注当他们把好消息告诉你时你是如何回应的，比如"我今天的面试非常顺利！"或是"我已经处理完工作了，今年夏天要休个长假！"。你要花足够长的时间做这件事，直到发现一种稳定的回应模式。

你会热情地做出回应，问问题，并为他人的成功感到开心吗？你这样做的频率是不是比其他类型的回应都要高呢？如果是这样，那么你正在做出积极的建构性回应。你极有可能同这个人已然有了非常不错的关系。如果这样的话，再选一个目标对象来做这个练习。

继续观察你对他人的回应，直到你发现一个你通常不会这样回应的人。反思一下，是什么让你拒绝对这个人做出积极/建设性回应？（可能是因为你深深地关心着这个人，批评性回应表明你有一种保护他们的愿望。你可能不希望一位朋友对于某件可能落空的事情太过兴奋。）可是，倘若你的伙伴没有感受到你的支持，或者这是他或她从你这里听到的全部内容，那么，一成不变地给热情泼一连串的冷水，或是给出看似"有建设性的"批评，可能会对这段关系产生严重的负面影响。

你需要下定决心，对这个人的好消息以一种积极的、有建设性的方式做出回应。至少找到三次给予他积极建设性回应的机会。

在日记中反思你们之间的互动，既要考虑到你的所作所为，也要记录下对方的反应。改变你的回应风格是不是很有挑战性？你们两个之间的关系发生动态变化了吗？如果有的话，你从这个练习中学到了什么？

成长挑战7：练习健康自信

对自信的锻炼需要采用一种能让公开和坦诚的交流得以发生的沟通风格，而且，它要能显示你对自身的行为举止的控制力。自信风格是四种交流风格之一，这些交流风格还包括消极、挑衅、消极-挑衅，而且这四种风格会交替出现。

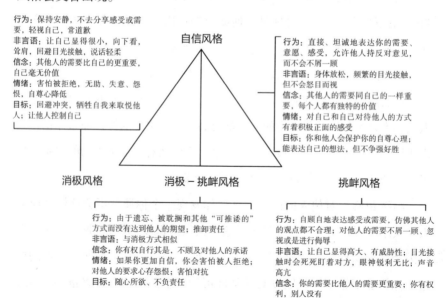

行为：保持安静，不去分享感受或需要，轻视自己，常道歉
非言语：让自己显得很小，向下看，耸肩，回避目光接触，说话轻柔
信念：其他人的需要比自己的更重要，自己毫无价值
情绪：害怕被拒绝，无助、失意、怨恨，自尊心降低
目标：回避冲突，牺牲自我来取悦他人；让他人控制自己

自信风格

行为：直接、坦诚地表达你的需要、意愿、感受，允许他人持反对意见，而不会不屑一顾
非言语：身体放松，频繁的目光接触，但不会怒目而视
信念：其他人的需要同自己的一样重要，每个人都有独特的价值
情绪：对自己和自己对待他人的方式有着积极正面的感受
目标：你和他人会保护你的自尊心理；能表达自己的想法，但不争强好胜

消极风格   消极-挑衅风格   挑衅风格

行为：由于遗忘、被耽搁和其他"可推诿的"方式而没有达到他人的期望；推卸责任
非言语：与消极方式相似
信念：你有权利行其是，不顾及对他人的承诺
情绪：如果你更加自信，你会害怕被人拒绝；对他人的要求心存怨恨；害怕对抗
目标：随心所欲、不负责任

行为：自顾自地表达感受或需要，仿佛其他人的观点都不合理；对他人的需要不屑一顾、忽视或是进行侮辱
非言语：让自己显得高大、有威胁性；目光接触时会死死盯着对方，眼神锐利无比；声音高亢
信念：你的需要比他人的需要更重要；你有权利，别人没有
情绪：气愤或强势，胜利时会显出胜利者的姿态，伤害他人后会感到懊悔、内疚、自我厌恶
目标：牺牲他人以获胜、获得控制

图 Ⅱ-1 交流风格

挑战[11]

回顾金字塔图形，包括每一种沟通风格的行为、非言语交流、信念、情绪和目标，思考哪种沟通风格是你的主导风格。如果你在生活中的大部分领域里已经能做到自信地沟通，那么你本周可以考虑进行另一个练习。如果你除了特殊情况外，几乎总是很自信，那么做练习时要将重点放在能使你变得更加自信的情形上。

简要列举生活中你想要变得更为自信（且消极、消极-挑衅或是挑衅程度减弱）的 1~3 个情形。

完成以下句子：

- 我表现得最为消极的时候是：＿＿＿＿＿＿＿＿＿＿＿＿＿＿
- 我挑衅别人的情况常常发生在：＿＿＿＿＿＿＿＿＿＿＿＿＿
- 自信起来后我最大的恐惧是：＿＿＿＿＿＿＿＿＿＿＿＿＿＿
- 我发现人生中最难让我自信起来的 1~3 个人是：＿＿＿＿＿＿
- 我已经十分自信了，这发生在：＿＿＿＿＿＿＿＿＿＿＿＿＿

反思自己对以上问题做出的回答，选择人生中的一个领域并练习以更为自信的方式行事。在你努力练习某些自信技能（见图Ⅱ–1）之后，写一则简短的反思。在完成这个练习之后，请阅读以下建议，它能使你变得更加自信：[12]

- 自信意味着掌握我们自身的行为，而不是他人的行为。你可以选择自己的行为，你无法阻止人们向你提问，但是你可以选择说"不"。
- 人是没有特异功能的。如果你想要什么东西，尽管去要。就算其他人说不，也不要往心里去。
- 理解行为背后的象征价值（例如，行为所代表的意义，同行为本身相对）常常有利于避免冲突。尽量让别人改变某种行为举止，而不是改变他们的人格。

成长挑战 8："不插电"挑战

这个练习需要你摆脱手机、电视、平板电脑、电子邮件、智能手表，以及任何带屏幕的电子设备，并沉浸于当下，同自己、朋友、家人在一起。手机和其他电子设备不仅会影响用餐时的黄金时间、与家人和朋友在一起的黄金时间，以及一天中的放松时间或是回味美好一天的独处时间，而且这些设备还可能妨碍我们的睡眠。手机或电视发出的蓝光会干扰褪黑激素分泌，而且可能会扰乱我们的昼夜节律。因此，在上床前至少两个小时远离电子设备并在黑暗中睡觉会极大地提升睡眠质量。

挑战

安排一个不插电的晚上，邀请朋友和家人同你一起参加不插电挑战。你们需关闭所有电子设备，包括电视、手机、平板电脑、电脑等，用干净的袜子作为参与者手机的"睡袋"。

在"不插电"期间，安排自己完成一项活动，可以是做晚饭、阅读、写作、散步、远足或是创作一件艺术作品。如果你在与他人一起完成这一挑战，你们可以一起做饭、讨论一本书、共同创作艺术品、玩棋盘游戏、远足或玩猜字游戏，如果你是与家人一起完成挑战的话，你们可以完成一个族谱的编写。

享受了一个不插电的晚上后，直到睡前都不要使用电子设备。要克制住在睡前打开手机或浏览网页的诱惑。在合适的时间上床睡觉，以便尽可能地达到八个小时的睡眠。

完成一篇书面反思，详细记录你自己或是同他人一起经历的不插电体验。不插电期间你做了什么？当时感觉如何？现在感觉如何？从这个练习中你学到了什么？

成长挑战 9：丢弃完美

维持自尊需要你更少地担心他人的想法，更多地去冒险，不要花太多精力去投射一个完美的人格面具。很多人都将自己宝贵的时间和精力用于追求完美，担心自己在某个任务上的表现，而不是当下我们在做些什么。这种对完美的追寻会让我们精疲力竭、与人疏离，并经常对自我和他人感到不满。这个练习将帮助我们反思我们自己给自己的以及他人给我们的追求完美的压力，试着接受"足够好"就够了的想法，以便我们能够向着更高层次的自我实现前进。

挑战

思考你在人生中力求做到完美的一个领域。以书面反省的形式回答以下问题：

- 为什么我想做到完美？
- 追求完美会对我提出怎样的要求？那会对我的精力有怎样的影响？
- 追求完美会对我的自我价值感有何影响？
- 追求完美会怎样干扰我的表现？
- 如果没能做到完美，我会承受哪些风险？
- 如果我不完美，可能发生的最糟糕的事是什么？
- 这样的后果在多大程度上可能发生？

在反思过这些问题以后，找出一些能够用来在生活中"丢弃完美"的办法。制定一个明确的方案，让自己能够更加包容"足够好"，无论是针对自己，还是针对他人。注意，这并不意味着勉强接受平庸——更准确地讲，这意味着将我们的关注点从结果转移到过程中来，从怎样做到做什么上来，让我们能够学习和成长，哪怕经历失败。

成长挑战 10：战胜认知扭曲

在整个进化过程中，人类已发展出探索世界的多种方法，以便让我们能够在被信息充斥时更容易地做出决策。证实偏差就是这样一个捷径，证实偏差是一种注意、记住和重视支持我们自身观点的信息，忽视与我们的观点相冲突的证据的倾向。问题是，我们的观点本身常常充斥着认知扭曲或是我们的非理性思维模式（详见下文）。[14]

因此，我们常常靠错误的观念做出对世界、他人和自己的判断。这种错误的推理会让我们感到精疲力竭、与人疏离，并会经常对他人不满，对自己不满。这个练习意在帮助你辨识和理解你容易犯的思维谬误，并去积极地反思和检验它们的真实性，以便你能够打破被动思维模式，并扭转那些不能促进成长的核心观念。[15]通过这个练习，你最终能学会不再那么看重你的被动的自动思维，摆脱自身的部分焦虑、沮丧、羞耻感和神经质倾向。

常见的认知扭曲包括但不限于（这些例子可能来源于斯科特的个人生活，也可能不是）：[16]

- 非黑即白：总是从极端的视角看待一切事物（"如果我被这个女人拒绝，那么我就是一个彻底的失败者。"）
- 灾难化：相信在某种情况下最糟糕的事情将会发生（"如果我接近这个我喜欢的女人，我百分之百会遭到无情拒绝，而且所有人都会看到，我会丢尽脸面，我被拒绝时的视频将出现在网上的某个地方，我妈妈会看到……"）

- 虚假的无望感：在达成某个结果方面，低估我们拥有的能力（"无论如何，接近她都是没有意义的，我可能只会在偶遇她时被当成一个可疑的人。"）

- 最小化：低估积极事件的价值（"她好像对我感兴趣，但我觉得我配不上她。她喜欢的或许只是我的新夹克而已，而不是在聊天时，我的谈吐和行为。"）

- 个人化：将某个结果完全归因为自己的活动和行为（"她说她要去陪朋友。这一定是因为她对我真的不感兴趣，或者讨厌我。"）

- 应然化：认为我们希望事物呈现的样子就是它们应当有的样子（"她本来就该喜欢我，这是理所应当的。"）

- 特权感：根据自己的行为状态而去期待某个特定的结果（"我值得她喜欢，因为我是一个很好的人。"）

- 轻率地得出结论：尽管只有微不足道的证据来支持自己的结论，但仍对情况很有把握（"她两天没有给我回短信了，我知道她在极力回避我。"）

- 过度概括：仅基于一个情况便得出结论或一个总体的观点（"既然我被她拒绝，我倒不如再不接近任何其他对我感兴趣的女人，因为我显然不讨人喜欢。"）

- 读心症：尽管没有直接交流过，却以为他人知道你的想法，或是你知道另一个人的想法（"她应当知道我喜欢她，我不用说出来。"）

- 情绪化推理：在没有证据的情况下仍相信我们感觉到的就是真实的（"当我看到我的新女朋友同其他男人交谈时，我会感到嫉妒。她一定移情别恋了，否则我怎么会有这样的感受？"）

- 幸福依赖外界：使外在因素成为我们幸福感的终极裁决者（"除非

我对大多数女人都有吸引力，否则我不可能幸福。"）

挑战

选出你认为自己经常会有的认知扭曲。问问自己：你通常会在何时陷入这些思维模式当中？这些思维模式对你的自我价值感和自我效能感有何影响？它们会对你看待他人的方式产生怎样的影响？

未来你要怎样做才能避免陷入这些思维模式？

回想一个你陷入某种认知扭曲的例子，写下事件梗概，看看你落入了什么陷阱，并针对每个扭曲思维问自己以下批判性问题：

- 非黑即白：这里的灰色地带可能会是什么？（"如果我被这个女人拒绝，除了'我是个彻底的失败者'之外，是否还有一些其他解释？"）
- 灾难化：最糟糕的情况出现的可能性有多大？你有什么证据能证明这件事会发生？你是否感到要主动改善局面？（"如果我真的碰巧被拒绝，我能做些什么来保证自己能够维护自身的体面和自尊？"）
- 虚假的无望感：就算成功的机会很小，冒险的后果又可能是什么？（"她可能会彻底拒绝我，但要是她没有呢？我有什么损失吗？"）
- 最小化：你本能做些什么来改善局面？（"除了我这件不错的夹克，她还可能喜欢我哪些方面？"）
- 个人化：其他人可能会做些什么来影响局面？（"她原本是很可能很喜欢我的，但她有男朋友了。有时候只是时机不对而已。"）
- 应然化：这种想法合理吗？（"要是机缘的巧合使我认为我们'应当'在一起呢？"）
- 特权感：这种想法合理吗？（"我是一个好人就意味着她会被我吸引，想与我恋爱吗？为什么在当前的情况下我配得上这个女人，而她甚至都没有机会了解我？或者，还有其他起作用的因素吗？")

- 轻率地得出结论：对于这种情况，还存在其他的解释吗？（"她两天没给我回短信了，除了回避我，是否还可能是因为她很忙、没收到短信，或者在工作？"）

- 过度概括：这是一个客观的总体评价吗？（"所有人都不喜欢我吗？有没有另一种解释能够说明为什么这种说法行不通？"）

- 读心症：你在交流中是否清楚地表达了自己的感受？你是否遗漏了关键信息？（"我是否向她充分表达了我的感受？我原本能怎样更清晰地传递信息？"）

- 情绪化推理：你的感受是否准确地反映了实际情况？（"是否有证据能支持自己的嫉妒感受？我有没有可能犯了错？"）

- 幸福依赖外界：你应怎样依靠内在自我来追求当下的幸福？（"我喜欢自己哪一点？我如何才能利用自身的优势来度过眼下的时刻？"）

当你陷入认知扭曲中时，你要怎样才能察觉到它们，并在未来避开它们？你可以试着像科学家那样，检测下你是否拥有支持消极核心观念的证据。你需要将一天中支持和不支持自身观点的证据记录下来，然后阅读你的日记并分析这些信息，看看这些证据到底能在多大程度上支持你的观点。[17]

对你而言，怎样才能发展出新的、对成长更有益的核心观念？你可以看看自己能否发现一种更现实的观点，正如临床心理学家赛思·吉利汗注意到的那样："如果你感到你的其他观点才是正确的并为此痛苦不安，不必担心。消极核心观念可能会持久反复，而修正这些也需要时间和反复。"[18]

成长挑战 11：对社会好奇

这一成长挑战意在培养你对社会的好奇心，目的是看清我们周围的人的真实面貌，而不是我们想让他们呈现的面貌。

挑战

选择一个认识的人来培养你的社交好奇心。这个人可以是你非常了解的人，也可以是刚认识的人。下一次你同这个人打交道时，试着了解或注意你以前从不知道的一些关于他的事情。一开始，你可以只是隐蔽地关注他的表达、微笑、声音等。

当你能自如地关注他以后，可以开始问他问题，以显示出你对这个人的兴趣。比如：

- 最完美的一天在你心目中是什么样子的？
- 如果你可以同世界上的任何一个人进餐，你会同谁一起进餐，为什么？
- 其他人说你最大的优点是什么，他们为什么这样说？
- 你害怕什么？你为什么害怕它？
- 对于不久的将来，你的梦想是什么？对于遥远的未来又有什么梦想？

要确保自己判断出了显露好奇心的合适时机，而且要做好回应的准备，允许你的伙伴也问问题。观察这段关系的质量，你有什么发现？试着在生活中继续在他人身上练习这份好奇心。

最后，就追求社交好奇心的体验，以及这个练习让你学到了哪些东西，写一份书面反思。

成长挑战 12：试水，拓展你的舒适区，在逆境中成长

人类是习惯性动物，而拓展我们的舒适区或是改变我们的惯例会带来挑战，令人不适。此外，我们每个人都体验过某种人生逆境或丧失过重要的人事物，勇敢地正视这些困难会唤醒负面情绪或压倒性的感受。可是，拥抱变化，从舒适区中走出来，（以一种安全的方式）勇敢地面对过去的损失，能够引领我们走向成长和发现，并产生更大的掌控感。

挑战

安排自己做一些起初让你感到不舒服的事情——一些你通常不会做的事情。如果你比较内向，可以考虑举办一场聚会，邀请一位新朋友过来喝咖啡，同一个陌生人或潜在的关系伙伴谈话，或是参加你所在的社区的一场新活动，比如一个艺术展或一堂健身课。如果你更喜欢交际，可以考虑一个人出去吃顿饭，或去听一场音乐会，看一场电影，或是独自做运动。无论你选择了什么活动，目的都应当是尝试新鲜事物——拓展你舒适圈的边界。如果你很难面对过去的不幸或损失，可以试着将一次过去的苦难经历以一种沉思、反省的方式写出来。回想你面对的损失或是挑战，再思考那次经历后的人生受到了怎样的阻碍，当时的感受怎样，现在的感受又如何。

在完成这一练习时，欣然接受那份不适。试着理解你可能会体验到的身心感受，思考在此情此景下为了让自己更舒适你能做些什么。

做完这个练习以后，写一份书面反思，思考它为你打开哪些新的"门"。这种不愉快的经历给你带来了哪些好处？你反思过的那次逆境又给你带来了什么好处？你是怎样决定进行某种活动的？是什么（如果有的话）让你感到不舒服？在进行活动的过程中，你的舒适度产生了怎样的变化？经过这次个人探索，有关自己，你学到了什么（如果有的话）？

你可以反复做这个练习，每次都选择一场新的反思／冒险！

成长挑战 13：仁爱练习

练习对自己和他人保有仁爱之心能培养你的同情能力，调节迷走神经张力（同身体、心理和社会灵活性以及压力适应力紧密相关）。[19] 这个练习旨在培养对他人和自己仁爱的能力。

挑战

找一处能让你不受干扰地进行冥想的安静地方坐下来，哪怕只坐5~10 分钟。放松你的身体，将意识集中到任何可能在承受紧张情绪的身体部位。不做评判，让那些地方放松下来。

在脑海中构想出一个人，一个爱着你、你也深爱着的人。可以是一个还活着的人，也可以是已过世的人。想象从这个人身上散发的温暖，以及你同他在一起时感受到的情绪。尽可能生动地想象这个人站在你身边，用以下的话来向他表达你全部的仁爱之心：

- 祝你平安。
- 祝你一生太平，没有痛苦。
- 祝你永远感到支持和关爱。

接下来，把你的注意力转移到一个对你来说没有特别感情的人身上，或许是泛泛之交，甚至是个陌生人。想象这个人站在你身边，当你准备好以后，用以下的话向他表达全部的爱与善：

- 祝你平安。

• 祝你一生太平，没有痛苦。
• 祝你永远感到支持和关爱。

最后，把你的注意力转向自己。想象自己在一个房间里，身边围绕着所有爱你、希望你过得好的人。让自己感受爱你之人散发的温暖，沐浴在这一刻里。当你准备好以后，重复以下说法：

• 祝我平安。
• 祝我一生太平，没有痛苦。
• 祝我永远感到支持和关爱。

当你准备好以后，把意识重新带回到当下。回想在把爱传递给某个你爱的人、陌生人，以及你自己时你的感受。如何才能将这种爱与善带到你的日常生活中来？

试着连续 5 天每天练习一次，看看自己觉察到了什么。写一份书面反思，描述对他人和自己进行仁爱练习是怎样的体验。你最难向谁表达积极情感？如果有的话，你从本练习中学会或是得到了什么？

成长挑战 14：像对待最好的朋友那样对待自己[20]

通常来说，我们与自己的内心对话可能冷漠无情，甚至十分残忍。同善待他人，包括友人和所爱之人相比，善待自我可能会是一个极大的挑战。

挑战

想象一个挚友或一个亲近的家庭成员在为某事挣扎或十分低落时来向你寻求建议，如果你是一个称职的朋友或亲人，你对这种情况中的亲朋做出了怎样的回应（或者你将做出怎样的回应）？写下你通常会做的事、会说的话，并注意你同朋友讲话时的语气。

现在，回想一下你人生中的挣扎时刻或低落时刻（可以是现在的，也可以是过去的），想想你在这些情况下通常会做出怎样的反应：你会做什么、说什么，会用怎样的语气对待自己？

现在以对自己最好的朋友的口吻（用第二人称）给自己写一封信，并以这样的方式来对待自己和自己的困难处境。记住此情此景，或者去思考自己的压力/痛苦，之后，承认自己的感受或想法，还有你当时（或是现在）期盼的和需要得到的东西。比如："亲爱的凯利，我知道你正感到（悲伤/害怕/气愤/对自己很失望等）。你正在（渴望着……/努力地……，等等）。"

既要写出压力/痛苦，也要写出背后的核心需要，比如对于健康、安全、爱、欣赏、联结、成就等的渴望。就人性的共同点写一句话（例如，所有人都会犯错误、失败、愤怒、失望，以及懂得何为失去等）。用一些富有同情心的建议或鼓励来引导自己。

写完信后，可以大声读给自己听，或是将它收好，等你需要自我关怀时再拿出来。

成长挑战 15：协调你的身份

由于每个人的身份都有多个维度，整合这些维度有时可能会是一项艰巨的任务。我们每个人都在自己的人生中扮演着多重角色，将这些角色协调起来能够引领我们体验更大的完整感。

挑战

在一个安静的地方坐下，写下你在自己的人生中扮演的全部角色。这份清单可能会包含"儿子""女儿""学生""女朋友 / 男朋友""邻居""兄弟""姐妹""朋友""叔叔 / 舅舅等""领导者""社区成员""作家""教师"等。你也可以思考不同角色中表现出的自己人格中的不同部分。例如：作为学生，你很勤奋；作为兄弟，你有保护别人的能力；作为别人眼中的重要人物，你可能蠢笨可笑，或是别的什么样子。

思考这些角色在你的日常生活中是怎样与彼此发生冲突的，要尽可能具体：

- 有时要一边做一个愚蠢可笑的朋友，一边还要做一个商人，在生意场上保持勤奋严肃，这可能还是有一定挑战性的。
- 作为宗教组织的一名领导者，我势必要经常为信众留出时间。作为一名父亲，我想要时刻陪着自己的孩子。有时我会觉得自己似乎不具备同时应付这两种角色的能力。

接下来，思考这些角色如何能够互补。

- 在朋友和家人面前做个"傻瓜"能让我充满活力，让我能做到充分地活在当下，并在工作场所更为认真。对于客户，有时表现出一点儿笨拙也会是一个优势。毕竟，我们都是人。
- 在我作为精神领袖的角色中，我可以用做一个父亲得到的知识和成长来帮助自己的信众。

在接下来的一周中，关注这些人生角色中被强化的人格特质。反思这些潜在的冲突，把它们看作协调多种身份的机会，并反思将挑战转化为机遇是怎样的感受。

成长挑战 16：以新方式利用你的标志性优势

在这一成长挑战当中，你将通过行动价值协会（VIA）的性格优势测试，来发现自身的优势，并进行探索，最终以新的方式来运用自身优势。你在回答问题和回顾结果时可能会发现，优势并非跨越背景和时间的固定特质——更准确地说，优势是可塑的，受成长支配，且在很大程度上随具体情况而变化。[22] 因此，你的某些显著优势，比如洞察力和幽默，在涉及财务规划时似乎就不那么重要了。类似的是，当你将自己置于险境时，你可能不会非常谨慎或做出自我调整，但是在你爱的人遇到危险时，你会高度谨慎和保守。优势有时会被滥用，或是用于不合适、不正当的情况，注意到这一点非常重要。优势存在一个"黄金分割点"，或合适的量，用于产生最佳结果（如下表所示）。

表 II–4　性格优势的黄金分割点

	优势	对立面	缺失	过度
智慧与知识	创造性	平庸	遵从	古怪
	好奇	无趣	无兴趣	好打听
	判断力	轻信	无效率	愤世嫉俗
	热爱学习	观念迂腐	自满	自以为是
	洞察力	愚蠢	浅薄	象牙塔
勇气	勇敢	怯懦	恐惧	有勇无谋
	毅力	无助	懒惰	强迫执着
	真实性	欺骗	虚假	对错分明
	活力	死气沉沉	抑制	极度活跃
爱	亲密	孤独	分离 / 自闭	滥情
	善良	残忍	冷漠	创伤性
	社会智力	自我欺骗	愚钝	心理呓语
正义	公民权	自恋	自私	沙文主义
	公平	偏见	盲目支持	脱离现实
	领导	破坏	顺从	专制

（续表）

	优势	对立面	缺失	过度
节欲	宽容	报复	无情	放纵
	谦虚	傲慢	盲目的自尊	妄自菲薄
	谨慎	鲁莽	寻求刺激	过分拘谨
	自我调节	冲动	自我放纵	压抑
超越	敬畏	批判	遗忘	势利
	感恩	享有权利	粗鲁	逢迎
	希望	绝望	当下导向	盲目乐观
	幽默	严苛	缺乏幽默感	滑稽
	灵性	疏离	混乱	痴迷

　　这个练习意在帮助你对自身工作中的突出优势加以引导，借以提升自己在日常生活中的投入度、意义感和掌控力。注意，完成这一测试后，你的优势将会被从高到低排序，但排序靠后的优势不一定是你的弱势所在。尽管这一测试是专门为你利用自身的突出优势而设计的，还是要给予部分底层的优势一些特别的关注（详见下文）。

挑战

　　完成 VIA（行动价值协会）的性格优势测试（访问 viacharacter.org，点击"进行免费测试"。在创建账户和注册后，进行测试）。完成这一测试大约需要 20 分钟，做完后请查看结果。你会看到自己经过排序的 24 项优点，以及对每一项优点的解说。没有必要购买详细报告，但是你要是想要的话也非常欢迎。

　　就以下问题，完成一项书面反思：排在前面的优势是否令你吃惊？排在后面的优势呢？如果你不能利用你的头号优势，你的人生会变成怎样？你认为利用突出优势或提升不突出优势有用吗？

　　本周，你需要找到三种利用自己突出优势的新方式。你能利用这些突出优势来帮助自己成为更好的人，或更好的朋友（家人）吗？它能帮你克服障碍吗？它能给你带来积极的体验吗？请回顾本周你使用的三种新方式，并反思运用新方式给你带来的感受。使用以下模板记录你在怎样以新的方式利用自身的优势。（可以利用同一优势三次，或是三个不同的优势。）

注意：不要只在本周发掘可以利用自身优势的新方式，你可以在下个月、来年，甚至你的余生中不停寻找！

以新方式利用优势

优势 1：
本周你是怎样以新方式来利用这一优势的？这样做让你感觉如何？

优势 2：
本周你是怎样以新方式来利用这一优势的？这样做让你感觉如何？

优势 3：
本周你是怎样以新方式来利用这一优势的？这样做让你感觉如何？

成长挑战 17：你生活的意义是什么？

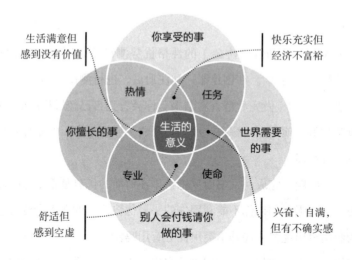

要想发现自己生活的意义，或是"存在的理由"，你需要探索在人生中对于"我是谁"而言最为重要的事物——那些令我们兴奋，给我们带来意义，帮助我们感到完整的事物。希望通过本书的指引，你已经并将持续更加清楚地意识到自己生活的意义，并能学到新的方法来从事最能给予你意义的事。这一练习意在推动你在人生的旅途中前行。

挑战

以书面形式，反思并回答以下问题：

- 在我的人生中，我最擅长什么？哪类事情让我感到应对自如（例如赋予我活力，令我兴奋的事）？
- 即便富有挑战，我还是会在人生中追求的是什么？
- 在我的人生中，我最珍视的是什么？
- 在我的人生中，是什么让我感到我是比自己更大的东西的一部分？
- 在我的人生中，什么东西最能引起我全身心的关注，并让我进入意识的心流状态？
- 如果明天我就可以辍学或离职，做世上任何事，那么我会做什么？

反思你的回答中出现的主题，注意那些出现了不止一次的事情。在接下来的几天里花时间反思自己生活的意义，以及你在带给你意义感与活力感的事情上投入了多少时间。

哪一件事能让你的生活更符合自己存在的理由？你怎样才能每天或至少每周都能关注自己存在的理由？

注意：冒险去发现一个特别的生活意义可能会令人望而生畏——不必焦躁！在意义的指引下生活不过是更多地去做人生中给你带来意义和目的感的事情而已。随着你在人生的旅途上继续前行，思考进行这样的活动会对你产生怎样的影响。

成长挑战 18：创造高峰体验

这项练习的目的是在你所选择的任何领域，比如在学习和工作中，或是在人际关系上，增进你的高峰体验。马斯洛将高峰体验描述为"稀有的、令人兴奋的、广阔无垠的、深深打动人的、振奋人心的、发人深思的体验，这种体验会生成一种感知现实的高级形式，其本身甚至是神秘的、神奇的"。[23] 马斯洛将这一体验看作人生中最能改变一个人的体验之一，尽管直接投入这一体验中可能会令人生畏，但我们不妨先从理解有助于高峰体验发生的相关概念开始，即心流和敬畏体验。

心流意味着全身心地投入某种你全神贯注、沉浸其中乃至意识不到自己的存在的活动中。[24] 要想引发心流，需要找到技巧与挑战之间的最佳平衡点——你不会想做那些难到会让你感到焦虑的事，而且你也不会想做那些容易到让你感到厌烦的事。培养在尽可能多的情境下体验到心流的能力可能会成就更幸福、更能实现个人抱负的人生。理想情况下，你能够在你的爱好和最喜欢的活动，比如烹饪、绘画或跑步中发现心流，心流也可能发生在你的职场生活中，即大多数人在醒着的大部分时间所做的事。

找到心流状态需要挑战身体和精神的极限，努力地完成不熟悉的事、困难的事和值得做的事，并且在这个过程中时刻关注自己得到的回报。下表中呈现了八种增进心流体验的手段：[25]

表 II-5 增进心流的手段

控制注意力	心流需要严格控制自身的注意力，这样你才能彻底沉浸在手头的工作中。尽管完全控制注意力可能需要你付出大量的努力，但对于形成长久的掌控力而言，这是一个重要因素。
向新体验保持开放	对新的、不同的体验保持开放，比如：露营，学习一项新运动，到国外旅游，或是尝试新的烹饪风格。不断地挑战自己，不要自满！

（续表）

做一个终生 学习者	当你掌握了很多技能之后，终生学习和拥抱新的挑战是发现心流的一个极其重要的构成部分。
认识心流	通常，在心流体验中人们意识不到心流的存在。要密切关注并给自己设定明确的心流时段和心流活动，还要试着拓展这样的活动。
改造常规任务	即使是在跑腿、打扫办公室、等火车或是听讲座这样的日常活动中，你都能发现"微型心流"状态。你可以通过在头脑中解开一个谜题，涂鸦，改写歌词以讲述一个滑稽故事，或是写一首诗、一个字谜来改造常规任务。
对话中的心流	在与别人谈话时，制定对话目标来更多地了解对方：他（她）在想什么？在感受怎样的情绪？关于他（她），我是否了解了以前不知道的事情？把你的全部注意力放在说话人及你对谈话内容的反应上。使用以下问题作提示："之后发生了什么？""你为什么那样认为？"
进行明智的 休闲活动	把自己的休闲活动变得更"明智"，让它既使用头脑，又锻炼技能，最好是那些不同于你在工作或是家中整天使用的技能。
从事明智的工作	调整要做的任务，使它们同你的技能、热情和价值观相一致。

敬畏体验被定义为狂喜和恐惧情绪的复杂混合。敬畏体验可以是高度个体化的体验。关于敬畏体验的核心认知评价，研究人员已解读了其中最主要的两种：（1）对于广阔的感知；（2）在心理上加工体验。[26] 敬畏体验同许多积极结果相联系，包括生活满意度的提升，有更多时间去体验世界的感受，助人行为的增多，慷慨程度提高，以及攻击性态度弱化。

本练习旨在提升你的敬畏体验，加深对它的理解，并对自己的敬畏体验加以反思。

挑战

首先，回顾你经历的最近一次高峰体验（如果有的话）。或者，思考人生中令自己产生巨大敬畏感的一次经历，或一次深刻的心流体验。简而言之，回顾自己可能曾经有过的最接近高峰体验的经历。

这段经历可以来自你人生中的任何阶段，但不要选择久远到记不住细节的经历。思考是什么促成了此次高峰体验或敬畏体验，或心流状态中的敬畏感（例如，此次经历的哪些特点引发了你的"高峰"状态）。这些特点可能包括：

- 广阔宏大（看到了一些宏大的事物）。
- 自我弱化（感到自己在广阔宇宙中十分渺小）。
- 在心理上加工这一体验时感到有挑战性。
- 联通感（有同你周围一切事物相联系的感觉）。
- 扭曲的时空感（时间可能加速或是远比平常慢）。
- 感到成为一个完整的和谐自我，没有内在的冲突。
- 没有了畏惧、疑惑或消极的自我对话。
- 体验到截然不同的身体感觉（比如战栗、让人惊掉了下巴等）。

思考是什么促成了这样的体验，以及如果有的话，是什么阻碍了这一体验。之后思考如何跨越影响你产生这些高峰状态的障碍。

接下来，有意地为高峰体验创造条件——要倾尽全力！出去（安全地）完成这一活动，并继续就这一体验进行书面反思。你做了什么，又有何感受？你可以独自完成，也可以与他人一起完成。《更多地生活在存在域》一章可以帮助你找到你想进行的活动。

成长挑战 19：品味练习

马斯洛的高原体验的概念同当今的"品味"的概念有若干共同特性。[27] 当代科学已经发现品味的四种主要类型：沉浸、纵情、感恩与惊叹。在四种品味当中，你本能地最倾向于进行哪种（些）类型的品味？

考虑到品味的三种时间形式（品味过去、[28] 品味当下，或者对未来做出预期品味），你本能地最倾向于进行哪种（些）类型的品味？

使用你选择的时间状态和品味类型，为一次品味体验创造条件。使用下表当中的至少一个策略来提升你的品味能力。比如，如果你是个怀旧的人，天生就善于知恩感怀，那么你可以拿出一本老相册并浏览你童年时代的照片。如果你选择"同他人分享好东西"这一品味策略，那么请邀请一个兄弟姐妹或是父母之一与你一起品味老照片。

表II–6 品味的四种类型

	内在自我	外在世界
认知反思（思）	沉浸（自豪） 乐于接受赞扬和祝贺 比如，享受赢得足球比赛、考出好成绩等带来的回味。	感恩（感激） 体验和表达谢意 比如，陪母亲度过一个下午，为她给你带来这样一段美好、亲密的关系而表达自己的感激之情。
经验吸收（行）	纵情（享乐） 充分调动所有的感官 比如，享受一场放松的泡泡浴，慢慢地吃一块美味的巧克力，或是品酌一杯上好的红酒。	惊叹（敬畏） 在令人惊奇的体验中迷失自我 比如，早起看日出，或者在雷雨中出门，感叹天空的变幻。

终极成长挑战：接纳你的全部自我

是时候一次性地接纳自身存在的全部了——包括最令你挣扎的那部分。接纳的部分内涵是对你的整个自我负责，而不只是对你心理或行为中你喜欢或令你感觉最好的方面负责。

挑战

找到一个舒适的姿势坐下来，身体放松。集中注意力，让肌肉放松下来，把注意力放在呼吸上。随着你充分地投入当下，深呼吸，想象自己轻吸着空气，就像此刻正在发生的一样，你正在吸入周围的整个世界，然后呼气，释放此前的一切。

当你呼吸时，让自己的大脑聚焦在一两处你喜欢的自我之上。在脑海中反复回想这些品质，沉浸在你心目中自己最宝贵的财富之中。

当你感觉已经准备好，让自己的思维转移到自己可能在为之挣扎的某些品质上来——或许你会认为这些品质不大值得向往，或许你希望自己没有这些品质。这样做可能会令你感到不舒服，但是随着吸入、呼出，让自己沉浸在这些品质当中。

在你一一盘点了自己的品质之后，在头脑中重复以下说法：

- 我为自己的全部自我负责，包括自身的缺点。
- 我的不足是个人成长的土壤。
- 我接受当下的整个自我。

当你重复这些"咒语"时，无论出现了什么样的感觉或冲动，你都要全部接受，不要试图加以控制或加以改变。

就完成这一练习后的感受写一篇书面反思，你也可为自己写一段独特的"咒语"，帮助你更好地接受自身的全部存在。

注 释

························

前言 从自我实现到自我超越

1. Brooks, D. (2017). When life asks for everything. *The New York Times.* Retrieved from https://www. nytimes.com/2017/09/19/opinion/when-life-asks-for-everything.html; Brooks, D. (2019). *The second mountain: The quest for a moral life.* NY: Random House.

2. Maslow, A. H. (1966/1996). Critique of self-actualization theory. In E. Hoffman (Ed.), *Future visions: The unpublished papers of Abraham Maslow* (pp. 26–32). Thousand Oaks, CA: Sage Publications.

3. Maslow, A. H. (1961). Peak experiences as acute identity experiences. *The American Journal of Psychoanalysis, 21,* 254–262, p. 260.

4. Maslow, A. H. (1998; originally published in 1962). *Toward a psychology of being* (3rd ed.) New York: Wiley, p. 231.

5. Maslow, A. H. (1969). The farther reaches of human nature. *Journal of Transper-sonal Psychology, 1*(1), 1–9, p. 1. The entire lecture at the Unitarian church can be found on You- Tube at https://www.youtube.com/watch?v=pagvjnTEEvg.

6. Maslow, The farther reaches of human nature, pp. 3–4.

7. Lowry, R. (1979). *The journals of A. H. Maslow—two volumes (The A. H. Maslow series).* Monterey, CA: Brooks/Cole, p. 1261.

8. Krippner, S. (1972). The plateau experience: A. H. Maslow and others. *Journal of Trans- personal Psychology, 4*(2), 107–120, p. 119.

9. International Study Project, Inc. (1972). *Abraham H. Maslow: A memorial volume.* Monte- rey, CA: Brooks/Cole, p. 53.

10. Lowry, *The journals of A. H. Maslow*, p. 869.

11. Michael Murphy, personal correspondence, May 10, 2018.

12. https://www.abrahammaslow.com/audio.html. *The Abraham Maslow audio collection: Vol- ume 2, The farther reaches of human nature, part 8*, 1967.

13. Schneider, K. J. (2018). The chief peril is not a DSM diagnosis but the polarized mind. *Journal of Humanistic Psychology,* doi: 10.1177/0022167818789274; Peters, S. (2018). "The polarized mind" as alternative framework for human suffering. *Mad in America.* Retrieved from https://www.

madinamerica.com/2018/07/polarized- mind-alternative-framework-human-suffering.

14. Kaufman, S. B. (2013). *Ungifted: Intelligence redefined*. New York: Basic Books. Kaufman, S. B. (2018) (Ed.). *Twice exceptional: Supporting and educating bright and creative students with learning difficulties*. New York: Oxford University Press.

15. Kaufman, S. B., Weiss, B., Miller, J. D., & Campbell, W. K. (2018). Clinical correlates of vulnerable and grandiose narcissism: A personality perspective. *Journal of Personality Disorders, 32,* 384.

16. Maslow, *Toward a psychology of being*, p. 66.

17. Maslow, A. H. (1969). *The psychology of science: A reconnaissance.* Washington, DC: Gate- way Editions, p. 15.

18. Maslow, *Toward a psychology of being*, p. 85.

19. Fromm, E. (1989). *The art of being*. New York: Bloomsbury Academic.

导言　新需要层次理论

1. Maslow, Critique of self-actualization theory, p. 28.

2. 在《动机与人格》第一版中，马斯洛用"积极心理学探索"一章展现了这一学科的前景。后来，在修订版的一则附录中，他写道："关于积极心理学的研究主题，最为切合、最显而易见的一个选择就是研究心理健康。（还有其他种类的健康，比如美学健康、价值健康、身体健康等。）可是积极心理学也需要研究好人，有安全感和自信的人，研究民主性格，研究幸福的人，研究沉静、从容、和平、同情、慷慨、和善之人，研究创造者、圣人、英雄、强者、天才和其他人类的楷模。"

3. Maslow, Toward a psychology of being, p. 85.

4. Schneider, K. J., Pierson, J. F., & Bugental, J. F. T. (Eds.). (2015). The handbook of human- istic psychology: Theory, research, and practice (2nd ed.). Thousand Oaks, CA: Sage Publica- tions, p. xix.

5. van Deurzen, E., et al. (Eds.). (2019). The Wiley world handbook of existential therapy. Hoboken, NJ: Wiley-Blackwell; Schneider, K. J., & Krug, O. T. (2017). Existential- humanistic therapy (2nd ed.). London: APA Books.

6. Bland, A. M., & DeRobertis, E. M. (2020). Humanistic perspective. In V. Zeigler-Hill & T. K. Shackelford (Eds.), Encyclopedia of personality and individual differences. Cham, Switzerland: Springer. Advance online publication. doi: 10.1007/978-3-319-28099-8_ 1484-2.

7. Jourard, S. M., & Landsman, T. (1980). Healthy personality: An approach from the viewpoint of humanistic psychology. New York: Macmillan; Kaufman, S. B. (2018). Do you have a healthy personality? Scientific American Blogs. Retrieved from https://blogs.scientific american.com/ beautiful-minds/do-you- have-a-healthy-personality.

8. Compton, W. C., & Hoffman, E. L. (2019). Positive psychology: The science of happiness and flourishing. New York: Sage Publications; Basic Books; Lopez, S. J., Pedrotti, J. T., & Snyder, C. R. (2018). Positive psychology: The scientific and practical explorations of human strengths. New York: Sage Publications; Seligman, M. E. P. (2011). Flourish: A visionary new understanding of happiness and well-being. New York: Free Press; Seligman, M. E. P., & Csikszentmihalyi, M. (2000). Positive

psychology: An introduction. *American Psycho- gist, 55*, 5–14. The quote "makes life worth living" is from Seligman & Csikszentmihalyi (2000), p. 5.

9. 应当注意的是，一些人本主义心理学家和积极心理学家呼吁在积极心理学研究中更多地关注人类生存的内在悖论，他们认为这是积极心理学研究领域的一大不足。我认同这种批评意见。参见：DeRobertis, E. M., & Bland, A. M. (2018). Tapping the humanistic potential of self-determination theory: Awakening to paradox. *The Humanistic Psychologist, 46*(2), 105–128; Wong, P. T. P. (2010). What is existential positive psychology? *International Journal of Existential Psychology & Psychotherapy, 3*, 1–10; Wong, P. T. P. (2011). Positive psychology 2.0: Towards a balanced interactive model of the good life, *Canadian Psychol- ogy, 52*(2), 69–81.

10. Sheldon, K. M., & Kasser, T. (2001). Goals, congruence, and positive well-being: New em- pirical support for humanistic theories. *Journal of Humanistic Psychology, 41*(1), 30–50.

11. Diener, E., Suh, E. N., Lucas, R. E., & Smith, H. L. (1999). Subjective well-being: Three decades of progress. *Psychological Bulletin, 125*(2), 276–302; Kaufman, S. B. (2017). Which personality traits are most predictive of well-being? *Scientific American Blogs.* Re- trieved from https://blogs.scientificamerican.com/ beautiful-minds/which-personality-traits- are-most-predictive-of-well-being; Kern, M. L., Waters, L. E., Adler, A., & White, M. A. (2013). A multidimensional approach to measuring well-being in students: Application of the PERMA framework. *The Journal of Positive Psychology, 10*(3), 262–271; Ryan & Deci, Self-determination theory and the facilitation of intrinsic motivation, social development, and well-being; Ryff, C. D., & Keyes, C. L. M. (1995). The struc- ture of psychological well-being revisited. *Journal of Personality and Social Psychology, 69*(4), 719–727; Seligman, M. E. P. (2011). *Flourish: A visionary new understanding of hap- piness and well-being.* New York: Simon & Schuster; Sun, J., Kaufman, S. B., & Smillie, L. D. (2016). Unique associations between Big Five personality aspects and multiple dimensions of well-being. *Journal of Personality, 86*, 158–172; Yaden, D. B., Haidt, J., Hood, R. W., Vago, D. R., & Newberg, A. B. (2017). The varieties of self-transcendent experience. *Review of General Psychology, 21*(2), 143–160.

12. Bland, A. M., & DeRobertis, E. M. (2017). Maslow's unacknowledged contributions to developmental psychology. *Journal of Humanistic Psychology*, doi: 10.1177/0022167 817739732.

13. Maslow, *Toward a psychology of being*, 212–213.

14. Maslow, A. H. (1987). *Motivation and personality* (3rd ed.). New York: HarperCollins, pp. 27–28.

15. Maslow, *Motivation and personality*, p. 37.

16. Maslow, *Motivation and personality*, p. 388.

17. Maslow, *Motivation and personality*, p. 390.

18. Maslow, *Toward a Psychology of Being*, p. 190.

19. Rowan, J. (1999). Ascent and descent in Maslow's theory. *Journal of Humanistic Psychology, 39*(3), 125–133.

20. Bland, A. M., & DeRobertis, E. M. (2017). Maslow's unacknowledged contributions to developmental psychology. *Journal of Humanistic Psychology*, doi: 10.1177/0022167817 739732.

21. Bland & DeRobertis, Maslow's unacknowledged contributions to developmental psy- chology;

Bridgman, T., Cummings, S., & Ballard, J. (2019). Who built Maslow's pyra- mid? A history of the creation of management studies' most famous symbol and its implications for management education. *Academy of Management Learning & Education, 18*(1), https://doi.org/10.5465/amle.2017.0351; Eaton, S. E. (2012). Maslow's hierarchy of needs: Is the pyramid a hoax? *Learning, Teaching and Leadership*. Retrieved from https://drsaraheaton. wordpress. com/ 2012/08/04/ maslows- hierarchy-of-needs; Kaufman, S. B. (2019). Who created Maslow's iconic pyramid? *Scientific American Blogs*. Retrieved from https://blogs.scientificamerican.com/ beautiful-minds/ who-created-maslows-iconic-pyramid; Rowan, J. (1998). Maslow amended. *Journal of Humanistic Psychology, 38*(1), 81–92.

22. 马斯洛在布鲁克林学院执教时的学生米利亚姆·考德雷尔告诉我，在马斯洛的课上，为了阐释需要层次理论，他确实展示过一个类似金字塔的结构。不过，马斯洛很可能只是为了示意，而不是真的想创建一个金字塔模型。另一个马斯洛以前的学生路易斯·阿里·考普罗告诉我，在他们的往来信件中，马斯洛说过他不喜欢用金字塔来再现他的理论。

23. Bridgman et al., p. 90.

24. Mills, A. J., Simmons, T., & Helms Mills, J. C. (2005). *Reading organization theory: A critical approach to the study of behaviour and structure in organizations* (3rd ed.). Toronto: Ga- ramond Press, p. 133.

25. Bridgman, Cummings, & Ballard, Who built Maslow's pyramid?, p. 94.

26. Sheldon, K. M., Elliot, A. J., Kim, Y., & Kasser, T. (2001). What is satisfying about satisfying events? Testing 10 candidate psychological needs. *Journal of Personality and So- cial Psychology, 80*(2), 325–339; Oishi, S., Diener, E., Suh, E. M., & Lucas, R. E. (1999). Value as a moderator in subjective well-being. *Journal of Personality, 67*(1), 157–184; Tay, L., & Diener, E. (2011). Needs and subjective well-being around the world. *Journal of Personality and Social Psychology, 101*(2), 354–365.

27. MacLellan, L. (2019). "Maslow's pyramid" is based on an elitist misreading of the psychologist's work. *Quartz at Work*. Retrieved from https://qz.com/work/1588491/maslow- didnt-make-the-pyramid-that- changed-management-history.

28. Lowry, R. J., foreword to Maslow, *Toward a psychology of being*, p. x.

29. 表面上看，马斯洛的成长动机理念同卡罗尔·德韦克对"成长型思维模式"和"固定型思维模式"的区分相似。毫无疑问，德韦克做了大量工作，她的研究表明一个人自认为的自身能力发展空间与提升空间同他本人在人类的诸多领域取得的成绩、成功、卓著表现相关——从教育到体育，到教练行业，到商业，再到关系领域皆是如此。可是，马斯洛的成长动机理念的含义更加广泛。德韦克的理论同能力、信念有关，更适用于对卓越表现的研究，而马斯洛的动机理论并不聚焦于表现与成绩的外在量度之上，而是聚焦于一个良好整合的完整个体的全部能力，它无关环境压力，有时也无关环境条件。我在其他场合曾说过，个人成长思维模式更符合马斯洛的成长动机理念。个人成长思维模式由广泛参与各种活动的动机构成，这些活动旨在拓展你的视野，挑战你理解自己和世界的方式，导向持续的学习、成长和对整个自我的理解。很多人可能都会对某项活动抱有成长型思维模式，即相信他们自己能够改变和成长，他们仍旧在很大程度上为神经质的种种防御机制所驱使，为种种不健康的动机所驱使。

能够给一个人提供成长空间的领域并不一定值得人们为之付出。比如，一个学生可能将成长型思维用于拼尽全力在一场标准化成绩测验中取得最好的分数，但这个学生在某个领域（如艺术、音乐、历史、数学）上的发展可能因此受到耽误。个体的成长型思维模式——而不仅仅是一种认为智力和能力可以带来改变的信念——会促进朝向完人（whole person）的成长，这样的案例比比皆是。参见：Dweck, C. S. (2007). *Mindset: The new psychology of success.* New York: Ballantine Books; Kaufman, S. B. (2015). Is it time for a personal growth mindset? Scientific American Blogs. Retrieved from https://blogs.scientificamerican.com/beautiful- minds/ is-it-time-for-a-personal-growth-mindset.

30. Wright, R. (2018). Why Buddhism is true: The science and philosophy of meditation and enlightenment. New York: Simon & Schuster, p. 3.

31. 特别要提及的是，当代人格心理学家注意到，人们的性格彼此不同，这是可以以某种方式预测的，因而形成了一个人格的层次。在层次的顶端只有两个"元特质"：稳定性和可塑性。人格神经学家科林·德阳对这两个特质的定义如下：

稳定性：对目标、阐释和策略加以捍卫，防止冲动的破坏行为。

可塑性：对新目标、新阐释、新策略的探索和创造。

每个有机体（包括人类）为了自身的生存和适应，都必须具备稳定性和可塑性。稳定性使得人类在相对可预测的情境中得以朝目标前进，但仅有稳定性还不够，有机体必须能够适应不断变化的复杂环境。既然精准的预测从来都是不可能的，任何健全的、能够正常运作的系统都必须同时具备稳定性和可塑性。在人工智能领域，这种现象被称作"稳定性-可塑性困境"。研究人员正在尝试开发一种人工智能系统，它能够像人类一样自主学习和适应，而不需要程序员不断地输入指令。根据这些深刻的见解，德阳提出控制论和人类人格变化之间存在联系。德阳认为，每一种人格变化的根源都可同稳定性或是可塑性相关的动机联系起来。辩证地看，稳定性和可塑性以相互整合的方式形成彼此依赖的关系，以使控制系统能够在它们的共同作用下在复杂多变的环境中实现目标。在《人本主义心理学学报》发表的一篇论文中，我经过测试和验证，提出马斯洛对自我实现者的描述类似于一个经过合理调试处于最佳运行状态的控制系统。参见 DeYoung, C. G., & Weisberg, Y. J. (2018). Cybernetic approaches to personality and social behavior. In K. Deaux & M. Snyder (Eds.), *The Oxford handbook of personality and social psychology* (2nd ed.) (pp. 387–413). New York, NY: Oxford University Press; Kaufman, S. B. (2018). Self-actualizing people in the 21st century: Integration with contemporary theory and research on personality and well-being. *Journal of Humanistic Psychology,* https:/doi.org/10.1177/0022167818809187.

32. Kenrick, D. T., Griskevicius, V., Neuberg, S. L., & Schaller, M. (2010). Renovating the pyramid of needs: Contemporary extensions built upon ancient foundations. *Perspectives on Psychological Science, 5*(3), 292–314.

33. Kashdan, T. B., & Silvia, P. J. (2011). Curiosity and interest: The benefits of thriving on novelty and challenge. In S. J. Lopez & C. R. Snyder (Eds.), *The Oxford handbook of positive psychology* (2nd ed.) (pp. 367–74). New York: Oxford University Press.

34. Kenrick, Griskevicius, Neuberg, & Schaller, Renovating the pyramid of needs, 292–314.

35. 本章部分内容改编自下述专著的前言：Geher, G., & Wedberg, N. (2019).

36. Colin DeYoung, personal correspondence, December 23, 2017.

37. Buss, D. (2015). *Evolutionary psychology: The new science of the mind* (5th ed.). New York: Psychology Press.

38. Fromm, E. (1955). *The sane society*. New York: Henry Holt, p. 25.

39. Yalom, I. D. (1989). *Love's executioner: & other tales of psychotherapy*. New York: Basic Books.

40. Yalom, I. D. (1980). *Existential psychotherapy*. New York: Basic Books.

41. Rogers, C. R. (1961). *On becoming a person: A therapist's view of psychotherapy*. New York: Houghton Mifflin, p. 186.

42. Rogers, *On becoming a person*, p. 196.

43. Tillich, P. (1952). *The courage to be*. New Haven, CT: Yale University Press.

第一部分　安全保障

1. Walters, J., & Gardner, H. (1992). The crystallizing experience: Discovering an intellec- tual gift. In R. S. Albert (Ed.), *Genius & Eminence* (2nd ed.). (pp. 135–56). Tarrytown, NY: Pergamon Press.

2. 未出版的 1962 年笔记，转引自 Lowry, R. J. (1973). *A. H. Maslow: An intellectual portrait (The A. J. Maslow's Series)*. Monterey: CA: Brooks/Cole.

3. Sumner, W. G. (1906/2017). Folkways: A study of the sociological importance of usages, manners, customs, mores, and morals. CreateSpace Independent Publishing Platform, p. 7.

4. Hoffman, E. (1988). The right to be human: A biography of Abraham Maslow. Los Angeles: Tarcher.

5. Maslow, A. H., & Honigmann, J. (ca. 1943). Northern Blackfoot culture and personality (Un- published manuscript; Maslow Papers, M443). Archives of the History of American Psychology, Cummings Center for the History of Psychology, University of Akron, Akron, OH.

6. Martin Heavy Head [mheavyhead]. (2017, October 21). Abraham Maslow had spent six weeks with Blackfoot People, an experience which he said "shook him to his knees." He was inspired by us. [Tweet]. Retrieved from https://twitter.com/mheavyhead/status/921946655577927680.

7. Hoffman, The right to be human, p. 121.

8. Maslow, A. H. (1993/1971). The farther reaches of human nature. New York: Penguin Books, p. 218.

9. Blackstock, C. (2011). The emergence of the breath of life theory. Journal of Social Work Values and Ethics, 8(1); Kaufman, S. B. (2019). Honoring the wisdom of indigenous people with Richard Katz. The Psychology Podcast. Retrieved from https://scottbarrykaufman.com/podcast/ honoring-the- wisdom-of- indigenous-peoples-with-richard-katz.

10. 然而，有些人对此行进行了过度解读，认为马斯洛的整个动机理论及其金字塔式的理论再现可能受到了第一民族的视角和北美印第安人用的圆锥型帐篷的启发。尽管我确实认为马斯洛此行深受启发，而且这个民族的人生哲学对马斯洛的思想产生了一定影响，但我认为，看到马斯洛理论的其他重要影响因素也很重要，包括威廉·萨姆纳有关人类需要驱动力的描述，科特·戈德斯坦有关自我实现的研究，以及本书涉及的一大批研究者——如阿尔弗雷德·阿德勒、哈利·哈洛、卡伦·霍妮等的研究。此外，在马斯洛 1943 年的阐释当中，自我实现位于需要层次的顶端，但按照第一民族的思考方法，自我实现则应放在"圆锥帐篷"结构的底部。最关键的是，马斯洛并没有把自己的需要层次以金字塔的形式再现！不过，考虑到问题的严肃性，我同马斯洛的密友、心理学家理查德·卡茨做了一次交流。卡茨的研究重点就是原住民，他不相信马斯洛需要层次理论的想法仅仅源自于他对黑脚印第安人的拜访。尽管如此，我们都认为马斯洛此行确实在一种宽泛的层面深深地影响了他对人性的思考，同时，我们也很有必要尊重原住民的智慧。事实上，我认为马斯洛人生后期有关灵性和超越的作品以及我对需要层次的修改，更符合第一民族的想法，即将自我实现作为"集体实现"和"文化永恒"的基石。从根本上说，我认为我们可以拥有一个尊重和认可每个人的贡献的集成模式。参见：Black Stock, The emergence of the breach of life theory; Kaufman, Honoring the wisdom of indigenous people with Richard Katz; Michael, K. L. (2014). Maslow's hierarchy connected to Blackfoot beliefs. *A Digital Native American*. Retrieved from https://lincolnmichel. wordpress.com/2014/04/19/maslows-hierarchy-connected-to-Blackfoot-beliefs.

11. Lowry, A. H. Maslow: An intellectual portrait.

12. Taylor, S. (2019). Original influences. Psychology Today. Retrieved from https://www. psychologytoday. com/us/blog/out-the-darkness/201903/original-influences.

13. Maslow, A. H. (1938). Report to the National Research Council.

14. Lowry, A. H. Maslow: An intellectual portrait, p. 20.

15. Lowry, A. H. Maslow: An intellectual portrait.

16. Unpublished note, quoted in Lowry, A. H. Maslow: An intellectual portrait, p. 17.

第一章 安 全

1. Pinker, S. (2018). Enlightenment now: The case for reason, science, humanism, and progress. New York: Viking.

2. Whippman, R. (2017). Where were we while the pyramid was collapsing? At a yoga class. Society, 54(6), 527–529.

3. Whippman, Where were we while the pyramid was collapsing? At a yoga class, p. 528.

4. Bland & DeRobertis, Maslow's unacknowledged contributions to developmental psy- chology; Hoffman, The right to be human.

5. George, L., & Park, C. (2016). Meaning in life as comprehension, purpose, and matter- ing: Toward integration and new research questions. Review of General Psychology, 20(3), 205–220; Martela, F., & Steger, M. F. (2016). The three meanings of meaning in life: Distinguishing coherence, purpose, and significance. The Journal of Positive Psychology, 11(5), 531–545.

6. Morgan, J., & Farsides, T. (2009). Measuring meaning in life. Journal of Happiness Studies, 10(2), 197–214; Morgan, J., & Farsides, T. (2009). Psychometric evaluation of the mean- ingful life measure. Journal of Happiness Studies, 10(3), 351–366.

7. Martela & Steger, The three meanings of meaning in life, p. 539.

8. George, L. S., & Park, C. L. (2013). Are meaning and purpose distinct? An examina- tion of correlates and predictors. The Journal of Positive Psychology, 8(5), 365–375.

9. Hirsh, J. B., Mar, R. A., & Peterson, J. B. (2012). Psychological entropy: A framework for

understanding uncertainty-related anxiety. Psychological Review, 119(2), 304–320.

10. Clark, A. (2013). Whatever next?: Predictive brains, situated agents, and the future of cognitive science. Behavioral and Brain Sciences, 36(3), 181–204.

11. Friston, K. (2009). The free-energy principle: A rough guide to the brain? Trends in Cognitive Sciences, 13(7), 293–301; Friston, K. (2010). The free-energy principle: A uni- fied brain theory? Nature Reviews Neuroscience, 11, 127–138; Hirsh, Mar, & Peterson, Psychological entropy; Kelso, J. (1995). Dynamic patterns: The self-organization of brain and behavior. Cambridge, MA: MIT Press.

12. Kauffman, S. A. (1993). The origins of order: Self-organization and selection in evolution. New York: Oxford University Press.

13. McEwen, B. S. (2007). Physiology and neurobiology of stress and adaptation: Central role of the brain. Physiological Review, 87(3), 873–904.

14. Bateson, M., & Nettle, D. (2016). The telomere lengthening conundrum—it could be biology. Aging Cell, 16(2), 312–319; Fox, N. A., & Shonkoff, J. P. (2011). How persistent fear and anxiety can affect young children's learning, behavior and health. Early childhood matters; Nettle, D., et al. (2017). Early-life adversity accelerates cellular ageing and affects adult inflammation: Experimental evidence from the European starling. Scientific Re- ports, 7, 40794; Storoni, M. (2019). Stress-proof: The ultimate guide to living a stress-free life. London: Yellow Kite.

15. Watts, A. W. (1951). *The wisdom of insecurity: A message for an age of anxiety.* New York: Vintage Books, p. 77.

16. Paulos, J. A. (2003). *A mathematician plays the stock market.* New York: Routledge.

17. Hirsh, J. B., & Inzlicht, M. (2008). The devil you know: Neuroticism predicts neural response to uncertainty. *Psychological Science, 19*(10), 962–967.

18. Cuijpers, P., et al. (2010). Economic costs of neuroticism: A population-based study. *Ar- chives of General Psychiatry, 67*(10), 1086–1093; Lahey, B. B. (2009). Public health signifi- cance of neuroticism. *American Psychologist, 64*(4), 241–256; Tackett, J. L., et al. (2013). Common genetic influences on negative emotionality and a general psychopathology factor in childhood and adolescence. *Journal of Abnormal Psychology, 122*(4), 1142–1153.

19. Schönbrodt, F. D., & Gerstenberg, F. X. R. (2012). An IRT analysis of motive question- naires: The unified motive scales. *Journal of Research in Personality, 46*(6), 725–742.

20. Fox & Shonkoff, How persistent fear and anxiety can affect young children's learning, behavior and health.

21. Maslow, *Motivation and personality*, p. 66.

22. Nettle, D. (2017). Does hunger contribute to socioeconomic gradients in behavior? *Frontiers in Psychology, 8*, https://doi.org/10.3389/fpsyg.2017.00358.

23. Fessler, D. M. (2002). Pseudoparadoxical impulsivity in restrictive anorexia nervosa: A consequence of the logic of scarcity. *International Journal of Eating Disorders, 31*(4), 376–388; Swanson, D. W., & Dinello, F. A. (1970). Severe obesity as a habituation syndrome: Evi- dence during a starvation study. *Archives of General Psychiatry, 22*(2), 120–127.

24. Swanson & Dinello, Severe obesity as a habituation syndrome, p. 124.

25. Orquin, J. L., & Kurzban, R. (2016). A meta-analysis of blood glucose effects on human decision making. *Psychological Bulletin, 142*(5), 546–567.

26. Nettle, Does hunger contribute to socioeconomic gradients in behavior?; Orquin & Kurzban, A meta-analysis of blood glucose effects on human decision making.

27. Nettle, Does hunger contribute to socioeconomic gradients in behavior?

28. Fessler, Pseudoparadoxical impulsivity in restrictive anorexia nervosa.

29. Bowlby, J. (1982; originally published in 1969). *Attachment and loss: Vol. 1. Attachment* (2nd ed.). New York: Basic Books; Bowlby, J. (1973). *Attachment and loss: Vol. 2. Separa- tion: Anxiety and anger.* New York: Basic Books; Bowlby, J. (1980). *Attachment and loss: Vol. 3. Loss: Sadness and depression.* New York: Basic Books.

30. Fraley, R. C. (2019). Attachment in adulthood: Recent developments, emerging de- bates, and future directions. *Annual Review of Psychology, 70*, 401–422; Fraley, R. C., & Shaver, P. R. (2008). Attachment theory and its place in contemporary personality re- search. In O. P. John, R. W. Robins, & L. A. Pervin (Eds.), *Handbook of personality: Theory and research* (3rd ed.) (pp. 518–541). New York: Guilford Press.

31. Ainsworth, M. D. S., Blehar, M. C., Waters, E., & Wall, S. N. (1978). *Patterns of attach- ment.* Hillsdale, NJ: Erlbaum.

32. Kaufman, S. B. (2017). The latest science of attachment with R. Chris Fraley. *The Psy- chology Podcast.* Retrieved from https://scottbarrykaufman.com/podcast/latest-science-attachment- r-chris-fraley.

33. Bartholomew, K., & Horowitz, L. M. (1991). Attachment styles among young adults: A test of the four-category model. *Journal of Personality and Social Psychology, 61*(2), 226– 244; Hazan, C., & Shaver, P. R. (1987). Romantic love conceptualized as an attachment process. *Journal of Personality and Social Psychology, 52*(3), 511–524.

34. Fraley, R. C., Hudson, N. W., Heffernan, M. E., & Segal, N. (2015). Are adult attach- ment styles categorical or dimensional? A taxometric analysis of general and relationship- specific attachment orientations. *Journal of Personality and Social Psychology, 109*(2), 354– 368; Fraley, R. C., & Spieker, S. J. (2003). Are infant attachment patterns continuously or categorically distributed? A taxometric analysis of strange situation behavior. *Devel- opmental Psychology, 39*(3), 387–404.

35. Edenfield, J. L., Adams, K. S., & Briihl, D. S. (2012). Relationship maintenance strategy use by romantic attachment style. *North American Journal of Psychology, 14*, 149–162; Nof- tle, E. E., & Shaver, P. R. (2006). Attachment dimensions and the big five personality traits: Associations and comparative ability to predict relationship quality. *Journal of Re- search in Personality, 40*(2), 179–208; Mikulincer, M., & Shaver, P. R. (2005). Mental representations of attachment security: Theoretical foundation for a positive social psy- chology. In M. W. Baldwin (Ed.), *Interpersonal cognition* (pp. 233–66). New York: Guilford Press; Shaver, P. R., Mikulincer, M., Gross, J. T., Stern, J. A., & Cassidy, J. (2016). A lifespan perspective on attachment and care for others: Empathy, altruism, and prosocial behavior. In J. Cassidy & P. R. Shaver (Eds.), *Handbook of attachment: Theory, research, and clinical applications* (3rd ed.) (pp. 878–916). New York: Guilford

Press; Mikulincer, M., & Shaver, P. R. (2016). *Attachment in adulthood: Structure, dynamics, and change* (2nd ed.). New York: Guilford Press; Mikulincer, M., Shaver, P. R., Gillath, O., & Nitzberg, R. A. (2005). Attachment, caregiving, and altruism: Boosting attachment security increases compassion and helping. *Journal of Personality and Social Psychology, 89*(5), 817–839.

36.   Mikulincer & Shaver, *Attachment in adulthood*.

37.   Gouin, J-P., et al. (2009). Attachment avoidance predicts inflammatory responses to marital conflict. *Brain, Behavior, and Immunity, 23*(7), 898–904; Pietromonaco, P. R., & Beck, L. A. (2019). Adult attachment and physical health. *Current Opinion in Psychology*, 25, 115–120; Plotsky, P. M., et al. (2005). Long-term consequences of neonatal rearing on central corticotropin-releasing factor systems in adult male rat offspring, *Neuropsycho- pharmacology, 30*(12), 2192–2204; Robles, T. F., Brooks, K. P., Kane, H. S., & Schetter, C. D. (2013). Attachment, skin deep? Relationships between adult attachment and skin barrier recovery. *International Journal of Psychophysiology, 88*(3), 241–252.

38.   Collins, N. L. (1996). Working models of attachment: Implications for explanation, emotion, and behavior. *Journal of Personality and Social Psychology, 71*(4), 810–832.

39.   Vicary, A. M., & Fraley, R. C. (2007). Choose your own adventure: Attachment dynam- ics in a simulated relationship. *Personality and Social Psychology Bulletin, 33*(9), 1279–1291.

40.   Wiebe, S. A., & Johnson, S. M. (2017). Creating relationships that foster resilience in Emotionally Focused Therapy. *Current Opinion in Psychology, 13*, 65–69.

41.   Simpson, J. A., & Rholes, W. S. (2017). Adult attachment, stress, and romantic relation- ships. *Current Opinion in Psychology, 13*, 19–24.

42.   Simpson & Rholes, Adult attachment, stress, and romantic relationships.

43.   Simpson & Rholes, Adult attachment, stress, and romantic relationships.

44.   Groh, A. M., et al. (2014). The significance of attachment security for children's social competence with peers: A meta-analytic study. *Attachment & Human Development, 16*(2), 103–136; Pinquart, M., Feussner, C., & Ahnert, L. (2013). Meta-analytic evidence for stability in attachments from infancy to early adulthood. *Attachment & Human Develop- ment, 15*(2), 189–218.

45.   Carnelley, K. B., Otway, L. J., & Rowe, A. C. (2015). The effects of attachment priming on depressed and anxious mood. *Clinical Psychological Science, 4*(3), 433–450.

46.   Bakermans-Kranenburg, M. J., van IJzendoon, M. H., & Juffer, F. (2003). Less is more: Meta-analyses of sensitivity and attachment interventions in early childhood. *Psycholog- ical Bulletin, 129*(2), 195–215; Bakermans-Kranenburg, M. J., Van IJzendoorn, M. H., & Juffer, F. (2005). Disorganized infant attachment and preventive interventions: A review and meta-analysis. *Infant Mental Health Journal, 26*(3), 191–216; Bernard, K., et al. (2012). Enhancing attachment organization among maltreated children: Results of a random- ized clinical trial. *Child Development, 83*(2), 623–636; van den Boom, D. C. (1994). The influence of temperament and mothering on attachment and exploration: An experi- mental manipulation of sensitive responsiveness among lower-class mothers with irrita- ble infants. *Child Development, 65*(5), 1457–1477.

47.   Belsky, J., & Pluess, M. (2013). Beyond risk, resilience, and dysregulation: Phenotypic plasticity and human development. *Development and Psychopathology, 25*(4, part 2), 1243– 1261.

48. 在 20 世纪 30 年代跟随阿德勒非正式地学习了一段时间之后，受阿德勒观点的影响，马斯洛在 1957 年写下一篇不曾出版的简短论文，名为《儿童的约束、控制与安全需要》。文中，马斯洛指出，幼儿需要外部控制，甚至会"对管教无力的父母感到轻视、不屑和憎恶"。他认为，幼儿寻求严格的约束以避免科特·戈德斯坦（"自我实现"这一术语的创造者，在德国出生的美籍精神病学家）所说的"灾难性独处焦虑"。参见：Maslow, Limits, controls, and the safety need in Children. In Hoffman, *Future Visions*, pp. 45-46.

49. Maslow, Limits, controls, and the safety need in children. In Hoffman, *Future visions*, p. 46.

50. Fraley, R. C., & Roisman, G. I. (2015). Do early caregiving experiences leave an endur- ing or transient mark on developmental adaptation? *Current Opinion in Psychology, 1*, 101–106; Simpson, J. A., Collins, W. A., Farrell, A. K., & Raby, K. L. (2015). Attach- ment and relationships across time: An organizational-developmental perspective. In V. Zayas & C. Hazan (Eds.), *Bases of Adult Attachment* (pp. 61–78). New York: Springer.

51. Kaufman, The latest science of attachment with R. Chris Fraley.

52. Plomin, R. (2018). *Blueprint: How DNA makes us who we are.* Cambridge, MA: MIT Press.

53. Bowlby, J. (1944). Forty-four juvenile thieves: Their characters and home life. *The Inter- national Journal of Psychoanalysis, 25*, 19–53.

54. Finkelhor, D., Ormrod, R., Turner, H., & Hamby, S. L. (2005). The victimization of children and youth: A comprehensive, national survey. *Child Maltreatment, 10*(1), 5–25; Fox & Shonkoff, How persistent fear and anxiety can affect young children's learning, behavior and health.

55. Belsky, J., Steinberg, L., Houts, R. M., Halpern-Felsher, B. L., & NICH Early Child Care Research Network. (2010). The development of reproductive strategy in females: Early maternal harshness → earlier menarche → increased sexual risk taking. *Developmental Psychology, 46*(1), 120–128; Hartman, S., Li, Z., Nettle, D., & Belsky, J. (2017). External-environmental and internal-health early predictors of adolescent development. *Development and Psychopathology, 29*(5), 1839–1849; Nettle, N., Franken- huis, W. E., & Rickard, I. J. (2013). The evolution of predictive adaptive responses in human life history. *Proceedings of the Royal Society B*, 280, 1766.

56. Takesian, A. E., & Hensch, T. K. (2013). Balancing plasticity/stability across brain development. *Progress in Brain Research, 207*, 3–34.

57. Teicher, M. H., & Samson, J. A. (2016). Annual research review: Enduring neurobiolog- ical effects of childhood abuse and neglect. *Journal of Child Psychology and Psychiatry, 57*(3), 241–266; Teicher, M. H., Samson, J. A., Anderson, C. M., & Ohashi, K. (2016). The effects of childhood maltreatment on brain structure, function and connectivity. *Nature Reviews Neuroscience, 17*(10), 652–656.

58. Teicher, Samson, Anderson, & Ohashi, The effects of childhood maltreatment on brain structure, function and connectivity.

59. Teicher, Samson, Anderson, & Ohashi, The effects of childhood maltreatment on brain structure, function and connectivity.

60. Jonason, P. K., Icho, A., & Ireland, K. (2016). Resources, harshness, and unpredictabil- ity: The socioeconomic conditions associated with the dark triad traits. *Evolutionary Psychology*, p. 8.

61. Tiecher, M. H., & Samson, J. A. (2013). Childhood maltreatment and psychopathology: A case for ecophenotypic variants as clinically and neurobiologically distinct subtypes. *American Journal of Psychiatry, 170* (10), 1114–1133; Teicher, Samson, Anderson, & Ohashi, The effects of childhood maltreatment on brain structure, function and connectivity.

62. Fox & Shonkoff, How persistent fear and anxiety can affect young children's learning, behavior and health.

63. Fox & Shonkoff, How persistent fear and anxiety can affect young children's learning, behavior and health.

64. Carew, M. B., & Rudy, J. W. (1991). Multiple functions of context during conditioning: A developmental analysis. *Developmental Psychobiology, 24*(3), 191–209; Kim, J. H., & Richardson, R. (2008). The effect of temporary amygdala inactivation on extinction and reextinction of fear in the developing rat: Unlearning as a potential mechanism for extinction early in development. *Journal of Neuroscience, 28*(6), 1282–1290; Maier, S. F., & Seligman, M. E. (2016). Learned helplessness at fifty: Insights from neurosci- ence. *Psychological Review, 123*(4), 349–367; Teicher, Samson, Anderson, & Ohashi, The effects of childhood maltreatment on brain structure, function and connectivity; Thompson, J. V., Sullivan, R. M., & Wilson, D. A. (2008). Developmental emergence of fear learning corresponds with changes in amygdala synaptic plasticity. *Brain Research, 1200*, 58–65.

65. Maier, S. F., & Seligman, M. E. (1976). Learned helplessness: Theory and evidence. *Journal of Experimental Psychology: General, 105*(1), 3–46.

66. Maier & Seligman, Learned helplessness at fifty.

67. Bolland, J. M. (2003). Hopelessness and risk behaviour among adolescents living in high- poverty inner-city neighborhoods. *Journal of Adolescence, 26*(2), 145–58; Brezina, T., Tekin, E., & Topalli, V. (2009). "Might not be a tomorrow" : A multimethods approach to anticipated early death and youth crime. *Criminology, 47*(4), 1091–1129; Haushofer, J., & Fehr, E. (2014). On the psychology of poverty. *Science, 344*(6186), 862–867.

68. Infurna, F. J., Gerstorf, D., Ram, N., Schupp, J., & Wagner, G. G. (2011). Long-term antecedents and outcomes of perceived control. *Psychology and Aging, 26*(3), 559–575.

69. Pepper, G. V., & Nettle, D. (2014). Out of control mortality matters: The effect of per- ceived uncontrollable mortality risk on a health-related decision. *PeerJ, 2, e459.*

70. Nettle, D., Pepper, G. V., Jobling, R., & Schroeder, K. B. (2014). Being there: A brief visit to a neighbourhood induces the social attitudes of that neighbourhood. *PeerJ, 2, e236.*

71. Nettle, Pepper, Jobling, & Schroeder, Being there: A brief visit to a neighbourhood in- duces the social attitudes of that neighbourhood.

72. 一个集体中的社会态度和信任水平会帮助我们理解罪与罚的文化演进。研究结果显示存在多种同步的、相互强化的机制，这些机制可以解释不被社会认可的行为——比如，广义上的欺骗——何以变得如此广泛。在合作程度较低、处罚力度较小的文化中，不合作的策略可能在事实上更具适应性，这在极度贫穷和艰苦的环境条件下尤为明显。参见：Cialdini, R. B., Reno, R. R., & Kallgren, C. A. (1990). A focus theory of normative conduct: Recycling

the concept of norms to reduce littering in public places. *Journal of Personality and Social Psychology*, 58(6), 1015–1126; Traxler, C., & Winter, J. (2012). Survey evidence on conditional norm enforcement. *European Journal of Political Economy*, 28(3), 390–398; Wilson, D. S., & Csikszentmihalyi, M. (2007). Health and the ecology of altruism. In S. G. Post (Ed.), *Altruism and health: Perspectives from empirical research*. New York: Oxford University Press, pp. 314–331.

73. Costello, E. J., Compton, S. N., Keeler, G., & Angold, A. (2003). Relationships between poverty and psychopathology: A natural experiment. *JAMA*, 290(15), 2023–2029.

74. Costello, Relationships between poverty and psychopathology, p. 2028.

75. Maslow, *Motivation and personality*.

76. Ellis, B. J., Bianchi, J., Griskevicius, V., & Frankenhuis, W. E. (2017). Beyond risk and protective factors: An adaptation-based approach to resilience. *Perspectives on Psychological Science, 12*(4), 561–587, https://doi.org/10.1177/1745691617693054.

77. Sternberg, R. J. (1997). *Successful intelligence: How practical and creative intelligence determine success in life*. New York: Plume; Sternberg, R. J. (2014). The development of adaptive competence: Why cultural psychology is necessary and not just nice. *Developmental Re- view, 34*(3), 208–224.

78. Sternberg, The development of adaptive competence, p. 209.

79. Ellis, Bianchi, Griskevicius, & Frankenhuis, Beyond risk and protective factors, p. 561.

80. Ellis, Bianchi, Griskevicius, & Frankenhuis, Beyond risk and protective factors.

81. Kraus, M. W., Piff, P. K., Mendoza-Denton, R., Rheinschmidt, M. L., & Keltner, D. (2012). Social class, solipsism, and contextualism: How the rich are different from the poor. *Psychological Review, 119*(3), 546–572.

82. Mayer, J. D., Salovey, P., & Caruso, D. R. (2002). *Manual for the MSCEIT (Mayer- Salovey-Caruso Emotional Intelligence Test)*. Toronto: Multi-Health Systems.

83. Kaufman, S. B. (2014). The creative gifts of ADHD. *Scientific American Blogs*. Retrieved from https://blogs.scientificamerican.com/beautiful-minds/the-creative-gifts-of-adhd.

84. Hatt, B. (2007). Street smarts vs. book smarts: The figured world of smartness in the lives of marginalized, urban youth. *The Urban Review, 39*(2), 145–166.

85. Nakkula, M. (2013). A crooked path to success. *Phi Delta Kappan, 94*(6), 60–63, https:// doi.org/10.1177/003172171309400615.

86. Fielding, M. (2001). Students as radical agents of change. *Journal of Educational Change, 2*(2), 123–141; Toshalis, E., & Nakkula, M. J. (2012). *Motivation, engagement, and student voice: The students at the center series*. Boston: Jobs for the Future.

87. van Gelder, J-L., Hershfield, H. E., & Nordgren, L. F. (2013). Vividness of the future self predicts delinquency. *Psychological Science, 24*(6), 974–980.

88. Cohen, G. L., Garcia, J., Apfel, N., & Master, A. (2006). Reducing the racial achieve- ment gap: A social-psychological intervention. *Science, 313*(5791), 1307–1310; Cohen, G. L., Garcia, J., Purdie-Vaughns, V., Apfel, N., & Brzustoski, P. (2009). Recursive processes in self-affirmation: Intervening to close the minority achievement gap. *Science, 324*(5925), 400–403.

89. Oyserman, D., Bybee, D., & Terry, K. (2006). Possible selves and academic outcomes: How and

when possible selves impel action. *Journal of Personality and Social Psychology, 91*(1), 188–204; Oyserman, D., Terry, K., & Bybee, D. (2002). A possible selves inter- vention to enhance school involvement. *Journal of Adolescence, 25,* 313–326.

90. Grant, A. (2018). What straight-A students get wrong. *The New York Times.* Retrieved from https://www.nytimes.com/2018/12/08/opinion/college-gpa-career-success.html.

91. Seale, C. (2018). Today's disruptors can be tomorrow's innovators. *thinkLaw.* Retrieved from https://www.thinklaw.us/todays-disruptors-tomorrows-innovators; Kaufman, S. B., (2019). Closing the critical thinking gap. *The Psychology Podcast.* Retrieved from https://scottbarrykaufman. com/ podcast/closing-the- critical-thinking-gap-with-colin-seale.

第二章　情感联结

1. Hoffman, The right to be human, p. 50.

2. Hoffman, The right to be human, p. 49.

3. Hoffman, The right to be human, p. 51.

4. Covin, R. (2011). The need to be liked. Self-published; Leary, M. R., & Guadagno, J. (2011). The sociometer, self-esteem, and the regulation of interpersonal behavior. In K. D. Vohs & R. F. Baumeister (Eds.), Handbook of self-regulation: Research, theory, and applications (pp. 339–354). New York: Guilford Press.

5. Baumeister, R. F., & Leary, M. R. (1995). The need to belong: Desire for interpersonal attachments as a fundamental human motivation. Psychological Bulletin, 117(3), 497–529.

6. Leary, M. R., Koch, E. J., & Hechenbleikner, N. R. (2001). Emotional responses to interpersonal rejection. In M. R. Leary (Ed.), Interpersonal rejection (pp. 145–166). New York: Oxford University Press.

7. Cacioppo, J. T., & Patrick, W. (2009). Loneliness: Human nature and the need for social con- nection. New York: W. W. Norton.

8. Cacioppo, J. T., et al. (2002). Do lonely days invade the nights? Potential social modu- lation of sleep efficiency. Psychological Science, 13(4), 384–387; Kurina, L. M., et al. (2011). Loneliness is associated with sleep fragmentation in a communal society. Sleep, 34(11), 1519–1526; Luo, Y., Hawkley, L. C., Waite, L. J., & Cacioppo, J. T. (2012). Loneliness, health, and mortality in old age: A national longitudinal study. Social Science & Medicine, 74(6), 907–914; Quora contributor. (2017). Loneliness might be a bigger health risk than smoking or obesity. Forbes. Retrieved from https://www.forbes.com/sites/quora/2017/01/18/loneliness-might-be-a-bigger-health-risk-than- smoking-or-obesity/amp.

9. Scelfo, J. (2015). Suicide on campus and the pressure of perfection. The New York Times. Retrieved from https://www.nytimes.com/2015/08/02/education/edlife/stress-social-media-and-suicide-on-campus.html; Firger, J. (2016). Suicide rate has increased 24 percent since 1999 in the U.S., says CDC. Newsweek. Retrieved from http://www.news week.com/us- suicide- rates- cdc- increase-24 -percent- cdc-1999- 2014 - 451606; Routledge, C. (2018). Suicides have increased. Is there an existential crisis? The New York Times. Retrieved from https://www.nytimes.com/2018/06/23/

opinion/sunday/suicide-rate- existential-crisis.html.

10. Sherif, M., Harvey, O. J., White, B. J., Hood, W. R., & Sherif, C. W. (1961). The Robbers Cave Experiment: Intergroup conflict and cooperation. Norman, OK: Institute of Group Re- lations, the University of Oklahoma.

11. McCauley, C. R., & Segal, M. E. (1987). Social psychology of terrorist groups. In C. Hendrick (Ed.), Group processes and intergroup relations: Review of personality and social psychology, 9, 231–256. Thousand Oaks, CA: Sage Publications.

12. Rabbie, J. M., & Horwitz, M. (1969). Arousal of ingroup-outgroup bias by a chance win or loss. Journal of Personality and Social Psychology, 13(3), 269–277.

13. Yang, X., & Dunham, Y. (2019). Minimal but meaningful: Probing the limits of ran- domly assigned social identities. Journal of Experimental Child Psychology, 185, 19–34; Kaufman, S. B. (2019). In-group favoritism is difficult to change, even when the social groups are meaningless. Scientific American Blogs. Retrieved from https://blogs.scientific american.com/ beautiful-minds/in-group-favoritism-is-difficult-to-change- even-when-the-social-groups-are-meaningless.

14. Leary, M. R., Kelly, K. M., Cottrell, C. A., & Schreindorfer, L. S. (2013). Construct validity of the need to belong scale: Mapping the nomological network. Journal of Person- ality Assessment, 95(6), 610–624.

15. Leary, Kelly, Cottrell, & Schreindorfer, Construct validity of the need to belong scale.

16. Mellor, D., Stokes, M., Firth, L., Hayashi, Y., & Cummins, R. (2008). Need for belong- ing, relationship satisfaction, loneliness, and life satisfaction. Personality and Individual Differences, 45(3), 213–218.

17. Schöonbrodt , F. D., & Gerstenberg, F. X. R. (2012). An IRT analysis of motive ques- tionnaires: The Unified Motive Scales. Journal of Research in Personality, 46, 725–742.

18. Dutton, J., & Heaphy, E. D. (2003). The power of high-quality connections. In K. S. Cameron, J. E. Dutton, & R. E. Quinn (Eds.), Positive organizational scholarship (pp. 263– 279). San Francisco: Berrett-Koehler Publishers, p. 264.

19. Dutton & Heaphy, The power of high-quality connections. In Cameron, Dutton, & Quinn, Positive organizational scholarship, p. 265.

20. Rogers, C. R. (1951). Client-centered therapy: Its current practice, implications, and theory. Boston: Houghton-Mifflin.

21. Sandelands, L. E. (2003). Thinking about social life. Lanham, MD: University Press of America, p. 250.

22. Dutton & Heaphy, The power of high-quality connections. In Cameron, Dutton, & Quinn, Positive organizational scholarship, p. 267.

23. Dutton & Heaphy, The power of high-quality connections. In Cameron, Dutton, & Quinn, Positive organizational scholarship, p. 266.

24. Cummings, L. L., & Bromiley, P. (1996). The Organizational Trust Inventory (OTI): Development and validation. In R. M. Kramer & T. R. Tyler (Eds.), Trust in organization: Frontiers of theory and research (pp. 302–30). Thousand Oaks, CA: Sage Publications; Die- ner, E., Oishi, S., & Lucas, R. E.

(2003). Personality, culture, and subjective well-being: Emotional and cognitive evaluations of life. Annual Review of Psychology, 54, 403–425.

25. Algoe, S. B. (2019). Positive interpersonal processes. Current Directions in Psychological Science, 28(2), 183–188, doi: 10.1177/0963721419827272; Pawelski, S. P., & Pawleski, J. O. (2018). Happy together: Using the science of positive psychology to build love that lasts. New York: TarcherPerigee.

26. Diener, E., & Seligman, M. E. P. (2002). Very happy people. Psychological Science, 13(1), 81–84.

27. Compton, W. C., & Hoffman, E. (2019). Positive psychology: The science of happiness and flourishing (3rd ed.). Thousand Oaks, CA: Sage Publications.

28. Fredrickson, B.L. (2013). Love 2.0: Finding happiness and health in moments of connection. New York: Plume.

29. Hasson, U., Ghazanfar, A. A., Galantucci, B., Garrod, S., Keysers, C. (2012). Brain-to- brain coupling: A mechanism for creating and sharing a social world. Trends in Cognitive Science, 16(2), 114–121; Stephens, G. J., Silbert, L. J., & Hasson, U. (2010). Speaker-listener neural coupling underlies successful communication. PNAS, 107(32), 14425–14430; Zaki, J. (2019). The war for kindness: Building empathy in a fractured world. New York: Crown.

30. Fredrickson, Love 2.0, p. 8.

31. Depue, R. A., & Morrone-Strupinsky, J. V. (2005). A neurobehavioral model of affilia- tive bonding: Implications for conceptualizing a human trait of affiliation. Behavioral and Brain Sciences, 28(3), 313–350.

32. Panksepp, J., Siviy, S. M., & Normansell, L. A. (1985). Brain opioids and social emo- tions. In M. Reite & T. Field (Eds.), The psychobiology of attachment and separation (pp. 3–49). New York: Academic Press.

33. Panksepp, Brain opioids and social emotions, pp. 3-49.

34. Bartz, J. A., Zaki, J., Bolger, N., & Ochsner, K. N. (2011). Social effects of oxytocin in humans: Context and person matter. Trends in Cognitive Sciences, 15(7), 301–09; Donaldson, Z. R., & Young, L. J. (2008). Oxytocin, vasopressin, and the neurogenetics of so- ciality. Science, 322(5903), 900–904.

35. Guastella, A. J., & MacLeod, C. (2012). A critical review of the influence of oxytocin nasal spray on social cognition in humans: Evidence and future directions. Hormones and Behavior, 61(3), 410–418; Kosfeld, M., Heinrichs, M., Zak, P. J., Fischbacher, U., & Fehr, E. (2005). Oxytocin increases trust in humans. Nature, 435, 673–676.

36. 像经鼻给予催产素这样的干预方式能够在多大程度上对行为产生显著效应，仍是一个开放的研究问题。事实上，近期的一项随机的涵盖安慰剂对照组的被试实验发现，催产素和抗利尿激素对于大量社会性后果并没有产生重大影响。

37. Debiec, J. (2005). Peptides of love and fear: Vasopressin and oxytocin modulate the in- tegration of information in the amygdala. BioEssays, 27(9), 869–873; Kirsch, P., et al. (2005). Oxytocin modulates neural circuitry for social cognition and fear in humans. Journal of Neuroscience, 25(49), 11489–93.

38. Bartz, Zaki, Bolger, & Ochsner, Social effects of oxytocin in humans; Kemp, A. H., & Guastella, A. J. (2011). The role of oxytocin in human affect: A novel hypothesis. *Current Directions in Psychological Science, 20*(4), 222–231.

39. De Dreu, C. K., & Kret, M. E. (2016). Oxytocin conditions intergroup relations through upregulated in-group empathy, cooperation, conformity, and defense. *Biological Psychia- try, 79*(3), 165–173.

40. Declerck, C. H., Boone, C., & Kiyonari, T. (2010). Oxytocin and cooperation under conditions of uncertainty: The modulating role of incentives and social information. *Hor- mones and Behavior, 57*(3), 368–374; De Dreue, C. K., et al. (2010). The neuropeptide oxytocin regulates parochial altruism in intergroup conflict among humans. *Science, 328*(5984), 1408–1411; Mikolajczak, M., Pinon, N., Lane, A., de Timary, P., & Luminet, O. (2010). Oxytocin not only increases trust when money is at stake, but also when con- fidential information is in the balance. *Biological Psychology, 85*(1), 182–184; Stallen, M., De Dreu, C. K., Shalvi, S., Smidts, A., & Sanfey, A. G. (2012). The herding hormone: Oxytocin stimulates in-group conformity. *Psychological Science, 23*(11), 1288–1292.

41. Stallen, De Dreue, Shalvi, Smidts, & Sanfey, The herding hormone.

42. De Dreu & Kret, Oxytocin conditions intergroup relations through upregulated in- group empathy, cooperation, conformity, and defense; Stallen, De Dreu, Shalvi, Smidts, & Sanfey, The herding hormone.

43. Kok, B. E., & Fredrickson, B. L. (2011). Upward spirals of the heart: Autonomic flexi- bility, as indexed by vagal tone, reciprocally and prospectively predicts positive emotions and social connectedness. *Biological Psychology, 85*(3), 432–436.

44. Knowledge Networks and Insight Policy Research. (2010). *Loneliness among older adults: A national survey of adults 45+*. Retrieved from https://assets.aarp.org/rgcenter/general/loneliness_2010.pdf; Wood, J. (2018). Loneliness epidemic growing into biggest threat to public health. *PsychCentral*. Retrieved from https://psychcentral.com/ news/2017/08/06/loneliness-epidemic-growing-into-biggest-threat-to-public-health/124226.html.

45. Cacioppo & Patrick, *Loneliness*, p. 5.

46. Wood, Loneliness epidemic growing into biggest threat to public health.

47. Hawkley, L. C., & Cacioppo, J. T. (2010). Loneliness matters: A theoretical and empir- ical review of consequences and mechanisms. *Annals of Behavioral Medicine, 40* (2), 218– 227.

48. Valtorta, N. K., Kanaan, M., Gilbody, S., Ronzi, S., & Hanratty, B. (2016). Loneliness and social isolation as risk factors for coronary heart disease and stroke: Systematic re- view and meta-analysis of longitudinal observational studies. *Heart, 102*(13), 1009–1016; Storrs, C. (2016). People who are alone and lonely are at greater risk of heart dis- ease. *CNN*. Retrieved from http://www.cnn.com/2016/04/20/health/can-loneliness-lead- to-heart-disease/index.html.

49. Luo, Hawkley, Waite, & Cacioppo, Loneliness, health, and mortality in old age.

50. Holt-Lunstad, J., Smith, T. B., Baker, M., Harris, T., & Stephenson, D. (2015). Loneli- ness and social isolation as risk factors for mortality: A meta-analytic review. *Perspectives on Psychological Science, 10*(2), 227–237; Worland, J. (2015). Why loneliness may be the next big public-health issue.

Time. Retrieved from http://time.com/3747784/loneliness-mortality.

51. Holt-Lunstad, J., Smith, T. B., & Layton, J. B. (2010). Social relationships and mortality risk: A meta-analytic review. *PLOS Medicine, 7*(7): e1000316, https://doi.org/10.1371/journal.pmed. 1000316.

52. Braudy, L. (1997). *The frenzy of renown: Fame and its history.* New York: Vintage Books.

53. Roberts, John Cacioppo, who studied effects of loneliness, is dead at 66.

54. Levine, N. (2016). Stephen Fry reveals he attempted suicide after interviewing a ho- mophobic Uganda politician. *NME.* Retrieved from http://www.nme.com/news/tv/stephen-fry- reveals-he-attempted-suicide-after-int-884674.

55. Fry, S. (2013). Only the lonely. *Stephen Fry.* Retrieved from http://www.stephenfry. com/2013/06/only-the-lonely.

56. Emma Seppälä, personal communication, July 1, 2016.

57. Emma Seppälä, personal communication, July 1, 2016.

58. Biswas-Diener, R., & Diener, E. (2006). The subjective well-being of the homeless, and lessons for happiness. *Social Indicators Research, 76*(2), 185–205.

59. Brown, K. W., & Kasser, T. (2005). Are psychological and ecological well-being com- patible? The role of values, mindfulness, and lifestyle. *Social Indicators Research, 74*(2), 349–368; Jacob, J. C., & Brinkerhoff, M. B. (1999). Mindfulness and subjective well- being in the sustainability movement: A further elaboration of multiple discrepancies theory. *Social Indicators Research, 46*(3), 341–368.

60. Kasser, T., Ryan, R. M., Couchman, C. E., & Sheldon, K. M. (2004). Materialistic values: Their causes and consequences. In T. Kasser & A. D. Kanner (Eds.), *Psychology and consumer culture: The struggle for a good life in a materialistic world* (pp. 11–28). Washing- ton, DC: American Psychological Association.

61. Hanniball, K. B., Aknin, L. B., & Wiwad, D. (2018). Spending money well. In D. S. Dunn (Ed.), *Positive psychology: Established and emerging issues* (pp. 61–79). New York: Routledge.

62. Kahneman, D., Krueger, A. B., Schkade, D., Schwarz, N., & Stone, A. A. (2006). Would you be happier if you were richer? A focusing illusion. *Science, 312*(5782), 1908–1910.

63. Piff, P. K., Kraus, M. W., Côté, S., Cheng, B. H., & Keltner, D. (2010). Having less, giving more: The influence of social class on prosocial behavior. *Journal of Personality and Social Psychology, 99*(5), 771–784.

64. Hanniball, Aknin, & Wiwad, Spending money well. In Dunn, *Positive psychology*; Piff, Kraus, Côté, Cheng, & Keltner, Having less, giving more.

65. Niemiec, C. P., Ryan, R. M., & Deci, E. L. (2009). The path taken: Consequences of attaining intrinsic and extrinsic aspirations in post-college life. *Journal of Research in Per- sonality, 73*(3), 291–306.

66. Quoidbach, J., Dunn, E. W., Petrides, K. V., & Mikolajczak, M. (2010). Money giveth, money taketh away: The dual effect of wealth on happiness. *Psychological Science, 21*(6), 759–763.

67. Hanniball, Aknin, & Wiwad, Spending money well. In Dunn, *Positive psychology.*

68. Whillans, A. V., Dunn, E. W., Smeets, P., Bekkers, R., & Norton, M. I. (2017). Buying time promotes

happiness. *PNAS, 114*(32), 8523–8527.

69. Van Boven, L., & Gilovich, T. (2003). To do or to have? That is the question. *Journal of Personality and Social Psychology, 85*(6), 1193–1202.

70. Mogilner, C. (2010). The pursuit of happiness: Time, money, and social connection. *Psychological Science, 21*(9), 1348–1354.

71. Powdthavee, N. (2010). *The happiness equation: The surprising economics of our most valuable asset*. London: Icon Books.

72. Boyce, C. J., & Wood, A. M. (2011). Personality and marginal unity of income: Person- ality interacts with increases in household income to determine life satisfaction. *Journal of Economic Behavior & Organization, 78*(1–2), 183–191.

73. Park, A. (2019). I'm a disabled teenager, and social media is my lifeline. *The New York Times*. Retrieved from https://www.nytimes.com/2019/06/05/learning/im-a-disabled-teenager-and- social-media- is-my-lifeline.html.

74. Utz, S., Jonas, K. J., & Tonkens, E. (2012). Effects of passion for massively multiplayer online role-playing games on interpersonal relationships. *Journal of Media Psychology: Theories, Methods, and Applications, 24*(2), 77–86.

75. Szalavitz, M. (2013). More satisfaction, less divorce for people who meet spouses online. *Time*. Retrieved from http://healthland.time.com/2013/06/03/more-satisfaction-less-divorce-for-people-who-meet-spouses-online.

76. Kross, E., et al. (2013). Facebook use predicts declines in subjective well-being in young adults. *PLOS One, 8*(8): e69841, https://doi.org/10.1371/journal.pone.0069841.

77. Emma Seppälä, personal correspondence, July 1, 2016.

78. Buettner, D. (2017). *The blue zones solution: Eating and living like the world's healthiest people*. Washington, DC: National Geographic; Buettner, D. (2012). The island where people forget to die. *The New York Times*. Retrieved from http://www.nytimes.com/2012/10/28/ magazine/the-island-where-people-forget-to- die.html.

79. Buettner, The island where people forget to die.

80. Emma Seppälä, personal communication, July 1, 2016.

81. Lavigne, G. L., Vallerand, R. J., & Crevier-Braud, L. (2011). The fundamental need to belong: On the distinction between growth and deficit-reduction orientations. *Personal- ity and Social Psychology Bulletin, 37*(9), 1185–1201.

第三章 自 尊

1. Hoffman, The right to be human.

2. As quoted in Hoffman, The right to be human, p. 61.

3. Maslow, A. H. (1942). Self-esteem (dominance-feeling) and sexuality in women. The Journal of Social Psychology, 16, 259–294, p. 282.

4. Friedan, B. (1963). The feminine mystique. New York: W. W. Norton.

5. Hoffman, The right to be human.

6. Hoffman, The right to be human.

7. Hoffman, The right to be human.

8. Hoffman, The right to be human.

9. Maslow, A. H. (1937). Dominance-feeling, behavior, and status. Psychological Review, 44(5), 404–429.

10. Maslow, Dominance-feeling, behavior, and status.

11. Maslow, Motivation and personality, p. 13.

12. Baumeister, R. F., Campbell, J. D., Krueger, J. I., Vohs, K. D. (2003). Does high self- esteem cause better performance, interpersonal success, happiness, or healthier lifestyles? Psychological Science in the Public Interest, 4(1), 1–44; Diener, E., & Diener, M. (1995). Cross-cultural correlates of life satisfaction and self-esteem. Journal of Personality and Social Psychology, 68(4), 653–663; Orth, U., Robins, R. W., Trzesniewski, K. H., Maes, J., & Schmitt, M. (2009). Low self-esteem is a risk factor for depressive symptoms from young adulthood to old age. Journal of Abnormal Psychology, 118(3), 472–478.

13. Brooks, D. (2017). When life asks for everything. The New York Times. Retrieved from https://www.nytimes.com/2017/09/19/opinion/when-life-asks-for-everything.html.

14. Crocker, J., & Park, L. E. (2004). The costly pursuit of self-esteem. Psychological Bulletin, 130(3), 392–414.

15. Ryan, R. M., & Brown, K. W. (2003). Why we don't need self-esteem: On fundamental needs, contingent love, and mindfulness. Psychological Inquiry, 14(1), 71–76.

16. Greenberg, J., Pyszczynski, T., & Solomon, S. (1986). The causes and consequences of a need for self-esteem: A terror management theory. In R.F . Baumeister (Ed.), Public Self and Private Self. Berlin: Springer-Verlag.

17. Tafarodi, R. W., & Swann, W. B., Jr. (1995). Self-liking and self-competence as dimen- sions of global self-esteem: Initial validation of a measure. Journal of Personality Assess- ment, 65(2), 322–342; Tafarodi, R. W., & Swann, W. B., Jr. (2001). Two-dimensional self-esteem: Theory and measurement. Personality and Individual Differences, 31(5), 653–673.

18. 各项内容改编自 Tafarodi & Swann, Two-dimensional self-esteem.

19. 马斯洛在 1961 年 2 月 13 日的一则日记中表明了这一观点："'是'与'应是'之间的深渊即抑郁、气馁、绝望。所以，一个人无论如何都得爱上那个理想的自我，并同时爱上（目前已实现的）当下自我，只有这样，一个人才可以同时是其本人且成为其本人，即喜爱自己当下的存在并仍奋力奔向更高层次的存在。一定要感到有价值。"

20. Maslow, Motivation and personality.

21. Leary & Guadagno, The sociometer, self-esteem, and the regulation of interpersonal behavior. In Vohs & Baumeister, Handbook of self-regulation.

22. Leary, M. R., Jongman-Sereno, K. P., & Diebels, K. J. (2016). The pursuit of status: A self-presentational perspective on the quest for social value. In J. T. Cheng, J. L. Tracy, & C. Anderson (Eds.), The Psychology of Social Status (pp. 159–78). New York: Springer.

23. Leary & Guadagno, The sociometer, self-esteem, and the regulation of interpersonal behavior. In

Vohs & Baumeister, Handbook of self-regulation.

24. Tafarodi & Swann, Two-dimensional self-esteem, p. 656.

25. Damon, W., & Hart, D. (1988). Self-understanding in childhood and adolescence. New York: Cambridge University Press; Rosenberg, M. (1986). Self-concept from middle childhood through adolescence. In J. Suls & A. G. Greenwald (Eds.), Psychological perspectives on the self (Vol. 3, pp. 107–135). Hillsdale, NJ: Lawrence Erlbaum Associates.

26. Tafarodi & Swann, Two-dimensional self-esteem; Bandura, A. (1977). Self-efficacy: To- ward a unifying theory of behavioral change. Psychological Review, 84(2), 191–215.

27. Tafarodi & Swann, Two-dimensional self-esteem, p. 655.

28. 尽管阿尔伯特·班杜拉认为，自我效能同自尊是分开的，但人格研究已经证明，一般自我效能同整体自尊之间存在彼此几乎相同的相互关系。

29. Tafarodi, R. W. (1998). Paradoxical self-esteem and selectivity in the processing of so- cial information. *Journal of Personality and Social Psychology, 74*(5), 1181–1196.

30. Orth, U., Robins, R. W., Meier, L. L., & Conger, R. D. (2016). Refining the vulnera- bility model of low self-esteem and depression: Disentangling the effects of genuine self-esteem and narcissism. *Journal of Personality and Social Psychology, 110*(1), 133–149; Kaufamn, S. B. (2018). Why do people mistake narcissism for high self-esteem? *Scientific American Blogs.* Retrieved from https:// blogs.scientificamerican.com/beautiful-minds/ why-do-people-mistake-narcissism-for-high- self-esteem; Kaufman, S. B. (2017). Nar- cissism and self-esteem are very different. *Scientific American Blogs.* Retrieved from https:// blogs.scientificamerican.com/beautiful-minds/ narcissism-and-self-esteem-are-very-different.

31. Harter, S. (2015). *The construction of the self: Developmental and sociocultural foundations* (2nd ed.). New York: Guilford Press.

32. Harter, *The construction of the self.*

33. Brummelman, E., et al. (2015). Origins of narcissism in children. *PNAS, 112*(12), 3659– 3662; Brummelman, E., Thomaes, S., Nelemans, S. A., de Castro, B. O., & Bushman, B. J. (2015). My child is God's gift to humanity: Development and validation of the Parental Overvaluation Scale (POS). *Journal of Personality and Social Psychology, 108*(4), 665–679.

34. Gabbard, G. O. (1989). Two subtypes of narcissistic personality disorder. *Bulletin of the Menninger Clinic, 53*(6), 527–532; Kaufman, S. B., Weiss, B., Miller, J. D., & Campbell, W. K. (2018). Clinical correlates of vulnerable and grandiose narcissism: A personality perspective. *Journal of Personality Disorders, 32,* 384; Kohut, H. (1966). Forms and trans- formations of narcissism. *Journal of the American Psychoanalytic Association, 14*(2), 243–272; Kernberg, O. (1986). Narcissistic personality disorder. In A. A. Cooper, A. J. Frances, & M. H. Sachs (Eds.), *The personality disorders and neuroses* (Vol. 1, pp. 219–231). New York: Basic Books; Wink, P. (1991). Two faces of narcissism. *Journal of Personality and Social Psychology, 61*(4), 590–597.

35. Kernberg, Narcissistic personality disorder. In Cooper, Frances, & Sachs, *The personality disorders and neuroses.*

36. Kohut, Forms and transformations of narcissism.

37. 1965 年 12 月 5 日，在纽约市，海因茨·科胡特为美国心理分析学会做了一场演讲，他在演讲中提到："尽管从理论上来说，自恋……本身既非病态，也并不可憎，这一点通常不会引发争议，但是仍然有许多人以消极的眼光来看待自恋。"科胡特尝试以敏锐的目光看待这种自我的精神投入，以及所有人都有的自恋倾向及其可能的益处，他继续说道：

    在许多情况下，重塑自恋结构并将其整合进个体的人格——比如强化理想，以及将自恋转为幽默、创造力、共情能力和智慧这种健康转变，哪怕是很小程度的转变——一定要被认可。比起要求咨询者将自恋转变为客体之爱，并因而得到一种不稳定的顺从，重塑、整合自恋更加有效。

    在当下流行的客体关系理论中，客体之爱意味着同他人形成亲密关系的动力，这类似于阿德勒的"社会兴趣"的概念。见：科胡特，《自恋的形式和转化》。

38. Kohut, Forms and transformations of narcissism.

39. 案例简述改编自 Russ, E., Shedler, J., Bradley, R., & Westen, D. (2008). Refining the construct of narcissistic personality disorder: Diagnostic criteria and sub- types. *The American Journal of Psychiatry, 165*(11), 1473–1481.

40. Arkin, R. M., Oleson, K. C., & Carroll, P. J. (2009). *Handbook of the uncertain self*. New York: Psychology Press.

41. Baumeister, R. F., Tice, D. M., & Hutton, D. G. (1989). Self-presentational motivations and personality differences in self-esteem. *Journal of Personality, 57*(3), 547–579, https:// doi. org/10.1111/j.1467-6494.1989. tb02384.x.

42. 项目内容改编自以下量表：Glover, N., Miller, J. D., Lynam, D. R., Crego, C., & Widiger, T. A. (2012). The Five-Factor Narcissism Inventory: A five-factor mea- sure of narcissistic personality traits. *Journal of Personality Assessment, 94*, 500–512; Pin- cus, A. L., Ansell, E. B., Pimenel, C. A., Cain, N. M., Wright, A. G. C., and Levy, K. N. (2009). Initial construction and validation of the Pathological Narcissism Inventory. *Psychological Assessment, 21*, 365-379.

43. Leary & Guadagno, The sociometer, self-esteem, and the regulation of interpersonal behavior. In Vohs & Baumeister, *Handbook of self-regulation*.

44. Finzi-Dottan, R., & Karu, T. (2006). From emotional abuse in childhood to psychopa- thology in adulthood: A path mediated by immature defense mechanisms and self- esteem. *The Journal of Nervous and Mental Disease, 194*(8), 616–621; Riggs, S. A. (2010). Childhood emotional abuse and the attachment system across the life cycle: What theory and research tell us. *Journal of Aggression, Maltreatment & Trauma, 19*, 5–51.

45. Crowell, S. E., Beauchaine, T. P., & Linehan, M. M. (2009). A biosocial developmental model of borderline personality: Elaborating and extending Linehan's theory. *Psychologi- cal Bulletin, 135*, 495–510; Kaufman, S. B. (2019). There is no nature-nurture war. *Scientific American Blogs*. Retrieved from https://blogs.scientificamerican.com/beautiful-minds/ there-is-no-nature-nurture-war.

46. Crowell, S. E., Beauchaine, T. P., & Linehan, M. M. (2009). A biosocial developmental model of

borderline personality: Elaborating and extending Linehan's theory. *Psycholog- ical Bulletin, 135,* 495-510; Kaufman, S. B. (2019). There is no nature-nurture war. *Scien-tific American Blogs.* Retrieved from https://blogs. scientificamerican.com/beautiful-minds/there-is-no-nature-nurture- war.

47. Finzi-Dottan & Karu, From emotional abuse in childhood to psychopathology in adult- hood.

48. Kaufman, Weiss, Miller, & Campbell, Clinical correlates of vulnerable and grandiose narcissism; Kaufman, S. B. (2018). Are narcissists more likely to experience impostor syndrome? *Scientific American Blogs.* Retrieved from https://blogs.scientificamerican.com/beautiful-minds/ are-narcissists-more-likely-to-experience- impostor-syndrome.

49. 意料之中的是，尽管脆弱型自恋量表同测量边缘性人格障碍特点的量表高度相关，但二者并不完全相同。被诊断出边缘性人格障碍的患者也会说自己感受到了一种"自我的脆弱感"。一位边缘性人格障碍患者说："我只是对他人的一种回应——我没有自己的身份。其他人使我得以存在。"精神分析学家奥托·科恩伯格观察了很多边缘性人格障碍患者和被他诊断为脆弱型自恋的患者，他注意到他们的自我似乎拥有果冻般的可塑性，能够被塑造成任何形式，但是如果有人试图把它捡起来，它就会从手中滑落。

50. Cowman, S. E., & Ferrari, J. R. (2002). "Am I for real?" Predicting impostor tendencies from self-handicapping and affective components. *Social Behavior and Personality: An In- ternational Journal, 30*(2), 119–125; Leary, M. R., Patton, K. M., Orlando, A. E., & Funk, W. W. (2001). The impostor phenomenon: Self-perceptions, reflected appraisals, and interpersonal strategies. *Journal of Personality, 68*(4), 725–756; McElwee, R. O., & Yurak, T. J. (2007). Feeling versus acting like an impostor: Real feelings of fraudulence or self- presentation? *Individual Differences Research, 5*(3), 201–220.

51. Smith, M. M., et al. (2016). Perfectionism and narcissism: A meta-analytic review. *Jour- nal of Research in Personality, 64,* 90–101.

52. Beck, A. T., Davis, D. D., & Freeman, A. (2015) (Eds.). *Cognitive therapy of personality disorders* (3rd ed.). New York: Guilford Press; Gillihan, S. J. (2018). *Cognitive behavioral therapy made simple: 10 strategies for managing anxiety, depression, anger, panic, and worry.* Emeryville, CA: Althea Press; Gillihan, S. J. (2016). *Retrain your brain: Cognitive behav- ioral therapy in 7 weeks: A workbook for managing depression and anxiety.* Emeryville, CA: Althea Press; Hayes, S. C. (2019). *A liberated mind: How to pivot toward what matters.* New York: Avery; Hayes, S. C. (2005). *Get out of your mind and into your life: The new acceptance & commitment therapy.* Oakland, CA: New Harbinger Publications; Hayes, S. C., Stro- sahl, K. D., & Wilson, K. G. (2016). *Acceptance and commitment therapy: The process and practice of mindful change* (2nd ed.). New York: Guilford Press; Linehan, M. M. (2014). *DBT skills training manual.* New York: Guilford Press; Linehan, M. M. (2014). *DBT skills training handouts and worksheets* (2nd ed.). New York: Guilford Press; McKay, M., Wood, J. C., & Brantley, J. (2007). *The dialectical behavioral therapy skills workbook: Practical DBT exercises for learning mindfulness, interpersonal effectiveness, emotion regulation & distress toler- ance.* Oakland, CA: New Harbinger Publications.

53. Gillihan, S. J. (2016). *Retrain your brain: Cognitive behavioral therapy in 7 weeks: A workbook for managing depression and anxiety.* Emeryville, CA: Althea Press.

54. Kaufman, S. B. (2017). Get out of your mind and live a vital life with Steven Hayes. *The Psychology Podcast.* Retrieved from http://scottbarrykaufman.com/podcast/get-mind-live-vital-life- steven-hayes.

55. Kaufman, Weiss, Miller, & Campbell, Clinical correlates of vulnerable and grandiose narcissism.

56. Maslow, The Jonah Complex: Understanding our fear of growth. In Hoffman, *Future visions* (pp. 47–51), p. 48.

57. Maslow, The Jonah Complex: Understanding our fear of growth. In Hoffman, *Future visions*, p. 50.

58. Brown, B. (2017). *Braving the wilderness: The quest for true belonging and the courage to stand alone.* New York: Random House, p. 158.

59. 案例简述改编自：Case vignette adapted from Russ, Shedler, Bradley, & Westen, Refining the construct of narcissistic personality disorder.

60. 项目内容改编自：Glover, N., Miller, J. D., Lynam, D. R., Crego, C., & Widiger, T. A. (2012). The Five-Factor Narcissism Inventory: A five-factor measure of narcissistic per- sonality traits. *Journal of Personality Assessment, 94,* 500–512.

61. Gebauer, J. E., Sedikides, C., Verplanken, B., & Maio, G. R. (2012). Communal narcis- sism. *Journal of Personality and Social Psychology, 103*(5), 854–878.

62. Kaufman, Weiss, Miller, & Campbell, Clinical correlates of vulnerable and grandiose narcissism.

63. Beck, A. T., Davis, D. D., & Freeman, A. (2004). *Cognitive therapy of personality disorders* (3rd ed.). New York: Guilford Press; Ronningstam, E. (2010). Narcissistic personality disorder: A current review. *Current Psychiatry Reports, 12,* 68–75; Ronningstam, E. (2011). Narcissistic personality disorder: A clinical perspective. *Journal of Personality and Social Psychology, 17,* 89–99; Smith et al., Perfectionism and narcissism.

64. Smith et al., Perfectionism and narcissism.

65. Beck, Davis, & Freeman, *Cognitive therapy of personality disorders*; Flett, G. L., Sherry, S. B., Hewitt, P. L., & Nepon, T. (2014). Understanding the narcissistic perfectionists among us. In A. Besser (Ed.), *Handbook of the psychology of narcissism: Diverse perspectives* (pp. 43–66). New York: Nova Science Publishers; Smith et al., Perfectionism and nar- cissism.

66. Smith et al., Perfectionism and narcissism.

67. Herman, T. (2019). *The alter ego effect: The power of secret identities to transform your life.* New York: HarperBusiness.

68. Baumeister, R. F., & Vohs, K. D. (2001). Narcissism as addiction to esteem. *Psychological Inquiry, 12*(4), 206–210.

69. Jauk, E., & Kaufman, S. B. (2018). The higher score, the darker the core: The non- linear association between grandiose and vulnerable narcissism. *Frontiers in Psychology, 9,* https://doi.org/10.3389/fpsyg.2018.01305; Jauk, E., Weigle, E., Lehmann, K., Benedek, M., & Neubauer, A. C. (2017). The relationship between grandiose and vulnerable (hy- persensitive) narcissism. *Frontiers in Psychology, 8.*

70. Gore, W. L., & Widiger, T. A. (2016). Fluctuation between grandiose and vulnerable narcissism. *Personality Disorders: Theory, Research, and Treatment, 7*(4), 363–371; Pincus, A. L., Cain, N. M.,

& Wright, A. G. (2014). Narcissistic grandiosity and narcissistic vul- nerability in psychotherapy. *Personality Disorders: Theory, Research, and Treatment, 5*(4), 439–443; Hyatt, C. S., et al. (2016). Ratings of affective and interpersonal tendencies differ for grandiose and vulnerable narcissism: A replication and extension of Gore and Widiger (2016). *Journal of Personality, 86*(3), 422–434; Pincus, A. L., & Lukowitsky, M. R. (2010). Pathological narcissism and narcissistic personality disorder. *Annual Review of Clinical Psychology, 6,* 421–446; Wright, A. G., & Edershile, E. A. (2018). Issues resolved and unresolved in pathological narcissism. *Current Opinion in Psychology, 21,* 74–79.

71. 你越是了解他们，你就越会发现自恋者其实并不那么吸引人。See: Kaufman, S. B. (2015). Why do narcissists lose popularity over time? *Scientific American Blogs.* Retrieved from https://blogs. scientificamerican.com/beautiful-minds/why-do-narcissists-lose-popularity- over-time.

72. Baumeister & Vohs, Narcissism as addiction to esteem, p. 209.

73. Keltner, D. (2016). *The power paradox: How we gain and lose influence.* New York: Penguin Books.

74. de Zavala, A. G., Cichocka, A., Eidelson, R., & Jayawickreme, N. (2009). Collective narcissism and its social consequences. *Journal of Personality and Social Psychology, 97*(6), 1074–1096.

75. Cichocka, A. (2016). Understanding defensive and secure in-group positivity: The role of collective narcissism. *European Review of Social Psychology, 27*(1), 283–317.

76. de Zavala, A. G. (2019). Collective narcissism and in-group satisfaction are associated with different emotional profiles and psychological well-being. *Frontiers in Psychology, 10,* 203.

77. de Zavala, Collective narcissism and in-group satisfaction are associated with different emotional profiles and psychological well-being.

78. Tracy, J. (2016). *Take pride: Why the deadliest sin holds the secret to human success.* New York: Houghton Mifflin Harcourt.

79. Cheng, J. T., Tracy, J. L., Foulsham, T., Kingstone, A., & Henrich, J. (2013). Two ways to the top: Evidence that dominance and prestige are distinct yet viable avenues to social rank and influence. *Journal of Personality and Social Psychology, 104,* 103–125.

80. See Appendix to Kaufman, Self-actualizing people in the 21st century.

81. Keltner, *The power paradox.*

第二部分 成 长

1. Hoffman, The right to be human.

2. Hoffman, The right to be human, p. 87.

3. Maslow, The farther reaches of human nature, p. 40.

4. Maslow, The farther reaches of human nature, p. 41.

5. Maslow, A. H., & Mittelmann, B. (1941). Principles of abnormal psychology. New York: Harper & Brothers.

6. Maslow and Mittelmann, Principles of abnormal psychology, p. 11.

7. Maslow and Mittelmann, Principles of abnormal psychology, p. 11.

8. Maslow and Mittelmann, Principles of abnormal psychology, p. 44.

9. Hoffman, E. (1992). Overcoming evil: An interview with Abraham Maslow, founder of humanistic

psychology. Psychology Today. Retrieved from https://www.psychologyto day.com/ articles/199201/ abraham- maslow.

10. 以下是除了科特·戈德斯坦之外，他受到的一些主要影响（尽管这份清单离详尽还差得远）：他在大学里碰到了威廉·萨姆纳论文化民俗的著作，从中了解了文化对于我们需要满足的重要影响，以及文化会怎样影响我们采用哪些民俗来满足自身需要；从鲁丝·本尼迪克特那里，他了解到文化体制怎样才能对社会的整体性产生影响；从他对黑脚印第安人的拜访中，他看到"我们在本质上都一样"，而且学到了集体性、感恩已有的事项，以及回馈未来的世世代代的重要意义；从卡伦·霍妮的精神分析著作中，他了解到，为了自我实现有必要克服神经症；从他同哈利·哈洛的共事中，他了解到了猴子之间的情感需要；从阿尔弗雷德·阿德勒那里，他了解到了权力与社会兴趣的需要；从格式塔心理学家那里，他了解到整体大于部分之和；从马克斯·韦特海默的讲座中，他认识到了心理学中无动机行为的价值，比如玩耍、审美享受以及其他并非由匮乏需要驱动的人类的狂喜。见：Blackstock, The emergence of the breath of life theory; Kaufman, Honoring the wisdom of indigenous people with Richard Katz; Hoffman, *The right to be human*.

11. Foreword to Goldstein, K. (2000; originally published in 1934). *The organism*. New York: Zone Book, p. 7.

12. Maslow, *Motivation and personality*, p. 46.

13. Hoffman, *The right to be human*.

14. 在这份草稿（他从未将其发表）中，他写道："（但是，）我们能够越来越清楚地看到的事实是，人有无限的潜能，合理地利用好这些潜能能够让一个人的人生在很大程度上像生活在天堂中一样。论潜能，它是宇宙中最能引发敬畏的现象，最具创造力，也最为朴实。古往今来，哲学家一直在试着理解真善美，并为它们的力量发声。现在我们知道了，真善美就存在于人类之中。" See: Hoffman, The right to be human, p. 165.

15. Lowry, A. H. Maslow: An intellectual portrait.

16. Lowry, A. H. Maslow: An intellectual portrait, p. 81.

17. Hoffman, Overcoming evil.

18. Lowry, A. H. Maslow: An intellectual portrait, p. 91.

19. See: Lowry, A. H. Maslow: An intellectual portrait.

20. 马斯洛会选出班上那些似乎自我实现的学生，然后查阅他们在他的情绪安全感测试中的得分。之后他会与他们面谈，让他们做罗夏墨迹测验——那是当时精神病理学的黄金测量标准。可是，他很快就遇到了大量麻烦。首先，根据他设计的测试，几乎所有大学生都可以被认定为自我实现者。马斯洛还注意到，他在学生的选择上存在偏见，不经意间，他选择的富有吸引力的女学生的数量已同男学生不成比例。他总是在探索，因而"无论如何还是继续了下去"。

第四章 探 索

1. Kashdan, T. B., & Silvia, P. J. (2011). Curiosity and interest: The benefits of thriving on novelty and challenge. In S. J. Lopez & R. Snyder (Eds.), *The Oxford Handbook of Positive Psychology* (pp. 367–374).

2. Maslow, *Toward a psychology of being*.

3. Maslow, *Toward a psychology of being*, p. 67.

4. Maslow, *Toward a psychology of being*.

5. Let Grow: Future-proofing our kids and our country. Retrieved from https://letgrow.org.

6. Kashdan, T. B., et al. (2018). The five-dimensional curiosity scale: Capturing the band- width of curiosity and identifying four unique subgroups of curious people. *Journal of Research in Personality, 73*, 130–49.

7. Maslow, *Toward a psychology of being*, p. 76.

8. DeYoung, C. G. (2013). The neuromodulator of exploration: A unifying theory of the role of dopamine in personality. *Frontiers in Human Neuroscience, 7*; Peterson, J. B. (1999). *Maps of meaning: The architecture of belief*. New York: Routledge; Schwartenbeck, P., Fitz- Gerald, T., Dolan, R. J., & Friston, K. (2013). Exploration, novelty, surprise, and free energy minimization. *Frontiers in Psychology, 4*, 710.

9. DeYoung, The neuromodulator of exploration.

10. DeYoung, The neuromodulator of exploration.

11. DeYoung, The neuromodulator of exploration.

12. Lavigne, Vallerand, & Crevier-Braud, The fundamental need to belong.

13. Hartung, F-M., & Renner, B. (2013). Social curiosity and gossip: Related but different drives of social functioning. *PLOS One, 8*(7): e69996; Kashdan et al., The five- dimensional curiosity scale; Litman, J. A., & Pezzo, M. V. (2007). Dimensionality of interpersonal curiosity. *Personality and Individual Differences, 43*(6), 1448–1459.

14. Kashdan et al., The five-dimensional curiosity scale.

15. Litman & Pezzo, Dimensionality of interpersonal curiosity.

16. Hartung, F-M, & Renner, B. (2011). Social curiosity and interpersonal perception: A judge × trait interaction. *Personality and Social Psychology Bulletin, 37*(6), 796–814.

17. Hartung & Renner, Social curiosity and interpersonal perception; Vogt, D. W., & Col- vin, C. R. (2003). Interpersonal orientation and the accuracy of personality judgments. *Journal of Personality, 71*(2), 267–295.

18. Vogt & Colvin, Interpersonal orientation and the accuracy of personality judgments.

19. Hartung & Renner, Social curiosity and gossip.

20. Baumeister, R. F., Zhang, L., & Vohs, K. D. (2004). Gossip as cultural learning. *Review of General Psychology, 8*(2), 111–121.

21. Baumeister, R. F. (2005). *The cultural animal: Human nature, meaning, and social life*. New York: Oxford University Press; Baumeister, R. F., Maranges, H. M., & Vohs, K. D. (2018). Human self as information agent: Functioning in a social environment based on shared meanings. *Review of General Psychology, 22*(1), 36–47; Baumeister, Zhang, & Vohs, Gossip as cultural learning.

22. Hirsh, J. B., DeYoung, C. G., & Peterson, J. B. (2009). Metatraits and the Big Five dif- ferentially predict engagement and restraint of behavior. *Journal of Personality, 77*(4), 1–17.

23. Renner, B. (2006). Curiosity about people: The development of a social curiosity measure in adults.

Journal of Personality Assessment, 87(3), 305–16.

24.　60 Minutes (2011, December 27). The ascent of Alex Honnold. Retrieved from https:// www. cbsnews.com/news/the-ascent-of-alex-honnold-27-12-2011/.

25.　Synnott, M. (2015). Legendary climber Alex Honnold shares his closest call. *National Geographic.* Retrieved from https://www.nationalgeographic.com/adventure/adven ture-blog/2015/ 12/30/ ropeless-climber- alex-honnolds-closest-call.

26.　Synnott, Legendary climber Alex Honnold shares his closest call.

27.　Chen, C., Burton, M., Greenberger, E., & Dmitrieva, J. (1999). Population migration and the variation of dopamine D4 receptor (DRD4) allele frequencies around the globe. *Evolution and Human Behavior, 20*(5), 309–324.

28.　Synnott, Legendary climber Alex Honnold shares his closest call.

29.　wwwAAASorg. (2018, April 5). *Alex Honnold's amygdala: Analyzing a thrill-seeker's brain* [Video file]. Retrieved from https://www.youtube.com/watch?v= ib7SS49Kk-o.

30.　Zuckerman, M. (2009). Sensation seeking. In M. R. Leary & R. H. Hoyle (Eds.). *Hand- book of individual differences in social behavior* (pp. 455–465). New York/London: Guilford Press.

31.　Bjork, J. M., Knutson, B., & Hommer, D. W. (2008). Incentive-elicited striatal activa- tion in adolescent children of alcoholics. *Addiction, 103*(8), 1308–1319.

32.　Kashdan et al., The five-dimensional curiosity scale.

33.　Maples-Keller, J. L., Berke, D. S., Few, L. R., & Miller, J. D. (2016). A review of sensa- tion seeking and its empirical correlates: Dark, bright, and neutral hues. In V. Zeigler- Hill & D. K. Marcus (Eds.), *The dark side of personality: Science and practice in social, personality, and clinical psychology* (Chapter 7). Washington, DC: American Psychological Association.

34.　Breivik, G. (1996). Personality, sensation seeking, and risk-taking among Everest climb- ers. *International Journal of Sport Psychology, 27*(3), 308–320; Zuckerman, M. (1994). *Be- havioral expressions and biosocial bases of sensation seeking.* New York: Cambridge University Press; Goma- i-Freixanet, M. (1995). Prosocial and antisocial aspects of personality. *Per- sonality and Individual Differences, 19*(2), 125–34; Maples-Keller, Berke, Few, & Miller, A review of sensation seeking and its empirical correlates. In Zeigler-Hill & Marcus, *The dark side of personality*; Okamoto, K., & Takaki, E. (1992). Structure of creativity mea- surements and their correlates with sensation seeking and need for uniqueness. *Japa- nese Journal of Experimental Social Psychology, 31*(3), 203–10; Rawlings, D., & Leow, S. H. (2008). Investigating the role of psychoticism and sensation seeking in predicting emo- tional reactions to music. *Psychology of Music, 36*(3), 269–287; Wymer, W., Self, D. R., & Findley, C. (2008). Sensation seekers and civic participation: Exploring the influence of sensation seeking and gender on intention to lead and volunteer. *International Journal of Nonprofit and Voluntary Sector Marketing, 13*(4), 287–300.

35.　Jonas, K., & Kochansaka, G. (2018). An imbalance of approach and effortful control predicts externalizing problems: Support for extending the dual-systems model into early childhood. *Journal of Abnormal Child Psychology, 46*(8), 1573–1583.

36.　Ravert, R. D., et al. (2013). The association between sensation seeking and well-being among college-attending emerging adults. *Journal of College Student Development, 54*(1), 17–28.

37. McKay, S., Skues, J. L., & Williams, B. J. (2018). With risk may come reward: Sensation seeking supports resilience through effective coping. *Personality and Individual Differences, 121,* 100–105.

38. Carroll, L. (2013). Problem-focused coping. In M. D. Gellman & J. R. Turner (Eds.), *Encyclopedia of Behavioral Medicine* (pp. 1540–1541). New York: Springer Science+Business, pp. 1540–41.

39. Bonanno, G. A. (2004). Loss, trauma, and human resilience: Have we underestimated the human capacity to thrive after extremely adversive events? *American Psychologist, 59*(1), 20–28.

40. Kessler, R. C., Sonnega, A., Bromet, E., Hughes, M., & Nelson, C. B. (1995). Posttrau- matic stress disorder in the National Co-morbidity Survey. *Archives of General Psychiatry, 52*(12), 1048–60.

41. Sears, S. R., Stanton, A. L., & Danoff-Burg, S. (2003). The Yellow Brick Road and the Emerald City: Benefit finding, positive reappraisal coping and posttraumatic growth in women with early-stage breast cancer. *Health Psychology, 22*(5), 487–497; Tedeschi, R. G., & Calhoun, L. G. (1996). The Posttraumatic Growth Inventory: Measuring the positive legacy of trauma. *Journal of Traumatic Stress, 9*(3), 455–472; Tedeschi, R. G., & Calhoun, L. G. (2009). Posttraumatic growth: Conceptual foundations and empirical evidence. *Psychological Inquiry, 15*(1), 1–18.

42. Calhoun, L. G., & Tedeschi, R. G. (2001). Posttraumatic growth: The positive lesson of loss. In R. A. Neimeyer (Ed.), *Meaning reconstruction & the experience of loss* (pp. 157–172). Washington, DC: American Psychological Association.

43. Mangelsdorf, J., Eid, M., & Luhmann, M. (2019). Does growth require suffering? A systematic review and meta-analysis on genuine posttraumatic and postecastic growth. *Psychological Bulletin, 145*(3), 302–338.

44. Dabrowski, K. (2016; originally published in 1964). *Positive disintegration*. Anna Maria, FL: Maurice Bassett.

45. Yalom, I. D., & Lieberman, M. A. (2016). Bereavement and heightened existential awareness. *Interpersonal and Biological Processes, 54*(4), 334–45.

46. Viorst, J. (1986). *Necessary losses: The loves, illusions, dependencies and impossible expectations that all of us have to give up in order to grow*. London: Simon & Schuster, p. 295.

47. Dabrowski, K. (2016; originally published in 1964). *Positive disintegration*. Anna Maria, FL: Maurice Bassett.

48. DeYoung, C. G. (2014). Openness/intellect: A dimension of personality reflecting cog- nitive exploration. In M. L. Cooper and R. J. Larsen (Eds.), *APA handbook of personality and social psychology: Personality processes and individual differences* (Vol. 4, pp. 369–99). Washington, DC: American Psychological Association; Fayn, K., Silvia, P. J., Dejonck- heere, E., Verdonck, S., & Kuppens, P. (2019). Confused or curious? Openness/intellect predicts more positive interest-confusion relations. *Journal of Personality and Social Psy- chology*, doi: 10.1037/pspp0000257; Oleynick, V. C., et al. (2019). Openness/intellect: The core of the creative personality. In G. J. Feist, R. Reiter-Palmon, & J. C. Kaufman (Eds.), *The Cambridge handbook of creativity and personality research* (pp. 9–27). New York: Cambridge University Press.

49. Kaufman, S. B., & Gregoire, C. (2016). *Wired to create: Unraveling the mysteries of the cre- ative*

mind. New York: TarcherPerigee; Tedeschi, R. G., & Calhoun, L. G. (2004). Post- trauamtic growth: Conceptual foundations and empirical evidence. *Psychological Inquiry, 15*, 1–18.

50. Brooks, M., Graham-Kevan, N., Robinson, S., & Lowe, M. (2019). Trauma character- istics and posttraumatic growth: The mediating role of avoidance coping, intrusive thoughts, and social support. *Psychological Trauma, 11*(2), 232–38.

51. Kaufman & Gregoire, *Wired to create.*

52. Batten, S. V., Orsillo, S. M., & Walser, R. D. (2005). Acceptance and mindfulness-based approaches to the treatment of posttraumatic stress disorder. In S. M. Orsillo & L. Ro- emer (Eds.). *Acceptance and mindfulness-based approaches to anxiety: Conceptualization and treatment* (pp. 241–271). New York: Springer; Hayes, S. C., Luoma, J. B., Bond, F. W., Masuda, A., & Lillis, J. (2006). Acceptance and commitment therapy: Model, pro- cesses, and outcomes. *Behaviour Research and Therapy, 44*(1), 1–25; Kashdan, T. B., Breen, W. E., & Julian, T. (2010). Everyday strivings in combat veterans with posttraumatic stress disorder: Problems arise when avoidance and emotion regulation dominate. *Behav- ior Therapy, 41*(3), 350–363; Kashdan, T. B. (2010). Psychological flexibility as a funda- mental aspect of health. *Clinical Psychology Review, 30*(7), 865–878.

53. Hayes, S. C. (2019). *A liberated mind: How to pivot toward what matters.* New York: Avery.

54. Kashdan, T. B., & Kane, J. Q. (2011). Posttraumatic distress and the presence of post- traumatic growth and meaning in life: Experiential avoidance as a moderator. *Personality and Individual Differences, 50*(1), 84–89.

55. Hayes, Luoma, Bond, Masuda, & Lillis, Acceptance and commitment therapy; Kashdan, T. B., & Breen, W. E. (2008). Social anxiety and positive emotions: A prospective ex- amination of a self-regulatory model with tendencies to suppress or express emotions as a moderating variable. *Behavior Therapy, 39*(1), 1–12; Kashdan, T. B., Morina, N., & Priebe, S. (2008). Post-traumatic stress disorder, social anxiety disorder, and depression in survivors of the Kosovo War: Experiential avoidance as a contributor to distress and quality of life. *Journal of Anxiety Disorders, 23*(2), 185–196; Kashdan, T. B., & Steger, M. (2006). Expanding the topography of social anxiety: An experience-sampling assess- ment of positive emotions and events, and emotion suppression. *Psychological Science, 17*(2), 120–128.

56. Forgeard, M. J. C. (2013). Perceiving benefits after adversity: The relationship between self-reported posttraumatic growth and creativity. *Psychology of Aesthetics, Creativity, and the Arts, 7*(3), 245–264.

57. Zausner, T. (2007). *When walls become doorways: Creativity and the transforming illness.* New York: Harmony Books.

58. Kaufman, S. B. (2013). Turning adversity into creative growth. *Scientific American Blogs.* Retrieved from https://blogs.scientificamerican.com/beautiful-minds/turning-adversity-into-creative- growth.

59. Combs, A. W. (Ed.). (1962). *Perceiving, behaving, becoming: A new focus for education.* Wash- ington, DC: National Education Association.

60. Combs, *Perceiving, behaving, becoming.*

61. Oleynick et al., Openness/intellect: The core of the creative personality. In Feist, Reiter-Palmon, &

Kaufman, *The Cambridge handbook of creativity and personality*.

62. DeYoung, Openness/intellect: A dimension of personality reflecting cognitive explora- tion. In Cooper & Larsen, *APA handbook of personality and social psychology: Personality processes and individual differences*; Oleynick et al., Openness/intellect: The core of the creative personality. In Feist, Reiter-Palmon, & Kaufman, *The Cambridge handbook of creativity and personality research*.

63. Conner, T. S., & Silvia, P. J. (2015). Creative days: A daily diary study of emotion, per- sonality, and everyday creativity. *Psychology of Aesthetics, Creativity, and the Arts, 9*(4), 463–470; Wolfradt, U., & Pretz, J. E. (2001). Individual differences in creativity: Per- sonality, story writing, and hobbies. *European Journal of Personality, 15*(4), 297–310.

64. Silvia, P. J., et al. (2014). Everyday creativity in daily life: An experience-sampling study of "little c" creativity. *Psychology of Aesthetics, Creativity, and the Arts, 8*(2), 183–188.

65. 这些陈述改编自以下来源：Nelson, B., & Rawlings, D. (2010). Relating schizotypy and personality to the phe- nomenology of creativity. *Schizophrenia Bulletin*, 36, 388–399; Norris, P., & Epstein, S. (2011). An experiential thinking style: Its facets and relations with objective and subjective criterion measures. *Journal of Personality, 79*, 5; Soto, C. J., & John, O. P. (2017). The next Big Five Inventory (BFI-2): Developing and assessing a hierarchical model with 15 facets to enhance bandwidth, fidelity, and predictive power. *Journal of Personality and Social Psychology, 113*, 117–143; Tellegen, A., & Waller, N. G. (2008). Exploring person- ality through test construction: Development of the Multidimensional Personality Questionnaire. In G. J. Boyle, G. Matthews, & D. H. Saklofske (Eds.), *The Sage Hand- book of personality theory and assessment* (pp. 261–292). London: Sage Publications; https://www.ocf.berkeley.edu/~jfkihlstrom/ConsciousnessWeb/ Meditation/TAS.htm.

66. Kaufman & Gregoire, *Wired to create*.

67. 一则相关评论见于 Kaufman & Gregoire, *Wired to create*.

68. Lubow, R., & Weiner, I. (Eds.). (2010). *Latent inhibition: Cognition, neuroscience and appli- cations to schizophrenia*. New York: Cambridge University Press.

69. Carson, S. J., Peterson, J. B., & Higgins, D. M. (2003). Decreased latent inhibition is associated with increased creative achievement in high-functioning individuals. *Journal of Personality and Social Psychology, 85*(3), 499–506; Peterson, J. B., & Carson, S. (2000). Latent inhibition and openness to experience in a high-achieving student population. *Personality and Individual Differences, 28*(2), 323–332.

70. Nelson, B., & Rawlings, D. (2008). Relating schizotypy and personality to the phenom- enology of creativity. *Schizophrenia Bulletin, 36*(2), 388–399.

71. Maslow, *Motivation and personality*, p. 163.

72. Poe, E. A. (2016; originally published in 1842). *The mystery of Marie Roget*. CreateSpace Independent Publishing Platform, p. 29.

73. Barbey, A. K., et al. (2012). An integrative architecture for general intelligence and executive function revealed by lesion mapping. *Brain, 135*(4), 1154–1164; DeYoung, C. G., Shamosh, N. A., Green, A. E., Braver, T. S., & Gray, J. R. (2009). Intellect as distinct from openness: Differences

revealed by f MRI of working memory. *Journal of Personality and Social Psychology, 97* (5), 883–892.

74. 这些陈述改编自：Norris, P., & Epstein, S. (2011). An experiential thinking style: Its facets and relations with objective and subjective criterion measures. *Journal of Personality, 79*, 5; Soto, C. J., & John, O. P. (2017). The next Big Five Inventory (BFI-2): Developing and assessing a hierarchical model with 15 facets to enhance band- width, fidelity, and predictive power. *Journal of Personality and Social Psychology, 113*, 117–143.

75. Kashdan et al., The five-dimensional curiosity scale.

76. Kashdan et al., The five-dimensional curiosity scale.

77. Maslow, *Motivation and personality*.

78. Kaufman, S. B. (2013). Opening up openness to experience: A four-factor model and relations to creative achievement in the arts and sciences. *Journal of Creative Behavior, 47*(4), 233–255.

79. Kaufman, S. B. (2017). Schools are missing what matters about learning. *The Atlantic*. Retrieved from https://www.theatlantic.com/education/archive/2017/07/the-underrated-gift-of-curiosity/ 534573.

80. Kaufman, S. B., et al. (2015). Openness to experience and intellect differentially predict creative achievement in the arts and sciences. *Journal of Personality, 84*(2), 248–258.

81. Kaufman et al., Openness to experience and intellect differentially predict creative achievement in the arts and sciences.

82. As quoted in Paul, E., & Kaufman, S. B. (Eds.). (2014). *The philosophy of creativity*. New York: Oxford University Press.

83. Kaufman, S. B., & Paul, E. S. (2014). Creativity and schizophrenia spectrum disorders across the arts and sciences. *Frontiers in Psychology, 5*, 1145.

84. Beaty, R. E., et al. (2018). Robust prediction of individual creative ability from brain functional connectivity. *PNAS, 115*(5), 1087–1092.

85. Beaty, R. E., et al. (2018). Brain networks of the imaginative mind: Dynamic functional connectivity of default and cognitive control networks relates to openness to experi- ence. *Human Brain Mapping, 39*(2), 811–821.

86. Kaufman, S. B. (2013). *Ungifted: Intelligence redefined*. New York: Basic Books.

87. May, R. (1979). *Psychology and the human dilemma*. New York: W. W. Norton, pp. 196–197.

第五章 爱

1. Vaillant, G. (2009). Spiritual evolution: How we are wired for faith, hope, and love. New York: Harmony Books, p. 101.

2. Martela, F., & Ryan, R. M. (2015). The benefits of benevolence: Basic psychological needs, beneficience, and the enhancement of well-being. Journal of Personality, 84, 750– 764; Martela, F., & Ryan, R. M. (2016). Prosocial behavior increases well-being and vitality even without contact with the beneficiary: Causal and behavioral evidence. Motivation and Emotion, 40, 351–357; Martela, F., Ryan, R. M., & Steger, M. F. (2018). Meaningfulness as satisfaction of autonomy, competence,

relatedness, and beneficence: Comparing the four satisfactions and positive affect as predictors of meaning in life. Journal of Happiness Studies, 19, 1261–1282.

3. Nuer, C. (Chair). (1997, August). Personal mastery in action. Learning as Leadership Semi- nar, Sausolito, CA.

4. Maslow, Toward a psychology of being, p. 47.

5. Maslow, Toward a psychology of being, p. 47.

6. Maslow, Toward a psychology of being, p. 47.

7. Maslow, Toward a psychology of being, p. 47.

8. Maslow, Toward a psychology of being, p. 48.

9. Salzberg, S. (2017). Real love: The art of authentic connection. New York: Flatiron Books. https:// scottbarrykaufman.com/podcast/real-love-sharon-salzberg/.

10. Fromm, E. (1956). *The art of loving*. New York: Harper.

11. Fredrickson, B. L. (2013). *Love 2.0: Finding happiness and health in moments of connection*. New York: Plume.

12. Fromm, *The art of loving*, p. 38.

13. Yalom, *Existential psychotherapy*, p. 377.

14. 这部分改编自 Kaufman, S. B. (2019). The light triad vs. dark triad of personality. *Scientific American Blogs*. Retrieved from https://blogs.scientificamerican.com/beautiful-minds/ the-light-triad-vs-dark-triad-of-personality.

15. Paulhus, D. L., & Williams, K. M. (2002). The dark triad of personality: Narcissism, Machavellianism, and psychopathy. *Journal of Research in Personality, 36*(6), 556–563.

16. Dinić, B., & Wertag, A. (2018). Effects of dark triad and HEXACO traits on reactive/proactive aggression: Exploring the gender differences. *Personality and Individual Differ- ences, 123*, 44–49; Jonason, P. K., Zeigler-Hill, V., & Okan, C. (2017). Good v. evil: Predicting sinning with dark personality traits and moral foundations. *Personality and Individual Differences, 104*, 180–185; Muris, P., Merckelbach, H., Otgaar, H., & Meijer, E. (2017). The malevolent side of human nature: A meta-analysis and critical review of the literature on the dark triad (narcissism, Machavellianism, and psychopathy). *Perspec- tives on Psychological Science, 12*(2), 183–204; Pailing, A., Boon, J., & Egan, V. (2014). Personality, the Dark Triad and violence. *Personality and Individual Differences, 67*, 81–86; Veselka, L., Giammarco, E. A., & Vernon, P. A. (2014). The Dark Triad and the seven deadly sins. *Personality and Individual Differences, 67*, 75–80.

17. Kaufman, S. B. (2018). The dark core of personality. *Scientific American Blogs*. Re- trieved from https://blogs.scientificamerican.com/beautiful-minds/the-dark-core-of-personality; Jones, D. N., & Figueredo, A. J. (2013). The core of darkness: Uncovering the heart of the dark triad. *European Journal of Personality, 27*(6), 521–531; Miller, J. D., Vize, C., Crowe, M. L., & Lynam, D. R. (2019). A critical appraisal of the dark-triad literature and suggestions for moving forward. *Current Directions in Psychological Science, 28*(4), 353–360, https://doi.org/ 10.1177/0963721419838233; Moshagen, M., Hilbig, B. E., & Zettler, I. (2018). The dark core of personality. *Psychological Review, 125*(5), 656–688.

18. Jones & Figueredo, The core of darkness.

19. Vachon, D. D., Lynam, D. R., & Johnson, J. A. (2014). The (non)relation between em- pathy and aggression: Surprising results from a meta-analysis. *Psychological Bulletin, 140*(3), 751–773.

20. Figueredo, A. J., & Jacobs, W. J. (2010). Aggression, risk-taking, and alternative life history strategies: The behavioral ecology of social deviance. In M. Frías-Armenta, & V. Corral-Verdugo (Eds.), *Bio-psycho-social perspectives on interpersonal violence* (pp. 3–28). Hauppauge, NY: Nova Science Publishers; Jones & Figueredo, The core of darkness.

21. 这些项目内容改编自：Miller, J. D., et al. (2013). The Five-Factor Narcissism Inventory (FFNI): A test of the convergent, dis- criminant, and incremental validity of FFNI scores in clinical and community samples. *Psychological Assessment, 25*(3), 748–758. 我发现五因素自恋量表中的 "对抗" 因素同黑暗三联征的一些测量手段存在极高的关联。

22. Maslow, Motivation and personality, p. 198.

23. Kant, I. (1993; originally published in 1785). *Grounding for the metaphysics of morals* (3rd ed.). Translated by J. W. Ellington. London: Hackett, p. 36.

24. Kaufman, S. B., Yaden, D. B., Hyde, E., & Tsukayama, E. (2019). The light vs. dark triad of personality: Contrasting two very different profiles of human nature. *Frontiers in Psychology*, https:/ doi.org/10.3389/fpsyg.2019.00467.

25. Kaufman, Yaden, Hyde, & Tsukayama, The light vs. dark triad of personality.

26. Schwartz, S. H., et al. (2012). Refining the theory of basic individual values. *Journal of Personality and Social Psychology, 103*(4), 663–688.

27. Niemiec, R. M., & McGrath, R. E. (2019). *The power of character strengths: Appreciate and ignite your positive personality*. Cincinnati: VIA Institute on Character.

28. Bakan, D. (1966). *The duality of human existence: Isolation and communion in Western man*. Boston: Beacon Press.

29. Helgeson, V. S. (1994). Relation of agency and communion to well-being: Evidence and potential explanations. *Psychological Bulletin, 116*(3), 412–428; Helgeson, V. S., & Fritz, H. L. (1998). A theory of unmitigated communion. *Personality and Social Psychology Re- view, 2*(3), 173–183; Helgeson, V. S., & Fritz, H. L. (1999). Unmitigated agency and unmitigated communion: Distinctions from agency and communion. *Journal of Research in Personality, 33*(2), 131–158.

30. Fritz, H. L., & Helgeson, V. S. (1998). Distinctions of unmitigated communion from communion: Self-neglect and overinvolvement with others. *Journal of Personality and Social Psychology, 75*(1), 121–140; Helgeson, Relation of agency and communion to well- being; Helgeson & Fritz, A theory of unmitigated communion; Helgeson & Fritz, Un- mitigated agency and unmitigated communion.

31. Bloom, P. (2016). *Against empathy: The case for rational compassion*. New York: Ecco.

32. Oakley, B., Knafo, A., Madhavan, G., & Wilson, D. S. (Eds.). (2011). *Pathological altruism*. New York: Oxford University Press.

33. Blair, R. J. (2005). Responding to the emotions of others: Dissociating forms of empa- thy through the study of typical and psychiatric populations. *Consciousness and Cogni- tion, 14*(4), 698–718; Vachon, Lynam, & Johnson, The (non)relation between empathy and aggression; Raine, A., & Chen,

F. R. (2018). Cognitive, affective, and somatic empathy scale (CASES) for children. *Journal of Clinical Child & Adolescent Psychology, 47*(1), 24–37.

34. Wai, M., & Tiliopoulos, N. (2012). The affective and cognitive empathic nature of the dark triad of personality. *Personality and Individual Differences, 52*(7), 794–799; Kaufman, S. B. (2012). Are narcissists better at reading minds? *Psychology Today*. Retrieved from https://www.psychologytoday. com/us/blog/beautiful- minds/201202/are-narcissists-better-reading-minds.

35. 量表改编自 Raine & Chen, Cognitive, affective, and somatic empathy scale (CASES) for children.

36. Kaufman, S. B., & Jauk, E. (in preparation). Healthy selfishness and pathological altru- ism: Measuring two paradoxical forms of selfishness; Oakley, Knafo, Madhavan, & Wil- son, *Pathological altruism*.

37. Grant, A., & Rebele, R. (2017). Beat generosity burnout. *Harvard Business Review*. Re- trieved from https://hbr.org/cover-story/2017/01/beat-generosity-burnout.

38. Vaillant, G. E. (1992). *Ego mechanisms of defense: A guide for clinicians and researchers*. Wash- ington, DC: American Psychiatric Publishing; Vaillant, G. E. (1998). *Adaptation to life*. Cambridge, MA: Harvard University Press.

39. Vaillant, *Adaptation to life*, p. 108.

40. Andrews, G., Singh, M., & Bond, M. (1993). The Defense Style Questionnaire. *The Journal of Nervous and Mental Disease, 181*(4), 246–256.

41. Vaillant, *Adaptation to life*, p. 119.

42. Andrews, Singh, & Bond, The Defense Style Questionnaire.

43. Vaillant, *Adaptation to life*, p. 116.

44. Kaufman, S. B. (2018). Self-actualizing people in the 21st century: Integration with contemporary theory and research on personality and well-being. *Journal of Humanistic Psychology*, https://doi. org/10.1177/ 0022167818809187.

45. Andrews, Singh, & Bond, The Defense Style Questionnaire.

46. Andrews, Singh, & Bond, The Defense Style Questionnaire.

47. Andrews, Singh, & Bond, The Defense Style Questionnaire.

48. Fromm, E. (1939). Selfishness and self-love. *Psychiatry, 2*(4), 507–523.

49. Maslow, Is human nature basically selfish? In Hoffman, *Future visions*, p. 110.

50. Fromm, Selfishness and self-love.

51. Kaufman & Jauk, Healthy selfishness and pathological altruism.

52. Fromm, Selfishness and self-love.

53. Neff, K. D. (2003). Self-compassion: An alternate conceptualization of a healthy attitude toward oneself. *Self and Identity, 2*(2), 85–101, p. 87.

54. Neff, K. D., Kirkpatrick, K. L., & Rude, S. S. (2007). Self-compassion and adaptive psychological functioning. *Journal of Research in Personality, 41*(1), 139–154; Neff, K. D., et al. (2018). The forest and the trees: Examining the association of self-compassion and its positive and negative components with psychological functioning. *Self and Identity, 17*(6), 627–645.

55. 有趣的是，近期研究表明，自我冷漠（例如，"当我没能做好对我而言很重要的事时，我会不断被这种缺陷感折磨""当我感到低落时，我倾向于沉迷于甚至依恋一切错误的事物""对于自我的缺陷和不足，我会感到不满、妄下判断"）对健康和幸福的预测能力甚至比自我关怀更强。见：Brenner, R. E., Heath, P. J., Vogel, D. L., & Credé, M. (2017). Two is more valid than one: Examining the factor structure of the Self-Compassion Scale (SCS). *Journal of Counseling Psychology, 64*(6), 696–707.

56. 项目内容改编自 Raes, F., Pommier, E. A., Neff, K. D., & Van Gucht, D. (2011). Construction and factorial validation of a short form of the Self-Compassion Scale. *Clinical Psychology & Psychotherapy, 18*(3), 250–255.

57. 这部分以类似的形式重刊于我在《科学美国人》博客上的一篇文章中：Kaufman, S. B. (2018). The pressing need for everyone to quiet their egos. *Scientific American Blogs*. Retrieved from https://blogs.scientificamerican.com/beautiful-minds/the-pressing-need- for-everyone-to-quiet-their-egos.

58. Leary, M. R. (2007). The curse of the self: Self-awareness, egotism, and the quality of human life. New York: Oxford University Press.

59. Tesser, A., Crepaz, N., Collins, J. C., Cornell, D., & Beach, S. R. H. (2000). Confluence of self-esteem regulation mechanisms: On integrating the self-zoo. Personality and Social Psychology Bulletin, 26(12), 1476–1489.

60. Wayment, H. A., & Bauer, J. J. (Eds.). (2008). Transcending self-interest: Psychological explo-rations of the quiet ego. Washington, DC: American Psychological Association; Heppner, W. L., & Kernis, M. H. (2007). "Quiet ego" functioning: The complementary roles of mindfulness, authenticity, and secure high self-esteem. Psychological Inquiry, 18(4), 248–251; Wayment, H. A., Wiist, B., Sullivan, B. M., & Warren, M. A. (2010). Doing and being: Mindfulness, health, and quiet ego characteristics among Buddhist practi- tioners. Journal of Happiness Studies, 12(4), 575–589; Kesebir, P. (2014). A quiet ego quiets death anxiety: Humility as an existential anxiety buffer. Journal of Personality and Social Psychology, 106(4), 610–623.

61. Wayment & Bauer, Transcending self-interest.

62. Kaufman, The pressing need for everyone to quiet their egos.

63. Wayment & Bauer, Transcending self-interest.

64. Wayment, H. A., & Bauer, J. J. (2017). The quiet ego: Motives for self-other balance and growth in relation to well-being. Journal of Happiness Studies, 19(3), 881–896.

65. Grant, A. (2016, June 4). Unless you're Oprah, "Be yourself" is terrible advice. Retrieved from https://www.nytimes.com/2016/06/05/opinion/sunday/unless-youre-oprah-be-yourself-is-terrible-advice.html.

66. Ibarra, H., (2017, July 18). The authenticity paradox. Retrieved from https://hbr.org/2015/01/the-authenticity-paradox.

67. Kaufman, S. B. (2019, June 14). Authenticity under fire. Retrieved from https://blogs.scientificamerican.com/beautiful-minds/authenticity-under-fire/.

68. Horney, K. (1959). Neurosis and human growth. New York: W. W. Norton, p. 155.

69. 波兰精神病学家卡齐米日·达布罗斯基也详尽地讨论了真实性的健康发展，他认为可以通过构建个人希望实现的理想化人格来对一个人加以引导。达布罗斯基将之称为"人格理想"，而且他认为这一过程中的一个关键部分是持续不断地从多层次的视角检验自己的价值——检验在我们的日常行为中可以追求的价值和目标层次。通过这种路径，达布罗斯基相信一个人可以为了追求独特而真实的自我而生活。见：Tillier, W. (2018). *Personality development through positive disintegration: The work of Kazimierz Dabrowski*. Anna Maria, FL: Maurice Bassett.

70. Kernis, M. H., & Goldman, B. M. (2005). From thought and experience to behavior and interpersonal relationships: A multicomponent conceptualization of authenticity. In A. Tesser, J. V. Wood, & D. A. Stapel (Eds.), *On building, defending, and regulating the self: A psychological perspective* (pp. 31–52). New York: Psychology Press; Wood, A. M., Linley, P. A., Maltby, J., Baliousis, M., & Joseph, S. (2008). The authentic personality: A theo- retical and empirical conceptualization and the development of the Authenticity Scale. *Journal of Counseling Psychology, 55*(3), 385–399.

71. de Botton, A. (2016). Why you will marry the wrong person. *The New York Times*. Retrieved from https://www.nytimes.com/2016/05/29/opinion/sunday/why-you-will-marry-the-wrong- person.html.

72. Aron, A., & Aron, E. N. (1986). *Love and the expansion of self: Understanding attraction and satisfaction*. New York: Hemisphere Publishing Corp./Harper & Row.

73. Maslow, *Motivation and personality*, p. 188.

74. Maslow, *Motivation and personality*, p. 199.

75. Adler, P. (1991). *Backboards & blackboards: College athletics and role engulfment*. New York: Columbia University Press; Carbonneau, N., Vallerand, R. J., Lavigne, G. L., & Paquet, Y. (2015). "I'm not the same person since I met you" : The role of romantic passion in how people change when they get involved in a romantic relationship. *Motivation and Emotion, 40*(1), 101–17.

76. Carbonneau, Vallerand, Lavigne, & Paquet, "I'm not the same person since I met you."

77. Maslow, *Motivation and personality*, p. 199.

78. Maslow, *Motivation and personality*, p. 199.

79. Maslow, *Motivation and personality*, p. 199.

80. Sahdra, B. K., & Shaver, P. R. (2013). Comparing attachment theory and Buddhist psy- chology. *International Journal for the Psychology of Religion, 23*(4), 282–293.

81. Sahdra, B. K., Shaver, P. R., & Brown, K. W. (2009). A scale to measure nonattachment: A Buddhist complement to Western research on attachment and adaptive functioning. *Journal of Personality Assessment, 92*(2), 116–127.

82. Maslow, Acceptance of the beloved in being-love. In Hoffman, *Future visions*, p. 37.

83. Maslow, *Motivation and personality*, p. 200.

84. Aron, A., Aron, E. N., Tudor, M., & Nelson, G. (1991). Close relationships as including other in the self. *Journal of Personality and Social Psychology, 60* (2), 241–253.

85. Perel, E. (2016). *Mating in captivity: Unlocking erotic intelligence*. New York: Harper, p. 5.

86. Aron, A., Norman, C. C., Aron, E. N., McKenna, C., & Heyman, R. E. (2000). Cou- ples' shared participation in novel and arousing activities and experienced relation- ship quality. *Journal of Personality and Social Psychology, 78*(2), 273–284; Reissman, C., Aron, A., & Bergen, M. R. (1993). Shared activities and marital satisfaction: Causal di- rection and self-expansion versus boredom. *Journal of Social and Personal Relationships, 10*(2), 243–254.

87. Kaufman, S. B. (2017). Real love with Sharon Salzberg. *The Psychology Podcast*. Retrieved from https://scottbarrykaufman.com/podcast/real-love-sharon-salzberg.

88. Berridge, K. C. (1995). Food reward: Brain substrates of wanting and liking. *Neuroscience and Biobehavioral Reviews, 20*(1), 1–25.

89. Perel, *Mating in captivity*.

90. Selterman, D., Gesselman, A. N., & Moors, A. C. (2019). Sexuality through the lens of secure base dynamics: Individual differences in sexploration. *Personality and Individual Differences, 147*, 229–236.

91. Manson, M. (2013). Sex and our psychological needs. *Mark Manson*. Retrieved from https://markmanson.net/sex-and-our-psychological-needs.

92. Meston, C. M., & Buss, D. M. (2007). Why humans have sex. *Archives of Sexual Behavior, 36*(4), 477–507.

93. Péloquin, K., Brassard, A., Delisle, G., & Bédard, M-M. (2013). Integrating the attach- ment, caregiving, and sexual systems into the understanding of sexual satisfaction. *Canadian Journal of Behavioral Science, 45*(3), 185–195.

94. Selterman, Gesselman, & Moors, Sexuality through the lens of secure base dynamics.

95. Impett, E. A., Gordon, A. M., & Strachman, A. (2008). Attachment and daily goals: A study of dating couples. *Personal Relationships, 15*(3), 375–390; Schachner, D. A., & Shaver, P. R. (2004). Attachment dimensions and sexual motives. *Personal Relationships, 11*(2), 179–195.

96. Péloquin, Brassard, Delisle, & Bédard, Integrating the attachment, caregiving, and sex- ual systems into the understanding of sexual satisfaction, p. 191.

97. Kashdan, T. B., et al. (2011). Effects of social anxiety and depressive symptoms on the frequency and quality of sexual activity: A daily process approach. *Behaviour Research and Therapy, 49*(5), 352–360.

98. Kaufman, S. B. (2017). The science of passionate sex. *Scientific American Blogs*. Retrieved from https://blogs.scientificamerican.com/beautiful-minds/the-science-of-passionate-sex; Philippe, F. L., Vallerand, R. J., Bernard-Desrosiers, L., Guilbault, V., & Rajotte, G. (2017). Understanding the cognitive and motivational underpinnings of sexual passion from a dualistic model. *Journal of Personality and Social Psychology, 113*(5), 769–785.

99. May, R. (1969). *Love & will*. New York: W. W. Norton, p. 74.

100. Maslow, *Motivation and personality*, p. 188.

101. Debrot, A., Meuwly, N., Muise, A., Impett, E. A., & Schoebi, D. (2017). More than just sex: Affection mediates the association between sexual activity and well-being. *Personal- ity and Social Psychology Bulletin, 43*(3), 287–299.

102. Kashdan, T. B., Goodman, F. R., Stiksma, M., Milius, C. R., & McKnight, P. E. (2018). Sexuality leads to boosts in mood and meaning in life with no evidence for the reverse direction: A daily diary investigation. *Emotion, 18*(4), 563–576.

103. Rollo May *Love & Will*, pp. 96, 278.

104. Helgeson & Fritz, Unmitigated agency and unmitigated communion.

第六章　目　标

1.　Hoffman, The right to be human, p. 219.

2.　Hoffman, The right to be human, p. 220.

3.　Hoffman, The right to be human, p. 219.

4.　Burrows, L. (2013). Memory of Abraham Maslow faded, not forgotten. Brandeis Now. Retrieved from http://www.brandeis.edu/now/2013/may/maslow.html.

5.　Lowry, The journals of A. H. Maslow, p. 93.

6.　Maslow, A. H. (1965). Eupsychian management: A journal. Homewood, IL: Richard D. Irwin, Inc., and the Dorsey Press, p. 6.

7.　Maslow. Eupsychian management.

8.　Maslow, Eupsychian management, p. x.

9.　鲁丝·本尼迪克特曾于 1941 年在布林莫尔学院所做的一系列讲座中提出她的协同文化主张，但她从未发表她就这一话题撰写的文章。马斯洛颇为"惊骇"地发现她给他的手稿是现存的唯一一本手稿。"我担心她不发表自己的手稿，"马斯洛写道，"她好像不太在意手稿发不发表。我还担心手稿会遗失。"事实证明他的担心不无道理。在她死后，人类学家玛格丽特·米德翻阅了本尼迪克特的文件和论文，但那份关于协同的手稿哪里都找不到了。所以，马斯洛感到一种责任，要去尽量与众人分享手稿的内容并向着富有成效的方向拓展协同的思想。但应当注意的是，并非所有的学者都认为马斯洛对协同思想的拓展符合本尼迪克特本人的理念。事实上，勒内·安妮·史密斯和肯尼思·费根鲍姆认为马斯洛的"后期作品表明他并没有理解本尼迪克特协同集体的人类学方法，而是误用协同的概念来推进一种个人中心的、脱离了文化背景的心理学还原主义立场"。但是无论如何，马斯洛对于本尼迪克特有着深厚的情感，而且他认同个体与文化间的协同非常重要，他与这样的思想有着深深的共鸣，这一点是可以确定的。见：Maslow, *The farther reaches of human nature* (1993/1971, Chapter 14); Smith, R. A., & Feigenbaum, K. D. (2013). Maslow's intellectual betrayal of Ruth Ben- edict? *Journal of Humanistic Psychology, 53*(3), 307–321.

10.　Smith & Feigenbaum, Maslow's intellectual betrayal of Ruth Benedict?

11.　Maslow, *Eupsychian management*, p. 7.

12.　Maslow, *Eupsychian management*, p. 103; Maslow, *The farther reaches of human nature* (1993/1971), chapter 14.

13.　Maslow, *Eupsychian management*, p. 7.

14.　Maslow, *Eupsychian Management*, p. 7.

15.　Maslow, A. H., with Stephens, D. C., & Heil, G. (1998). *Maslow on management*. New York, NY: John Wiley & Sons, p. 6.

16.　Maslow, *Eupsychian management*, p. 6.

17.　Maslow, *Eupsychian management*, p. 6.

18.　https://twitter.com/GretaThunberg/status/1167916944520908800?s=20.

19.　Edge. (2016). The mattering instinct: A conversation with Rebecca Newberger Gold- stein. *Edge.* Retrieved from https://www.edge.org/conversation/rebecca_newberger_goldstein-the- mattering-instinct.

20. Bugental, J. F. T. (1965). *The search for authenticity: An existential-analytic approach to psycho-therapy.* New York: Holt, Rinehart and Winston, pp. 267–272.

21. Bugental, *The search for authenticity: An existential-analytic approach to psychotherapy*, pp. 267–272.

22. Maslow, The psychology of happiness. In Hoffman, *Future visions* (pp. 21–25).

23. Frankl, V. E. (1969). *The will to meaning: Foundations and applications of logotherapy.* Cleve- land: World Publishing Co.

24. Frankl, V. E. (1966). Self-transcendence as a human phenomenon. *Journal of Humanistic Psychology, 6*(2), 97–106.

25. Marseille, J. (1997). The spiritual dimension in logotherapy: Viktor Frankl's contribu- tion to transpersonal psychology. *The Journal of Transpersonal Psychology, 29*, 1–12.

26. Frankl, V. E. (2006; originally published in 1946). *Man's search for meaning.* Boston: Bea- con Press, p. 112.

27. 维克多·弗兰克尔深深地影响了 20 世纪 50 年代和 60 年代新兴的人本主义心理学，而且可能对马斯洛在自我实现上的思考产生了某种影响。马斯洛的传记作者爱德华·霍夫曼提到，马斯洛曾在 60 年代早期把他关于自我实现的研究成果向纽约市的一组顶级存在——人本主义心理治疗师做了阐释。弗兰克尔和罗洛·梅也参加了，两位都给出了有益的建议，但马斯洛发现弗兰克尔的评价尤其有用。弗兰克尔注意到，自我实现并不是在"真空"环境中进行的——一个人的自我实现总是牵涉周边的人和环境。马斯洛认为，自我实现的一个核心方面是听从世界的召唤，而不仅仅听从内在的驱动力。但既然这次会面刚好发生在他 1962 年夏天拜访非线性动力公司之前，我只能推测，那可能会是"召唤"的概念在马斯洛的"夏日笔记"中如此重要的一个理由。

28. Yaden, D. B., McCall, T. D., & Ellens, J. H. (Eds.). (2015). Being called: Scientific, secular, and sacred perspectives. Santa Barbara, CA: Praeger; Seligman, M. E. P. (2018). The hope circuit: A psychologist's journey from helplessness to optimism. New York: PublicAffairs.

29. Wrzesniewkski, A., McCauley, C., Rozin, P., & Schwartz, B. (1997). Jobs, careers, and callings: People's relations to their work. Journal of Research in Personality, 31(1), 21–33.

30. Damon, W., & Bronk, K. C. (2007). Taking ultimate responsibility. In H. Gardner (Ed.), Responsibility at work: How leading professionals act (or don't act) responsibly (pp. 21–42). San Francisco: Jossey-Bass.

31. Kaufman, S. B. (2018). The path to purpose with William Damon. The Psychology Podcast. Retrieved from https://www.scottbarrykaufman.com/podcast/path-purpose-william-damon.

32. Fromm, E. (1955). The sane society. New York: Henry Holt.

33. Maslow, Toward a psychology of being, p. 9.

34. Emmons, R. A. (1986). Personal strivings: An approach to personality and subjective well-being. Journal of Personality and Social Psychology, 51(5), 1058–1068.

35. Hektner, J. M., Schmidt, J. A., & Csikszentmihalyi, M. (2007). Experience sampling method: Measuring the quality of everyday life. Thousand Oaks, CA: Sage Publications.

36. Sheldon, K. M. (2014). Becoming oneself: The central role of self-concordant goal se- lection.

Personality and Social Psychology Review, 18(4), 349–365.

37. Tillich, P. (1957). Dynamics of faith. New York: Harper & Row.

38. Carver, C. S., & Scheier, M. F. (2001). On the self-regulation of behavior. New York: Cam- bridge University Press.

39. Sheldon, Becoming oneself.

40. Baer, J., Kaufman, J. C., & Baumeister, R. F. (2008). Are we free? Psychology and free will. New York: Oxford University Press; Harris, S. (2012). Free will. New York: Free Press.

41. Gollwitzer, P. M. (2012). Mindset theory of action phases. In P. A. M. Van Lange, A. W. Kruglanski, & T. T. Higgins (Eds.), The handbook of theories of social psychology (Vol. 1, pp. 526–45). Thousand Oaks, CA: Sage Publications; Sheldon, Becoming oneself.

42. Hyland, M. E. (1988). Motivational control theory: An integrative framework. Journal of Personality and Social Psychology, 55(4), 642–651; Markus, H., & Ruvolo, A. (1989). Pos- sible selves: Personalized representation of goals. In L. A. Pervin (Ed.), Goal concepts in personality and social psychology (pp. 211–241). Hillsdale, NJ: Lawrence Erlbaum.

43. Torrance, E. P. (1983). The importance of falling in love with "something." Creative Child & Adult Quarterly, 8(2), 72–78.

44. Torrance, The importance of falling in love with "something."

45. Sheldon, K. M., & Kasser, T. (1995). Coherence and congruence: Two aspects of person- ality integration. Journal of Personality and Social Psychology, 68(3), 531–543.

46. Ryan, R. M., & Deci, E. L. (2000). Self-determination theory and the facilitation of in- trinsic motivation, social development, and well-being. American Psychologist, 55(1), 68–78.

47. Rigby, C. S., & Ryan, R. R. (2018). Self-determination theory in human resource de- velopment: New directions and practical considerations. Advances in Developing Human Resources, 20(2), 133–147; Rogers, Client-centered therapy: Its current practice, impli- cations, and theory.

48. Sheldon, Becoming oneself.

49. Sheldon, Becoming oneself.

50. Grant, A. M. (2008). Does intrinsic motivation fuel the prosocial fire? Motivational synergy in predicting persistence, performance, and productivity. Journal of Applied Psy- chology, 93(1), 48–58.

51. Epstein, S. (2014). Cognitive-experiential theory: An integrative theory of personality. New York: Oxford University Press.

52. What the research says about character strengths. VIA Institute on Character. Retrieved from https://www.viacharacter.org/research/findings.

53. Kaufman, S. B. (2013). What is talent—and can science spot what we will be best at? The Guardian. Retrieved from https://www.theguardian.com/science/2013/jul/07/can-science-spot-talent- kaufman; Kaufman, Ungifted; Niemiec & McGrath, The power of character strengths.

53. Kruglanski, A., Katarzyna, J., Webber, D., Chernikova, M., & Molinario, E. (2018). The making of violent extremists. Review of General Psychology, 22(1), 107–120.

55. Frimer, J. A., Walker, L. J., Lee, B. H., Riches, A., & Dunlop, W. L. (2012). Hierarchical integration of agency and communion: A study of influential moral figures. Journal of Personality,

80(4), 1117–1145; Walker, L. J., & Frimer, J. A. (2007). Moral personality of brave and caring exemplars. Journal of Personality and Social Psychology, 93(5), 845–860.

56. Colby, A., & Damon, W. (1994). Some do care: Contemporary lives of moral commitment. New York: Free Press.

57. Frimer, J. A., Biesanz, J. C., Walker, L. J., & MacKinlay, C. W. (2013). Liberals and con- servatives rely on common moral foundations when making moral jugments about influ- ential people. Journal of Personality and Social Psychology, 104(6), 1040–1059; Haidt, J. (2012). The righteous mind: Why good people are divided by politics and religion. London: Allen Lane.

58. Kuszewski, A. (2011). Walking the line between good and evil: The common thread of heroes and villains. Scientific American Blogs. Retrieved from https://blogs.scientific american.com/guest- blog/walking-the-line-between-good-and-evil-the-common-thread-of-heroes-and-villains.

59. Frimer, J. A., Walker, L. J., Dunlop, W. L., Lee, B. H., & Riches, A. (2011). The integration of agency and communion in moral personality: Evidence of enlightened self-interest. Journal of Personality and Social Psychology, 101(1), 149–163.

60. Quote on pp. 1139–1140 of Frimer, J. A., Walker, L. J., Lee, B. H., Riches, A., & Dun- lop, W. L. (2012). Hicrarchical integration of agency and communion: A study of influ- ential moral figures. Journal of Personality, 80, 1117–1145.

61. Frimer, Walker, Lee, Riches, & Dunlop, Hierarchical integration of agency and communion.

62. Grant, Does intrinsic motivation fuel the prosocial fire?

63. Kaufman, S. B. (2018). How to be an optimal human with Kennon Sheldon. The Psychol- ogy Podcast. Retrieved from https://scottbarrykaufman.com/podcast/optimal-human-kennon-sheldon.

64. Nasby, W., & Read, N. W. (1997). The life voyage of a solo circumnavigator: Integrat- ing theoretical and methodological perspectives. Journal of Personality, 65(4), 785–1068, p. 976.

65. Doran, G. T. (1981). There's a S.M.A.R.T. way to write management's goals and objectives. Management Review, 70, 35–36.

66. 感谢乔丁·范戈尔德想出了这些例子。

67. Duffy, R. D., Allan, B. A., Autin, K. L., & Douglass, R. P. (2014). Living a calling and work well-being: A longitudinal study. Journal of Counseling Psychology, 61(4), 605–615; Hall, D. T., & Chandler, D. E. (2005). Psychological success: When the career is a call- ing. Journal of Organizational Behavior, 26(2), 155–176; Vianello, M., Galliani, E. M., Rosa, D., & Anselmi, P. (2019). The developmental trajectories of calling: Predictors and outcomes. Journal of Career Assessment. https://doi.org/10.1177/1069072719831276.

68. Vianello, Galliani, Rosa, & Anselmi, The developmental trajectories of calling.

69. Kaufman, Ungifted.

70. O'Keefe, P. A., Dweck, C. S., & Walton, G. M. (2018). Implicit theories of interest: Finding your passion or developing it? Psychological Science, 29(10), 1653–1664.

71. Duckworth, A. (2018). Grit: The power of passion and perseverance. New York: Scribner; Miller, C. A. (2017). Getting grit: The evidence-based approach to cultivating passion, persever- ance, and purpose. Boulder, CO: Sounds True.

72. Q&A. Angela Duckworth. Retrieved from https://angeladuckworth.com/qa.

73. Duckworth, A. L., Peterson, C., Matthews, M. D., & Kelly, D. R. (2007). Grit: Perse- verance and passion for long-term goals. Journal of Personality and Social Psychology, 92(6), 1087–1101.

74. Kaufman, S. B. (2016). Review of Grit: The power of passion and perseverance. Scientific American Blogs. Retrieved from https://blogs.scientificamerican.com/beautiful-minds/review-of-grit-the-power-of-passion-and- perseverance.

75. 这部分的手稿由斯科特·巴里·考夫曼、雷布·雷贝利和卢克·斯迈利准备。

76. Epstein, D. (2019). Range: Why generalists triumph in a specialized world. New York: Riv- erhead Books.

77. Equanimity. Insight Meditation Center. Retrieved from https://www.insightmedita tioncenter.org/books-articles/articles/equanimity.

78. Antonovsky, A. (1993). The structure and properties of the sense of coherence scale. Social Science & Medicine, 36(6), 725–33; Kaufman, S. B. (2016). Grit and authenticity. Scientific American Blogs. Retrieved from https://blogs.scientificamerican.com/beauti ful-minds/grit-and-authenticity; Vainio, M. M., & Daukantaité, D. (2015). Grit and different aspects of well-being: Direct and indirect relationships via sense of coherence and authenticity. Journal of Happiness Studies, 17(5), 2119–2147.

79. Maslow, Toward a psychology of being, p. 131.

80. Vallerand, R. J., et al. (2003). Les passions de l'ame: On obsessive and harmonious passion. Journal of Personality and Social Psychology, 85(4), 756–767.

81. Vallerand, R. J., & Rapaport, M. (2017). The role of passion in adult self-growth and de- velopment. In M. L. Wehmeyer, K. A. Shogren, T. D. Little, & S. J. Lopez (Eds.), Develop- ment of self-determination through the life-course (pp. 125–143). New York: Springer.

82. Schellenberg, B. J. I., et al. (2018). Testing the dualistic model of passion using a novel quadripartite approach: A look at physical and psychological well-being. Journal of Per- sonality, 87(2), 163–180.

83. Vallerand, R. J. (2017). On the two faces of passion: The harmonious and the obsessive. In P. A. O'Keefe & J. M. Harackiewicz (Eds.), The science of interest (pp. 149–173). New York: Springer.

84. Carpentier, J., Mageau, G. A., & Vallerand, R. J. (2012). Ruminations and flow: Why do people with a more harmonious passion experience higher well-being? Journal of Happiness Studies, 13(3), 501–518.

85. Schellenberg et al. (2018). Testing the dualistic model of passion using a novel quadri- partite approach; Vallerand & Rapaport, The role of passion in adult self-growth and development. In Wehmeyer, Shogren, Little, & Lopez, Development of self- determination through the life-course.

86. Niemiec & McGrath, The power of character strengths.

87. Proyer, R. T., Ruch, W., and Buschor, C. (2013). Testing strengths-based interventions: A preliminary study on the effectiveness of a program targeting curiosity, gratitude, hope, humor, and zest for enhancing life satisfaction. Journal of Happiness Studies, 14(1), 275–292, doi: 10.1007/s10902-012-9331-9; Proyer, R. T., Gander, F., Wellenzohn, S., & Ruch, W. (2015). Strengths-based positive psychology interventions: A randomized placebo-controlled online trial on long-term effects

for a signature strengths-vs. a lesser strengths-intervention. Frontiers in Psychology, 6, https://doi. org/10.3389/fpsyg.2015.00456; What the research says about character strengths. VIA Institute on Char- acter; Jessie. (2016). Is there anything special about using character strengths? Mindful Psych. Retrieved from http://mindfulpsych.blogspot.com/2016/03/is-there- anything-special-about-using_14.html.

88. Kaufman, S. B. (2015). Which character strengths are most predictive of well-being? Scientific American Blogs. Retrieved from https://blogs.scientificamerican.com/beauti- ful-minds/which-character-strengths- are-most-predictive-of-well-being.

89. Bryant, F. B., & Cvengros, J. A. (2004). Distinguishing hope and optimism: Two sides of a coin, or two separate coins? Journal of Social and Clinical Psychology, 23(2), 273–302.

90. Lopez, S. J. (2014). Making hope happen: Create the future you want for yourself and others. New York: Atria Books; Snyder, C. R. (1995). Conceptualizing, measuring, and nur- turing hope. Journal of Counseling & Development 73(3), 355–60, https://doi.org/10.1002/j.1556-6676.1995.tb01764. x; Kaufman, S. B. (2011). The will and ways of hope. Psy- chology Today. Retrieved from https:// www.psychologytoday. com/us/blog/beautiful- minds/201112/the-will-and-ways-hope. See also https://blogs.scientificamerican.com/beautiful-minds/2-beautiful-minds-we-lost-in-2016/.

91. Snyder, Conceptualizing, measuring, and nurturing hope.

92. Kashdan, T. B., & Rottenberg, J. (2010). Psychological flexibility as a fundamental as- pect of health. Clinical Psychology Review, 30, 865–878.

93. Kashdan & Rottenberg. Psychological flexibility as a fundamental aspect of health, 865– 878; Visser, P. L., Loess, P. Jeglic, E. L., & Hirsch, J. K. (2013). Hope as a moderator of negative life events and depressive symptoms in a diverse sample. Stress and Health, 29(1), 82–88.

94. Goodman, F. R., Disabato, D. J., Kashdan, T. B., & Machell, K. A. (2016). Personality strengths as resilience: A one-year multiwave study. Journal of Personality, 85(3), 423–434.

95. Arnold, J. A., Arad, S., Rhoades, J. A., & Dragsow, F. (2000). The empowering leader- ship questionnaire: The construction and validation of a new scale for measuring leader behaviors. Journal of Organizational Behavior, 21(3), 249–269; Bono, J. E., & Judge, T. A. (2018). Self-concordance at work: Toward understanding the motivational effects of transformational leaders. Academy of Management, 46(5), 554–571; Hon, A. H. Y. (2011). Enhancing employee creativity in the Chinese context: The mediating role of employee self-concordance. International Journal of Hospitality Management, 30(2), 375–384.

96. Deci, E. L., & Ryan, R. M. (2000). The "what" and "why" of goal pursuits: Human needs and the self-determination of behavior. Psychological Inquiry, 11(4), 227–268.

97. Sheldon, K. M., et al. (2018). Freedom and responsibility go together: Personality, ex- perimental, and cultural demonstrations. Journal of Research in Personality, 73, 63–74.

98. Hon, Enhancing employee creativity in the Chinese context.

99. Rigby & Ryan, Self-determination theory in human resource development.

100. Grant, Does intrinsic motivation fuel the prosocial fire?; Rigby & Ryan, Self- determination theory in human resource development.

101. Woodman, R. W., Sawyer, J. E., & Griffin, R. W. (1993). Toward a theory of organiza- tional creativity. Academy of Management Review, 18(2), 293–321.

102. George, J. M. (2007). Creativity in organizations. Academy of Management Annals, 1, 439–477; Hon, Enhancing employee creativity in the Chinese context; Wong, S., & Pang, L. (2003). Motivators to creativity in the hotel industry: Perspectives of managers and supervisors. Tourism Management, 24(5), 551–559; Woodman, Sawyer, & Griffin, Toward a theory of organizational creativity; Zhou, J., & Shalley, C. E. (2003). Re- search on employee creativity: A critical review and directions for future research. Re- search in Personnel and Human Resources Management, 22, 165–217.

103. Bcrg, J. M., Dutton, J. E., & Wrzesniewski, A. (2007). What is job crafting and why does it matter? Michigan Ross School of Business, Center for Positive Organizational Scholarship; Berg, J. M., Dutton, J. E., & Wrzesniewski, A. (2013). Job crafting and meaningful work. In B. J. Dik, Z. S. Byrne, & M. F. Steger (Eds.), Purpose and meaning in the workplace (pp. 81–104). Washington, DC: American Psychological Association; Wrzesniewski, A., & Dutton, J. E. (2001). Crafting a job: Revisioning employees as active crafters of their work. Academy of Management Review, 26(2), 179–201.

104. Berg, Dutton, & Wrzesniewski, What is job crafting and why does it matter?

105. Berg, J. M., Grant, A. M., & Johnson, V. (2010). When callings are calling: Crafting work and leisure in pursuit of unanswered occupational callings. Organization Science, 21(5), 973–994.

106. Maslow, Toward a psychology of being, p. 10.

107. Wrosch, C., Miller, G. E., Scheier, M. F., & de Pontet, S. B. (2007). Giving up on unat- tainable goals: Benefits for health? Personality and Social Psychology Bulletin, 33(2), 251–265.

108. Brandtstädter, J., & Renner, G. (1990). Tenacious goal pursuit and flexible goal adjust- ment: Explication and age-related analysis of assimilative and accommodative strategies of coping. Psychology and Aging, 5(1), 58–67; Carver, C. S., & Scheier, M. F. (1990). Origins and functions of positive and negative affect: A control-process view. Psycholog- ical Review, 97(1), 19–35; Carver & Scheier, On the self-regulation of behavior; Heck- hausen, J., & Schulz, R. (1995). A life-span theory of control. Psychological Review, 102(2), 284–304; Klinger, E. (1975). Consequences of commitment to and disengagement from incentives. Psychological Review, 82(1), 1–25; Nesse, R. M. (2000). Is depression an adap- tation? Archives of General Psychiatry, 57(1), 14–20.

109. Wrosch, C., Scheier, M. F., Miller, G. E., Schulz, R., & Carver, C. S. (2003). Adaptive self-regulation of unattainable goals: Goal disengagement, goal reengagement, and sub- jective well-being. Personality and Social Psychology Bulletin, 29(12), 1494–1508.

110. Grogan, J. (2012). Encountering America: Humanistic psychology, sixties culture, and the shap- ing of the modern self. New York: Harper Perennial.

111. Michael Murphy, personal correspondence, May 10, 2018.

112. 冯本身便是一个引人注意的案例。他曾做过会计、"澡堂管理员"和"疯道士"。冯出生在中国一个富裕的佛教家庭（他的父亲是中国银行的创始人之一），他来到美国之后，获得了宾夕法尼亚大学沃顿商学院的国际金融硕士学位。从宾大毕业后，他浪迹美国，曾在贵格会团体中待过一段时间，而在美国最高法院对布朗诉托皮卡教育局案做出判决期间，他住在佐治亚的一个公社里。20 世纪 50 年代中期，他搬到了西海岸，同杰克·凯鲁亚克混在一起，教授道教哲学，并为哲学家阿兰·瓦茨翻译中国经典。瓦茨认为冯"真的很厉害"，并将他推荐给了胸怀抱负的垮掉派人士和嬉皮道教徒。

冯对于当时在加州北部发展壮大、很快在全球传播开来的灵性运动产生了兴趣。如瓦茨所说："在 1958—1970 年，一股灵性能量的大潮，以诗歌、音乐、哲学、绘画、宗教、无线电与电视电影传播技术、舞蹈、戏剧及日常生活方式的形式，（从旧金山）和其周边汹涌而出，影响了美国和整个世界。"20 世纪 60 年代早期，冯同大瑟尔温泉旅馆（之后很快成为埃萨伦研究所）的创始人理查德·普莱斯、迈克尔·墨菲成为了朋友。他被正在发展壮大的、深受人本主义心理学启发的"人类潜能运动"所吸引。实际上，马斯洛的《存在心理学探索》一书那时刚刚出版，而处于萌芽状态的埃萨伦团体与马斯洛的自我实现和高峰体验的理念产生了深深的共鸣，这种理念同他们正在发展的人类潜能与灵性的想法十分吻合。马斯洛的书也给他们的理念带来了学术上的合理性。正如杰弗里·克里帕尔在他的《埃萨伦：美国与没有宗教的宗教》一书中指出的那样："好像马斯洛和他的这本书就是为了他们才出现在文化视域当中一样。"

113. Hoffman, The right to be human.

114. Hoffman, The right to be human.

115. Grogan, Encountering America, p. 158.

116. Hoffman, The right to be human, p. 276.

117. 墨菲，私人信件，2018 年 5 月 10 日。在一则日期为 1970 年 4 月 30 日的日记当中，马斯洛将他同墨菲的关系描述为一种以"自我袒露""亲密之回馈"和直率为特色的关系。相应地，在另一则日记中，墨菲被马斯洛描述为"前卫却仍旧真正地开放、好奇、不拘于某一套体系"——这一描述显然同马斯洛内心深处的精神本质有着相似之处（1967 年 9 月 19 日的日记）。

第三部分 健康的超越

1. Lowry, A. H. Maslow: An intellectual portrait, p. 10.

2. Lowry, A. H. Maslow: An intellectual portrait, p. 11.

3. Lowry, A. H. Maslow: An intellectual portrait, p. 12.

4. Lowry, A. H. Maslow: An intellectual portrait, pp. 14–15.

5. Lowry, A. H. Maslow: An intellectual portrait, p. 16.

6. 理查德·洛瑞就马斯洛的写作风格提出了深刻见解："他的风格，无论好坏，体现了这样一种人的风格，这种人感到自己有大量真理要公诸于世，这种人发觉生命短暂，几乎挤不出时间进行平常人的享受。不管马斯洛有什么美德或不足，他无论如何都是个极富激情、极其正直的人。或许有些时候，他的激情会以傲慢的形式呈现，他的正直也可能看起来像是天真，但是贯穿这一切的是，他是一个对自己、对工作、对世界单纯直率、认真到底的人。他早期论爱默生的论文只是他用尽自身的强烈情绪去恨、去爱、去研究或是去追求的大量实例中的第一个。"见：Lowry, A. H. Maslow: An intellectual portrait, p. 16.

第七章　高峰体验

1. Hoffman, The right to be human.

2. Be You Fully. (2016, May 24). Abraham Maslow on Peak Experiences [Video file]. Re- trieved from https://www.youtube.com/watch?v=zcOHMGe7lYg.

3. Be You Fully. Abraham Maslow on Peak Experiences.

4. James, W. (1902). The varieties of religious experience. Cambridge, MA: Harvard University Press.

5. Hoffman, The right to be human, p. 224.

6. Hoffman, The right to be human, p. 224.

7. Maslow, A. H. (1957). Cognition of being in the peak experience. The Journal of Genetic Psychology, 94, 43–66.

8. Maslow, Cognition of being in the peak experience, p. 43.

9. Maslow, Cognition of being in the peak experience, p. 52.

10. Maslow, Cognition of being in the peak experience, p. 64.
这一观点常常遭到忽略，这让马斯洛感到颇为失意。在 1967 年 12 月 2 日的日记当中，马斯洛写道："哲学家们今天在超越大会上的一个重大问题是：怎样才能证明人们在高峰体验中觉察到的现实的有效性？我强调，这些现实的有效性日后应该由科学、逻辑、推理等来验证和确认，即证明有些启示是正确的，有些则不正确，这样做很有必要。但是他们好像没有理解。是我没说清楚吗，还是他们把这个问题同另一个问题——为什么我不应信赖一个纳粹者的'启示'——弄混了？他们似乎确信我在美化体验，并把体验看作必然有效的。不管我说什么都无法扭转他们这种想法。我最好再打磨一下这一想法，给出确实能证明和不能证明这些启示的研究实例。"

12. Maslow, Cognition of being in the peak experience, p. 65.

13. Maslow, Cognition of being in the peak experience, p. 65.

14. Maslow, Cognition of being in the peak experience, p. 62.
能够对其自我实现的定义再次进行概念化，马斯洛倍感鼓舞，于是写道："我们可以将（自我实现）定义为一段经历或是一次迸发。自我实现时，一个人的力量会以一种极其有效和高度令人愉悦的方式汇聚一处，他会处于更加整合、更少分裂的状态，对体验更为开放，更具个人特质，更完美、自发地进行表达，或充分发挥自己的作用，更富创造性，更幽默，更超越自我，更独立于其低级需要，等等。他在这些自我实现的时刻，能成为更加真实的自我，更为完美地实现自身潜能，更加接近自身存在的核心。"

16. Maslow, Cognition of being in the peak experience, p. 62.
17. 在整理发掘马斯洛在这一时间点前后与同事的往来信件时，我偶然发现了一封信，它来自著名人格心理学家高尔顿·奥尔波特，他在信中引用了 1957 年 4 月 12 日马斯洛就高峰体验做的一次讲座的内容，讲座题为"两种认知及其整合"。考虑到两人研究人格的路径具有相似性——奥尔波特对于研究完人和宗教狂热很感兴趣，看到奥尔波特对马斯洛的高峰体验讲座抱以极大的热情并不令人惊讶。奥尔波特在给马斯洛的信中写道："你的论文带来了多么大的启发啊！你看到了，它给我带来了很多研究角度。谢谢你写了这篇文章。"之后，他转而建议马斯洛将其高峰体验的概念"向研究神秘主义的文献进一步靠拢"。我们尚不清楚奥尔波特的建议在多大程度上影响了马斯洛接下来对高峰体验与宗教之间联系的思考和写作，但我想，奥尔波特很可能起到了十分关键却不为人知的作用。

18. Maslow, A. H. (1964). Religions, values, and peak experiences. Columbus, OH: Ohio State University Press.

19. Maslow, Religions, values, and peak experiences, p. 19.

20. David Yaden, personal correspondence.

21. David Yaden, personal correspondence.

22. Newberg, A., et al. (2001). The measurement of regional cerebal blood flow during the complex cognitive task of mediation: A preliminary SPECT study. Psychiatry Research: Neuroimaging, 106(2), 113–122; Newberg, A. B., & Iversen, J. (2003). The neural basis of the complex mental task of meditation: Neurotransmitter and neurochemical consider- ations. Medical Hypotheses, 61(2), 282–291.

23. Yaden, D. B., Haidt, J., Hood, R. W., Vago, D. R., & Newberg, A. B. (2017). The vari- eties of self-transcendent experience. Review of General Psychology, 21(2), 143–160.

24. 这 一 清 单 改 编 自 Levin, J., & Steele, L. (2005). The transcendent experience: Concep- tual, theoretical, and epidemiologic perspectives. Explore, 1(2), 89–101.

25. Azari, N. P., et al. (2001). Neural correlates of religious experience. The European Journal of Neuroscience, 13(8), 1649–1652; Beauregard, M., & Paquette, V. (2006). Neural cor- relates of a mystical experience in Carmelite nuns. Neuroscience Letters, 405(3), 186–190; Farrer, C., & Frith, C. D. (2002). Experiencing oneself vs. another person as being the cause of an action: The neural correlates of the experience of agency. NeuroImage, 15(3), 596–603; Johnstone, B., Bodling, A., Cohen, D., Christ, S. E., & Wegrzyn, A. (2012). Right parietal lobe-related "selflessness" as the neuropsychological basis of spiritual transcendence. International Journal for the Psychology of Religion, 22(4), 267–284.

26. d'Aquili, E., & Newberg, A. B. (1999). The mystical mind: Probing the biology of religious experience. Minneapolis: Fortress Press.

27. Sagan, C. (2011). Pale blue dot: A vision of the human future in space. New York: Ballantine Books.

28. Newberg, A. B., & d'Aquili, E. G. (2000). The neuropsychology of religious and spiritual experience. Journal of Consciousness Studies, 7(11–12), 251–266.

29. Csikszentmihalyi, M., & LeFevre, J. (1989). Optimal experience in work and leisure. Journal of Personality and Social Psychology, 56(5), 815–822; Csikszentmihalyi, M. (1990). Flow: The psychology of optimal experience. New York: Harper & Row; Kotler, S. (2014). The rise of Superman: Decoding the science of ultimate human performance. New York: Hough- ton Mifflin Harcourt; Kowal, J., & Fortier, M. S. (1999). Motivational determinants of flow: Contributions from self-determination theory. The Journal of Social Psychology, 139(3), 355–368; Walker, C. J. (2008). Experiencing flow: Is doing it together better than doing it alone? The Journal of Positive Psychology, 5, 3–11.

30. Goleman, D., & Davidson, R. J. (2017). Altered traits: Science reveals how meditation changes your mind, brain, and body. New York: Avery.

31. Watkins, P. C. (2013). Gratitude and the good life: Toward a psychology of appreciation. New

York: Springer; Emmons, R. A. (2013). Gratitude works!: A 21-day program for creating emotional prosperity. San Francisco: Jossey-Bass; Emmons, R. A., & McCullough, M. E. (Eds.). (2004). The psychology of gratitude. New York: Oxford University Press.

32. Fredrickson, Love 2.0; Sternberg, R. J., & Sternberg, K. (Eds.). (2019). The new psychol- ogy of love (2nd ed.). New York: Cambridge University Press.

33. Schneider, K. (2004). Rediscovery of awe: Splendor, mystery and the fluid center of life. St. Paul: Paragon House; Yaden, D. B., et al. (2018). The development of the Awe Experience Scale (AWE-S): A multifactorial measure for a complex emotion. The Journal of Positive Psychology, 14(4), 474–488.

34. Belzak, W. C. M., Thrash, T. M., Sim, Y. Y., & Wadsworth, L. M. (2017). Beyond he- donic and eudaimonic well-being: Inspiration and the self-transcendence tradition. In M. D. Robinson & M. Eid (Eds.), The happy mind: Cognitive contributions to well-being (pp. 117–138). New York: Springer; Erickson, T., & Abelson, J. L. (2012). Even the down- hearted may be uplifted: Moral elevation in the daily life of clinically depressed and anxious adults. Journal of Social and Clinical Psychology, 31(7), 707–728; Haidt, J. (2000). The positive emotion of elevation. Prevention & Treatment, 3(1); Shiota, M. N., Thrash, T. M., Danvers, A. F., & Dombrowski, J. T. (2014). Transcending the self: Awe, eleva- tion, and inspiration. In M. M. Tugade, M. N. Shiota, & L. D. Kirby (Eds.), Handbook of positive emotions (pp. 362–377). New York: Guilford Press.

35. Kotler, S., & Wheal, J. (2018). Stealing fire: How Silicon Valley, the Navy SEALs, and mav- erick scientists are revolutionizing the way we live and work. New York: Dey Street; Newberg, A., & Waldman, M. R. (2017). How enlightenment changes your brain: The new science of transformation. New York: Avery.

36. Koenig, H., King, D. E., & Carson, V. B. (2012). Handbook of religion and health (2nd ed.). New York: Oxford University Press; Yaden, D. B. et al. (2017). The noetic quality: A multimethod exploratory study. Psychology of Consciousness: Theory, Research, and Practice, 4(1), 54–62; Yaden, Haidt, Hood, Vago, & Newberg, The varieties of self-transcendent experience.

37. Yaden et al., The noetic quality.

38. James, The varieties of religious experience.

39. Yaden, D. B., et al. (2016). The language of ineffability: Linguistic analysis of mystical experiences. Psychology of Religion and Spirituality, 8(3), 244–252; Yaden et al., The noetic quality.

40. Leary, M. R., Diebels, K. J., Jongman-Sereno, K. P., & Hawkins, A. (2016). Perspectives on hypo-egoic phenomena from social and personality psychology. In K. W. Brown & M. R. Leary (Eds.), The Oxford handbook of hypo-egoic phenomena (pp. 47–62). New York: Oxford University Press.

41. Leary, Diebels, Jongman-Sereno, & Hawkins, Perspectives on hypo-egoic phenomena from social and personality psychology. In Brown & Leary, The Oxford handbook of hypo- egoic phenomena.

42. Engler, J. (1984). Therapeutic aims in psychotherapy and meditation: Developmental stages in the representation of self. Journal of Transpersonal Psychology, 16(1), 25–61; Shaheen, J. (2004). Just as it is. Tricycle. Retrieved from https://tricycle.org/magazine/just-as-it-is.

43. Maslow, Peak experiences as acute identity experiences, p. 255.

44. Maslow, Peak experiences as acute identity experiences, p. 255.

45. 我也被这一悖论吸引并查看了我自己的资料库。当我建构我自己的自我实现特征量表时，我找到了一些材料，它们能够支持自我实现者倾向于在日常生活中更为频繁地体验到高峰体验。到目前为止，这些证据还说得过去，但是之后我研究了自我实现量表同亚登的新量表之间的关联——他为日常生活中体验超越的趋势创建了一份新的量表。亚登的量表包含以下两方面：与万物合一（比如，"我常有与人类彻底融合在一起的感觉"）和自我缺失（比如，"片刻之间，我失去了自我感，我常常有这样的体验"）。参与者需要评估在日常生活中他们产生这两种体验的频率。我发现与万物合一与自我缺失同在日常生活中体验超越的频率呈正相关。可是，尽管合一体验往往同自我实现的所有其他特点——包括真实性、目的性的增强和人道主义关怀的强化——呈正相关，但是自我缺失的总体趋势，就其本身而言，同自我实现的大部分特点（包括真实性）呈负相关。见 Kaufman, S. B. (2018). Self-actualizing people in the 21st century: Integration with contemporary theory and research on personality and well- being. Journal of Humanistic Psychology, https:/doi.org/10.1177/0022167818809187.

46. Maslow, Toward a psychology of being, p. 85.

47. Keltner, D., & Haidt, J. (2003). Approaching awe, a moral spiritual, and aesthetic emo- tion. Cognition and Emotion, 17(2), 297–314.

48. Piff, P. K., Dietze, P., Feinberg, M., Stancato, D. M., & Keltner, D. (2015). Awe, the small self, and prosocial behavior. Journal of Personality and Social Psychology, 108(6), 883– 899; Gordon, A. M., et al. (2016). The dark side of the sublime: Distinguishing a threat- based variant of awe. Journal of Social Psychology, 113(12), 310–328; Bonner, E. T., & Friedman, H. L. (2011). A conceptual clarification of the experience of awe: An inter- pretative phenomenological analysis. The Humanistic Psychologist, 39(3), 222–235; Chir- ico, A., Yaden, D. B., Riva, G., & Gaggioli, A. (2016). The potential of virtual reality for the investigation of awe. Frontiers in Psychology, 7, Article ID 1766; Shiota, M. N., Keltner, D., & Mossman, A. (2007). The nature of awe: Elicitors, appraisals, and effects on self-concept. Cognition and Emotion, 21(5), 944–963.

49. Rudd, M., Vohs, K. D., & Aaker, J. (2012). Awe expands people's perception of time, alters decision making, and enhances well-being. Psychological Science, 23(10), 1130– 1136; Krause, N., & Hayward, R. D. (2015). Assessing whether practical wisdom and awe of God are associated with life satisfaction. Psychology of Religion and Spirituality, 7(1), 51–59.

50. Rudd, Vohs, & Aaker, Awe expands people's perception of time, alters decision making, and enhances well-being.

51. Piff, Dietze, Feinberg, Stancato, & Keltner, Awe, the small self, and prosocial behavior; Prade, C., & Saroglou, V. (2016). Awe's effects on generosity and helping. The Journal of Positive Psychology, 11(5), 522–530.

52. Yang, Y., Yang, Z., Bao, T., Liu, Y., & Passmore, H-A. (2016). Elicited awe decreases aggression. Journal of Pacific Rim Psychology, 10, e11.

53. van Elk, M., Karinen, A., Specker, E., Stamkou, E., & Baas, M. (2016). "Standing in awe": The effects of awe on body perception and the relation with absorption. Collabra, 2(1), 4.

54. Van Cappellen, P., & Saroglou, V. (2012). Awe activates religious and spiritual feelings and

behavioral intentions. Psychology of Religion and Spirituality, 4(3), 223–236.

55. Valdesolo, P., & Graham, J. (2014). Awe, uncertainty, and agency detection. Psychological Science, 25(1), 170–178.

56. Yaden et al., The development of the Awe Experience Scale (AWE-S).

57. Yaden et al., The development of the Awe Experience Scale (AWE-S).

58. Harrison, I. B. (1975). On the maternal origins of awe. The Psychoanalytic Study of the Child, 30, 181–195.

59. Graham, J., & Haidt, J. (2010). Beyond beliefs: Religions bind individuals into moral communities. Personality and Social Psychology Review, 14(1), 140–150.

60. de Botton, A. (2013). Religion for atheists: A non-believer's guide to the uses of religion. New York: Vintage.

61. Hood, R. W. (1975). The construction and preliminary validation of a measure of re- ported mystical experience. Journal for the Scientific Study of Religion, 14(1), 29–41; New- berg, et al., The measurement of regional cerebral blood flow during the complex cognitive task of meditation; Zanesco, A. P., King, B. G., MacLean, K. A., & Saron, D. (2018). Cognitive aging and long-term maintenance of attentional improvements following meditation training. Journal of Cognitive Enhancement, 2(3), 259–275.

62. Shiota, Keltner, & Mossman, The nature of awe.

63. Harari, Y. N. (2017). Homo deus: A brief history of tomorrow. New York: HarperCollins.

64. Yaden, D. B., et al. (2016). The overview effect: Awe and self-transcendent experience in space flight. Psychology of Consciousness: Theory, Research, and Practice, 3(1), 1–11.

65. Harari, Homo deus.

66. 哲学家大卫·查尔默斯做出过相似的论断。见 Kaufman, S. B. (2017). Philosopher David Chalmers thinks we might be living in a simulated reality. The Psy- chology Podcast. Retrieved from https://scottbarrykaufman.com/podcast/philosopher-david-chalmers-thinks-we-might-be-living-in-a-simulated-reality.

67. Yaden, D. B., Eichstaedt, J. C., & Medaglia, J. D. (2018). The future of technology in positive psychology: Methodological advances in the science of well-being. Frontiers in Psychology, 9, https://doi.org/10.3389/fpsyg.2018.00962.

68. Chirico, Yaden, Riva, & Gaggioli, The potential of virtual reality for the investigation of awe; Chirico, A., et al. (2017). Effectiveness of immersive videos in inducing awe: An experimental study. Scientific Reports, 7(1); Chirico, A. & Yaden, D. B. (2018). Awe: A self-transcendent and sometimes transformative emotion. In H. C. Lench (Ed.), The function of emotions: When and why emotions help us (pp. 221–233): New York: Springer; Chirico, A., Glaveanu, V. P., Cipresso, P., Riva, G., & Gaggioli, A. (2018). Awe enhan- ces creative thinking: An experimental study. Creativity Research Journal, 30(2), 123–31.

69. Hallett, M. (2000). Transcranial magnetic stimulation and the human brain. Nature, 406(6792), 147–150.

70. Fregni, F., & Pascual-Leone, A. (2007). Technology insight: Noninvasive brain stimu- lation in

neurology—perspectives on the therapeutic potential of rTMS and tDSC. Na- ture Clinical Practice Neurology, 3, 383–393.

71. Hamilton, R., Messing, S., and Chatterjee, A. (2011). Rethinking the thinking cap: Ethics of neural enhancement using noninvasive brain stimulation. Neurology, 76(2), 187–193; O'Reardon, J. P., et al. (2007). Efficacy and safety of transcranial magnetic stimulation in the acute treatment of major depression: A multisite randomized con- trolled trial. Biological Psychiatry, 62(11), 1208–1216; Smith, K. S., Mahler, S. V., Peciña, S., & Berridge, K. C. (2010). Hedonic hotspots: Generating sensory pleasure in the brain. In M. L. Kringelbach, & K. C. Berridge (Eds.), Pleasures of the Brain (pp. 27–49). New York: Oxford University Press; Medaglia, J. D., Zurn, P., Sinnott-Armstrong, W., & Bassett, D. S. (2017). Mind control as a guide for the mind. Nature Human Behaviour, 1, Article ID 0119, doi: 10.1038/s41562-017-0119; Medaglia, J. D., Yaden, D. B., He- lion, C., & Haslam, M. (2019). Moral attitudes and willingness to enhance and repair cognition with brain stimulation. Brain Stimulation, 12(1), 44–53.

72 Berger, M. W. (2018). Brain stimulation decreases intent to commit assault. Penn Today. Retrieved from https://penntoday.upenn.edu/news/brain-stimulation-decreases-intent-commit-physical-sexual-assault.

73. Yaden, Eichstaedt, & Medaglia, The future of technology in positive psychology.

74. Nozick, R. (1974). Anarchy, state, and utopia. New York: Basic Books.

75. Maslow, The farther reaches of human nature, p. 271.

76. Kaufman, S. B. (2017). Your brain on enlightenment with Dr. Andrew Newberg. The Psychology Podcast. Retrieved from https://scottbarrykaufman.com/podcast/your-brain-on-enlightenment-with-dr-andrew- newberg.

77. Kaufman, S. B. (2018). Open wide and say awe with Katherine MacLean. The Psychology Podcast. Retrieved from https://scottbarrykaufman.com/podcast/open-wide-say-awe-katherine-maclean.

78. Maslow, A. H. (1966, November 22). Drugs—Critique. Maslow Papers, Box M 4448, Archives of the History of American Psychology, Cummings Center for the History of Psychology, University of Akron, Akron, OH.

79. Maslow, A. H. (1966, May 11). Letter to Mrs. Paula Gordon from Maslow, 5/11/1966, discussing peak experiences and the use of psychaedelic [sic] drugs in research. Maslow Papers, Box M 4471, Archives of the History of American Psychology, Cummings Cen- ter for the History of Psychology, University of Akron, Akron, OH.

80 据爱德华·霍夫曼回忆，1960 年，蒂莫西·利里来到哈佛时，马斯洛和利里"变得关系非常好，而且会花很多时间就他们的共同兴趣——创造力、高级心理机能运作和高峰体验进行讨论"。1962 年，在由药品引发的高峰体验座谈会上，马斯洛甚至同利里有过合作，而且他的女儿埃伦曾做过利里的研究助理。理论上讲，马斯洛支持对致幻剂的严谨研究，但他本人不愿意尝试任何一种药物，并且越发担心将药物用作自我实现的捷径会造成依赖，他警示大家，麦角酸酰二乙酰滥用可能会导致智力衰退、目标丧失和联系阻断，不会引发自我实现。"这太容易了，"马斯洛常同利里共进午餐，其间马斯洛曾对利里这样说道，"要体验到高峰体验，你一定要流汗。"就这一点，利里调侃马斯洛道："好吧，亚伯，你想要流汗吗？你是打算从哈佛广场步行到布兰迪斯，还是打算开车呢？你下个月不是要去加州吗，你是打算步行过去还是坐飞机呢？你不是想要流汗吗？"见：Hoffman, The right to be human (pp. 265-266). Maslow, A. H. (1963, October 24). Z. M. Schachter and Maslow, 1963, discussing various research implication of LSD and peak experiences. Maslow Pa- pers, Folder LSD—Drugs, Box M 4471, Archives of the History of American Psychol-ogy, Cummings Center for the History of Psychology, University of Akron, Akron, OH.; Maslow, A. H. (1963, October 24). Letter to Rabbi Zalman Schachter. Maslow Papers, Folder LSD—Drugs, Box M 449.7, Archives of the History of American Psychol- ogy, Cummings Center for the History of Psychology, University of Akron, Akron, OH.

81. Grogan, Encountering America.

82. Foreword by Warren Bennis to the new edition of Maslow, A. H. (1998). Maslow on management. New York: Wiley, pp. x–xi.

第八章　Z 理论：走向人性的更深层次

1. Lowry, The journals of A. H. Maslow, p. 794.

2. Lowry, The journals of A. H. Maslow, pp. 798–799.

3. Koltko-Rivera, M. E. (2006). Rediscovering the later version of Maslow's hierarchy of needs: Self-transcendence and opportunities for theory, research, and unification. Review of General Psychology, 10(4), 302–317.

4. Frick, W. B. (2000). Remembering Maslow: Reflections on a 1968 interview. Journal of Humanistic Psychology, 40(2), 128–147, p. 142.

5. Maslow, The farther reaches of human nature, p. 271.

6. Maslow, The farther reaches of human nature, p. 271.

7. Adapted from Maslow, The farther reaches of human nature, pp. 273–285.

8. 马斯洛进一步给出了一个有趣的建议："为避免来自弱者、社会底层者、能力欠缺者、需要帮助者无可奈何的嫉妒引发的憎恨，就不要多给他们钱，而是要给他们更少的钱作为酬劳，同时付给他们'高层次报酬'和'超越性报酬'。这是根据各个领域的原则推导出来的，这样做既会让自我实现者满意，也会让那些心理发展程度较低的人满意，而且会终止贯穿整个人类史的阶级或等级的对立性、敌对性发展。为了让这一后马克思、后历史的可能性有其实用价值，我们要做的一切便是学会不要以太多的钱作为报酬，即看重高层次回报而不是低层次回报。而且，我们也有必要去除金钱的象征意义，即成功、值得尊重和值得被爱——这些都不应用金钱来象征。既然这些变化同自我实现者前意识中的有价值的人生相吻合，那么原则上它们应该很容易实现。至于这样的世界观是不是超越者的一个更为显著的特点，这一点仍有待发现。所以，这一点或许有助于让这个世界上最有能力、最清醒、最理想化的人被推选为领导者、教育者，或者仁慈、无私的权威人士，并得到人们的爱戴。"研究发现了支持这一点的证据——人们实际上愿意为了更有意义的工作而接受低工资。因此，用"美德"来支付，或者至少用意义来支付报酬是可能的。见 Hu, J., and Hirsch, J. B. (2017). Accepting lower salaries for meaningful work. Frontiers in Psychology, 29, 1649.

9. Maslow, Toward a psychology of being.

10. 近年来，亚伦·魏德曼及其同事发现，人们对谦卑有两种截然不同的概念化方式。当被要求对谦卑做些思考时，有些人的脑海中浮现的是蒙羞和自卑（D谦卑）。那些在这种形式的谦卑上得分高的人自我评价较低，会有恭顺和低微感，会逃避他人的评价，会深深厌恶自身的不足。这样的人倾向于显露出更多的羞耻感、尴尬感、顺从行为、缺少安全感的自尊，以及神经质表现。另一种谦卑——谦卑研究人员佩林·凯泽博认为它更接近谦卑的真正意义——意味着对自身优势和不足的准确评估和接受，没有自我中心和自我聚焦，且能够欣赏周围的世界。拥有这样值得欣赏的谦卑（或B谦卑）的人倾向于拥有较多真实的自豪感、威望、能动性、有安全感的自尊、为他人祝贺的倾向、经验开放性和长期的幸福。尽管还没有被验证，我猜想他们还倾向于在日常生活中有更多的超越性体验。见：Weidman, A. C., Cheng, J. T., & Tracy, J. L. (2016). The psychological structure of humility. Journal of Personality and Social Psychology, 114(1), 153–178.

11. 在《存在心理学探索》一书中，马斯洛这样描述存在性玩乐："由于英语自身的不足（因为英语通常无法描述'较高级的'主观体验），因而很难描述这种存在性玩乐。它有宏大、像神明一般且令人愉悦的特点，完全超越了任何种类的敌对。简单地说，它可以被称作幸福、快乐、欢快、活跃或喜悦。它有一种从丰富或者过剩（并不由匮乏驱动）中溢出的特点。在某种意义上，它是有关人类存在的，因为作为一种消遣和娱乐，它既有人类的小（不足），又有人类的大（优势），超越了主导与从属的两极关系。它本质上有一种胜利的特性，有时或许也有令人舒缓下来的特性。它既成熟又有孩子气。"（p. 123）

12. Loevinger, J. (1976). Ego development: Conceptions and theories. San Francisco: Jossey-Bass; Erikson, E. H. (1982). The life cycle completed. New York: W. W. Norton; McAdams, P., & de St. Aubin, E. (1992). A theory of generativity and its assessment through self- report, behavioral acts, and narrative themes in autobiography. Journal of Personality and Social Psychology, 62(6), 1003–1015; Kegan, R. (1982). The evolving self. Cambridge, MA: Harvard University Press; Eriksen, K. (2006). The constructive developmental theory of Robert Kegan. The Family Journal: Counseling and Therapy for Couples and Families, 14(3), 290–298; Melvin, E., & Cook-Greuter, S. (Eds.). (2000). Creativity, spirituality, and tran- scendence: Paths to integrity and wisdom in the mature self. Stamford, CT: Ablex Publication Corporation; Pfaffenberger, A. H., Marko, P. W., & Combs, A. (2011). The postconven- tional personality. Albany: State University of New York Press; Wilber, K. (2000). Integral psychology: Consciousness, spirit, psychology, therapy. Boston: Shambhala Publications; Cowan, C. C., & Todorovic, N. (Eds.). (2005). The never ending quest: Dr. Clare W. Graves explores human nature. Santa Barbara, CA: ECLET Publishing.

13. Kramer, D. A. (2000). Wisdom as a classical source of human strength: Conceptualiza- tion and empirical inquiry. Journal of Social and Clinical Psychology, 19(1), 83–101; Staudinger, U. M., Lopez, D. F., & Baltes, P. B. (1997). The psychometric location of wisdom-related performance: Intelligence, personality, and more? Personality and Social Bulletin, 23(11), 1200–1214.

14. See: Loevinger, J. (1976). Ego development: Conceptions and theories. San Francisco: Jossey-Bass; Erikson, E. H. (1982). The life cycle completed. New York: W. W. Norton; McAd- ams, D. P., & de St. Aubin, E. (1992). A theory of generativity and its assessment through self-report, behavioral acts, and narrative themes in autobiography. Journal of Personality and Social Psychology, 62(6), 1003–1015; Kegan, R. (1982). The evolving self. Cambridge, MA: Harvard

University Press; Eriksen, K. (2006). The constructive developmental theory of Robert Kegan. The Family Journal: Counseling and Therapy for Couples and Fam- ilies, 14(3), 290–298; Melvin, E., & Cook-Greuter, S. (Eds.). (2000). Creativity, spiritual- ity, and transcendence: Paths to integrity and wisdom in the mature self. Stamford, CT: Ablex Publishing; Pfaffenberger, A. H., Marko, P. W., & Combs, A. (2011). The postconventional personality. Albany: State University of New York Press; Wilbur, K. (2000). Integral psy- chology: Consciousness, spirit, psychology, therapy. Boston: Shambhala Publications; Cowan, C. C., & Todorovic, N. (Eds.). (2005). The never ending quest: Dr. Clare W. Graves explores human nature. Santa Barbara, CA: ECLET Publishing.

15. Kramer, Wisdom as a classical source of human strength.

16. Kramer, Wisdom as a classical source of human strength.

17. Beaumont, S. L. (2009). Identity processing and personal wisdom: An information- oriented identity style predicts self-actualization and self-transcendence. Identity: An In- ternational Journal of Theory and Research, 9(2), 95–115; Berzonsky, M. D. (1992). Identity style and coping strategies. Journal of Personality, 60(4), 771–788; Berzonsky, M. D., & Sullivan, C. (1992). Social-cognitive aspects of identity style: Need for cognition, expe- riential openness, and introspection. Journal of Adolescent Research, 7(2), 140–155; Kramer, Wisdom as a classical source of human strength; Kunzmann, U., & Baltes, P. B. (2003). Wisdom-related knowledge: Affective, motivational, and interpersonal correlates. Per- sonality and Social Psychology Bulletin, 29(9), 1104–1119; Staudinger, Lopez, & Baltes, The psychometric location of wisdom-related performance; Sternberg, R. J. (1998). A balance theory of wisdom. Review of General Psychology, 2(4), 347–365.

18. Beaumont, Identity processing and personal wisdom.

19. Maslow, A. H. (1957). Alfred Korzybski memorial lecture: Two kinds of cognition and their integration. General Semantic Bulletin, 20 & 21, 17–22, p. 22.

20. Maslow, The farther reaches of human nature. The Journal of Transpersonal Psychology, p. 5.

21. Christakis, N. A. (2019). Blueprint: The evolutionary origins of a good society. New York: Little, Brown Spark; Fredrickson, Love 2.0; Friedman, H. L., & Hartelius, G. (Eds.). (2015). The Wiley-Blackwell handbook of transpersonal psychology. Hoboken, NJ: Wiley- Blackwell; Goleman & Davidson, Altered traits; Harari, Homo deus; Keltner, D. (2009). Born to be good: The science of a meaningful life. New York: W. W. Norton; Vaillant, Spiri- tual evolution. Harmony; Kotler & Wheal, Stealing fire; Newberg & Waldman, How enlightenment changes your brain.

22. Maslow, The farther reaches of human nature. The Journal of Transpersonal Psychology, p. 6.

23. Kaufman, Ungifted.

24. Maslow, The farther reaches of human nature (1969), p. 8.

25. Maslow, The farther reaches of human nature (1993/1971), p. 317.

26. Ericson & Abelson, Even the downhearted may be uplifted.

27. Maslow, The farther reaches of human nature. The Journal of Transpersonal Psychology, p. 6.

28. Maslow, The farther reaches of human nature. The Journal of Transpersonal Psychology, p. 8.

29. Maslow, Building a new politics based on humanistic psychology. In Hoffman, Future visions (pp. 147–152), p. 148.

30. Hirsh, J. B., DeYoung, C. G., Xiaowen, X., & Peterson, J. B. (2010). Compassionate liberals and polite conservatives: Associations of agreeableness with political ideology and moral values. Personality and Social Psychology Bulletin, 36(5), 655–664; Waytz, A., Iyer, R., Young, L., and Haidt, J. (2019). Ideological differences in the expanse of the moral circle. Nature Communications, 10, doi: 10.1038/s41467-019-12227-0.

31. Hirsh, DeYoung, Xiaowen, & Peterson, Compassionate liberals and polite conservatives.

32. Mudde, C. (2004). The populist zeitgeist. Government and Opposition, 39, 541–563.

33. Judis, J. B., & Teixeira, R. (2004). The emerging democratic majority. New York: Scribner; Mudde, The populist zeitgeist; Taggart, P. (2000). Populism. Buckingham, UK: Open University Press.

34. Caprara, G. V., & Zimbardo, P. G. (2004). Personalizing politics: A congruency model of political preference. American Psychologist, 59(7), 581–594; Valkenburg, P. M., & Jo- chen, P. (2013). The differential susceptibility to media effects model. Journal of Commu- nication, 63(2), 221–243; Kaufman, S. B. (2016). Donald Trump's real ambition. Scientific American Blogs. Retrieved from https://blogs.scientificamerican.com/beautiful- minds/donald-trump-s-real-ambition.

35. Dunn, K. (2013). Preference for radical right-wing populist parties among exclusive- nationalists and authoritarians. Party Politics, 21(3), 367–380; Kaufman, S. B. (2018). The personality trait that is ripping America (and the world) apart. Scientific American Blogs. Retrieved from https://blogs. scientificamerican.com/ beautiful-minds/the-personality-trait-that-is-ripping-america-and-the-world-apart; Rooduijn, M. (2018). Populist ap- peal: Personality and anti-establishment communication. Retrieved from https://www.mzes.uni- mannheim.de/d7/en/events/populist- appeal- personality- and- anti-establishment-communication.

36. Maslow, Building a new politics based on humanistic psychology. In Hoffman, Future visions (pp. 147–152), p. 151.

37. Becker, E. (1997; originally published in 1973). Denial of death. New York: Free Press, p. 87.

38. Solomon, S., Greenberg, J., & Pyszczynski, T. (2004). The cultural animal: Twenty years of terror management theory and research. In J. Greenberg, S. L. Koole, & T. Pyszczynski (Eds.), Handbook of experimental existential psychology (pp. 13–34). New York: Guilford Press.

39. Solomon, S., Greenberg, J., & Pyszczynski, T. (1986). A terror management theory of social behavior: The psychological functions of self-esteem. Advances in Experimental Social Psychology, 24, 93–159.

40. Feifel, H., & Nagy, V. T. (1981). Another look at fear of death. Journal of Consulting and Clinical Psychology, 49(2), 278–286.

41. 近期的一些预注册研究也发现，此前在已发表文献中找到的死亡提醒效应要比想象的更难以再现。见：Sætrevik, B. & Sjåstad, H. (2019). A pre-registered attempt to replicate the mortality salience effect in traditional and novel measures, https://psyarxiv.com/dkg53.

42. Leary, M. R., & Schreindorfer, L. S. (1997). Unresolved issues with terror management theory. Psychological Inquiry, 8(1), 26–29.

43. Yalom, Existential psychotherapy, p. 40.

44. Yalom, Existential psychotherapy, p. 31.

45. Yalom, Existential psychotherapy.

46. Yalom, Existential psychotherapy, p. 34.

47. Weiner, E. (2015). Bhutan's dark secret of happiness. BBC Travel. Retrieved from http:// www.bbc. com/travel/story/20150408-bhutans-dark-secret-to-happiness.

48. Weiner, Bhutan's dark secret of happiness.

49. Cozzolino, P. J., Blackie, L. E. R., & Meyers, L. S. (2014). Self-related consequences of death fear and death denial. Death Studies, 38(6), 418–422; Lykins, E. L., Segerstrom, S. C., Averill, A. J., Evans, D. R., & Kemeny, M. E. (2007). Goal shifts following re- minders of mortality: Reconciling posttraumatic growth and terror management the- ory. Personality and Social Psychology Bulletin, 33(8), 1088–1099.

50. Kesebir, A quiet ego quiets death anxiety; Moon, H. G. (2019). Mindfulness of death as a tool for mortality salience induction with reference to terror management theory. Religions, 10, doi: 10.3390/ rel10060353; Niemiec, C. P., Brown, K. W., Kashdan, T. B., Cozzolino, P. J., and Ryan, R. M. (2010). Being present in the face of existential threat: The role of trait mindfulness in reducing defensive responses to mortality salience. Jour- nal of Personality and Social Psychology, 99, 344–365. Prentice, M., Kasser, T., & Sheldon, K. M. (2018). Openness to experience predicts intrinsic value shifts after deliberating one's own death. Death Studies, 42(4), 205–215.

51. Yalom, Existential psychotherapy, p. 45.

52. Yalom, Existential psychotherapy, p. 45.

53. David Brooks refers to this as the Second Mountain: Brooks, D. (2019). The second moun- tain: The quest for a moral life. New York: Random House.

54. Krippner, The plateau experience, p. 119.

55.. Lowry, The journals of A. H. Maslow, p. 1306.

56. Becker, Denial of death; Solomon, S., Greenberg, J., & Pyszczynski, T. (2015). The worm at the core: On the role of death in life. New York: Random House.

57. Lowry, The journals of A. H. Maslow, p. 998.

58. 在马斯洛还是个孩子时，他尤其憎恶母亲的迷信思想。他于 1969 年 4 月 16 日写的一则日记很能说明这一点："早餐时的对话让我感悟颇多。柏莎在说她的爱干净是对童年的肮脏和罪恶的反应。我突然开始理解，我母亲正是如此（父亲也是）。我反抗的、憎恶的、拒不接受的不仅是她的外表，还有她的价值观和世界观，她的吝啬，她彻底的自私，她对世界上其他人甚至丈夫、孩子的冷漠，她的自恋……我一直在猜想我的乌托邦理想，伦理压力，人道主义思想，在仁慈、爱与友谊上感到的紧张情绪以及其他的东西是从哪里来的。我当然知道没有母爱的直接后果是什么，但我的人生哲学、我的全部研究和理论建构的全部驱动力正是来源于对她所代表的一切的憎恶和排斥——我早就憎恶我的母亲代表的一切了，以致我从未动过寻求、需要和期待母爱的想法。一切都如此简单、如此明显——但我竟在 61 岁时才发现这一点！而且是在做了这么多心理分析和自我分析之后！在多次谈到柏莎在世界观的很多方面同其养父母恰恰相反之后！启示从未停止过。"

59. Heitzman, A. L. (2003). The plateau experience in context: An intensive in-depth psychobiographical case study of Abraham Maslow's "post-mortem life" (Doctoral dis- sertation). Saybrook Graduate

School and Research Center.

60. Heitzman, The plateau experience in context, p. 251.

61. 对于马斯洛的决斗的自我的概念，理查德·洛瑞有着相似的观点："他身上的一部分总是在反对感伤主义、在怀疑、在保持着'现实主义者'和'科学家'的姿态……他身上还存在另一部分，那部分是神秘主义者、诗人、狂文作者、'美好愿景'的预见者，会被美丽、喜悦或是不幸感动到公然落泪。当一个人同时拥有这两种矛盾的人格时，他只会认可其中一种倾向，而冒着的巨大风险着手摧残改过自新的罪人的一切迹象。"见：Lowry, A. H. Maslow: An intellectual portrait, p. 15.

62. Heitzman, The plateau experience in context, p. 292.

63. Lowry, The journals of A. H. Maslow, p. 1284–1285.

64. Heitzman, The plateau experience in context, p. 301.

65. Lowry, The journals of A. H. Maslow, p. 1256.

66. 在给 A. S. 阿斯拉尼的一封日期为 1967 年 5 月 5 日的信中，马斯洛写道："我认为你建议使用的术语'高原体验'很不错，此后我就用它来描述我一直所称的'宁静存在性认知'了。显然，这一体验是随着人逐渐年长而产生的，至少对我来说是这样的。这种深刻的、顶点的高原体验似乎会在数量上减少，而'被唤醒'的认知或是一体感似乎会增加，而且会在人的自主控制之下来临。之后幸福感倾向于变得温和、持久，而不再像从前那样剧烈而又深刻。"有关马斯洛的高原体验的来源，可参见 Gruel, N. (2015). The plateau experience: An exploration of its origins, characteristics, and potential. The Journal of Transpersonal Psychology, 47(1), 44–63.

67. Heitzman, The plateau experience in context.

68. Krippner, The plateau experience, p. 113.

69. Maslow, A. H. (1970). Religions, values, and peak experiences. New York: Viking, p. xiv. (Paperback reissue of 1964 edition; preface added in 1970).

70. Krippner, The plateau experience, p. 114.

71. 精神分析学家哈罗德·凯尔曼（他了解霍妮的痛苦与挣扎）书写了卡伦·霍妮的一生及其挣扎，包括她对男人的情感的强烈需要以及她自相冲突的自我形象，他写道："正是由于不顾及所遇问题、因为所遇问题、通过所遇问题，她才有如此成就。"同样的话也可以用于马斯洛，而且我还想补充的是，那也同样适用于我们所有人。见：Kelman, H. (1977). Helping people: Karen Horney's psychoanalytic approach. Lanham, MD: Rowman & Littlefield.

72. Heitzman, The plateau experience in context, p. 296.

73. Psychology Today (August 1970); International Study Project. (1972). Abraham H. Maslow: A memorial volume. Brooks/Cole, p. 29.

练习 更多地生活在存在域

1. Adapted from "Living in the World of Higher Values" and "Regaining Our Sense of Gratitude" in Hoffman, Future visions.

后记 再论"美好的可能性与难测的深度"

1. 我之所以知道它在这里是因为唐·布洛霍瓦科十分友好地帮我找到了文献可能的存放位置。

2. Maslow, A. H. (1969–1970). Chapter 2—The possibilities for human nature. Maslow Papers, Folder: Mostly Tapes "Rough" —Prop, Box M 4483, Archives of the History of Amer- ican Psychology, Cummings Center for the History of Psychology, University of Akron, Akron, OH.

3. International Study Project, Abraham H. Maslow, p. 21.

4. Maslow, Chapter 2—The possibilities for human nature.

附录一　成为完人的七个原则

1. Buhler, C. (1971). Basic theoretical concepts of humanistic psychology. American Psychol- ogist, 26(4), 378–386.

2. 这一节的部分内容改编自博客：Kaufman, S. B. (2019). Au- thenticity under fire. Scientific American Blogs. Retrieved from https://blogs.scientific american.com/beautiful-minds/authenticity- under-fire.

3. Rogers C. R., On becoming a person, p. 108.

4. Jongman-Sereno, K. P., & Leary, M. R. (2018). The enigma of being yourself: A critical examination of the concept of authenticity. Review of General Psychology, http://dx.doi.org/10.1037/gpr0000157; Kaufman, Authenticity under fire; Kenrick, D. T., & Griskevicius, V. (2013). The rational animal: How evolution made us smarter than we think. New York: Basic Books; Kurzban, R. (2012). Why every- one (else) is a hypocrite: Evolution and the modular mind. Princeton, NJ: Princeton University Press.

5. Strohminger, N., Knobe, J., & Newman, G. (2017). The true self: A psychological con- cept distinct from the self. Perspectives on Psychological Science, 12(4), 551–560.

6. Jongman-Sereno, K., & Leary, M. R. (2016). Self-perceived authenticity is contami- nated by the valence of one's behavior. Self and Identity, 15(3), 283–301.

7. Strohminger, Knobe, & Newman, The true self.

8. Debats, D. L., Drost, J., & Hansen, P. (1995). Experiences of meaning in life: A com- bined qualitative and quantitative approach. British Journal of Psychology, 86(part 3), 359– 375; Fleeson, W., & Wilt, J. (2010). The relevance of Big Five trait content in behavior to subjective authenticity: Do high levels of within-person behavioral variability under- mine or enable authenticity achievement? Journal of Personality, 78(4), 1353–1382; Gar- cia, D., Nima, A. A., & Kjell, O. N. E. (2014). The affective profiles, psychological well-being, and harmony: environmental mastery and self-acceptance predict the sense of a harmonious life. PeerJ, doi: 10.7717/peerj.259; Lenton, A. P., Bruder, M., Slabu, L., & Sedikides, C. (2013). How does "being real" feel? The experience of state authentic- ity. Journal of Personality, 81(3), 276–289; Rivera, G. N., et al. (2019). Understanding the relationship between perceived authenticity and well-being. Review of General Psychol- ogy, 23(1), 113–126; Ryan & Deci, Self-determination theory and the facilitation of in- trinsic motivation, social development, and well-being; Sedikides, C., Lenton, A. P., Slabu, L., & Thomaes, S. (2019). Sketching the contours of state authenticity. Review of General Psychology, 23(1), 73–88; Vess, M. (2019). Varieties of conscious experience and the subjective awareness of one's "true" self. Review of General Psychology, 23(1), 89–98.

9. McAdams, D. P. (1996). Personality, modernity, and the storied self: A contemporary framework for

studying persons. Psychological Inquiry, 7(4), 295–321; Ryan & Deci, Self- determination theory and the facilitation of intrinsic motivation, social development, and well-being; Vess, Varieties of conscious experience and the subjective awareness of one's "true" self; Sheldon, K. M., Ryan, R. M., Rawsthorne, L. J., & Ilardi, B. (1997). Trait self and true self: Cross-role variation in the big-five personality traits and its rela- tion with psychological authenticity and subjective well-being. Journal of Personality and Social Psychology, 73(6), 1380–1393.

10. Baumeister, R. F., Ainsworth, S. E., & Vohs, K. D. (2016). Are groups more or less than the sum of their members? The moderating role of individual identification. Behavioral and Brain Sciences, 39, e137.

11. Baker, Z. G., Tou, R. Y. W., Bryan, J. L., & Knee, C. R. (2017). Authenticity and well- being: Exploring positivity and negativity in interactions as a mediator. Personality and Individual Differences, 113, 235–39; Baumeister, R. F. (2019). Stalking the truth self through the jungles of authenticity: Problems, contradictions, inconsistencies, disturb- ing findings—and a possible way forward. Review of General Psychology, 23(1), 143–154; Jongman-Sereno & Leary, Self-perceived authenticity is contaminated by the valence of one's behavior; Rivera et al., Understanding the relationship between perceived authen- ticity and well-being; Ryan & Deci, Self-determination theory and the facilitation of intrinsic motivation, social development, and well-being; Schmader, T., & Sedikides, C. (2018). State authenticity as fit to environment: The implications of social identity for fit, authenticity, and self-segregation. Personality and Social Psychology Review, 22(3), 228–259.

12. Baker, Tou, Bryan, & Knee, Authenticity and well-being; Kernis, M. H., & Goldman, B. M. (2006). A multicomponent conceptualization of authenticity: Research and the- ory. Advances in Experimental Psychology, 38, 284–357; Sedikides, Lenton, Slabu, & Tho- maes, Sketching the contours of state authenticity.

13. Baumeister, Stalking the truth self through the jungles of authenticity.

14. Baumeister, R. F. (1982). A self-presentational view of social phenomena. Psychological Bulletin, 91(1), 3–26.

15. Baumeister, Stalking the truth self through the jungles of authenticity, p. 150.

16. Christy, A. G., Seto, E., Schlegel, R. J., Vess, M., & Hicks, J. A. (2016). Straying from the righteous path and from ourselves: The interplay between perceptions of morality and self-knowledge. Personality and Social Psychology Bulletin, 42(11), 1538–1550; Jongman-Sereno & Leary, The enigma of being yourself; Strohminger, Knobe, & Newman, The true self.

17. Jongman-Sereno & Leary, The enigma of being yourself.

18. Goldman, B. M., & Kernis, M. H. (2002). The role of authenticity in healthy psycho- logical functioning and subjective well-being. Annals of the American Psychotherapy Asso- ciation, 5(6), 18–20; Heppner, W. L., et al. (2008). Within-person relationships among daily self-esteem, need satisfaction, and authenticity. Psychological Science, 19(11), 1140– 1145; Kernis & Goldman, A multicomponent conceptualization of authenticity; Liu, Y., & Perrewe, P. L. (2006). Are they for real? The interpersonal and intrapersonal out- comes of perceived authenticity. International Journal of Work Organisation and Emotion, 1(3), 204–214, doi:10.1504/IJWOE.2006.010788;

Wood, Linley, Maltby, Baliousis, & Joseph, The authentic personality.

19. Rivera et al., Understanding the relationship between perceived authenticity and well- being.

20. Tiberius, V. (2015). Well-being, values, and improving lives. In S. Rangan (Ed.), Perfor- mance and progress: Essays on capitalism, business, and society (pp. 339–357). New York: Oxford University Press.

21. Yalom, I. (2005). The theory and practice of group psychotherapy (5th ed., pp. 77–98). New York: Basic Books; Yalom, Existential psychotherapy, pp. 265, 354.

22. Morgan, M. (2015). A glazed donut stack topped with melted cheese, a triple-meat combo and fried chicken hot dogs: The 10 most calorific burgers from around the world revealed. Daily Mail. Retrieved from https://www.dailymail.co.uk/femail/article-2998330/The-10-calorific-burgers-world-revealed.html.

23. Rogers, On becoming a person.

24. Vess, Varieties of conscious experience and the subjective awareness of one's "true" self.

25. Rogers, On becoming a person; Rogers, C. R. (1980). A way of being. New York: Houghton Mifflin Company.

26. Kierkegaard, S. (2013). The sickness unto death. Belmont, NC: Wiseblood Books, p. 19.

27. Rogers, On becoming a person.

28. Rogers, C. R. (1964). Toward a modern approach to values: The valuing process in the mature person. The Journal of Abnormal and Social Psychology, 68(2), 160–167.

29. Govindji, R., & Linley, P. A. (2007). Strengths use, self-concordance and well-being: Implications for strengths coaching and coaching psychologists. International Coaching Psychology Review, 2(2), 143–153.

30. Sheldon, K. M., Arnt, J., & Houser-Marko, L. (2003). In search of the organismic valu- ing process: The tendency to move towards beneficial goal choices. Journal of Personality, 71(5), 835–869.

31. Sheldon, Arnt, & Houser-Marko, In search of the organismic valuing process.

32. Kaufman, Ungifted; Kaufman, S. B. (2018). Twice exceptional: Supporting and educating bright and creative students with learning difficulties. New York: Oxford University Press; Ryan, W. S., & Ryan, R. M. (2019). Toward a social psychology of authenticity: Explor- ing within-person variation in autonomy, congruence, and genuineness using self-determination theory. Review of General Psychology, 23(1), 99–112; Schmader & Sedikides, State authenticity as fit to environment.

33. Schmader & Sedikides, State authenticity as fit to environment.

34. Sheldon, K. M., & Krieger, L. S. (2004). Does legal education have undermining effects on law students?: Evaluating changes in motivation, values, and well-being. Behavioral Sciences and the Law, 22(2), 261–286.

35. Jongman-Sereno & Leary, The enigma of being yourself.

36. Kenrick & Griskevicius, The rational animal; Kurzban, Why everyone (else) is a hypo- crite.

37. Carver & Scheier, On the self-regulation of behavior; DeYoung, C. G. (2015). Cyber- netic Big Five Theory. Journal of Research in Personality, 56, 33–58; DeYoung, C. G., & Weisberg, Y. J. (2018). Cybernetic approaches to personality and social behavior. In K. Deaux & M. Snyder (Eds.), The

Oxford handbook of personality and social psychology (2nd ed.) (pp. 387–413). New York: Oxford University Press; Weiner, N. (1961). Cybernetics or control and communication in the animal and the machine (Vol. 25). Cambridge, MA: MIT Press.

38.　Maslow, A. H. (1943). A theory of human motivation. Psychological Review, 50(4), 370–396.

39.　Kenrick & Griskevicius, The rational animal; Kurzban, Why everyone (else) is a hypo- crite.

40.　Griffiths, J. (2018). Swede dreams: Model, 25, wants world's biggest bum after having three Brazilian butt lifts in four years. The Sun. Retrieved from https://www.thesun.co.uk/fabulous/7978425/model-three-brazilian- butt-lifts-worlds-biggest-bum.

41.　Reuben, A. (2017). Mental illness is far more common than we knew. Scientific Ameri- can Blogs. Retrieved from https://blogs.scientificamerican.com/observations/mental-illness-is-far-more-common-than- we-knew.

42.　Sheldon, K. M., & King, L. (2001). Why positive psychology is necessary. American Psychologist, 56(3), 216–217.

43.　Walsh, F. (2016). Strengthening family resilience (3rd ed.). New York: Guilford Press, p. 5.

44.　Sternberg, R. J., & Weiss, K. (Eds.). (2008). The new psychology of love (1st ed.). New York: Cambridge University Press.

45.　Fisher, H. The drive to love: The neural mechanism for mate selection. In Sternberg & Weiss, The new psychology of love (pp. 87–115). New York: Cambridge University Press, p. 106.

46.　Fisher, The drive to love. In Sternberg & Weiss, The new psychology of love, p. 106.

47.　Diamond, What does sexual orientation orient? A biobehavioral model distinguishing romantic love and sexual desire. Psychological Review, 110(1): 173–192.

48.　这样的观念在柏拉图的作品中也有类似表述，他注意到：“一切都是这样发生的，就是这样从其对立面生出对立面来。”

49.　Horney, K. (1945). Our inner conflicts: A constructive theory of neurosis. New York: W. W. Norton.

50.　Horney, K. (1942). Self-analysis. New York: W. W. Norton, p. 57.

51.　Horney, Self-analysis.

52.　Vaillant, G. E. (1993). The wisdom of the ego. Cambridge, MA: Harvard University Press, pp. 1, 7.

53.　Horney, Our inner conflicts, p. 242.

54.　当代学者布莱尼·布朗在著作中也论及“全心全意”，注意两者间的相似性，参见：Brown, B. (2010). The gifts of imperfection: Let go of who you think you're supposed to be and embrace who you are. Center City, MN: Hazelden Publishing.

55.　Horney, Self-analysis.

56.　Maslow, Toward a psychology of being, p. 65.

57.　Aaron Beck, personal communication.

58.　Beck, A. Schizophrenia and depression. Aaron T. Beck Center for Recovery-Oriented Cognitive Therapy Research and Practice. Retrieved from https://aaronbeckcenter.org/projects/schizophrenia.

59.　Pinker, S. (2002). The blank slate: The modern denial of human nature. New York: Penguin Books.

60.　Kaufman, Ungifted; Zimmer, C. (2018). She has her mother's laugh: The powers, perversions, and potential of heredity. New York: Dutton.

61. 人本主义心理学的创立者深受欧洲存在主义哲学家的影响，包括阿尔贝·加缪、西蒙娜·德·波伏娃、马丁·海德格尔、卡尔·雅斯贝斯、索伦·克尔凯郭尔、加布里埃尔·马塞尔、莫里斯·梅洛-庞蒂、弗里德里希·尼采、让-保罗·萨特以及保罗·蒂里希。事实上，许多人本主义心理学者都称自己是"存在—人本主义"心理学研究者，承认在他们的临床工作中融入了存在主义哲学和有关存在的问题，比如意义和自我建构。

尽管人本主义心理学的创立者认同个人成长需要一种积极的自我建构过程，也认同在自己创造自己方面，我们要比通常认为的更自由，但是他们中很多人并不认同萨特"存在先于本质"的强势立场。人本主义心理学家，比如马斯洛和罗洛·梅承认其他形式的"命运"——比如一个人的文化、语言、环境以及生物特性——限制了我们决定自身存在的自由度。May, R. (1981). Freedom and destiny. New York: W. W. Norton. 马斯洛明确地反对"萨特型存在主义"，他在临近生命终点时在一份未发表的手稿中写道："亚里士多德、斯宾诺莎、阿奎那和其他人都强调，一切事物都有一种坚持自身本性的倾向或权利，这是所有存在的基本法则。人类有一种'物种专属的特性'，即'坚持自身本性'意味着一个漫长而又缓慢实现自身本性的过程。要花一生的时间才能完全成为人，也就是说，一个婴儿要花一生的时间来坚持并成为其本性……本质就是潜力，因此人类一定要实现它、造就它。"见：van Deurzen et al., The Wiley world handbook of existential therapy; Maslow, A. H. (1969–1970). Axioms. Maslow Papers, Folder 6, Publications-Drafts, Box M 4431, Archives of the History of American Psychology, Cummings Center for the History of Psychology, University of Akron, Akron, OH; Schneider & Krug, Existential-humanistic therapy.

62. Hounkpatin, H. O., Wood, A. M., Boyce, C. J., & Dunn, G. (2015). An existential- humanistic view of personality change: Co-occurring changes with psychological well-being in a 10 year cohort study, Social Indicators Research, 121(2), 455–470; Kaufman, S. B. (2016). Can personality be changed? The Atlantic. Retrieved from https://www.theatlan tic.com/health/archive/2016/07/can-personality-be-changed/492956; Kaufman, S. B. (2016). Would you be happier with a different personality? The Atlantic. Retrieved from https:// www.theatlantic.com/ health/archive/ 2016/08/would- you-be-happier-with-a-different-personality/494720; Roberts, B. W., et al. (2017). A systematic review of personality trait change through intervention. Psychological Bulletin, 143(2), 117–141.

63. Kaufman, Can personality be changed?

64. Fleeson, W. (2001). Toward a structure- and process-integrated view of personality: Traits as density distributions of states. Journal of Personality and Social Psychology, 80(6), 1011–1027; Kaufman, Ungifted; Kaufman, S. B. (2019). Toward a new frontier in human intelligence: The person-centered approach. Scientific American Blogs. Retrieved from https:// blogs.scientif icamerican.com/ beautiful- minds/toward-a-new- frontier-in-human-intelligence-the-person-centered-approach.

65. Little, B. R. (2014). Me, myself, and us: The science of personality and the art of well-being. New York: PublicAffairs.

66. Meindl, P., Jayawickreme, E., Furr, R. M. & Fleeson, W. (2015). A foundation beam for studying morality from a personological point of view: Are individual differences in moral behaviors and thoughts consistent? Journal of Research in Personality, 59, 81–92; Berger, D. M., & McGrath, R. E. (2018). Are there virtuous types? Finite mixture mod- eling of the VIA Inventory of Strengths.

The Journal of Positive Psychology, 14(1), 77–85; Helzer, E. G., Fleeson, W., Furr, R. M., Meindl, P., & Barranti, M. (2016). Once a utilitarian, consistently a utilitarian? Examining principleness in moral judgment via the robustness of individual differences, Journal of Personality, 85(4), 505–517; Jayawickreme, E. & Fleeson, W. (2017). Does whole trait theory work for the virtues? In W. Sinnott-Armstrong & C. B. Miller (Eds.), Moral psychology: Virtue and character (5th ed.). (pp. 75– 104). Cambridge, MA: MIT Press.

67. Berger & McGrath, Are there virtuous types?

68. Fleeson, W. (2004). Moving personality beyond the person-situation debate: The challenge and the opportunity of within-person variability. Current Directions in Psycholog- ical Science, 13(2), 83–87; Fleeson, W. (2017). The production mechanisms of traits: Re- flections on two amazing decades. Journal of Research in Personality, 69, 4–12; Baumert, A., et al. (2017). Integrating personality structure, personality process, and personality devel- opment. European Journal of Personality, 31(5), 503–528.

69. Roberts, B. W., & Jackson, J. J. (2009). Sociogenomic personality psychology. Journal of Personality, 76(6), 1523–1544; Little, Me, myself, and us.

70. Kaufman, S. B. (2018). What happens when people are intentionally more open to new experiences? Scientific American Blogs. Retrieved from https://blogs.scientificamerican.com/beautiful-minds/what-happens- when-people-are-instructed-to-be-more-open-to-new-experiences; Kaufman, S. B. (2018). Can introverts be happy in a world that can't stop talking? Scientific American Blogs. Retrived from https://blogs.scientific american.com/beautiful-minds/can-introverts-be-happy-in-a-world-that-cant-stop-talking.

71. Cain, S. (2013). Quiet: The power of introverts in a world that can't stop talking. New York: Broadway Books.

72. Lawn, R. B., Slemp, G. R., Vella-Brodrick, D. A. (2018). Quiet flourishing: The au- thenticity and well-being of trait introverts living in the West depend on extroversion- deficit beliefs. Journal of Happiness Studies, 20, 2055–2075.

73. Hudson, N. W., Briley, D. A., Chopik, W. J., & Derringer, J. (2018). You have to follow through: Attaining behavioral change goals predicts volitional personality change. Jour- nal of Personality and Social Psychology, http://dx.doi.org/10.1037/pspp0000221; Kaufman, Can personality be changed?

74. McCabe, K. O., & Fleeson, W. (2012). What is extroversion for? Integrating trait and motivational perspectives and identifying the purpose of extroversion. Psychological Sci- ence, 23(12), 1498–1505; McCabe, K. O., & Fleeson, W. (2016). Are traits useful? Ex- plaining trait manifestations as tools in the pursuit of goals. Journal of Personality and Social Psychology, 110(2), 287–301.

75. David, S. (2016). Emotional agility: Get unstuck, embrace change, and thrive in work and life. New York: Avery; Ivtzan, I., Lomas, T., Hefferon, K., & Worth, P. (2016). Second wave positive psychology: Embracing the dark side of life. New York: Routledge; Kashdan, T., & Biswas-Diener, R. (2014). The upside of your dark side: Why being your whole self—not just your "good" self—drives success and fulfillment. New York: Plume; Wong, What is existen- tial positive psychology?; Wong,

Positive psychology 2.0.

76. McNulty, J. K., & Fincham, F. D. (2011). Beyond positive psychology? Toward a con- textual view of psychological processes and well-being. American Psychologist, 67(2), 101– 110; Shiota, M. N., et al. (2017). Beyond happiness: Building a science of discrete positive emotions. American Psychologist, 72(7), 617–643.

77. Rogers, C. R. (1962). Toward becoming a fully functioning person. In A. W. Combs (Ed.), Perceiving, behaving, becoming: A new focus for education. Washington, DC: National Education Association.

78. Goodman, F. R., Disabato, D. J., Kashdan, T. B., & Kaufman, S. B. (2018). Measuring well-being: A comparison of subjective well-being and PERMA. The Journal of Positive Psychology, 13(4), 321–332.

79. The dark horse project. Laboratory for the Science of Individuality. Retrieved from https://lsi.gse. harvard.edu/dark-horse.

80. Rose, T., & Ogas, O. (2018). Dark horse: Achieving success through the pursuit of fulfillment. New York: HarperOne; Stulberg, B. (2018). The dark horse path to happiness. Outside Online. Retrieved from https://www.outsideonline.com/2373876/three-steps-happiness.

81. Rogers, On becoming a person, p. 105.

82. Rogers, On becoming a person, p. 106.

83. Bohart, A. C., Held, B. S., Mendelowitz, E., & Schneider, K. J. (Eds.). (2013). Humani- ty's dark side: Evil, destructive experience, and psychotherapy. Washington, DC: American Psychological Association; May, R. (1982). The problem of evil: An open letter to Carl Rogers. Journal of Humanistic Psychology, 22(3), 10–21, p. 15.

84. May, The problem of evil, p. 15.

85. May, Love & will, p. 123.

86. May, Love & will, p. 123.

87. 如梅在《爱与意志》中所写："恶魔性的概念看起来如此难以接受并非是内在原因造成的，而是我们自己在极力否认它所代表的东西。它对我们的自恋构成一种巨大的打击。我们都是'好'人，像苏格拉底时代有教养的雅典市民一样，无论我们自己私底下是否承认，我们不喜欢被公开提醒说，哪怕是在充满爱的关系里，我们都为权力、愤怒和复仇的渴望所驱使。尽管恶魔性本身并不是邪恶的，但它会让我们遭遇一种恼人的窘境——是去有意识地、有责任感地、充满生命意义地去运用恶魔性，还是盲目、莽撞地运用它。当恶魔性受到压抑，它往往会以某种形式爆发——其极端形式包括杀手、谋杀犯在荒野上对受害者进行精神病态的折磨，以及本世纪发生的我们熟知的其他恐怖行为。""尽管我们可能会在恐惧中退缩，"英国精神病学家安东尼·斯托尔写道，"当我们在报纸或历史书中读到人施于人的暴行时，我们心中清楚，每个人内心都藏着那些相同的野蛮冲动，它们会把我们引向谋杀、施虐和战争。"见：May, Love & will, pp. 129–130.

88. Maslow, Toward a psychology of being.

89. Vaillant, The wisdom of the ego.

90. Vaillant, The wisdom of the ego, p. 11.

91. Maslow, A. H. Yea and nay: On being an optimistic realist. In Hoffman, Future visions (pp. 61–63).

附录二 成长挑战

1. Maslow, The psychology of science: A reconnaissance, p. 22.

2. 这些成长挑战之中，有几个是首创的干预措施，旨在配合全书讨论的内容。有一些是此前已经出现在其他著作中的积极干预措施。这个附录的一些部分改编自 Feingold, J. H. (2016). Toward a Positive Medicine: Healing Our Healers, from Burnout to Flourishing. Master of Applied Positive Psychology (MAPP) Capstone Projects. 107. http://respository.upenn.edu/mapp_capstone/107.

3. Bland, A. M., & DeRobertis, E. M. (2017). Maslow's unacknowledged contributions to developmental psychology. Journal of Humanistic Psychology, doi: 10.1177/0022167817739732.

4. 这些说法改编自霍妮-柯立芝类型清单（HCTI）：Coolidge, F. L., Moor, C. J., Yamazaki, T. G., Stewart, S. E., Segal, D. L. (2001). On the relationship between Karen Horney's tripartite neurotic type theory and personality disorder features. Personality and Individual Differences, 30, 7-1400.

5. Horney, K. (1945). Our inner conflicts: A constructive theory of neurosis. New York: W. W. Norton.

6. David, S. (2016). Emotional agility: Get unstuck, embrace change, and thrive in work and life. New York: Avery; Ivtzan, I., Lomas, T., Hefferon, K., & Worth, P. (2016). Second wave positive psychology: Embracing the dark side of life. New York: Routledge; Kashdan, T., & Biswas-Diener, R. (2014). The upside of your dark side: Why being your whole self—not just your "good" self—drives success and fulfillment. New York: Plume.

7. Schönbrodt, F. D., & Gerstenberg, F. X. R. (2012). An IRT analysis of motive question- naires: The unified motive scales. Journal of Research in Personality, 46(6), 725–742.

8. Dutton, J. E. (2003). Energize your workplace: How to create and sustain high-quality connec- tions at work. San Francisco: Jossey-Bass.

9. Rogers, C. R., & Farson, R. E. (2015). Active listening. Mansfield Center, CT: Martino Publishing.

10. Gable, S. L., Reis, H. T., Impett, E. A., & Asher, E. R. (2004). What do you do when things go right? The intrapersonal and interpersonal benefits of sharing positive events. Journal of Personality and Social Psychology, 87(2), 228–245; Gable, S. L., & Gosnell, C. L. (2011). The positive side of close relationships. In K. M. Sheldon, T. B. Kashdan, & M. F. Steger (Eds.), Designing positive psychology: Taking stock and moving forward (pp. 266– 279). New York: Oxford University Press.

11. Patterson, R. J. (2000). The assertiveness workbook: How to express your ideas and stand up for yourself at work and in relationships. Oakland, CA: New Harbinger Publications.

12. Barker, E. (2016). This is how to be more assertive: 3 powerful secrets from research. Retrieved from https://www.bakadesuyo.com/2016/09/how-to-be-more-assertive.

13. Ratey, J. J., & Manning, R. (2014). Go wild: Free your body and mind from the afflictions of civilization. New York: Little, Brown.

14. Beck, A. T., Davis, D. D., & Freeman, A. (Eds.)(2015). Cognitive therapy of personality disorders (3rd ed.). New York: Guilford Press; Gillihan, S. J. (2018). Cognitive behavioral therapy made simple: 10 strategies for managing anxiety, depression, anger, panic, and worry. Emeryville, CA: Althea Press;

Gillihan, S. J. (2016). Retrain your brain: Cognitive behav- ioral therapy in 7 weeks: A workbook for managing depression and anxiety. Emeryville, CA: Althea Press.

15. Gillihan, S. J., Cognitive behavioral therapy made simple.

16. Burns, D. (1989). The feeling good handbook. New York: Morrow; Gillihan, S. J., Cognitive behavioral therapy made simple.

17. Gillihan, S. J., Cognitive behavioral therapy made simple.

18. Gillihan, S. J., Cognitive behavioral therapy made simple.

19. Fredrickson, B. L. (2013). Love 2.0: Finding happiness and health in moments of connection. New York: Plume.

20. At http://self-compassion.com, see Guided Meditations, Exercise 1: How would you treat a friend?

21. Seligman, M. E. P. (2015). Chris Peterson's unfinished masterwork: The real mental illnesses. The Journal of Positive Psychology, 10, 3–6.

22. Biswas-Diener, R., Kashdan, T. B., & Minhas, G. (2011). A dynamic approach to psy- chological strength development and intervention. Journal of Positive Psychology, 6(2), 106–118.

23. Maslow, A. H. (1964). Religions, values, and peak experiences. London: Penguin Books.

24. Csikszentmihalyi, M. (1990). Flow: The psychology of optimal experience. New York: Harper & Row; Kotler, S. (2014). The rise of superman: Decoding the science of ultimate human perfor- mance. New York: Houghton Mifflin Harcourt. Lyubomirsky, S. (2008). The how of happiness: A scientific approach to getting the life you want. New York: Penguin Press.

25. Lyubomirsky, The how of happiness.

26. Kaufman, S. B. (2018). Can you quantify awe? Scientific American Blogs. Retrieved from https://blogs.scientificamerican.com/beautiful-minds/can-you-quantify-awe.

27. Bryant, F. B., & Veroff, J. (2007). Savoring: A new model of positive experience. Mahwah, NJ: Lawrence Erlbaum Associates, Publishers.

28. Bryant, F. B., Smart, C. M., & King, S. P. (2005). Using the past to enhance the present: Boosting happiness through positive reminiscence. Journal of Happiness Studies, 6, 227–260.